日本学研究的"异域之眼"

以1872～1922年《日本亚洲学会学刊》为主线

The Foreign Other
Insights and Limitations of Japanology

聂友军 著

图书在版编目(CIP)数据

日本学研究的"异域之眼"：以1872～1922年《日本亚洲学会学刊》为主线/聂友军著.—北京：北京大学出版社，2016.12
ISBN 978-7-301-27870-3

Ⅰ.①日… Ⅱ.①聂… Ⅲ.①文化—期刊—研究—日本—1872～1922 ②文化研究—日本—1872～1922 Ⅳ.①K313.03

中国版本图书馆CIP数据核字(2016)第311064号

书　　　名	日本学研究的"异域之眼"
	RIBENXUE YANJIU DE "YIYU ZHI YAN"
著作责任者	聂友军　著
责任编辑	兰　婷
标准书号	ISBN 978-7-301-27870-3
出版发行	北京大学出版社
地　　　址	北京市海淀区成府路205号　100871
网　　　址	http://www.pup.cn　新浪微博:@北京大学出版社
电子信箱	345014015@qq.com
电　　　话	邮购部 62752015　发行部 62750672　编辑部 62759634
印　刷　者	北京宏伟双华印刷有限公司
经　销　者	新华书店
	720毫米×1020毫米　16开本　19.5印张　380千字
	2016年12月第1版　2016年12月第1次印刷
定　　　价	58.00元

未经许可，不得以任何方式复制或抄袭本书之部分或全部内容。
版权所有，侵权必究
举报电话: 010-62752024　电子信箱: fd@pup.pku.edu.cn
图书如有印装质量问题，请与出版部联系，电话:010-62756370

国家社科基金后期资助项目
出版说明

　　后期资助项目是国家社科基金项目主要类别之一，旨在鼓励广大人文社会科学工作者潜心治学，扎实研究，多出优秀成果，进一步发挥国家社科基金在繁荣发展哲学社会科学中的示范引导作用。后期资助项目主要资助已基本完成且尚未出版的人文社会科学基础研究的优秀学术成果，以资助学术专著为主，也资助少量学术价值较高的资料汇编和学术含量较高的工具书。为扩大后期资助项目的学术影响，促进成果转化，全国哲学社会科学规划办公室按照"统一设计、统一标识、统一版式、形成系列"的总体要求，组织出版国家社科基金后期资助项目成果。

全国哲学社会科学规划办公室
2014年7月

目　录

导　言 ··· 1
第一节　研究目的 ·· 1
　一、中国的日本研究相对不足 ·· 1
　二、引入"他者"视角之必要 ·· 2
第二节　先行研究综述 ··· 5
　一、中国的研究现状 ·· 5
　二、日本的相关研究 ·· 7
　三、英语世界的研究 ·· 10
第三节　方法与思路 ·· 13
　一、研究方法 ··· 14
　二、研究思路 ··· 17

卷一：日本学概观

第一章　日本学与日本亚洲学会 ·· 22
第一节　"日本学"概念的界定 ··· 22
　一、西方的日本研究分期 ··· 22
　二、作为学科的"日本学" ··· 25
第二节　日本亚洲学会的创立与发展 ···································· 27
　一、学会创立缘起 ·· 27
　二、学会发展历程 ·· 29
　三、会员发展情况 ·· 30
第三节　日本亚洲学会的组织与运作 ···································· 33
　一、学会理事会 ··· 33
　二、会员大会 ·· 34
　三、学会图书馆 ··· 35
　四、学术互动 ·· 39

第二章　《日本亚洲学会学刊》的学术影响 ·············· 42
第一节　全面广阔的研究领域 ·············· 43
一、《学刊》的目标定位 ·············· 43
二、基础性经典文献的翻译 ·············· 46
三、《学刊》刊文主题分类 ·············· 47
第二节　百科全书式研究理路 ·············· 50
一、以科学性为生命线 ·············· 50
二、"他者"视角的观照 ·············· 52
三、学术性与趣味性结合 ·············· 53

第三章　《学刊》的撰著者与读者群 ·············· 55
第一节　《学刊》撰著者概况 ·············· 55
一、撰著者一瞥：历任会长 ·············· 56
二、《学刊》部分固定撰稿人 ·············· 57
第二节　《学刊》读者群分析 ·············· 59
一、世界各地的学术机构成员 ·············· 60
二、有"西学"背景的日本人 ·············· 62

卷二：日本学之冠冕

第四章　阿斯顿与萨道义 ·············· 66
第一节　高产的《学刊》干将 ·············· 66
一、专注日本文史的阿斯顿 ·············· 66
二、研究领域多栖的萨道义 ·············· 69
第二节　《早期日本历史》解读 ·············· 70
一、日本史籍可信度研判 ·············· 71
二、"神功皇后征韩"考辨 ·············· 74
三、历史研究方法论思考 ·············· 76
第三节　《日本文学史》分析 ·············· 80
一、对日语变迁的强调 ·············· 81
二、对外来影响的关注 ·············· 84
三、纵横对比彰显特性 ·············· 86
四、对社会语境的把握 ·············· 90
五、书写当代史的史识 ·············· 92

序言

严绍璗

聂友军博士的大著《日本学研究的"异域之眼"》(北京大学出版社刊)以19世纪70年代到20世纪20年代前后50年间一批旅日欧美学者组成的"日本亚洲学会"及其编刊的《日本亚洲学会学刊》(*TASJ*)作为研究对象,检讨了在这半个世纪中这一"学者组合"的知识状态以及他们表述的关于对日本列岛文化与文明形成与发展的多元见解。依我的知识量感知,这是我国人文学者在国际日本学研究领域中第一次把握这一特定学术群体的综合状态并给予相应的学术论评。聂友军博士的这一研究成果,无论是对"日本学"研究,还是对"东亚文化与文明"研究,无疑都具有相当积极的学术意义。

从世界与日本相互联系的历史图谱考察,依据目前研究界把握的相应的原典史料可以判定,在16世纪之前,大约只有以中华历代王朝为中心的亚洲东部区域才知晓有"日本"的存在。自上古以来,大约从公元前5世纪时代开始,中国的文献著作中就开始了有关于"日本"的记录,这一时期成书的《尚书》在其《禹贡》篇中记载有"冀州……岛夷皮服,挟右碣石,入于河",同书又有记载"扬州……岛夷卉服,其篚织贝,其包锡贡。"稍后,成书于公元前3世纪的《山海经》在其《海内北经》中又有如下记载:"盖国在巨燕南,倭北。倭属燕。"这是世界上最早的关于"原日本人"(Proto-Japanese)的地理生态与人文生态的报道。[①]继后,随着时代的推进,中华历代文献典籍保持着长期持续的观察记录,构成近代以来国际人文学界关于对日本文化与文明(当然也扩及对"东亚文明共同体")的研究的极为重要,也极为丰厚的史料库藏。

然而,毋庸讳言,在世界近代性的人文学术观念形成之前,中华学者在千余年的漫长历史进程中对日本列岛诸元生态长期持续的关注,还只能保持在"实录"的状态而未能向深纵推进。正是在这样的意义上,我们读到聂友军博

---

① 这两段文字是世界史上关于"日本"的最早的记录。具体的考证与阐述,可参见严绍璗著《中国文化在日本》(北京:新华出版社,1993年版),又见严绍璗、刘渤合著《中国与东北亚文化交流志》(上海:上海人民出版社,1999年版;北京:北京大学出版社,2016年第二版)。

士对19世纪70年代到20世纪20年代先后相继旅日的400余名欧美学者"结社组合"的学术共同体的研究，从成员的知识状态到"学会"的组织机构，乃至图书庋藏，做了相当的缜密的调查分析，对学会成员在50年间在同一刊物上刊发的400篇论文，采用"比较文学发生学"的基本观念与演绎方法，在相当丰厚的原典文本细读的基础上，把握在19世纪70年代到20世纪20年代日本社会刚刚从传统的古代社会脱出向近代社会转型的特定的文化语境，在"经典分析"，例如以W.G.Aston（阿斯顿）、E.M.Satow（萨道义）、B.H.Chamberlain（张伯伦）诸位的学术与更多学者表述的对日本人文生态研究的多元阐述互为表里的"宏观视野"与"微观体验"中展示了在这一特定时空中国际"日本研究"中一门具有近代性特征的学术，此即被称之为"Japanology"（日本学）正在逐步形成中。

聂友军博士进行的这一课题研究以及为我们提供的这一国际文化研究学术史上的这一讯息，就我国人文学界正在推进的对日本研究而言，尽管这一学术事态发生在将近一百年前，但作为一个认真严谨的"学术报告"，在我个人的认知状态中却实在是一件新鲜的、且具有相当学术史意义的研究成果。它的最大的学术价值，诚如本书标题所示，此即为我们当代的"日本研究"，提供了一个具有相当学术意义的"异域之眼"，用"比较文学"中的学术术语来说，就是建立了研究思维中的"他者"观念，用我们学术同行的"行话"来说，就是对研究对象的观察与解析从"单眼"变成了"复眼"，构成为人文学术研究思维中的必要的元素。这正是我个人在阅读本书过程中获得的最深刻的感知，这也就是我特别愿意把聂友军博士的这部著作介绍与推荐给学术界从事"日本研究"以及"东亚研究"诸位的最真切的缘由。

当然，由这么些研究者在半个世纪的特定的"文化语境"中开创的"日本学"研究，在具有领先的学术价值意义的同时，我们也不能不指出，欧美学者在表述的多元研究成果中透露出了这一学术从成型之初起，它可能带有两个层面的缺陷，这是当代研究者不能不注意的。一个层面的缺陷，便是日本文化的诸多层面与中华文化的关系层面的深刻性与历史性，要求从事"日本学研究"的研究者，必须具备相当丰厚的中华文化的修养，这是国际人文学界从事这一研究的学人不可逾越的一个知识层面。我在阅读《日本亚洲学会学刊》一些论说中，感知研究者所提出的问题与他们的阐述解析，由于缺少了对中华文化必备的知识造成不少的"学术空洞"，例如他们研讨关于"日本"这一名称的起源，总是不得要领，可能是缘由他们没有把握上古时代中华文化向日本列岛的传递中中华最早的字书《尔雅》的价值意义等等。第二层面，学会的研究者在探讨表述中还缺乏超越"研究文本"本身的表述与人文生态中多元层面的相互证明的学术大视野,例如,与民俗学研究、出土文物研究等互为表里的深层次的实证观念,例如在阿斯顿的研究中称古代日本曾出现"南倭、北倭"的状态,这涉及日本列岛居住民的形成历史的研究。其实,关于这一问题,在中国古文献从《山海经》起始记录居住民为"倭",到《新唐书》出现"日本"止,近代考古学、社会人类学和中国音韵学的综合研究,证明日本列岛的原居住民(Proto-Japanese)为"阿伊努",此即这一漫长历史进程中中华文献中记载的"倭"("倭"的本字为"委",上古汉音发声为"A[æ]")。这一属于社会学、人类文化学的研究在20世纪初期,此即本书论述对象"日本亚洲学会"存在的时代已经获得初步的学术成果,当时同时代英国著名的医学家和人类学家别尔慈(E.Balze)曾对日本列岛的在"当代日本人"出现之前的"原居住民"作过比较详尽的实地考察和研究,并有研究报告发表。①遗憾的是处于同一时代的研究者未能建立起人文学术研究中"多元互证"的逻辑观念。

上述两个层面的缺憾,存在于"日本学"形成时期相应的研究表述中,由于历史的原因是不能苛求于当时的研究者的。但是,当我们在阅读20世纪欧美学者相关的"日本学"著作时,却时时会感觉到上述两个在"日本学"形成时期的知识的与观念的缺陷,却又不时地闪现在相关的研究论著中,这就使我们不能不思考"日本学"作为一门国际性的人文学术,它应该具备的基本的知识量究竟包含什么的基本课题。我这样的思考,丝毫也没有贬损欧美学者创建具有近代人文学术价值的"日本学"的意义,而是从学术经验中获知,由于"日本"自古以来几乎在作为人类生存与发展的各个层面中事实上与"中华文化"具有千丝万缕的多元的关联,因此,一个"日本学"研究者,他必须具有相当的中华文化的修养,在一定的程度中考察,他也应当是一个"中华文化的研究者",否则在东亚文化与文明的深层层面,一定会远离"正解"。提出这样的观念,是为了提示我们年轻的研究者在把"日本学"研究的多元成果转化为自我进行相关研究的"他者"("复眼")时不要误入了"雷区"或"陷阱"。

聂友军博士以数年之功,完成了这样一项极具学术价值的课题研究,得力于他十余年间勤奋努力。他曾师从我国当代著名的美国文化与比较文学研究家季进教授,完成了他的基础性学术训练,又在北京大学比较文学与比较文化研究所完成了相应的博士课程,具备了相应的欧美文化与日本文化的知识储备,终于在我国人文学界首次完成了对19世纪70年代至20世纪20年代50年间逐步形成的"日本学"的丰厚资料的解读并表述了相应贴切又中肯的见解,终于作为"国家社科基金后期资助项目"而由北京大学出版社公刊。

---

① 这一论断有关材料分析,请参见本文前注引用的相关著述。

我作为对这一课题期待已久的学术同行，不仅感到喜悦，而且更感到欣慰和安心。因为早在50余年前，此即1964年的夏天，我刚刚担任北京大学中国语言文学系的助教，就被当时北京大学的副校长魏建功教授派遣参加对自1948年至1949年由我"中国人民解放军北平市军事管制委员会"查封的原"燕京—哈佛学社"相关人文学术资料的"开封"工作，并嘱咐我进行登录。这些被开封的材料主要是为中国古代文献编纂的Index（索引），但在其中却有称之为 Transactions of the Asiatic Society of Japan 的刊物，竟然有50卷之巨，最有意思的是随手翻检，竟然有些刊本中的有些书页还尚未被切开，说明这些刊物自燕京—哈佛学社收到之日到被人民解放军查封之时，又到被我解开绳索被"解放"之时，竟然还没有被人阅读过，心中好奇，随手翻检，以我当时勉强的英文与日文，略略知道，这一刊物在研究些什么。这一"开封"作业，由于某些历史原因而持续未久即被迫停止。尽管如此，这50卷英文研究日本的刊物在我心头成为一个谜团。20世纪80年代我开始讲学日本，曾在日本著名的藏书机构，如国会图书馆、国家公文书馆等处检索过这一刊物，知道彼地藏书大馆，皆无50卷整本，因而对已归北京大学收藏的这50卷刊物更是切切于心。现在聂友军博士以此为对象的研究大著终于刊出，心头终于觉得年轻一辈以自己对人文学术相关主题的这样的耿耿忠诚，完成了在国际文化研究中关于"日本学"形成时期的学术态势的综合性研究，于中国人文学界与国际学术界，特别是于东亚文化研究完成了一个"历史性"的课题，我虽已年近八十，高兴之情仍然喜形于色。

  本书著者已完稿多时，北京大学出版社早已排成书型，只是由于我一则身体不太好，二则有些杂事缠身，一篇序言，拖延数月，实在是愧对诸位，特别是愧对著者聂友军博士、北京大学出版社和本书责编兰婷女士。

  是为序。

2016年12月
撰于北京市昌平泰康燕园

  严绍璗，北京大学比较文学与比较文化研究所学术顾问、北京外国语大学名誉教授。"中国比较文学研究首届终身成就奖"（2015年）与"国际中国文化研究首届终身成就奖"（2016年）获得者。

第四节 《纯神道的复兴》述论 ………………………………… 94
　　一、极力消除外来影响的"纯神道" ……………………… 94
　　二、萨道义论"国学四大人"思想 ………………………… 96
　　三、在"排异"中"变异"的路径 ………………………… 99

第五章 张伯伦 …………………………………………………… 103
第一节 《古事记》翻译与研究 ………………………………… 106
　　一、文本的选择与解读 …………………………………… 106
　　二、多领域开启日本学 …………………………………… 110
　　三、圆融汇通的研究方法 ………………………………… 115
　　四、张伯伦的历史观管窥 ………………………………… 120
第二节 《日本事物志》解读 …………………………………… 123
　　一、为过往的日本撰写墓志铭 …………………………… 123
　　二、互文性与开放性编著特色 …………………………… 125
　　三、对日本特质的把握与阐释 …………………………… 129
　　四、直面当下的意识及其局限 …………………………… 134
　　五、张伯伦与赫恩日本观比较 …………………………… 137
第三节 《芭蕉与日本俳句》分析 ……………………………… 142
　　一、对俳句文体与芭蕉俳句的理解 ……………………… 142
　　二、译介兼及原作精神与日本特色 ……………………… 146
　　三、俳句的西传及其在欧美的影响 ……………………… 150

卷三：日本学之习俗考

第六章 婚育习俗与日本女性观 ………………………………… 156
第一节 比较视界下的日本婚育习俗 …………………………… 156
　　一、旅日欧美学者论日本婚育习俗 ……………………… 156
　　二、东西方婚育习俗的对比与差异 ……………………… 160
第二节 婚育习俗对日本女性观的折射 ………………………… 163
　　一、从长幼有序到男尊女卑的变迁 ……………………… 163
　　二、女性以家庭为中心的身份定位 ……………………… 165

第七章 收养养子习俗与日本伦理观 …………………………… 167
第一节 收养习俗的规定、变迁与功用 ………………………… 167
　　一、收养养子的诸种规定 ………………………………… 167

二、收养养子与家业继承 ·· 169
第二节　收养习俗对日本伦理观的影响 ···························· 171
　　一、作为家庭法基石的收养制 ···································· 172
　　二、家的扩大与效忠团体意识 ···································· 174

第八章　丧祭习俗与日本生死观 ···································· 177
第一节　日本丧祭习俗的区别性特征 ································ 177
　　一、日本的丧葬习俗 ·· 177
　　二、日本的祭祀礼俗 ·· 180
第二节　宗教视域中的日本生死观 ·································· 182
　　一、宗教与日本葬仪的关系 ······································ 182
　　二、灵魂信仰与日本生死观 ······································ 184
　　三、佛教对生死观念的影响 ······································ 185

余　论 ·· 187
第一节　文学比较与跨文化传通 ······································ 187
　　一、东西方民间故事对照 ·· 188
　　二、东西方作家间的类比 ·· 190
　　三、文学"类比"的合法性 ······································ 194
　　四、西方中心主义的阴影 ·· 198
　　五、"比较"如何作为方法 ······································ 203
第二节　日本文化再思考 ·· 205
　　一、自主取舍的余裕 ·· 206
　　二、变异复合的权宜 ·· 210
　　三、变动不居的无奈 ·· 212

参考文献 ·· 219
附录一　《日本亚洲学会学刊》（第一辑）目录 ················ 226
附录二　日本亚洲学会《章程》 ··································· 255
附录三　日本亚洲学会《规章制度》 ····························· 264
附录四　阿斯顿生平及主要著作年表 ····························· 269
附录五　萨道义生平及主要著作年表 ····························· 274
附录六　张伯伦生平及主要著作年表 ····························· 280
索　引 ·· 289
后　记 ·· 299

导　言

第一节　研究目的

日本不仅是我们的邻邦,而且近代以来也是一个颇具地区影响与世界地位的重要国家,中国近现代的历次重大变革与转型都伴随着与日本的种种纠葛,是以日本本身已然具有研究的重要性。日本在自身的历史发展以及与世界交往的过程中形成并发展了独具特色的文化,但至今中国民众仍轻视日本,甚至有为数不少的中国学者不承认日本文化的独特性,他们认为日本无非古代模仿中国,近现代模仿西方,但对它模仿了什么,是怎样模仿的,以及如何在模仿中完成几次大的跨越,却罕有用心体察。

在资讯日益发达的当下,将欧美学界成熟的日本研究纳入视野,作为我们研究的补充或者参照,不仅成为可能,而且极有必要。分析解读100到150年前旅日欧美学者对日本的观察、记录与思考,择取他们的日本研究的代表性成果或典型的"日本观",以中国近代以降的"日本观"为潜在的背景,比较其异同点,并进而展开一定的分析研究,一方面会对中国的日本研究产生补充与助推作用,另一方面也有助于全面审视欧美学者观照包括中国在内的东方时的"异域之眼",彰显其洞见,摒弃其视域盲点。研究的最终落脚点将以日本与欧美双方作为参照系,为思考中国与中国文化发展问题提供镜鉴。

一、中国的日本研究相对不足

与日本全面、自觉、体系化的中国研究相对照,当前中国的日本研究明显处于不对称劣势。尽管自《山海经·海内北经》与《汉书·地理志》以降,中国的历史与文学著作持续地对日本进行了记载与描述,但是最近百余年来我们的日本研究无论规模还是质量都远远落后于日本的中国研究。

早在1895年,黄遵宪就慨叹日本人研究中国的著作汗牛充栋;[①]1928年戴季陶警觉于"日本把中国放在手术台上、显微镜下观察了几千次";[②]据严绍

---

① 黄遵宪:《日本国志叙》,《日本国志》(上卷),天津:天津人民出版社,2005年版,第4页。
② 戴季陶:《日本论》,上海:明智书局,1928年版,第4页。

据统计,20世纪一百年间,日本学者研究中国人文学领域的著作(不含论文)达四千三百余种。①可以说,不论战争时期还是和平年代,也不管目的如何,日本始终对中国抱有极大的关注兴趣,深入研究中国成为日本的一种传统。

晚清有一个阶段中国曾致力于学习与效仿日本,但并没有真正深入探究日本文化,而只是通过日本来认识西方文化的有效性,日本充其量是中国搬运西方新知的一个中转站。②中国的日本研究多年来一直集中在政治和经济领域,大都未触及日本文化的要害与真谛。我们习见的日本论、日本人论,精品乏善可陈,形象描述多过本质归纳,铺排举例多于原因探究,蜻蜓点水式的印象评点取代了理性思辨,即便偶有创见,后来者亦陈陈相因。质言之,我们既有的日本研究为数不多,而且还有相当一批流于片面肤浅。

截至目前,中国对日本的无知与隔膜状况未见明显改观。究其原因,一是基于历史问题和感情因素,不少中国民众对日本充满鄙夷、不屑与自以为是的误读,冷战结束后日本政治的右倾化加剧了这一态势;二是一些中国学者动辄以文化债权国自居,甚至将日本的繁荣视为"儒家"文化的成就,研究视角不够客观全面;三是研究基础薄弱,相较于日本从政府、社会到民间提供系列资金支持研究中国,中国的日本研究无论在资料来源、资金支持与人才培养方面都显惨淡;四是少数年轻人历史意识缺失,被日本物质繁华的表象迷惑,主动让渡了客观审视并理性批判日本文化的权利。

二、引入"他者"视角之必要

要有效地改变我们目前在日本研究尤其是日本文化研究方面的不足,需要以一种理性的心态正视日本,在观念上摒弃故步自封的浅陋与狭隘,在行动上采取多渠道并进的方式。加强对日本的直接观察和研究,从源头上理清思路,易于把握关键;深入对话和交流,减少揣度与臆断的成分,可以抓住本质;拓展国际视野,吸纳欧美学界业已成熟的研究成果,不仅可取,而且颇有必要,甚至还可以获得事半功倍之效。

中国传统朴学与西方实证主义都非常重视对文献史料的梳理,史料意识是否确立以及实践的程度如何,不仅直接关系到研究的客观公允度,而且对于学术创新乃至学科建设都具有重要的支撑作用。在中国大陆学界,由于社

---

① 严绍璗:《我对国际Sinology的理解与思考》,载《国际汉学》第十四辑,郑州:大象出版社,2006年版,第8页。
② 如梁启超在鼓吹维新变法时曾言,日本学习西方变法,而中国则可以径直效法日本:"吾以泰西为牛,日本为农夫,而吾坐而食之,费不千万金,而要书毕集矣。"(梁启超:《读日本书目志后书》,《饮冰室合集·文集之二》,北京:中华书局,1989年版,第54页。)

会历史环境的制约和观念的局限,一般从事日本研究的学者较少关注英文文献,而以英语为外语背景的研究者亦很少将研究对象锁定为日本。国内专门从事日本研究的学者很多是日语专业出身,他们通常借助日本人所译介的日文译本来了解欧美学者研究日本的成果,实属无奈之举,其中的筛选、加工与变形,已经无法从源头上避免。正是在这个意义上,进行日本文化研究而对欧美学界既有的成果利用不充分,甚至视而不见的状况,必须引起足够的重视与反思。

当然,这样说并无意否认我们在这方面已经取得的成绩。中国的日本学研究曾受欧美学界的一定影响,譬如美国人类学家鲁思·本尼迪克特(Ruth Benedict)1946年出版的《菊与刀》(*The Chrysanthemum and the Sword*)①等著述被中国学者广泛征引,而且在普通读者中亦广为流传且经久不衰。21世纪以来,我们也陆续涌现出一些涉及欧美日本学的论文、专著,然而对欧美日本学的基础研究、文献研究与评述之作却仍不多见。

毋庸讳言,我们相关研究中存在的问题很突出,亦相当严峻,具体表现为:一、尚未形成在日本文化研究中充分运用英语世界已有成果的自觉意识;二、有关的研究工作尽管已经涉及欧美日本学,但尚停留在综述的层面,而未深入到文本内部进行扎实的研究;三、个别层面虽有一些研究,也大多拘囿于一个面或局部的一个点,缺乏系统体系的贯通考察。

学术史、思想史与社会史是紧密相连的。伴随着15世纪新航路的开辟与16世纪殖民者的全球扩张,西方对东方更为直接的探索与考察被提上日程。随着现代学科制度的确立,以西方人的视野与趣味为出发点而展开东方语言、历史、经济、艺术、社会与文化等方面的研究应运而生,西方针对埃及、印度及中国等东方国家的研究逐渐体系化,并发展成为专门的学术领域,即埃及学(Egyptology)、汉学(Sinology)等。在这一过程中,日本亦逐步进入西方研究者的视野,并最终催生了一个崭新的学术门类——"日本学"(Japanology)。今天我们加大日本研讨力度,发展中国的"日本学"学科,对国际日本学界的历史与现状有一个整体把握,是无法绕过的基础性工作。忽视近代旅日欧美学者的日本研究这样一个巨大的存在,易遭夏虫井鼃之消,因为可能会导致我们辛苦开展的工作陷入无谓的重复,甚至不幸有掠美之嫌。

我们无意反对引进西方理论,因为从某种意义上说,整个中华民族思维方式的形成、汉语的演变及中国文化的丰富发展都与外来文化攸切相关。汉

---

① Ruth Benedict: *The Chrysanthemum and the Sword: Patterns of Japanese Culture*, Boston: Houghton Mifflin, 1946. (中译有多种版本,如〔美〕鲁思·本尼迪克特:《菊与刀》,吕万和等译,北京:商务印书馆,1990年版。)

译佛经的出现，始开中外文学与文化大规模交流的先河，佛教因素渗入文学创作内部，佛、禅视角也见于文学批评。20世纪以来中国文化问题的发展与西方思想在中国的流布关系紧密；五四新文化运动的出现，西方文化起到了触媒作用；中国特色社会主义包含着对马克思主义的理解与发展；中国文学与艺术中层出不穷的现代主义和后现代主义表达，也离不开20世纪西方各色哲学理论的滋养。要真正理解中国文化传统与中国文化精义，必须同时对西方文化传统和现代世界有深入的体认。

我们旗帜鲜明地反对一切以西方为标准的自我矮化心态，将自己的学术研究变成西方某一流派在中国延伸的做法无异于买椟还珠；我们也反对不加辨别地生吞活剥西方理论，甚至为使某一理论成为"利器"而不惜削足适履的做法。那种试图借重西方理论任意图解非西方研究对象的做法已成强弩之末；用自己艰辛的研究去证明产生于欧美一隅的某种理论的普遍有效性似可不必。任何理论与方法都有特定的产生场域、适用范围与历史局限性，研究对象千差万别，苛求依赖某种一成不变的外来理论解决变化了的问题，这种工作从源头上已经丧失了学术价值。

引入近代欧美学者的日本研究成果，并非单纯为了增加量的输入，尽管也有输入的必要。自近代以来，在中国文化界产生影响的知识分子很难摆脱"尊西人若帝天，视西籍如神圣"（邓实语）的心态：清末尊奉达尔文、斯宾塞的进化论；五四时期信仰科学主义、实证主义；20世纪80年代改革开放后西方历时发展了几百年的"新锐创见"并时性涌入中国；近年来以解构主义为代表的后现代主义理论与方法在中国学界盛行。当年先进的中国人睁眼看世界，将全球视野纳入到学术研究领域，客观上无疑起到了建设性作用，今天中国学界则很少有人能够完全摆脱带有外来影响的思想框架与思维模式，直接面对研究对象。

引入近代欧美学者的日本研究成果，并不以填补空白为己任。随着信息传播与出版印刷业的加速发展，原本罕见甚至成为孤本的文献资料会越来越容易被发掘、复制，因而所谓填补空白的努力在时效性与价值方面都相当有限。引入并借鉴近代欧美学者的日本研究成果，其要义在于提供理解日本文化的另一种视角，克服单一文化视角带来的盲点与褊狭。

引入近代欧美学者的日本研究成果，重在对"他者"视角的挖掘，便于将日本置于世界格局内进行观察与分析。"他者"视角的引入，还可以将我们司空见惯、习以为常的一些事物与特征加以问题化，因为这些熟习的事物与特征在有着不同文化背景的人看来往往独具特色。借助"他者"视角的引入，有意识地与作为研究对象的日本及日本文化拉开适当的时空距离，保持外在视角与批判姿态,可确保立论基础相对客观公正。

引入近代欧美学者的日本研究成果,有助于更加全面、准确、立体、多元、动态地认识日本;同时将旅日欧美学者的知识背景、思想观念、研究方法等作对象化考察,可以加深我们对近代以降欧美世界的辩证认识。近代旅日欧美学者大都拥有汇通东西方文化的优势,能够在日本与西方两种异质文化之间架起理解与沟通的桥梁。随着社会文化语境的变迁,欧美学者对日本的认识与理解也不是一成不变的,其内涵与外延也在不断调整,每一次调整和变迁都与他们接触日本社会、文化的内容与形式密切相关,其中亦包含对日本传统的审视与重估。

引入近代欧美学者的日本研究成果,坚持借鉴与反拨同行,探寻"媚外"与"排外"之外的另一条路径。考虑到关注的对象是100到150年前生活在日本的欧美学者,他们易受当时日本主流话语的笼罩与影响,对他们"同情之理解"固然重要,客观批判的立场亦必不可少。研讨近代旅日欧美学者的日本研究中"异域之眼"所见,打破中国既有的日本研究在结构上的封闭和自足,同时避免建构性缺失的不足,勉力做到有破有立,最终的问题意识还要聚焦于反观中国自身上来,为中国文化的发展寻求借鉴与启迪。

第二节 先行研究综述

针对近代旅日欧美学者的日本研究,中国学界的关注几近阙如,在日本与欧美,相关研究亦明显不足。有限的研究者往往更为关注单个学者及他们论述日本的单行本著述,而没有从整体与全局的观念出发,通过深入细致的解读予以宏观把握与系统观照。部分日本人甚至将个别研究成果作为欧美人"赞扬"日本文化的旁证而沾沾自喜,对"批评"日本文化某一方面的论说则避之唯恐不及。

以下分别从中国、日本与英语世界三个侧面入手,对研讨近代旅日欧美学者的日本学成果的情况予以简单梳理,重点关注先行研究者所采用的方法及其学术价值。

一、中国的研究现状

中国研究者对近代旅日欧美学者中的个别学者关注较早,但没有持续追踪研究。近年来的研究得以在若干层面深入拓展,但至今缺乏综合的、体系性建构的尝试。

朱光潜1926年刊载于《东方杂志》的《小泉八云》一文是中国学者最早涉

及该领域的论说之一（1923年胡愈之、1925年樊仲云也有同题介绍性文章）。文章称赞小泉八云的文学成就，认为他有"天才和魔力"。小泉八云原名拉夫卡迪奥·赫恩（Lafcadio Hearn，1850～1904），以一个英国人的身份，在号称"日不落帝国"的英国鼎盛时期加入日本国籍，以英文向西方世界介绍日本而名噪一时，去世后进入日本文学史，成为日本"国文学"的研究对象之一。

周作人沿袭日本学者对巴兹尔·霍尔·张伯伦（Basil Hall Chamberlain，1850～1935）相对较低的评价，称张伯伦的日本文学研究"只对于日本一般的文化与社会情形感到兴趣，加为赞赏，因为涉及的范围广大，叙说通俗，所以能得到多数的读者，但因此也不免有浅薄的缺点"[①]。这种简单化的评判省略了论证过程，甚至没有举出一处"浅薄"的例证。张伯伦是19世纪后半叶至20世纪初年活跃在日本的英国学者，英语世界日本研究者的杰出代表，本书第五章将对其进行专题分析。事实上张伯伦在日本语言、历史、文学、文化等诸多层面的研究不仅不浅薄，反而都非常深入且创见迭出，许多观点今天看来仍有吸收借鉴的价值。

旅日华人学者刘岸伟2004年出版的日文著作《小泉八云与近代中国》（『小泉八雲と近代中国』）有意识地将小泉八云与中国的近代转型联系起来，较为巧妙地规避了日本学界固守的小泉八云对日本与日本文化的观感与论说这样一个热点与老生常谈的问题，选题富有创见，在国内相关研究中影响较大。但遗憾的是因论题定位的原因，没有将小泉八云置放到早期欧美日本学的框架中予以分析。

2008年北京大学牟学苑的博士学位论文《拉夫卡迪奥·赫恩（小泉八云）文学的发生学研究——以其"日本创作"为中心》及在此基础上修订出版的同题专著[②]揭示了日本近代文化史中拉夫卡迪奥·赫恩文学的实像与虚像，较为真实地呈现了其文学创作的整体面貌。但同样由于论题原因，没有就近代旅日欧美学者的日本研究以及早期日本学进一步展开评述。

质言之，近代以来的中国学者偶有涉及近代旅日欧美学者的日本研究，针对个别学者的研究开掘得也比较深、比较透，但因论题所限，都没有涉及整体的欧美"日本学"这样一个学术概念，也没有对日本学赋予全面的架构阐释与体系化分析。

[①] 周作人：《日本管窥之三》，原载《国闻周报》13卷1期（1936年1月），见《周作人文类编7·日本管窥》，钟叔河编，长沙：湖南文艺出版社，1998年版，第40页。

[②] 牟学苑：《拉夫卡蒂奥·赫恩文学的发生学研究》，北京：北京大学出版社，2010年版。本书系严绍璗主编的"北京大学比较文学学术文库"之一。

二、日本的相关研究

日本历来很重视搜集外部世界研究日本文化的信息，当前更是积极开展与西方学者的对话与交流，这一做法和思路对于我国的日本研究颇具启发意义与借鉴价值。但日本学者着手关注欧美日本学却是相当晚近的事情，且论述失于零散；针对近代旅日欧美学者中某一个人的研究虽然数量不少，但不少成果系从日译本而非原著出发，选择译介时已有畸轻畸重，不从原典出发的研究可靠性亦有待商榷。

日本研究者大多以旅日欧美学者著述的日文译本为研究基础，严谨性不足。比如赫恩仅有一部日文著作，其余全都是英文著述，但在日本学者编排的日本文化史与文学史的序列中，他的著作全部以日译本形式出现。如他的代表作之一《日本试解》(Japan: An Attempt at Interpretation)经日译后，书名变为《神国日本》，译者生造了一个"神国"的概念，日本政治文化界进而推导出赫恩"崇拜日本大和魂"，这种论调深远影响了后续的日本研究者与普通民众。

日本学者专题研讨近代旅日欧美学者创办的学术组织——日本亚洲学会(The Asiatic Society of Japan)及其学术刊物《日本亚洲学会学刊》(Transactions of the Asiatic Society of Japan，日语习译作『日本アジア協会紀要』)的论著有近二十篇论文和一部专著。最早出现的论文是关西外国语大学的梅垣实(1901～1976)1967年在第五届日本方言研究会的研讨会上发表的《从初期<日本亚洲学会学刊>看日语的方言研究》[①]；2001年河野哲郎(1961～   )在东京国立博物馆编的《博物馆》杂志上发表了《日本亚洲学会及其周边》[②]；2002年八木正自(1948～   )在《日本古书通信》上发表了题为《"日本亚洲学会"与日英关系》[③]的简短论述；2004年秋山勇造(1931～   )在神奈川大学的《人文研究》杂志上发表了题为《关于日本亚洲学会与学刊》[④]的论文。

另有十四篇论文和一部专著出自同一位作者——楠家重敏(1952～   )。

[①] 楳垣実:「初期『日本アジア協会紀要』にみえる日本語方言研究」,『研究論集』、関西外国語大学、Vol.13、1968(04)、第1—10頁。

[②] 河野哲郎:「日本アジア協会とその周辺」、東京国立博物館編『Museum』(570)、2001(02)、第27—40頁。

[③] 八木正自:「『日本アジア協会』と日英関係」、日本古書通信社編『日本古書通信』67(7)(通号876)、2002(07)、第24頁。

[④] 秋山勇造:「日本アジア協会と協会の紀要について」、『人文研究:神奈川大学人文学会誌』、神奈川大学、Vol.152、2004(03)、第71—82頁。

1988年至1994年楠家重敏在《武藏野女子大学学报》每年刊发一篇题为《日本亚洲学会研究》①的文章,该系列共计七篇;1989年至1994年在《武藏野英美文学》上每年刊发一篇题为《日本亚洲学会关系年谱》②的文章,该系列共计六篇;1995年在《杏林大学外国语学院学报》刊发一篇题为《日本亚洲学会引发的学术探讨》③的文章;1997年楠家重敏以上述论文为基础,出版了近400页的专著《日本亚洲学会研究》④。

《从初期<日本亚洲学会学刊>看日语的方言研究》一文细致地梳理了早期《日本亚洲学会学刊》刊载的研究日语方言的五篇论文:达拉斯(C. H. Dallas)的《米泽方言》⑤;张伯伦(B. H. Chamberlain)的《会津方言评论》⑥与《琉球语语法及词典编纂辅助研究》⑦;桑瑟姆(G. B. Sansom)的《论长崎地区的方言用法》⑧以及施瓦茨(W. L. Schwartz)的《萨摩方言概观》⑨。梅垣实分析了各篇论文的历史价值与现实意义,指出论文有长有短,作者的水准也有所差别,但即便如此,明治初期到大正时代发表的这些论文在日本方言研究史上都具有非常重要的意义。

河野哲郎以其在东京国立博物馆长年从事翻译工作的便利,接触到许多宝贵的第一手资料,他撰写的《日本亚洲学会及其周边》一文具有较高的学术价值。文章除前言、结语外,正文包括六部分。其中第二部分概述日本亚洲学会的成立与发展情况。第三部分列举了一些日本亚洲学会的会员及其研究领域,言及日本典籍翻译、日本社会分析、考古学研究、日本美术等方面,作

---

① 楠家重敏:「日本アジア協会の研究」(1—7)、武藏野女子大学紀要編集委員会編『武藏野女子大学紀要』23—29(1)、1988—1994。
② 楠家重敏:「日本アジア協会関係年譜」、武藏野大学英文学会編『武藏野英米文学』22—27、1989—1994。
③ 楠家重敏:「日本アジア協会の知的波紋」、杏林大学外国語学部編『杏林大学外国語学部紀要』7、1995。
④ 楠家重敏:『日本アジア協会の研究—ジヤパノロジーことはじめ—』、東京:日本図書刊行会/近代文芸社、1997。
⑤ C. H. Dallas, "The Yonezawa Dialect", in *Transactions of the Asiatic Society of Japan* (以下略作 *TASJ*), Vol. III (1875), Part II, pp. 143—154.
⑥ B. H. Chamberlain, "Notes on the Dialect Spoken in Aidzu", in *TASJ*, Vol. IX (1881), pp. 31—35.
⑦ B. H. Chamberlain, "Essay in Aid of a Grammar and Dictionary of the Luchuan Language", in *TASJ*, Vol. XXIII (1985), Supplement, pp. 1—272.
⑧ G. B. Sansom, "Notes on Dialectical Usage in the Ngasaki District", in *TASJ*, Vol. XXXVIII (1911), Part III, pp. 91—123.
⑨ W. L. Schwartz, "A Survey of the Satsuma Dialect", in *TASJ*, Vol. XLIII (1915), Part II, pp. 172—283. 该文由三部分组成,1915年(大正四年)发表的是其主篇。

者高度评价初创期的学会在日本近代史上的意义,以及《日本亚洲学会学刊》的史料价值。第四部分以亨利·布伦顿(R. Henry Brunton)为例介绍早期学会会员对日本的批判意识,作者也批判了当时旅日欧美人盛行的以西方价值观为绝对标准、轻视日本的做法。①第五部分介绍学会的日籍会员情况。第六部分论述日本亚洲学会多样化的研究,涉及动物、植物和矿物、风俗习惯、民间故事、思想、语言和文学,以及法律、经济等诸多领域。最后作者指出研究者的研究动机与契机和当时的日本社会、文化状况紧密相关,是以梳理日本亚洲学会的活动有助于加深对日本近代情况的理解。

《"日本亚洲学会"与日英关系》就日本亚洲学会与日英关系两个论题分别予以粗线条的勾勒。文章称道《日本亚洲学会学刊》是外国人所做的日本研究的宝库,提及《学刊》涉及历史、考古、语言、文学、宗教、地理、地质、风俗习惯、艺术、动植物等广泛的研究领域。文章也简单涉及英日皇室成员互访、条约签订与修改、日英同盟等情况,如1905年日、英两国由公使级升格为大使级外交关系。

《关于日本亚洲学会与学会学刊》一文共分三部分,第一部分论述日本亚洲学会创办的机缘与过程;第二部分论述《日本亚洲学会学刊》的概况,重点提及日语的罗马化论争与尝试、日语的音译假名讨论、《方丈记》等日语文献的翻译以及日本人在《日本亚洲学会学刊》发表论文的情况;第三部分探讨了与日本亚洲学会紧密相关的英文刊物《日本邮报周刊》。秋山勇造指出,《日本邮报周刊》在并入《日本时报》前一直起着日本亚洲学会机关报刊的作用,它将会员的研究成果更广泛地传播给居留在日本的外国人,对日本国际地位的提升做出了无与伦比的贡献。

楠家重敏在《日本亚洲学会研究》正文前有一个序章,内容是"英国人的亚洲研究",从16世纪后半叶谈起,在一个较长时段与较为广阔的空间中清理出一条脉络,为正文展开日本亚洲学会研究作铺垫。正文分为十五章,从学会1872年创立起笔,迄于1882年。其中第十一章"启蒙与专门化"与第十三章"研究的多样化"最为出彩。"启蒙与专门化"一章重点解读《日本亚洲学会学刊》与《日本邮报周刊》自1872年以来一直保持的"一心同体"②关系;至1878年下半年后二者趋于分离,原因在于《学刊》的定位与功能由启蒙逐渐转向专门化。"研究的多样化"一章论述西欧"地理学"等新概念、细读史料与考古发掘相结合等研究方法传入日本,继而影响日本亚洲学会的诸多研究层面,诸如古坟的发现与推定、部分日本法规的英译、日语音韵研究、日本历法

---

① 河野哲郎:「日本アジア協会とその周辺」,第34頁。
② 楠家重敏:『日本アジア協会の研究』,第250頁。

研究、圣经的日语翻译等。

楠家重敏对日本亚洲学会第一个十年的发展历程进行了极其细致的解读，对《日本亚洲学会学刊》所刊载文章的分析亦具体深入，对影响学会与《学刊》发展进程的外部条件也倾注了极大的关注，其扎实的研究颇值得赞赏与借鉴。但因楠家重敏的系列论文与《日本亚洲学会研究》一书的关注重心在于日本亚洲学会，是以对典型旅日欧美学者的代表性日本研究著作解读得过于简单，对于在《学刊》发表二十余篇论文的学者，短短几页的篇幅仅能做到列举出相关学者论述所涉及的学科领域的程度，学者在《学刊》之外刊行的论著则没有涉及。

三、英语世界的研究

英语世界围绕近代旅日欧美学者的日本研究展开的论说相对公允持平。考虑到篇幅与内容的相关度问题，涉及单个学者或单行本著述的研究，留待下文相应章节分别论述。在此仅以英语世界研究日本亚洲学会与《日本亚洲学会学刊》的成果为例，计有一部专著、一篇硕士学位论文和一篇期刊论文，分述如下：

1978年道格拉斯·莫尔·肯里克（Douglas Moore Kenrick）发表的《西方日本研究的一个世纪——日本亚洲学会的前一百年（1872～1972）》[1]是研究日本亚洲学会的颇为厚重的一部力作，它构成了当年度出版的《日本亚洲学会学刊》的全部内容。

肯里克主要从时序方面着手，分阶段阐述了日本亚洲学会的发展历程。在导言中首先分析了1872年以前西方研究日本的概况；正文部分共六章：第一章论述日本亚洲学会的开端，即1872年学会的创办情况；第二至第四章描绘学会的形成期（1873～1883）、成长与衰落期（1884～1903）及恢复期（1904～1922）；第五章以"地震、危机与战争"为题，描述1923～1946年学会的情况；第六章聚焦学会在战后岁月的发展，以1946～1972年为断限。尤其值得称道的是，肯里克在著作最后对第二个百年西方的日本研究进行了展望。

肯里克用经纬交织、点面结合的方式组织行文，在重点论述学会发展历程的同时，兼及学会的组织原则与会员情况。如第一章重点介绍了学会创建

---

[1] D. M. Kenrick, "A Century of Western Studies of Japan: The First Hundred Years of the Asiatic Society of Japan, 1872—1972", in *TASJ*, Series III, Vol. 14 (1978).
1994年该书日译本出版（ダグラス·M.ケンリック著：『日本アジア協会100年史：日本における日本研究の誕生と発展』，池田雅夫訳，横浜：横浜市立大学経済研究所，1994）。

者与最初的会员,第二章介绍荣誉会员,第三章介绍终身会员,第四、五、六章介绍各阶段学会会长及新晋荣誉会员。并且每一章的开头都要涉及所论述年代的日本概况,并专辟一节介绍日本会员情况,第二至第五章选取所述阶段重要的学会会员分别论述,第二、三、五章都有专节介绍《日本亚洲学会学刊》刊载的论文情况,第三至六章都有专节论述在日本的传教士。

由于肯里克意在梳理一个世纪以来日本亚洲学会的发展情况,因而《日本亚洲学会学刊》也没有成为他关注的焦点,即便偶有涉及,其分析也略显轻描淡写,比如,第三章论及阿斯顿(William George Aston)、萨道义(Ernest Mason Satow)与张伯伦三位早期日本学巨擘①,一共用了短短五页篇幅。鉴于他们每人在《学刊》上发表20篇左右论文,如此论述显然达不到透辟之境。

肯里克在正文后收录了十个附录,尽管绝大多数只是未加整理地转录自《日本亚洲学会学刊》,但其史料价值不容否认。其中附录二以正文中划分的几个阶段为纲,日本亚洲学会《章程》的变化得到了直观呈现;附录四统计了1872～1972年间历年的会员大会召集次数、宣读论文数量、新入会人数以及当年度会员总数,较为清晰地显现出日本亚洲学会的发展与变化趋势。肯里克在附录六中收录了1873年的会员名录,这一名录原载《学刊》第一辑第一卷(1873年刊),但不小心遗漏了 E. B. 沃森(E. B. Watson)②,虽属微瑕,亦留遗憾。

2002年大阪大学的乌瓦·戴维(Uva David)撰写的硕士学位论文《日本亚洲学会学刊(1872～1912)——明治时期日本学的发展》③是目前所见英语世界中唯一专题研究《日本亚洲学会学刊》的学位论文。作者旨在阐述日本亚洲学会建立最初40年间在日本研究领域的历史重要性,并让当代研究者理解西方先行者在明治时代体验到的日本历史与文化。

戴维的论文可以说是明治时期日本亚洲学会与《学刊》的面面观。作者指出,之所以选择明治时代,是因为它是当代日本学可以追溯得到的最早源头。论文从日本亚洲学会的历史入手,提到英国会员最初打算让学会成为英国皇家亚洲学会的分支,但在美国会员的反对下放弃了,结果学会尽管与皇家亚洲学会仍然关系紧密,但在名字上成为一个中立的(neutral)组织。作者集中论述了日本亚洲学会的组织状况及刊物出版情况,指出历史、语言与哲

---

① 本书第二卷将专辟两章计七节的篇幅论述阿斯顿、萨道义和张伯伦三位早期日本学大家,并在整个研究中以分析他们三人的主要论著、译作为副线组织行文。
② "Appendix 6: Roll of Original Members 1873", in D. M. Kenrick, *A Century of Western Studies of Japan: The First Hundred Years of the Asiatic Society of Japan, 1872—1972*, pp. 352—354.
③ U. David, "The Transactions of the Asiatic Society of Japan 1872—1912: A Development of Japanology in the Meiji Period" [D]. Osaka University, July 2002.

学为最受关注的主题。日本亚洲学会的组织状况与刊物出版情况为论文的主干,在全文118页的篇幅中占47页。

以下各章分别简要论及日本亚洲学会的研究定位——一般性还是专业性之争,学会会员对日本历史的关注,学会会员对日本文化以及日本人的评述,中日甲午战争与日俄战争对学会的影响,以及日本亚洲学会在政治方面的见地,涉及《日本亚洲学会学刊》所载文章在欧洲与美洲学术领域以外的影响。作者指出,随着时间的推移,《学刊》上刊发的文章越来越长、越来越专门化,部分会员及学会理事会支持《学刊》刊载更为一般性的文章,但未能改变局面,戴维称:"日本亚洲学会仅用了十四年(1872~1886)时间将研究特点从对一切日本事物感兴趣转为日本学。日本亚洲学会成为日本学家专为自身设立的一个论坛(a forum for Japanologists by Japanologists)。"[1]较为准确地总结出了日本亚洲学会与《日本亚洲学会学刊》以专门化与科学性为生命线、聚焦日本研究的学术特征。

2003年戴维在《日本语言与文化》期刊上发表《日本亚洲学会与明治时期的国际纷争——早期日本学的新局面》一文[2],基本上是上述硕士论文第六章的内容。文章重点检讨了日本亚洲学会与两次"国际纷争"——中日甲午战争(1894~1895)和日俄战争(1904~1905)之间的关联。戴维的结论是,尽管学会会员在挑选研究主题时会在某种程度上受到当时发生的重大事件影响,但中日甲午战争并未引起日本亚洲学会的特别关注;而日俄战争却对学会产生了相当大的影响。此后学会会员在关注日本历史与文化的学术研究中越来越突出哲学的地位。戴维还指出:"一般的规则是,与日本相关的科学题目可以被《学刊》接受并发表,但在1878年后这一主题的重要性及论文数量急剧下降。日本亚洲学会亦不欢迎政治与宗教方面的论题。"[3]戴维这里所指的宗教仅指基督教,没有兼及其余,因为此后《学刊》刊载了不少详细研究日本宗教的文章。[4]

戴维的研究基本上是对日本亚洲学会发展历程的线性梳理,对《学刊》所刊文章的具体内容缺乏深度分析与详细解读。他对会员大会的会议纪要研究得比较深入,并结合日本社会发展与国际局势的变化进行分析,理解不乏洞见。比如他指出,中日甲午战争与日俄战争对日本亚洲学会最重要的影响

---

[1] U. David, "The Transactions of the Asiatic Society of Japan 1872—1912: A Development of Japanology in the Meiji Period", p. 116.

[2] U. David, "The ASJ and International Conflicts in the Meiji Period: A New Dimension in Early Japanology", in *Japanese Language and Culture*, No. 29 (2003), pp. 137—145.

[3] Ibid., p. 138.

[4] 详见本书附录一《日本亚洲学会学刊》(第一辑)目录。

体现在哲学与伦理领域;日本亚洲学会的会员向传统日本的学术流派中寻求日本在两次战争中取胜的原因,这一意图表现得十分明显。

戴维认为,中日甲午战争和日俄战争两次"国际纷争"的直接结果是造成了"日本作为一个高度受尊敬的亚洲大国(a highly esteemed Asian power)进入国际社会"①。这一说法或许受到福泽谕吉等人狂热的日本民族主义言论影响②,但历史已发展到21世纪,作者却罔顾日本悍然发动不义战争、陷邻邦与本国人民于水深火热的历史真相,仍抱持殖民心态与强权心理,影响了价值判断的公允度,不能不说是非常遗憾的。

第三节 方法与思路

无论在中国、日本还是英语世界,已有的针对近代欧美日本学的研究过于零散,不成体系;对单个旅日欧美学者的研讨,多从解读他们的生平、书信、日记出发,而对他们研究日本的经典力作的解读用力不够。有鉴于此,本研究意欲在日本与英语世界尚未在该领域的体系化论述方面有重要建树之前,先行确立一种研究范式,彰显中国学者的创新意识尚在其次,更重要的是有助于打好这一领域的研究基础,为后续研究的持续开展搭建平台,并为扩展相关成果提供一种可能。

本研究将宏观观照与微观探究相结合,勉力汇通近代欧美日本学的内部研究与外部研究;从分析旅日欧美学者创建的日本亚洲学会以及学会发行的定期刊物《日本亚洲学会学刊》入手,解读它们与早期日本学密不可分的关系;以细密分析经典学者的代表性著作为研究重点,以"致广大、尽精微"为目标,理清近代旅日欧美学者的关注重心、学术理念与治学路径;选取旅日欧美学者重点关注的日本婚嫁产育习俗、收养养子习俗和丧葬祭祀习俗为切入点,揭示"异域之眼"的洞见与局限,进而探究习俗所折射出的日本社会的女性观、伦理观与生死观;最后探讨近代旅日欧美学者针对日本文学的"比较研究",并对日本文化的区别性特征进行再审视。

---

① U. David, "The ASJ and International Conflicts in the Meiji Period: A New Dimension in Early Japanology", p. 137.
② 福泽谕吉(1835~1901)在《扩充军备与外交》一文曾称日本在甲午战争中的胜利使"近年来日本在欧美诸国间名声大噪"。(参见福沢諭吉:『福沢諭吉全集』第十五卷、東京:岩波書店、1961、第91頁。)

一、研究方法

本研究拟从三个层面入手：将研究对象置放到当时的历史文化语境中，呈现其固有的样态；采用原典实证的方法，倚重文本细读，尽量规避来自主观方面的定规或先入为主的成见；取通观圆览的文化视角，审视研究对象生成的内在理路与外在背景。最终将近代欧美日本学与当下世界范围的日本研究串联起来，令研究更富现实意义。

（一）样态呈现

研究在第一个层面上，采用样态呈现的方式开展。样态呈现对于我们"辨章学术，考镜源流"的史学传统而言并不陌生，它通过拆解文化现象间的缠绕关系，呈现文化样态本身的构成；也如福柯（Michel Foucault, 1926～1984）"知识考古学"所言，以"追踪"（tracing）、"语境化"（contextualization）和"历史性"（historicity）作为重构的重要手段。① 保存下来的文献文本只能以"断裂"和"缺陷"的状态存续，样态呈现就是要借助这些不连续、不完整的材料，历史地分析，大致还原出当时的社会文化语境，尽量接近事物本真的样态。

样态呈现必须具备明确的历史意识。实践证明，采用回溯的方式，利用后设的现代观念解释过往历史的做法往往会割裂研究对象与其历史背景之间的联系，无形中会对文化语境做出过滤与遮蔽，由果及因的推导易将历史发展进程简单化。罗志田在研究中指出，对材料的处理"不是可以通过简单的辨别真伪来决定取舍的……需要考察的是：历史资料在何种情形下因何目的并经何途径怎样留存下来，以及这样留存下来的材料在多大程度上能使后人了解或认识到历史事物的'真实'发生发展历程"②。该论断要言不烦地说明了样态呈现过程中历史意识的重要性。既要考察历史资料与文献得以出现与留存的历史背景，也要探究它们出现并存续的原因，还要辩证、批判地用好这些资料文献去接近历史真实。

样态呈现要求将研究对象放置在历史的场域中并使之尽量沉淀，在其生成脉络中重新理解它的纹路肌理。用历史的眼光揭示其内在关联，以"知其然"；同时注重文化传统的继承与发展、特定文化语境中异国因素的融入等方面，用知识考古学的方法，将它重新变成一个"问题"，或者将之"作为事

---

① 〔法〕米歇尔·福柯：《知识考古学》，谢强、马月译，北京：生活·读书·新知三联书店，2003年版。

② 罗志田：《历史记忆与五四新文化运动》，见《变动时代的文化履迹》，上海：复旦大学出版社，2010年版，第138页。

件"①,从大量虚幻信息和主观臆断中剔除各种假象,"还他一个本来面目"②,方可"知其所以然"。既要秉持"不尽信书"的理念梳理文献资料,又要在爬梳剔抉、去芜存菁的过程中,发挥出有限资料的最大效用,还要防止过度解读,准此方可使研究达到一种动态的平衡。

(二) 原典实证

研究在第二个层面上,援用原典实证理论作为方法论依据。在严绍璗先生倡导的东亚文学与文化关系研究的方法论体系中,原典实证与发生学研究、变异体理论组合成一个系统整体。③发生学理论侧重强调文本产生、形成、流布、影响的发生轨迹,在还原的历史文化语境中关注文本;变异体理论关注文化交流过程中作为常态出现的"不正确的理解",以及建基于不正确理解之上的"变异体"的产生机制。

原典实证的出发点是文本细读。文本细读强调动态与多元。唯其是动态的,才会从事实出发,并以探究事实真相为旨归,杜绝以静态、孤立的眼光看待研究对象,在方法上超越经验主义,靠原典材料说话,因而可信度高;唯其是多元的,才不会强求定于一尊,而是始终指向事实本身,进行合理的解释并最终推导出可以接受的结论,因而说服力强。

原典实证强调立足于严格的实证。罗列现象不能代替深入的分析,无法上升到理论高度,大而化之的持论亦难免流于肤浅。实证要以理服人,避免主观臆断,不求面面俱到,而要以文本为出发点,从中挖掘资料,展开分析和解读;依靠原典,通过实证求得结论的确证性;同时反对过度阐释,强调征用双重或多重证据。

为有效地实现原典实证,围绕一个命题,在历时性的演进过程中需关注

---

① 日本学者子安宣邦(1933～)提出,对于徂徕学的解读"由朝着徂徕的诠释性解读,变成来自徂徕的批判性解读",并将这一转化称为"作为事件(事件として)"的徂徕学,即把荻生徂徕(1666～1728)的论著和言论当作一个发生在17世纪末、18世纪初的社会环境、社会生活和社会背景中的事情看待,是他对当时社会语境发出的话语。(〔日〕子安宣邦:《作为事件的徂徕学:思想史方法的再思考》,朱秋而译,载《台大历史学报》2002年第29期,第183页。)

② 胡适称:"必须以汉还汉,以魏晋还魏晋,以唐还唐,以宋还宋,以明还明,以清还清;以古文还古文家,以今文还今文家;以程朱还程朱,以陆王还陆王……各还他一个本来面目,然后评判各代各家各人的义理是非。不还他们的本来面目,则多诬古人。不评判他们的是非,则多误今人。但不先弄明白了他们的本来面目,我们决不配评判他们的是非。"(胡适:《<国学季刊>发刊宣言》,载刘孟溪主编:《中国现代学术经典·胡适卷》,石家庄:河北教育出版社,1996年版,第703页。)

③ 参见严绍璗:《"文化语境"与"变异体"以及文学的发生学》(载《中国比较文学》2000年第3期);《关于在比较文学中进行文学发生学研究的思考》(载《跨文化语境中的比较文学》,南京:译林出版社,2004年版),以及其他相关论著。

其"中心点",在并时性的空间序列中要把握其"侧重点"。文化一方面存在内部张力和差异性、多样性,另一方面又有主导化倾向,坚持前者并不必然意味着否定后者,强调整体化,并不排除对文化的新旧更替、持续性与阶段化发展的认同。在呈现近代旅日欧美学者的日本研究的过程中,始终关注他们所展现的日本文化这一"中心点",同时尽量观照日本文学、日本历史、日本习俗与日本社会观念等日本文化的不同"侧重点",以期使实证进行得既直观又全面。

（三）通观圆览

研究在第三个层面上,取通观圆览的视角观照研究对象。"通观圆览"本是钱锺书拈出的一个学术术语,[①]它既强调细节,又注重从整体出发开展研究;[②]强调在具体的语境中把握研究对象;[③]同时还凸显研究主体与研究对象之间的双向互动。[④]"通观"第一位的要求是全面而不断章取义,"圆览"强调周全、辩证而不失之偏颇。

通观圆览要求研究既强调整体描述的合理性,又避免宏大叙事多所遮蔽的缺陷,充分认识事物的丰富性与复杂性,深入考察事实与过程;既要在宏观上综合考察地理风土、社会进程和文化演进等因素,又要避免过分强调时间的连续性,而忽略区域或个体之间的差异性。合理的思路应该是宏观观照与微观考察相结合,在整体把握的前提下区分不同地域、不同时段、不同侧面,分别进行定性与定量相结合的研究。

通观圆览需要跨文化的胸襟与世界视野,以文化多元的方式进行思考。不应满足于将近代欧美日本学看作一个自足的独立存在,而应放到世界文化发展的大背景下予以考察。研究过程中要给予研究对象以有机整体的人文观照,将历史探寻与美学思考相结合,将注视他者与反观自身相结合,将开阔的眼界与精微的考证相结合,以全球化的视野,取平视的姿态,在研究对象的内容实质与针对研究对象开展的先行研究之间形成一个钟摆式的摆动,摆动的中心则始终指向研究对象本身。

---

① 钱锺书多次提及通观明辨、通观一体,说"'圆照''周道''圆览'均无障无偏之谓也",并称"通观圆览"可以"阐发共味交攻(synergism)"。(钱锺书:《管锥编》第三册,北京:中华书局,1986年版,第1053、1431页。)

② 如"积小以明大,而又举大以贯小;推末以至本,而又探本以穷末;交互往复,庶几乎义解圆足而免于偏枯,所谓'阐释之循环'者是矣"。(钱锺书:《管锥编》第一册,第171页。)

③ 如"观'辞'(text)必究其'终始'(context)"。(钱锺书:《管锥编》第一册,第170页。)我们可以将"辞"与"始终"同步扩大或缩小,以使其适应变化了的研究对象。

④ 比如钱锺书提到"自省可以忖人,而观人亦资自知;鉴古足佐明今,而察今亦裨识古,鸟之两翼、剪之双刃,缺一孤行,未见其可"。(钱锺书:《管锥编》第一册,第171页。)

研究近代欧美日本学,不应在经典人文文献的范畴内自我设限。人文学科的分界大都是在二战后人为确立起来并被着意强化的,许多学科确立的严格分界是极度成问题的;并且近代旅日欧美学者在研究日本时也并没有拘泥于狭义的人文学分析。如《淮南子·泛论训》所言:"东面而望,不见西墙;南面而视,不睹北方;唯无所向者,则无所不通",通观圆览呼唤我们打破思路与视角的局限,以开放的视野和多元的方法处理问题。

本研究无意固守狭义的文学分析范畴[①],而是要通过选取具有代表性的旅日欧美学者及其经典著作,将其"典型性"置于带有普遍性的思想史考察中,以点带面地勾勒出他们描绘、分析日本文化的纵深度;致力于打通文学、历史与哲学之间的界限,必要时要涉及文献学、宗教学、文化人类学、民族学、民俗学、社会学等"广谱",甚至打破"社会科学"与"人文学"的界限,借助各学科领域的交叉渗透达到接近研究对象本真面目的目的。

二、研究思路

近代旅日欧美学者的日本研究是一个有机整体,其形成既有内在理路的指引,又有外在条件的促成,是在二者共同作用下合力生成的。如何在有限的篇幅内对其做出提纲挈领的概括、点面结合的分析与严谨科学的论证,并确保研究具有现实意义,是一个颇费思量的问题。黑格尔(Georg Wilhelm Friedrich Hegel, 1770~1831)认为:"对那具有坚实内容的东西最容易的工作是进行判断,比较困难的是对它进行理解,而最困难的,则是结合两者,作出对它的陈述。"[②]人们对事物和现象的观察总是从某个特定视角出发的,由此产生的洞见,必定以另一些视角的放弃为代价,相应地也会产生一些视域盲点。因此本研究以观照近代旅日欧美学者的"异域之眼"所带来的洞见与视域盲点为主轴展开。

在众多的进入路径中,本研究不取按时段梳理日本学发展变迁的方法,因为历史发展不是线性、透明、单向度的,学术史也一样,有时历史进程与文化样态并不必然存在前因后果的关系,而是由多种因素复合造就的,并且常常互为因果,这种多面性使得线性进化式的描述显得苍白。对已成为历史的

---

① 中国传统学术一方面各有其分类和流变,另一方面又特别注重整体的观点,以贯通和整合为最主要的精神。经史子集虽分为四部,四部之内亦有千门万户,但所有部类无一例外都显露中国文化的特性,因而也都可以相通。现代西方学术也并非只有专门化一条途径,并不完全在选定的范围内进行窄而深的专门研究,他们同样有"部分"与"整体"互通的要求,如上述钱锺书所提及的"阐释的循环"。

② 〔德〕黑格尔:《精神现象学》,贺麟、王玖兴译,北京:商务印书馆,1981年版,第3页。

对象进行叙述或研究是建立在有限的材料之上的再造或重现过程,是一种受限制性地接近事实真相的主观建构。为有效地避免以偏概全的偏颇或研究侧重点的畸重畸轻,一方面要对纷繁复杂的资料做出筛选与组织,另一方面也要对既有成说与习见定论进行客观批判。

近代旅日欧美学者在研究日本文化时形成了一种百科全书式的研究理路[①],他们以开拓性的贡献与扎实的研究全方位地呈现了多面的日本与丰富的日本文化样态,对日本社会进行了纵深向与横断面相交织的剖析。本研究不以描述性、介绍性、资料翻译性的工作为重点,而是采用主题分类、史论结合的方式,对日本学的丰富现象和复杂内涵进行整合,选取重点领域与经典学者的论述进行深入研讨,围绕一个个专题纵横交织展开论述,并兼及研究中的热点问题及存在的争论,着眼于对近代旅日欧美学者的日本研究进行溯源式的分析,并向其寻求可能的方法论借鉴,避免流于简单归类而贸然做横向或纵向的武断切分。

基于上述问题意识,尝试从19世纪后半叶至20世纪初年居留日本的欧美学者入手,分专题研讨他们研究日本文化的内容,即他们是如何认识日本和看待日本文化的;探讨日本学从无到有的过程,重点关注学科化的"日本学"的形成与发展、研究内容与主要特征;剖析近代旅日欧美学者从事日本研究所采用的方法,辨明他们眼中的日本与日本文化与此前此后的相关论说有何异同,致力于在方法论层面挖掘对中国当下日本研究的启示;进而探究这股日本研究热潮及其中相应日本文化观得以形成的深层原因,同时客观地辩驳其缺憾与不足。

除引言与余论以外,正文部分拟分三卷八章展开论述:

卷一(第一至三章)为日本学概观。梳理日本亚洲学会的创立与发展历程,探讨学会与日本学的密切关联;以整体观照的方式探讨《日本亚洲学会学刊》第一辑(1872~1922)的学术贡献;分析《日本亚洲学会学刊》的撰著者队伍与常规的读者群体,彰显近代欧美日本学的学术性诉求与研究方法的科学性。

卷二(第四至五章)选取阿斯顿、萨道义与张伯伦三位早期日本学巨擘,以个案研究的方式研讨代表性学者的经典研究著作,借以廓清近代欧美日本学"是什么""怎么样"和"为何如此"的问题。研究始终围绕旅日欧美学者的"日本文化观"这一中心,再连缀历史上的一些散点和碎片,以文本细读为进阶路径,以原典实证为立论方法,大致还原或尽量接近近代欧美日本学不同

---

① 有关《学刊》编辑者与聚拢在其周边的研究者百科全书式的研究理路,本书第二章第二节有详论。

侧面的本真面貌。

卷三(第六至八章)以近代旅日欧美学者对日本习俗的研究为基础,在通观圆览的视角指引下,本着警惕自我封闭的自觉,整合现当代世界范围内日本研究的新动态与新成果,深入剖析日本社会的女性观、伦理观与生死观,一方面在更宽领域和更深层次上理解日本文化,另一方面从方法论层面反思近代旅日欧美学者"异域之眼"的得与失。

余论部分,一方面通过分析近代旅日欧美学者以"比较"东西方的方式研究日本文学,探究类比的合法性问题,揭示早期日本学研究中存在的西方中心主义阴影,并从方法论的角度着眼,就"比较"如何成为方法做出探讨;另一方面,清理日本文化的源头,并追踪日本文化发展进程中与外来文化因素的互动,究明日本文化面对外来影响时的余裕,指出日本文化在结构层次上"多元混成"的特点,吸收与改造外来文化的过程中铸就"错综杂糅"的品质,统治者与知识阶层在对日本文化进行有利于自身的解读时加重了日本文化"变动不居"的特色。

本研究冀望,通过对早期日本学条分缕析,与中国当下的日本研究形成良性互动,丰富我们的研究路径,更新我们的研究范式,促进中国的日本研究向纵深发展;研讨近代旅日欧美学者关注日本乃至东亚的视角、方法与心理根基,以期进一步加深对欧美世界的理解;以中国文化的大发展为旨归,在更广阔范围与更普遍意义上探究跨文化理解与沟通的必要性、可能性、可操作性及其局限性。

卷一：日本学概观

近代旅日欧美学者创建日本亚洲学会并定期发行《日本亚洲学会学刊》，打破了以往日本研究的封闭和自足，向内向外都开拓了空间。以日本亚洲学会与《学刊》为中心，逐渐聚拢了一大批以日本研究为志业的学者，开拓了全面广泛的研究领域，形成了百科全书式的研究理路，并在此基础上培育、成长起学科化的"日本学"。

日本亚洲学会与《学刊》以其对日本文化的持续关注与丰硕的研究成果而成为东西文化汇通的桥梁与纽带，为外部世界更加真切地了解日本贡献了丰富翔实的资料，为日本民众更加理性地反观自身提供了宝贵的镜鉴，也为日本知识界学习西方近代诸学科鲜活的研究理路与研究方法提供了可能。

第一章　日本学与日本亚洲学会

19世纪中后期,特别是后30年欧美世界对日本的研究出现了质的飞跃,对学科化的"日本学"的草创与形成具有里程碑意义。1853年之后,日本幕府政府解除了锁国禁令,国内国际的新格局促成了日本与外界的交往激增,彼此加强了解的诉求推动了日本与西方的文化互动。日本政府机构与高校聘请的西方专家、学者与外交使节中的文化官员取代了以往的传教士成为研究日本的主体。对日本的关注与研究呈现百花齐放的繁荣局面,学术论著不断涌现,涉及的范围更加广泛,欧美的高等院校亦因应研究日本之需,在课程讲授与人才培养方面充实调整。针对日本的学术研究主体与学术制度都发生了根本性的变化。以旅日欧美学者为主体,以近代西方学术方法为指导,"日本学"(Japanology)应运而生。

在"日本学"的正式形成过程中,日本亚洲学会在日本本土成立,连同《日本亚洲学会学刊》[①]继之出版发行,成为划时代的标志。以日本亚洲学会为中心,逐渐聚拢、培养出一批以研究日本为志业、意气相投的学者。如此一来,出现了专门以日本为研究对象的研究机构与人才,研究方法日渐成熟,研究队伍相对稳定,并定期发行刊物,"日本学"逐渐成长为一门专业学术型的学科遂水到渠成。

第一节　"日本学"概念的界定

一、西方的日本研究分期

针对欧美世界关注、论述与研究日本的发展与变迁历程,本研究依据研究主体的差异,研究理念与范式的转变,以及关注重心的扩大与转移,将西方的日本研究划分为日本散论、日本学与当代日本研究三个阶段。

---

① 在日本,*Transactions of the Asiatic Society of Japan* 中的"Transactions"最初一直翻译成"会报",1965年东京雄松堂书店发行的同人志复印版题为"纪要",该名称一直沿用至今。(参见楳垣实:「初期『日本アジア協会紀要』にみえる日本語方言研究」,第1页。)事实上,中文语境中纯粹的"纪要"(Minutes of Meetings),在《学刊》中仅占很小的比重。

三个阶段的划分大致以日本开国(1854)和第二次世界大战爆发(1937)为节点：

第一阶段起于西方与日本最早开始接触，止于日本全面开国。这一阶段西方到日本的人大多对日本文献缺乏有效的解读，而一般从对日本的观感出发，以印象点评为主对日本予以描述或阐发，故称之为"日本散论"阶段。

第二阶段从日本开国延至第二次世界大战爆发。以旅日欧美学者为主体，其中尤以英国学者的成就最为突出。该阶段以翻译日本经典文献为基础，逐步开展人文学方面的研究，谓之"日本学"(Japanology)阶段。

第三阶段从第二次世界大战延至今日。在已有的"日本学"成就基础上，多采用社会科学的研究方法，通过田野调查、计量分析等手段，注目于更加广阔的日本经济、社会与现实，称其为当代"日本研究"(Japanese Studies)[①]阶段。

上述三个阶段的划分并不必然意味着它们前后继替、一个取代另一个，强调这种区分只是为了便于凸显不同历史阶段日本论述与研究中起主导作用的方式与层面。划分的主要依据是各阶段的研究主体与研究方法存在明显的分野。

(一) 日本散论

以"日本散论"为主的阶段，从西方文献中出现有关日本的记录开始，直至日本幕末开国为止。日本与西方的文化交往可以追溯到足利时代(1336~1573)，1543年(天文十二年)葡萄牙人费尔南·门德斯·品托(Fernão Mendes Pinto, 1510? ~1583)因乘坐的船漂流到九州的种子岛而宣称"发现"了日本，以此为起点，西方与日本展开了人员往来与初步的贸易接触。之后渐次出现了一些西方人描述日本的著作，著者主要是来自葡萄牙与荷兰的传教士，也偶有一些西方冒险家与旅行者。

葡萄牙传教士路易斯·弗洛易斯(Luis Frois)1585年所著的《日欧比较文化》(*Kulturgegensätze Europa-Japan*)[②]是日本散论阶段的杰出代表，记录了作者在日本生活多年的经历、见闻和观察、思考，广泛涉及日本民族的思想、宗教、风俗与社会状况，并自觉地对东西方文化开展比较研究。《日欧比较文化》显示出较强的猎奇心态，有时为造成东西方的对照在材料取舍方面难免畸轻

[①] 英语学界尽管有日本学(Japanology)与日本研究(Japanese Studies)两个术语，但更多地体现为地域性的学术分野，前者多用于欧陆与英国，后者多用于美国；且西方迄今未有针对日本研究明确分期划分的专题论述。

[②] 该书中译本系根据日本岩波书店1965年出版的冈田章雄译注本译出。〔葡萄牙〕路易斯·弗洛易斯：《日欧比较文化》，范勇、张思齐译，北京：商务印书馆，1992年版。

畸重，甚至有刻意夸大差异之嫌。

（二）日本学

"日本学"是指日本开国以后欧美学者以翻译与研读日语经典文献为中心，对日本国家、社会与文化自觉开展的体系化、学科化研究。欧美日本学发轫于19世纪末期的欧洲语文文献学传统（philological tradition），其研究面向涵盖日本语言、历史、文学、宗教、习俗、艺术、音乐和工艺等诸多领域。"日本学"阶段以文献典籍为资料来源和立论基础，侧重于古典人文学领域的研究。

"日本学"研究者以旅居日本的欧美学者为主体，尤以英国学者的成就最为突出。这是因为经过17世纪的资产阶级革命和18世纪开始的工业革命（Industrial Revolution）后，英国国力日益强盛，成为发达的资本主义强国；并且从17世纪上半叶开始，英国向北美、非洲和亚洲三个方向进行海外扩张和殖民掠夺，逐渐成为海上霸主和最大的殖民帝国。19世纪中期至20世纪初年，居留日本的欧美人中英国人所占比重最大。[①]根据八木正自考证，到日本亚洲学会创立一年之际的1873年底，全部114名会员中英国人74名，美国人23名，其余17名来自其他国家，只有森有礼一位日籍会员。[②]英国会员占接近65%的比例也可见一斑。当时日本虽未明言，但在对外交往中事实上持"事大"姿态，1902年英国和日本为对抗俄国在东北亚的扩张而结成军事同盟，英日两国的紧密关系达到一个高峰。英国出于种种战略需求而积极实施日语教育、加强日本研究。是以在"日本学"蓬勃发展的过程中，居留日本的英国学者发挥了重要的引领与生力军作用。

（三）当代日本研究

当代"日本研究"是指在第二次世界大战期间以及战后的北美，作为亚洲区域研究（Area Studies in Asia）的一支蓬勃发展起来的专业化的日本研究。当代日本研究尽管也包括古典人文学领域的研究，但其研究触角涉及更为广泛的日本社会，尤其凸显对日本的村落、企业以及民众当下生活的调查分析。当代日本研究以田野调查为主要研究手段，在研究的面向与方法方面偏重社会科学领域，尤其注重对日本现实状况的分析解读。

---

① 举例而言，时任美国海军总出纳官尤斯塔斯·罗杰斯（Eustace E. Rogers）为1894年12月29日的《哈珀斯周刊》（Harper's Weekly）撰写的《西方侨民在日本的生活》（"Life in the Foreign Settlements of Japan"）一文中提到，在横滨，除中国人以外，共有1605个外国人，这些人中有808人效忠于维多利亚（Alexandrina Victoria, 1819～1901）女王陛下。（转引自：万国报馆编著：《甲午：120年前的西方媒体观察》，北京：生活·读书·新知三联书店，2014年版，第37页。）

② 八木正自：「『日本アジア協会』と日英関係」、第24页。

在当代"日本研究"阶段，美国超越欧洲成为日本研究的领军者。这是因为自第二次世界大战爆发以来，美国在经济、军事领域的地位日渐上升，并成为世界上最强大的国家，它作为战争期间日本的交战对手，以及战后唯一真正在日本驻军的国家，对日本经济、社会、军事等方面展开了全面研究。美国的"日本研究"从继承近代西欧传统文献学式的"日本学"出发，逐渐扩大研究领域、更新研究范式，成长为不同于"日本学"的全新学科，或者说日本研究的崭新阶段。

本尼迪克特于第二次世界大战结束后出版的《菊与刀》是当代日本研究的典型代表，也是研究日本民族性的经典名著。《菊与刀》突出了日本文化的双重性，如爱美而黩武、尚礼而好斗、喜新而顽固、服从而不驯等，详细分析了日本社会的等级制及有关习俗。尽管该书在理论分析方面对历史变迁的关注不够，在资料占有和信息获取方面也存在一些明显的缺陷，但仍被誉为战后美国改造日本、分析日本的指导书。

二、作为学科的"日本学"

"日本学"与当代"日本研究"是既有联系又有交叉的两个概念。在欧洲习惯上用"日本学"这一术语指称日本历史、文化研究，至今依然如此，有时也偶称"日本研究"；在北美，这一学术领域一直用"日本研究"来命名。早期欧洲与北美的日本学是连成一体的，更准确地说，正如在其他许多学术领域一样，早期美国日本学被普遍视为内含于欧洲日本学的。[①]从出现的时间先后与学科本身的内涵与外延来看，先有"日本学"，后有"日本研究"，"日本研究"是"日本学"的发展和延伸。

日本学既是一门学科，也是研究日本的一个阶段。说日本学是一个学科，系指日本开国以后，以旅日欧美学者为主体（欧洲本土的日本研究者为必要补充，并提供了人员补给），以对日本经典文献典籍的翻译与研究为主要方式，侧重古典人文学领域的研究。说日本学是研究日本的一个阶段，则是相对于在它之前出现的"日本散论"阶段，以及二战期间与战后出现并逐渐取代日本学主导地位的当代"日本研究"阶段而言。

---

① 迟至19世纪后半叶，将美国看作欧洲一部分的观点还很普遍。譬如，1875年6月30日日本亚洲学会年度会议的会议纪要中称"学会不断拓展与欧洲学术团体的关系，已有意大利、奥地利以及美国的学术组织和机构向学会惠寄交流刊物"(in *TASJ*, Vol. III (1875), p. 14)，将美国包含进欧洲；又如，《日本亚洲学会学刊》第十五卷提到"欧洲人，至少英国人和美国人，几乎总是用'j'来表示日语中的'dj'这一发音"(in *TASJ*, Vol. XV (1887), p. 14)，也把美国人视作无差别的欧洲人。

前引戴维的论断指出:"日本亚洲学会仅用了十四年(1872～1886)时间将研究特点从对一切日本事物感兴趣转为日本学。"①尽管戴维有片面夸大日本亚洲学会功效之嫌,因为此外尚需考虑日本语言与日本研究作为专业进入欧洲大学的节点等其他学科化标志,但日本亚洲学会及其《学刊》在"日本学"的学科化过程中居功甚伟是毋庸置疑的。

在日本本土由旅日欧美学者为主体创建了日本亚洲学会,是催生"日本学"的最大利好举措。日本亚洲学会自创立起,大致以每年一卷的规模出版《日本亚洲学会学刊》,至1922年共出版五十卷。②1923年发生了关东大地震,接着东京遭遇特大火灾,已印制完成的第五十一卷《学刊》悉数化为灰烬。迟至1924年推出新刊印的《学刊》清楚地标明"第二辑第一卷(Series II, Volume I)",这样一来,前五十卷理所当然地成为第一辑。《学刊》第二辑持续发行至1940年,凡十九卷。后因战事原因,学会与《学刊》的工作一度被迫中止。1947年学会恢复运转,1948年起推出《学刊》第三辑,至1985年出满二十卷而止。1986年《学刊》开始出版第四辑,现在仍在继续。

《日本亚洲学会学刊》第一辑是早期日本学的重要载体与物化表现。相对而言,第二辑及以后第三辑、第四辑的《日本亚洲学会学刊》作为西方了解日本的窗口作用越来越小。

原因之一在于《学刊》第一辑持续发行并全方位、多角度地呈现了日本与日本文化,为欧美国家研究日本打下了坚实的基础,提供了丰厚的资源,研究日本的方式得以更新,成果亦层出不穷。

原因之二在于明治维新后的日本迅速走上资本主义发展道路,随之加入西方列强侵略扩张的行列,特别是在甲午战争、日俄战争中获胜,大大增强了欧美各国政府、民众、知识阶层加深了解日本的愿望,第一次世界大战后日本进一步扩大了在中国的特权,在世界范围内引起更大关注,"黄祸论"甚嚣尘上,欧美国家加大了研究日本的力度,研究著作大量涌现,欧美世界了解日本的渠道不再局限于《学刊》了。等到第二次世界大战爆发,从战略角度着眼,欧美世界对日本古典人文学领域的研究显然要让位于对日本经济、军事、国民性等领域的研判。

《日本亚洲学会学刊》第一辑(1872～1922)对欧美世界而言具有独特的价值,无论对于学者的日本研究而言,还是在普通西方民众的日本认识方面,都发挥了不可替代的作用;它还具有承前启后的历史作用,为后来进一步走

---

① U. David, "The Transactions of the Asiatic Society of Japan 1872—1912: A Development of Japanology in the Meiji Period", p. 116.
② 发行次数不固定,多至一年五六次,少至一年一次,但基本上每年汇成一卷。

向深化的当代日本研究提供了资料准备与方法论支持,促进了日本研究的持续发展。正是基于这一判断,本研究以《日本亚洲学会学刊》第一辑所涵括的五十年为关注中心,以日本亚洲学会的发展变迁与《日本亚洲学会学刊》刊载的内容为线索,以近代旅日欧美学者的日本研究成果为依托,分析他们"异域之眼"所见的基本内容、重要特征、历史价值与现实意义。

第二节　日本亚洲学会的创立与发展

日本亚洲学会提供了一个平台,会员利用长期身在日本的便利条件,能够长时间、近距离地审视研究对象;绝大多数会员没有传教的义务,无须承受来自自己国家与日本的双重限制,研究可以更深入,立论也更客观。《日本亚洲学会学刊》的创刊发行,不仅提供了刊发日本学研究成果的园地,更以其独特的立场与趣味,深深地介入并影响了相当一部分研究者的心态与治学方法,也影响了研究日本的广度与深度。

关于日本亚洲学会的发展历程,在1915年1月27日学会年度会议后的晚宴上,时任理事会成员的麦克考利(Clay MacCauley)做了题为《日本亚洲学会历史回顾》("Historical Retrospect of Asiatic Society of Japan")的演讲,详细梳理了学会自1872年创立至1915年间的历史;后来这篇演讲稿刊发在《日本广知报》(*Japan Advertiser*)上,学会创始人之一格里菲斯(William Elliot Griffis)读到该文后,致信麦克考利[①],对学会创立时的情景进行了详尽的补充。学会成立50周年庆典上,多位会员对学会的价值与意义做出评定,对学会的历史亦稍有涉及。以下以《学刊》刊载的会议纪要、会员名录为依据,参考麦克考利的演讲与格里菲斯的信件,对学会的创立经过与发展历程予以粗线条的勾勒。

一、学会创立缘起

1872年早些时候,在日本东京成立了一个文艺与社交联盟(Literary and Social Union),成员为来自美国的教授及其家人,后来在此基础上发展成为包含欧美诸国前来日本的学者、外交官、海军军官和传教士在内的日本亚洲学会。1872年7月29日,日本亚洲学会在横滨的商工会议所(the Chamber of Commerce)举行创立集会。后来先后出任学会会长的赫伯恩(James Curtis

---

① W. E. Griffis, "A Letter by Wm. Elliot Griffis to MacCauley", in *TASJ*, Vol. XLIII (1915), Pt. II, pp. 292—294.

Hepburn)、布朗(S. R. Brown)、萨道义、帕克斯(Harry Parkers)和阿斯顿都积极参与了学会的筹创工作。

1872年10月30日,日本亚洲学会在横滨举行首次会员大会,有35人出席。会上,会员口头发表研究成果,萨道义宣读了题为《日本地理》("The Geography of Japan")的论文,哈德洛(R. N. Hadlow)、莎利(E. W. Syle)、格里菲斯等都出席了会议。格里菲斯在致麦克考利的信中指出,此时及以后一段时期,与会者大都希望更多地了解日本人、日本历史以及日本的自然环境。到1873年底,学会会员发展到114人,除3名通讯会员外,几乎全部居住在横滨与东京两地。① 学会的组织机构也逐步完善起来,沃森(R. G. Watson)任首任会长,莎利为首任通讯秘书。

日本亚洲学会在横滨创立有其必然性。陈寅恪曾令人信服地总结过海滨港湾之地得风气之先,可提供异民族文化接触的便利:"盖二种不同民族之接触,其关于武事之方面者,则多在交通阻塞之点,即山岭险要之地。其关于文化方面者,则多在交通便利之点,即海滨湾港之地。"② 诚然,横滨自日本开国以来,在接触西方文化方面是着先鞭的。

1859年《日美修好通商条约》缔结后,横滨得以开港,并由一个仅有几十户人家的渔农村庄逐渐成长为日本最大的港口城市。欧美各国外交官纷纷进驻,如穆勒·比克(Müller Beeck)1864年到横滨德国领事馆任参赞。随着横滨码头、海关的建设,还专设外国人居住区,许多原来侨居中国上海等地的欧美商人纷纷移居这一新的开港地。身处异域的外国人集中居住在港口城市并被限定在特定范围内居住(日本公、私雇员不受此限),他们创办日本亚洲学会既有排遣孤独寂寞的需求,也有借相互交流达到对日本加深了解的意图。

1874年6月学会第二个年度会议上,与会者详细讨论并通过了一个《规则》草案(Rule Draft),稍后经过修改成为学会的《章程》(Constitution)与《规章制度》(By-Laws),成为规范会员行为与学会发展方向的准则;③ 同时学会出

---

① "Minutes of Meetings", in *TASJ*, Vol. I (1873), pp. vii—viii; Clay MacCauley, "Historical Retrospect of Asiatic Society of Japan", in *TASJ*, Vol. XLIII (1915), Pt. II, p. 286.
② 陈寅恪:《天师道与滨海地域之关系》,原载《国立中央研究院历史语言研究所集刊》1933年第三本第四分;见《金明馆丛稿初编》,北京:生活·读书·新知三联书店,2001年版,第45页。
③ 日本亚洲学会1874年7月制定了《规则》(Rules),并刊载在《日本亚洲学会学刊》第二卷卷首;在1874年5月13日会员大会的会议记录中,却用了"章程(Constitution)"一词(in *TASJ*, Vol.2 (1874) p. 195);1891年6月《规则》经修改变身为《章程》与《规章制度》,《学刊》亦予以刊载。1893年10月、1895年11月、1897年3月、1901年3月、1903年12月、1908年10月、1913年12月、1914年12月对《章程》进行了几次修订。为直观起见,将学会的《规则》及修订后的学会《章程》中译并以对照比较的表格形式列为附录二,将《规章制度》中译并作为附录三列于文后。

版了两卷《日本亚洲学会学刊》。学会与《学刊》的发展很快步入了正轨。

二、学会发展历程

日本亚洲学会的发展经历了一个螺旋式上升的曲折过程。表现为学会在《章程》规约下,组织严谨,运作顺畅;各级各类会员稳步增加,许多会员成长为杰出的日本研究学者;日本学逐渐走向学科化与规范化。

麦克考利指出,学会经历了一个双重成长过程——既有物质方面的成长,又有精神方面的成熟。[①] 学会成立后的最初三年一直在横滨发展。1872年学会甫一成立,就引起东京公使馆实习译员(student interpreter)、使节团成员及日本各级各类学校中外国教师的兴趣。随着东京作为日本政治、文化中心地位的确立,加之取消了外国人只能在划定的居留地内活动的限制,居住在东京的外国人数目渐次超过横滨,激增的东京会员希望学会就近设在身边,以期更方便地参与其中。1875日本亚洲学会将活动中心及组织机构迁至东京。此后一段时期内,学会在东京、横滨两地轮流集会。1876年学会常设机构中的书记员、理事会成员两地各占一半。随着时间的推移,尽管东京、横滨仍各保留一名书记员,但理事会成员两地均分的情况不复存在,学会逐渐成为一个在东京定点活动的机构,只是像访客一样偶尔到横滨召开会员大会。

之后学会的发展经历了一些起伏和波折。1881年学会搬离已驻在其中六年的帝国大学,迁到外国人聚居区——筑地,在一个较短的时期内在商工会议所集会,然后在接下来的五年里,将设在筑地的汤岛圣堂(the Episcopal Mission's Theological Hall)的图书馆作为其长期居留地。此后学会成为一个浪游者,被迫多次搬迁:先是搬迁到虎之门(虎ノ門),图书资料被迫放置在英国公使馆内;后来再次搬回到筑地的汤岛圣堂图书馆;1890~1904年在筑地17号定点常驻14年;不久学会跌入"失望的谷底"(Valley of Despond,麦克考利语),再次无家可归,其活动也近乎停滞;1907年学会在卫理公会教派出版社(the Methodist Book Publishing House)找到一处寓所;1912年学会在庆应义塾大学图书馆安置新家。

1913年6月开始,学会与《学刊》都进行了大幅度改革。会员大会的会期、地点都固定下来,除七、八、九三个月以外,每个月的第三个星期三下午四点集会,地点为驻在庆应义塾大学图书馆内的学会图书馆。《学刊》自第四十一卷起改用稍薄的轻型封面(light boards)[②],以方便日后重新装订;此后各期

---

① Clay MacCauley, "Historical Retrospect of Asiatic Society of Japan", p. 287.
② "Notice", in *TASJ*, Vol. XLI (1913), Pt. I.

封面上都印有当期的目录。1920年的理事会报告指出，此前一直每年都刊登在《学刊》上的会员名录、学会《章程》与《规章制度》，"按照修订后的《章程》第十九条之规定，今起从略"；并称"因应高昂的印刷费用，本卷较薄"①，直至第一辑结束，各卷都较之改革前薄很多。

三、会员发展情况

日本亚洲学会初创时颁布的《规则》规定，学会由荣誉会员、普通会员与通讯会员组成。从《学刊》刊载的会员名录得知，1873年、1874年皆注明有三名通讯会员，到1875年时取消了"通讯会员"的称谓，以后未再使用过。这三位硕果仅存的通讯会员是居住在神户的贝里(J. Berry)博士、英国驻神户领事恩斯利(J. J. Enslie)及居住在北京的艾约瑟(Joseph Edkins)牧师。1891年6月修订的学会《章程》第四条规定，学会由荣誉会员与普通会员组成。但从1893年起，《学刊》在刊载会员名录时，出现了荣誉会员、终身会员和普通会员三种类别，当年度的终身会员有23人，海军少将沙德威尔、海军上校亚瑟(W. Arthur)为学会首批荣誉会员。1913年12月再行修订的《章程》中又去掉了"普通"二字，只区分为荣誉会员和会员，但会员名录中仍沿用前述三分法。

学会《章程》规定，会员全部由理事会选拔产生。欲入会者需先在理事会会议上获得提名，然后下一次理事会会议进行投票表决。五票中如有一票反对，则拒绝接纳；当选的会员在接下来的会员大会上获得宣布。1901年3月专门就《章程》中这一条款做出修订，规定若理事会认可，可以在同一次会议上提名并投票表决。这样一来，吸纳会员的程序更趋紧凑，也方便新进会员及早参加学会的活动。1903年12月在此基础上又增加了"候选人名单需至少提前两周周知理事会成员"的限制条件。这说明手续趋简并不意味着门槛降低，对会员的准入标准还是控制得相当严格的。

在1902年12月16日的年度会议上，贝尔茨倡议吸纳女性会员，他指出："考虑到学会在《章程》中并没有这方面的限制，若在本次会议上无人提出异议，理事会今后将优先考虑女性提出的入会要求。"②在同一次会员大会上，图书馆管理员也在报告中呼吁吸纳女性会员。③但通过对比当时及以后一个时期的会员名录，可以发现女性会员的人数并无实质性的大幅增加。

下面以简表的形式统计学会不同时期各类会员的构成状况（前十年的数字逐年列出，以后每五年统计一次）：

---

① "Report of Council for the Year 1920", in *TASJ*, Vol. XLIX, Pt. I (1921), p. 2.
② "Minutes of Meetings", in *TASJ*, Vol. XXX (1902), pp. xxi—xxii.
③ Ibid., p. xxxv.

表1-1 日本亚洲学会会员构成统计表

年份	荣誉会员	终身会员	普通会员	共计
1873	2		109	114
1874	9		174	186
1875	9		177	186
1876	9		175	183
1877	8		199	207
1878	10		193	203
1879	10		185	195
1880	13		162	193
1881	13		155	168
1882	13		154	167
1887	12		155	167
1892	13	43	144	200
1897	12	109	97	218
1902	8	118	111	237
1907	5	139	183	327
1912	5	154	241	400
1917	6	152	282	440
1922	7	257	154	418

资料来源:《日本亚洲学会学刊》各卷刊载的会员名录或理事会年度报告中的会员构成情况汇总而成。

首先需要说明的是,1872年学会创立时会员的具体数字无法确知。1873年10月,学会运作一年后召开第一届年会,理事会报告提到成员增加59名,达到70人,如此发起者为11人;而根据1873年的会员名录统计有114人,则发起者当为55人。① 已有的研究都回避了这个问题,所以依据现有资料无法确定准确数字。

《学刊》逐年刊载的会员名录充分说明会员数基本表现为上升态势,有些年份上升得特别明显。上表中的数字并不包含科研机构、公共图书馆等订户(学会把它们也看作会员),因而个别地方与理事会报告中提供的数字有出入。如1917年理事会报告中称会员总数为463,其实是把非自然人的《学刊》

---

① "The First Annual Report of the Council", in *TASJ*, Vol. I (1872—1873), p. vi.

订户也统计在内,其中16个为三十年订户,7个为年度订户;同样,1922年理事会所作报告中也把作为机构的24个三十年订户与12个年度订户统计在内,所以报告中的总数为454。

按照学会《章程》规定,普通会员应缴纳费用,一经当选即需缴纳入会费,开始为五美元,1897年3月修订后的《章程》规定为五日元;此外还应缴纳年费,在6月30日(后改为9月30日)后入会者免交当年度年费,但希望收到当年度《学刊》者仍需缴纳。

1893年、1897年两次修订《章程》第六条,就普通会员转为终身会员的程序做出了详细规定,区分在日本居住的会员与不在日本居住的会员两种情况,条件也有所差别。1908年的《章程》修正案中又就普通会员转为终身会员的条件做出调整,规定无论是否居住在日本,成为终身会员的标准统一。[①]就几次《章程》的修订情况来看,学会希望更多的会员成为终身会员。

在1919年与1922年的理事会年度报告中,财务员曾分别统计过1912～1916、1916～1921年度的财务状况,我们不妨援引其中一部分,借以考量学会会员数与《学刊》的订户情况:

表1-2　1912～1921年度学会会员年费与《学刊》销售收入(单位:日元)

	1912	1913	1914	1915	1916	1917	1918	1919	1920	1921
会员年费	1550.0	2224.0	1752.5	1525.0	1510.5	1911.0	1490.0	2106.0	1494.5	3996.5
学刊销售	774.15	651.54	649.64	247.00	494.87	323.75	603.44	744.18	653.75	1234.25

资料来源:1919年与1922年理事会年度报告("Report of Council", in *TASJ*, Vol. XLVII (1919), p. 200; Vol. L (1922), p.5.)。

从上表得知,对学会会员数量的增加而言,1921年是非常规的一年。这一年普通会员、终身会员的增长数目都超过了一百,无论会员缴纳的年费还是《学刊》销售所得都差不多翻了一番。但需要指出的是,这种情况的出现纯属个例,1922年理事会年度工作报告较好地解释了这一点。报告提到,理事会在1921年9月实施了一项计划,他们向英语世界的主要图书馆发函,邀约他们成为《学刊》的年度订户,或者成为条件更为优惠的三十年订户。此举反响良好,经过审慎挑选,理事会确定了美国117家,英国(大不列颠与爱尔兰)46家,英国本土以外的英联邦42家作为年度订户。[②]正是该举措促成了上表

---

① 计有三种途径:其一,经选拔成为会员,同时缴纳入会费,另加60日元;其二,成为会员后25年内的任何时候,缴纳60日元,已缴纳的年费按每年2.5日元扣除;其三,期满25年,向财务员提出申请,无须额外缴纳费用。

② "Minutes of Meetings", in *TASJ*, Vol. L (1922), p. 2.

中该年度的数字激增。

第三节　日本亚洲学会的组织与运作

日本亚洲学会定期举行各种会议，计有理事会会议、会员大会和年度会议三种形式。借助会议这个平台，学会得以顺畅、高效地运转。图书馆为学会各种会议提供会场，同时它也是《学刊》的库存场所。图书馆员负责为学会购置图书，并与世界各地的研究机构交流学术出版物。

一、学会理事会

日本亚洲学会《章程》规定，学会事务交由理事会处理。理事会一般每月集会一次办理公务。为引导学会事务顺畅进展，理事会有权制定和修订《规章制度》，作为自身与学会的行动指导，前提是不得与学会《章程》相抵触。

学会最初规定理事会由当年度选出的行政人员组成，1876年又增加十名普通会员，他们均由参加年度会议的全体会员投票选举产生，任期一年。行政人员包括：会长一名，副会长两名，通讯秘书一名，书记员一名（后来规定横滨、东京各一名）①，财务员一名，1891年开始设图书馆员一名，1894年再增设《学刊》编辑一名。理事会从行政人员中挑选出五位组成执行委员会，负责学会的日常工作。

理事会至少每月举行一次会议，自行确定开会时间。理事会会议需要处理的常规工作有：审议通过上次会议的纪要；听取通讯秘书、出版委员会、财务员、图书馆员及其他专门委员会的报告；选拔新会员入会；与学会相关的各种公务；接受在会员大会上宣读的论文；安排下次会员大会相关事宜。

理事会的两项重要职责需要特别强调。其一，选拔新会员，在两次年会之间理事会亦有权补足理事会自身的人员空缺。其二，负责论文的审核与筛选。所有来稿均由理事会讨论决定是否在会员大会上宣读；已经宣读的文章需要经过二度遴选方可在《学刊》上发表。

学会1891年6月版《章程》第二十二条明确规定：

> 理事会接受的论文，其所有权归学会，未经理事会许可不得在任何

---

① 1876年7月14日举行的日本亚洲学会第四届年会上，《规则》第十条中的"五名理事会成员"被替换为"十名理事会成员"，"一名书记员"被替换为"两名书记员"。（"Minutes of Meetings", in *TASJ*, Vol. IV (1876), p. i.）

其他地方发表。

在学会会员大会上宣读论文,并不必然意味着随后即行出版;理事会一经决定对接受宣读的论文不予出版,应将论文交还作者,并对论文的后续使用不作任何限制。①

1914年12月修订的学会《规章制度》中还专门提到:

出版委员会应妥善保管作者手稿与印刷校样,防止出现有违学会意图的移作他用。②

这可以看作较早注意到保护知识产权的表现。论文的二次遴选制度可以确保《学刊》刊发的论文既有较高的学术价值又能受到读者欢迎。比如《学刊》第十六卷提到,理事会曾收到一篇题为《论汉语与安南语》的文章,因其与日本主题不是特别相关,所以理事会决定在会员大会上仅宣读提纲③,并且后来《学刊》亦未刊发该文。

二、会员大会

在学会的一个工作年度内,一般每月举行一次会员大会,除去假期及《学刊》编辑出版所需要的周期,大致每年举行八次左右,但也有差别很大的年份,如1897年、1901年仅各举行过两次。会议的日期与具体时间由理事会确定,地点在东京与横滨两地之间选择。每次会议召开前都由通讯秘书以信件方式通知居住在东京与横滨两地的所有会员。

会员大会选举产生一个组织委员会,负责会议日程。按照《学刊》刊载的"会议纪要"(Minutes of Meetings),会员大会的主要议程有:审议并通过上次会员大会的会议纪要,其中有些早在审议前即已刊发在《日本邮报周刊》等报

---

① 原文如下:Papers accepted by the Council shall become the property of the Society and cannot be published anywhere without consent of the Council.
　　Acceptance of a paper for reading at a General Meeting of the Society does not bind to its publication afterwards. But when the council has decided not to publish any paper accepted for reading, that paper shall be restored to the author without any restriction as to its further use. ("The Constitution and By-Laws of the Asiatic Society of Japan" [Revised June, 1891], in *TASJ*, Vol. XIX, appendix.)

② 原文如下:It shall not allow authors' manuscripts or printer's proofs of these to go out of its custody for other than the Society's purpose. ("The Constitution and By-Laws of the Asiatic Society of Japan" [Revised December, 1914], in *TASJ*, Vol. XLIII, appendix.)

③ "Minutes of Meetings", in *TASJ*, Vol. XVI (1888), p. xvii.

刊上了;宣布会员增减情况,包括理事会成员或重要会员的离任、去世及职务变动等,公布新当选的会员名单;宣读并讨论理事会审议通过的文章;也可以围绕一般性话题进行交流。

宣读文章并就文章内容展开讨论是会员大会的主要活动。一般由作者本人宣读,如果作者因故不能与会,大会主席通常委托一位理事会成员代为宣读。一般每次会员大会只读一篇文章;特别长而又非常重要的文章要分别在几次大会上宣读,也有只读文章部分内容或概要的情况;若凑巧有几篇短的文章,则在一次大会上集中宣读。上述情况一般都会在会议纪要中予以详细记载,《学刊》刊载的论文标题下通常也标记何时在学会的会员大会宣读的信息。

所有出席会议的人,无论会员还是来宾[①],都可以向作者提问,当时无法回答或不能简单解释的,作者也可以选择再次撰文解答、释疑。日本亚洲学会的会议纪要经常显示,会员积极参加学会会议并参与讨论,对会上宣读的论文亦表现出浓厚的探讨兴趣。

学会每年举行一次年度会议,开始时定在每年7月份,1891年6月修订的《章程》改为6月,1893年改为11月,1895年改至12月,1913年确定每年1月举行。年度会议有一个专门的组织委员会,其法定人数为九人。在学会与理事会举行所有会议时,若会长与副会长缺席,规定会议选举一名主席。会议主席一般不参加投票,只有出现双方票数相等的情况时,才会投出决定性的一票。

年度会议的议程除包含会员大会的全部内容以外,还另外涉及三个方面的议题:一、理事会作年度报告,汇报前一年度的工作;二、财务员呈递一份反映学会财务状况的年度总决算表,交由会长任命的两位会员进行审核(后来修订的章程中专门规定,负责审核的会员须为非理事会成员);三、选举产生学会下一年度的行政人员与新一届理事会。

三、学会图书馆

学会在创立之初曾提出设立一座图书馆与一座博物馆(后来设立博物馆的动议被取消),有不少个人与机构向学会图书馆捐赠图书,学会还积极与其他学术团体交流,互换各自出版的刊物,它们与学会自行购置的图书共同构成学会图书馆的藏书。

《学刊》第一辑曾两次刊载过学会图书馆的馆藏书目,一次是在1878年

---

① 按照学会《规章制度》,会员大会也允许来宾(包括新闻媒体的代表)列席,但需事先获得会员同意,但来宾未受会议主持人邀请不得作会议发言,他们也无权投票或参与学会公务。

出版的第六卷,另一次是在1919年出版的第四十七卷。1878年学会尚处于初创阶段,馆藏书籍也十分有限,第六卷所列书目没有进行详细分类,只是区分了一般书刊与未装订的期刊两种形式,前者计139种,后者有28种。

按照书目判断,未装订的期刊基本上属于学会与其他学术机构交流互换所得,其中包括来自英国、美国、法国、德国的一些学术机构提供的定期出版物;英国皇家亚洲学会(Royal Asiatic Society)①及其在亚洲多国的支会占了很大比重,计有4种,占总量的七分之一;来自中国的有《中国评论》(China Review)与《教务杂志》(The Chinese Recorder and Missionary Journal)。一般书刊较为庞杂,涉及中国、印度、远东、太平洋、琉球、朝鲜、巴勒斯坦、澳大利亚、新西兰、俄罗斯、波斯和葡萄牙等国家或地区;当然更多的还是关于日本的,涉及的主题有佛教、基督教、游记、历史、日语、日本教育、水文分析等。

第四十七卷所列书目数量繁多,计有西文书刊598种,日文书刊57种,并且进行了较为具体的分类,统计如下:

表1-3　日本亚洲学会图书馆馆藏统计表(1919)

语言	类别	内容	数量(种)	
西文	参考书目	参考书目	14	14
	混杂性或综合性	亚洲及综合	11	103
		日本	42	
		福摩萨(中国台湾)与朝鲜	6	
		中国	20	
		印度与缅甸	10	
		其他国家	14	
	地理学与旅行类	亚洲概览	14	66
		日本	28	
		福摩萨(中国台湾)与朝鲜	2	
		中国	11	
		印度及其他国家	11	

---

① 英国皇家亚洲学会全称为大不列颠及爱尔兰皇家亚洲学会(Royal Asiatic Society of Great Britain and Ireland),成立于1788年,是英国亚洲研究领域的高级学会与大本营。

续表

语言	类别	内容	数量(种)	
西文	人种学与人类学	综合	9	44
		日本	5	
		中国	3	
		印度	23	
		其他国家	4	
	历史学与传记类	世界历史	1	101
		日本	58	
		福摩萨(中国台湾)与朝鲜	3	
		中国	23	
		印度与其他国家	8	
		荷属东印度公司	8	
	法律与条约	法律与条约	14	14
	语言与文学	日本	26	69
		中国	10	
		荷属东印度公司	13	
		其他国家,综合著作	20	
	宗教与哲学	综合	18	68
		日本	17	
		中国	13	
		印度	20	
	艺术	日本	17	21
		其他国家	4	
	工业	日本	6	9
		其他国家	3	
	流通与钱币学	流通与钱币学	8	8
	教育	教育	4	4
	社会问题	社会问题	8	8
	期刊	综合	34	69
		日本	11	
		中国	7	

续表

语言	类别	内容	数量(种)	
西文	期刊	印度	7	
		荷属东印度公司	5	
		其他国家	5	
日文	历史与传记	历史、传记	13	57
	宗教与哲学	宗教、哲学	24	
	语言与文学	语言、文学	5	
	混合性著作	混合性著作	12	
	期刊	期刊	3	

资料来源：根据《日本亚洲学会学刊》第四十七卷刊载的《日本亚洲学会图书馆馆藏书目（1919）》（"Catalogue of the Library of the Asiatic Society of Japan (1919)", in *TASJ*, Vol. XLVII (1919), pp. 1—57.）整理而成。

从上表可以看出，学会图书馆藏书中关于日本历史、地理、宗教、哲学、语言、文学方面的书籍占相当大的比重；《学刊》刊载的内容也凸显出这几个领域的相关论文数量较多且质量上乘。它们共同印证了学会会员在这些领域兴趣颇深、用功甚勤的事实。

当然，也不能过分夸大图书馆及其藏书所起的作用，至少有些年份图书馆被利用得很不充分。1904年学会会长兼图书馆员劳埃德（Arthur Lloyd）在年度会议的报告中提到："图书馆被利用得非常有限，很少有图书被借阅，在过去的一年里不足十人到过图书馆——事实上还要远比这个数字少。"他向理事会建议："考虑到学会的相当一部分支出投向了图书馆，自然我们会问这样一个问题：是否应当采取必要措施，要么使图书馆得到更为有效的利用，要么给学会去除这样一个相当无益的负担。"① 以后学会采取了延长开馆时间、馆员随叫随到等措施，会员可以更加方便地利用图书馆。

在1922年的年度会议上，时任图书馆员在报告中指出，"图书馆包含数量可观、极具价值的图书资料，都慷慨地供会员与普通公众免费使用"，并再次吁请图书馆藏书得到有效利用。他确信，"在我们的工作中，最有把握能使我们的会员感兴趣的方式之一，是细心而持续不断地钻研学问宝藏，而这些宝藏刚好在我们的图书馆就能挖掘得到。"②

设身处地为会员着想、竭尽全力方便读者是学会图书馆一贯的作风；购

---

① "Minutes of Meetings", in *TASJ*, Vol. XXXII (1905), p. 61.
② "Minutes of Meetings", in *TASJ*, Vol. L (1922), p. 3.

置何种图书要经理事会审慎地讨论决定;学会会员广阔的学术活动空间与恢宏的学术视野保证了图书馆馆藏的质量;图书馆丰富的藏书又为会员的研究提供了资源;会员与图书馆互为依托、相辅相成,一起推进了日本学的发展。

四、学术互动

在学会成立五十周年庆典上,日本籍会员樱井让治(1858~1939)赞扬日本亚洲学会在各方面取得的成就,认为最宝贵、最值得珍视的成就是学会通过自身影响在西方世界与日本之间构筑了一个文化联盟(cultural alliance)。[1] 学会与其他学术团体共享资源,互换定期出版物,派代表参加各种学术会议,特别与英国皇家亚洲学会紧密协作,实现了广泛深入的学术互动。

日本亚洲学会自创立起就与英国皇家学会(The Royal Society)[2]积极开展学术交流与合作,整合各种资源,极大地便利了学术研究与刊物出版工作。出现在《日本亚洲学会学刊》各期的彩页插图背面均盖有皇家学会的红色标识。[3] 这至少说明,日本亚洲学会在初创阶段即已与英国皇家学会存在技术层面的合作与一定程度的资源共享。

学会还派代表参加其他学术团体的学术会议,也邀请其他学会或团体的成员参加其会员大会。1877年2月28日的会员大会上,通讯秘书宣读了一封来自德国亚洲学会的信,信中说德国亚洲学会专门修改章程,以方便他们与日本亚洲学会的会员彼此参加对方的会员大会;此前日本亚洲学会已向对方发出过参会邀请。1899年劳埃德在日本亚洲学会举行讲座,内容是刊发在《德国东亚自然与人类学会报告》(*Mittheilungen der Deutschen Gesellschaft für und Völkerkunde Ostasiens*)第三卷第二部分上的一篇文章;[4] 1904年9月麦克考利代表日本亚洲学会参加在华盛顿举办的第八届国际地理学大会(The Eighth International Geographical Congress)[5],日本亚洲学会与其他学术团体的交流日趋活跃。

日本亚洲学会还积极参加世界范围内的东方学研究活动。1892年9月,

---

[1] "Jubilee of the Asiatic Society of Japan", p. 98.
[2] 英国皇家学会成立于1660年,全称"伦敦皇家自然知识促进学会"(The Royal Society of London for Improving Natural Knowledge)。它是世界上最古老而又未曾中断过的唯一科学学会,在英国起着国家科学院的作用,享有世界声誉。
[3] 一只张开双翼的鸟,单足站在皇冠上,另一足夹着一本打开的书;"Royal"与"Society"分处鸟的上下端,字画呈纺锤形。
[4] A. Lloyd, "Dogmatische Anthropologie im Buddhismus (A Lecture on 'Buddhist Anthropology')", "Minutes of Meetings", in *TASJ*, Vol. XXVII, Supplement (1899), p. 24.
[5] "Minutes of Meetings", in *TASJ*, Vol. XXXII (1905), p. 58.

第九届国际东方学家大会(The Ninth International Congress of Orientalists)在伦敦召开,因公离开日本回到英国的张伯伦受学会委托,与迪金斯(F. V. Dickins)代表学会参加了大会。①1902年12月,国际东方学家大会在越南河内召开,时任会长的贝尔茨(E. Baelz)被推选为学会的代表前往参加。②贝尔茨指出,外国代表团与代表希望通过参加东方学家大会,从杰出的东方学家那里亲耳听到有价值的信息,也渴盼与他们交往,以确保年轻一代以及没有足够时间进行特别研究的人们获取新观念,并得到及时的建议。③

在此需要特别提及日本亚洲学会与英国皇家亚洲学会的关系。格里菲斯在致麦克考利的信中称,1872年底英国海军少将沙德威尔(Charles Shadwell)率船来到横滨,英国人莎利乘机发起成立了日本亚洲学会,并且无视此前诸位学者酝酿的计划,自作主张让该组织成为英国皇家亚洲学会的一个分支。美国著名东方学家亨利·海耶斯·沃德(Henry Hayes Ward)对此举感到震惊,并提出公开批评。④显然,莎利的主张在当时就已遭到非英国籍会员的反对,可能不久即得到纠正。

1906年《学刊》第三十四卷第二部分曾专门刊载过"皇家亚洲学会成员名录"。⑤有中国学者指出,日本亚洲学会于1912年加盟大不列颠及爱尔兰皇家亚洲学会⑥,但并没有提供论断来源。据加拿大滑铁卢大学(University of Waterloo)图书馆主办的"学术团体课题"(Scholarly Societies Project)介绍,日本亚洲学会"尽管模仿大不列颠及爱尔兰皇家亚洲学会,但该学会从未成为皇家亚洲学会的一个分支。起初日本亚洲学会是皇家亚洲学会的一个会员单位,后来成为有协作关系的同事团体"⑦。滑铁卢大学"学术团体课题"的这一判断与定位是准确的。学会以后的发展情况表明,日本亚洲学会并没有十分紧密地依托英国皇家亚洲学会。

1873年日本亚洲学会理事会第一个年度报告中提到学会与英国皇家亚洲学会互换刊物的情况⑧,并没有言及二者存在隶属关系。自1937年起,《日本亚洲学会学刊》在封面注明该学会附属于皇家亚洲学会(Affiliated with the

---

① "Minutes of Meetings", in *TASJ*, Vol. XX (1892), p. 216; p. ix.
② "Minutes of Meetings", in *TASJ*, Vol. XXX (1902), p. xxi.
③ E. Baelz, "A Report on a Visit to Tonkin", in *TASJ*, Vol. XXXI (1903), p. 18.
④ 参见 W. E. Griffis, "A Letter by Wm. Elliot Griffis to MacCauley", p. 293.
⑤ "Member of the Royal Asiatic Society", in *TASJ*, Vol. XXXIV (1906—1907).
⑥ 王毅:《皇家亚洲文会北中国支会研究》,上海:上海书店出版社,2005年版,第9页。
⑦ 参见 http://www.lib.uwaterloo.ca/society/history/1823rasgbi.html (2009年5月1日检索)。
⑧ "The First Annual Report of the Council of Asiatic Society of Japan", in *TASJ*, Vol. I (1872—1873), p. vi.

Royal Asiatic Society),此后仍一如既往地使用原来的名称,而不是像英国皇家亚洲学会在东方其他地方的一些分支那样改称"支会"(Branch)。

《学刊》在封面标明日本亚洲学会附属于英国皇家亚洲学会,此举不应单纯被视作其组织结构方面的变化。因为英国皇家亚洲学会是近代欧美世界规模最宏伟、影响最深远的东方学团体之一,日本亚洲学会通过加入皇家亚洲学会,进一步将自身纳入到世界学术格局中,并大大提升了自身在国际东方学界的地位。此后学会不仅在整个英国皇家亚洲学会框架内继续保持在日本研究方面的领军者地位,事实上亦成为活跃在日本本土与欧美国家的日本研究者进行学术交流的桥梁与纽带,上述学会会员在世界范围内参加东方学会议的情况就是证据之一,下文将要论及的学会与世界各地的学术团体互换定期出版物的情况则是另一重证据。

第二章 《日本亚洲学会学刊》的学术影响

《日本亚洲学会学刊》是最早完全专注于日本研究的西文期刊,并且持续的时间最长。1872~1922年间发行的《学刊》第一辑是19世纪中后期至20世纪初叶外部世界认识和理解日本最有帮助的英文刊物之一。有会员不无自豪地宣称:"说到形成关于日本的正确观念,没有资料比《日本亚洲学会学刊》提供的信息更出色。"[①]直至今日,国际权威日本研究中仍不断征引其中的诸多佳作和珍贵资料,诸如本研究第二卷将详细论述的张伯伦的《古事记》英译与研究、萨道义的《纯神道的复兴》、阿斯顿的《早期日本历史》等。

《学刊》第一辑反映了近代旅居日本的欧美学者研究日本的总体情况,也代表了当时世界范围内日本学所能达到的最高水平。在日本亚洲学会成立五十周年庆典上,时任学会图书馆员的查尔斯·斯威特(Charles F. Sweet)高度评价日本亚洲学会与《学刊》的工作:

> 没有任何一家机构的成员像日本亚洲学会的会员一样,如此持久稳固、百折不挠、心底无私地致力于发现日本的工作。在关注日本的期刊中,《学刊》以瞄准实质、注重真实为起点,本着善意与坦诚去努力表现现实与事物的真正意义,做到自主地跨越谎言藩篱,耐心地面对详细资料……舍此难遇其匹。[②]

虽然斯威特不无溢美之意,但他对《学刊》长期专注于日本研究,且致力于呈现一个真实日本的判断还是站得住脚的。

然而在世界范围内,长期以来对《日本亚洲学会学刊》称引颇多,全面深

[①] "Minutes of Meetings", in *TASJ*, Vol. VII (1879), p. 205.

[②] 原文如下:No other workers have applied themselves so steadily, so persistently, so unselfishly and sincerely to this work of discovery as the workers of the Asiatic Society of Japan. No publications about Japan outside its *Transactions* bear upon their face and in their substance such marks of authenticity. ...such good faith, such frank effort to bring out the reality, the true meaning of things, such freedom from the deceits of vanity and partisanship, so much patient work upon details.("Jubilee of the Asiatic Society of Japan", in *TASJ*, Vol. L (1922), pp. 99—100.)

入、系统严整的论述和阐发却严重不足。以中文语境为例,1999年孙宏开、江荻发表的《汉藏语言系属分类之争及其源流》①一文中提到爱德华·帕克(Edward Harper Parker)1889年发表在《日本亚洲学会学刊》上的一篇语言学文章。②这是目前所见《学刊》最早出现于当代中国学术论著中的情况,但文章的主旨决定了它不可能对《学刊》着墨太多。已有的涉及《学刊》的论述,大多在作资料考证时援引《学刊》刊载的会员大会纪要,对它刊载的论文很少有细致解读与深入挖掘,无形中忽略了《日本亚洲学会学刊》作为日本开国之初即在日本本土涌现的外文期刊在日本学形成与发展过程中的开拓性贡献。

第一节 全面广阔的研究领域

与日本开国之初先进的日本人汲汲于吸收西方新鲜的科技和制度不同,当时赴日本的欧美学者更多地关注具有日本特色与日本风味的事物。他们在《日本亚洲学会学刊》上发表译作、论文、游记,或针对某一领域进行专门研究时,探寻日本的历史,观察日本的自然风貌,描摹日本的风土人情,记录到日本各地游历的见闻观感,以及解读日本的文学艺术,这些是他们集中关注的几个着眼点。由于学术背景、身份、职业和人生阅历各不相同,他们关注日本的面向不尽相同,但可以肯定的是,他们都对日本的传统文化表现出浓厚兴趣,对日本之所以成其为日本的独特之处,进行了持久深入的追踪探讨。

一、《学刊》的目标定位

1874年7月日本亚洲学会第二届年会上制定的《规则》开宗明义规定了学会的目标任务:

> 第二条,学会的目标为:
> 1. 收集并研究有关日本或其他亚洲国家题材的资料信息。
> 2. 设立适合上述目的的图书馆和博物馆各一座。
> 3. 出版一份定期刊物,刊发原创论文、在学会宣读过或学会收集到

---

① 孙宏开、江荻:《汉藏语言系属分类之争及其源流》,载《当代语言学》1999年第2期,第17—32页。
② E. H. Parker, "Indo-Chinese Tones", in *TASJ*, Vol. XVII (1889), pp. 77—86.

的资料信息。①

1891年6月学会的《规则》被修改为《章程》与《规章制度》,后又经多次修订。在《章程》中学会的目标仅保留了一款,并且有字句调整：

> 第二条,学会的目标为收集并出版有关日本和其他亚洲国家题材的资料信息。②

修改之后的学会目标不再包含设立博物馆,而有关图书馆和出版刊物的要求则被分解为《章程》与《规章制度》中的具体条目,不再作为学会的整体目标表述。河野哲郎在研究中指出,《学刊》第六卷所载"会议纪要"中提及学会博物馆曾向当时的东京博物馆寄赠资料,与东京博物馆相关记录的时间也相吻合。③1878年学会博物馆的工作终止,楠本重敏解释说博物馆收集馆藏工作难以开展,除美术品以外很难得到好的藏品;河野哲郎则认为这是表面现象,关键在于学会自身条件有限,无法提供足够的场所公开展示和妥善保存藏品。④但可以确定的是,至迟到1891年6月,学会集中精力收集出版以日本题材为主的资料信息,专事日本研究的目标已变得明确而具体了。

《日本亚洲学会学刊》自创办之日起,就以全方位、多角度地研究日本为旨归。在刊于《学刊》第二卷的《日本儿童的游戏和运动》一文中,格里菲斯开篇讲道："就我的理解而言,日本亚洲学会的目标是,在可能达到的范围内,尽力获得有关日本国家和人民的全部知识……包括语言、文学、艺术、宗教、戏剧、家族迷信等。"⑤争取获得有关日本国家和人民的全部知识,这一目的可谓不乏野心且极具进取意识。

---

① 原文如下：2. The Object of the Society shall be—
   a. The collection of information and the investigation of subjects relating to Japan or other Asiatic countries.
   b. The formation of a Library and Museum adapted to the above purposes.
   c. The publication in a Journal of original papers and information read before or collected by the society. ("Rules of the Asiatic Society of Japan" [Passed at the Second Annual Meeting of the Society on 15th July, 1874], in *TASJ*, Vol. II.)
② 原文如下：Art. II. The Object of the Society shall be to collect and publish information on subjects relating to Japan and other Asiatic Countries. ("The Constitution and By-Laws of the Asiatic Society of Japan [Revised June, 1891], in *TASJ*, Vol. XVI.)
③ 河野哲郎:「日本アジア協会とその周辺」、第27—28頁。
④ 前揭書、第29頁。
⑤ W. E. Griffis, "The Games and Sports of Japanese Children", in *TASJ*, Vol. II (1874), p. 140.

在以后的发展过程中,学会的目标不断被提及并得到强调。1889年理事会年度报告称:"会员大会上宣读的论文表明它们涉及众多主题,有些属于学生和专家,另外一些向我们介绍更实际的知识,涉及日本的贸易关切。而体现在文学与艺术中的日本制度与思想,则是日本亚洲学会要阐明的目标。"①1903年12月的年度会议上,即将卸任会长职务的格瑞尼(D. C. Greene)向学会的年轻会员建议,尚有两三个领域期待他们涉足研究:

> 首先是人物传记。一些重要日本人物的生平已经有人写过,但仍有世界人民渴望了解的许多其他人物,尤其希望能在他们生活的自然环境中展现人物形象……带有恰当评注的传记翻译最能引起读者兴趣。
>
> 另一个研究领域是方言,尤其是九州的方言,尽管最北端的方言并不能引起语文学家的兴趣。
>
> 此外还有一个方面是关乎日本现代生活的,比如农业教育……这种研究应当不仅包含对农业与商业部所发布数据的整理,而且还要涵盖走访农业学校、学习他们的方法,也要审视农民为适应新的社会形势而做出的调整尝试,等等。②

随着日本日趋西化并与自身原有的传统渐行渐远,日本亚洲学会中的有识之士不断强调,应当关注日本的现实生活,并从中审视传统。有鉴于过去为数众多的遗迹都在乡村存留了下来,而在城镇中文物古迹正在迅速消失,劳埃德1905年发表了《日本乡村生活记》,希望通过自己的文章吸引更多居住在日本乡村的学会会员"运用自己的眼睛、耳朵、双手,去观察、倾听、记录

---

① "Report of the Council for the Session October, 1888—June, 1889", in *TASJ*, Vol. XVII (1889), p. xi.

② 原文如下:The first is that of biography. The lives of a few of the leading men of Japan have been written, but there are many others of whom the world would like to know, especially if their lives would be shown in their natural environment. …A translation of a biography with suitable annotations would have the deepest interest.

Another line of investigation might well be the dialects, especially those of Kyushu, though those of the extreme north would possess hardly less interest to the philologist.

Another still might well be some department of modern life, such, for example, as agricultural education. …Such investigations would not consist simply in the collation of the statistics published in the Department of Agriculture and Commerce; but in visiting the schools, studying their methods; observing their success in awakening an intelligent interest in practical agriculture on the part of the students; examining the attempt being made to adjust the life of the farmer to the new social conditions, etc.("Minutes of Meetings", in *TASJ*, Vol. XXXI (1903), pp. 55—56.)

生活在身边的人们,关注他们日常生活中正在发生的事情。"①《学刊》上经常刊载实录当时日本社会的文章,学会成立最初几年尤甚。

针对科学论文越来越限于在科技杂志上发表的状况,1916年理事会报告提供了五个主题供撰稿者参考,均涉及科学或相关学科,包括日本的现代卫生与环境卫生,过去二十年日本的医学,日本的电化学发展,日本棉、丝、糖、铜、钢铁产业的最新进展,过去五十年日本的水、陆交通发展等。②一方面理事会通过报告做出引导,另一方面在遴选论文时也有所侧重,因而学会会员在一定程度上加大了对上述领域的研究力度。

二、基础性经典文献的翻译

日本学是一项开创性的研究事业,因此文献资料的收集与整理、工具书的编纂等基础工作尤为必要和紧迫。《学刊》经常刊发就某一专题进行梳理的论文,如萨道义的《日本地理》、布伦顿(R. Henry Brunton)的《日本建筑艺术》、古德温(C.W. Goodwin)的《日本传说数种》、格宾斯(John H. Gubbins)的《基督教传入中国与日本之回顾》、阿斯顿的《日本艺术史》及《早期日本历史》、巴彻勒(John Batchelor)的《阿伊努语词汇表》、苏梅尔斯(J. Summers)的《阿伊努语—英语词汇表》、张伯伦的《最古老的日语词汇》、劳埃德的《新近日文书录》等。③由于没有前人足迹可循,亦缺乏相应的参考资料,这些初步工作需要旷日持久的努力,更加彰显了学会会员的拓荒之功。

值得欧美学者关注的有关日本的领域非常广阔,但若要全面透彻地进行探究,则要面对令人生畏的各种障碍,首当其冲的是语言障碍。在近代欧美,除了数量极为有限的日本古典文学与古代历史专业的学生可以阅读日文之外,那些日语古典著作对大多数学者而言可望而不可即,遑论普通读者。研究者要获得一手资料,当务之急是克服语言障碍。学习日语当然可以一劳永逸地去除这一障碍,借助精准的翻译也不失为一种有效的解决之道。

近代旅日欧美学者的一个重要贡献是选择并翻译了一大批日本古典文献,这些著作是几乎所有研究领域都无法绕过的源头。如1882年刊载在《学刊》第十卷增刊上的张伯伦的《古事记》翻译,阿斯顿在日本期间即已着手翻译、回到英国后完成并出版的《日本书纪》等。这些翻译是西方世界的日本研究者可资信赖的珍贵文献,可供研究过程中对照、征引、参考。同时,旅日欧

---

① A. Lloyd, "Notes on Japanese Village Life", in *TASJ*, Vol. XXXIII (1905), Pt. II, p. 133.
② "Report of Council for Year 1916", in *TASJ*, Vol. XLV (1917), Pt. I, p. 195.
③ 上述文章分别刊载在《日本亚洲学会学刊》第1,2,3,5,7,16,10,14,16,30卷,参见附录一《日本亚洲学会学刊》(第一辑)目录。

美学者翻译日本经典文献的过程,也是他们围绕这些著作开展研究的过程。

旅日欧美学者还长期精诚合作,当他们关注同一主题时,彼此从对方那里获得助益,不仅提升了各自的研究,而且推进了相关领域的整体研究水平。比如,在张伯伦翻译《古事记》之前,阿斯顿与萨道义都进行过片段的翻译,张伯伦正是从他们的译文起步的;待全部翻译工作完成后,阿斯顿又为译本补充了大量的注释,不仅大大丰富了译本的信息量,而且进一步提升了其学术水准。

翻译基础性的经典日文文献是一项前无古人的伟业,不仅为日本学研究界提供了资源,也使得日本文化得以西传。曾任学会副会长的维克斯(E. H. Vickers)指出,翻译经典日本著作,"不仅有其自身的积极价值,而且附带帮助我们理解作者的思想,还可以使我们得以估量日本先贤思想的伟大。"[①]通过翻译那些反映早期日本状况的经典著作,可以把古老洪荒的日本带到现代西方读者面前;借助他们精准的翻译,更多的人有机会了解日本,甚至亦不乏以此为路径步入日本研究行列者。

近代旅日欧美学者在将日本古典著作奉献给西方读者的同时,对一些概念术语的确立和界定也具有示范意义。张伯伦曾与另一位研究阿伊努语的先驱学者巴彻勒就"阿伊努"一词的英语译词进行商榷,认为"Aino"已习用200余年,不宜改作"Ainu"。张伯伦认为对大多数西方读者而言,前者是有意义的,后者毫无意义可言。[②]当时有不少会员加入这一争论,后来在不同场合针对这一问题又展开过讨论,相较于"一名之立,旬月踟蹰"的认真与投入,有过之而无不及。

三、《学刊》刊文主题分类

纵观《学刊》第一辑刊载的文章,文史类论文给读者以浓厚的趣味,社会科学方面的探讨更能激起共鸣或引发争论,而自然科学研究也是《学刊》涵括的重要向度之一。

《学刊》一贯坚持对日本进行具体细致的分析研究,这也体现在其前后一致、连续发展的编辑思想上。理事会担当的论文遴选工作,在一定程度上保证了绝大多数会员的研究与兴趣都尽量能得到满足;每一年度的理事会工作报告对撰稿者都能起到很好的导向和反拨作用。比如从1915年到1918年,每一届理事会都建议会员加大经济、工业、宗教、哲学、传记、科学方面的投稿比重。

---

① "Minutes of Meetings", in *TASJ*, Vol. XXXVIII (1912), p. 56.
② "Minutes of Meetings", in *TASJ*, Vol. XVI (1888), p. 33.

以下以表格的形式就《学刊》第一辑刊发的文章进行主题分类,以期从中了解《学刊》宽广的研究领域：

表2-1 《日本亚洲学会学刊》第一辑刊载文章主题分类统计表

主题 \ 年份卷次篇数	1872~1876 1-5	1877~1881 6-10	1882~1886 11-15	1887~1891 16-20	1892~1896 21-25	1897~1901 26-30	1902~1906 31-35	1907~1911 36-40	1912~1916 41-45	1917~1922 46-50
哲学		1		6			1	3		
宗教	4	4	3	3	5	1	5	12	2	3
政治			1	4		2			3	3
法律	1		2		1	1	3	2	1	
经济	2	7	1	4	4		1		3	1
国际关系	1	6		3	3		2	2	2	
游记	10	4	2			1	1	1		
语言	3	11	9	11	4	2	1	3	1	
文学	2	4		7		5	2	2	2	3
艺术	3	1	2	4	2	1	3			1
民俗	4	8	5	4		1	2			2
社会学	1	9	5	4	6		1	1	1	
历史、考古	4	5	2	3	5		2	3	2	2
地理、地质	8	16	3	2			1	1		
医学				2			2			
冶金、工艺	10	5	1							
生物学	5	5	7		1	2				
天文、气象、海洋	12	2		1						
书评、书目		1	1			2	1		2	

资料来源:《日本亚洲学会学刊》第一辑各卷目录汇总分类整理而成(目录详见附录一)。

首先,从上表可以看出,《学刊》涉及的内容非常广泛,呈现出日本社会、生活与文化的方方面面。每一个门类下面,又有范围更加广泛的细致研究与详尽论述,比如对日本经济与工艺方面的研究,涉及矿产与冶金业、农业、渔业、棉纺织业、造船业、海运业、制磁业、制陶业、制漆业、制糖业、制盐业、石油工业、化工产业、铜币制造史、烟草传入史等等。

当时日本正以前所未有的速度和广度向外部世界开放,旅日欧美学者则处于对日本调查认识的初级阶段,研究者与读者都希望汲取更多知识,于是对日本的不同方面都有一个大致的介绍成为必要。

其次,《学刊》初创时期,自然风土介绍、游记类、自然科学类论文相对集中。《学刊》第一辑50卷刊发的游记共有19篇,而其中有14篇刊发于前十卷。这些旅日游记是近代日本乡村社会的真实写照,大都按日期记录,是弥足珍贵的历史资料。关于地理、地质、冶金工艺、生物学、天文、气象、海洋等的研究大都刊发在《学刊》前十卷或前十五卷。

究其原因,尽管自然科学研究与日本概况介绍耗时费力,需要很多田野调查或资料分析,但相较于人文、社会研究而言,对语言的要求要低得多。此时居留日本的大多数欧美学者还达不到娴熟运用日语的水平,边学习语言边从事资料收集和自然考察实属无奈。同时,基于自己国家经济或军事方面的需求,也必然会促使他们尽快掌握日本山川河流、物产资源、物候气象等方面的概况。近代欧美自然科学体系的确立成为利器,便利了旅日学者在这些领域的研究。有鉴于此,虽然这些研究是初步的,但并不肤浅。

第三,对日本语言、文学、历史、宗教、艺术、习俗等专题的研究贯穿了《学刊》发展的整个过程,并且研究成果在各个时段分布比较均衡。这至少说明两个问题:一是旅日欧美学者对这些领域进行了持久的追踪与研究,并且可以不断发现新材料、解决新问题;二是这类主题有独特的趣味性,且与现实生活有密切的相关性,因而深受广大会员青睐,也受到范围更大的《学刊》读者的欢迎。

要真正理解一个民族,只有从文化①角度分析与审视才有可能准确把握其真谛,因为文化是一个民族生活的反映、活动的记录和历史的积淀,借助解读文化才可以理解该民族的价值观念、审美情趣与思维方式。本质而言,日本语言、文学、历史、宗教、艺术、习俗等领域是日本文化不同层面的体现,借助于对它们的探讨,可以追寻到体现日本特征的文化内核。这也可以部分地解释为何上述领域在近代旅日欧美学者那里始终受到关注。近代旅日欧

---

① 这里的"文化"取其狭义,即专注于精神创造活动及其结果。1871年英国文化学家爱德华·泰勒(Edward Bern Taylor)在《原始文化》一书中提出,文化"乃是包括知识、信仰、艺术、道德、法律、习俗和任何人作为一名社会成员而获得的能力和习惯在内的复杂整体",是狭义"文化"的早期经典界说。(Edward Bern Taylor, *Primitive Culture: Researches into the Development of Mythology, Philosophy, Religion, Art, and Custom*, Vols.1—2, London: John Murray, 1871, p. 1.)

美学者在研讨日本文化时,不仅突破了时间、地域、学科、语言等各种界限,而且打通了包括物质层面、制度层面和精神层面在内的整个文化领域。

第二节　百科全书式研究理路

聚拢在《日本亚洲学会学刊》周围的近代旅日欧美学者以"他者"(the other)的眼光将日本置于世界格局之下,他们不仅关注传统日本,同时也热切地关注当时的日本,并且乐于展望日本未来可能的走向。他们以广阔的研究领域为依托,以科学性为研究的生命线,扎实的研究与长期居住在日本的亲身体验相结合,对日本自然、社会、人文等诸层面的问题探讨得既深入又全面,并且很好地兼顾了学术性与趣味性。

一、以科学性为生命线

研究动机决定研究者的视角与思路,确定的视角与思路又影响研究者对材料的取舍与阐释策略,并最终影响研究结果。历史上欧美人研究日本的动机可谓大相径庭。[①]不同历史阶段总有部分研究者持有一种根深蒂固的成见,认为自身(西方)文化具有优越性,而异质的日本文化则需要按照西方标准予以改造,因而其研究不够客观公正。西方初来日本的传教士惯常采用适应日本的策略,但其意图只是为了便利地宣扬自身文化,因表面文章做得足而令主观意图的隐蔽性更强。还有部分研究者只是出于猎奇而留意日本,虽有可能触及别具日本风味的事物,但因目的不明确而容易使论说停留在表面。

日本亚洲学会的会员中起主导作用的是学者,部分会员亦带来他们以前参与其他学术机构时习得的成熟经验,使得学会在成立之初就在很大程度上摒弃了先入为主和主观臆断,而是确定了专业学术型的研究动机,讲求严谨的态度与科学的方法。

自19世纪下半叶以来,欧洲所谓的"东方学"如日中天、大师辈出,其历史背景是西方向亚洲与非洲的侵略扩张。西方的扩张确实为学者提供了直接接触亚非语言、文字、历史、考古、地理、风俗的机缘,但并不因此意味着侵略扩张具备任何合法性。欧洲的东方学家中确实也有不少抱着为知识而知

---

① 当然,我们以主要特征为准绳,采用一般意义上的分类。因为从严格意义上讲,几乎所有日本研究的动机都可以说是混合型的,这样一来包括我们的分类在内的很多事情都失去了意义。需要强调的是,欧美日本研究者的研究动机并非直线发展的,后来的研究者未必一定在客观性和公允度上超越前人。

识的态度从事研究工作者,至少在《学刊》刊载的绝大多数文章中没有鼓吹侵略扩张的论调,至于其研究成果是否在客观上为殖民侵略者所用则另当别论。

1886年日本亚洲学会理事会的年度报告称:"并不要求每一篇论文都非常长或者非常有学问,而是应当包含信息,或者在阐明某一个领域时显示出适当的研究,这些领域要涉及东方,尤其是日本的历史、宗教、语言、自然风物或自然现象。"①1917年学会理事会组织委员会建议:"学会并非有意规避有争议的论题,但应当牢记,其目标在于科学性。不以科学态度写就的论文,理事会将敬谢不敏,即便文章是关乎当前流行趋势的,也不管作为事实记录其价值有多高。"②由此可见,《学刊》对"科学性"的推重,超越了对热点问题的关注,亦超越了单纯记录事实的要求。

这里所说的科学性,强调的是一种方法、态度和精神,而不是唯科学是尚。因为对于有争议的论题,学会从来不规避,也从来没有产生过定于一尊的想法,相反,还提倡甚至鼓励关注有争议的话题。第一次世界大战应该算作有争议的话题了,1917年与1918年学会的理事会报告都呼吁会员关注"欧洲大战对日本生活与思想层面的影响"。③学会与《学刊》明确反对的是不以科学的态度从事研究,而不在于研讨的论题是否存在争议。

旅日欧美学者以《学刊》为阵地,在对文献中、历史上的日本进行系统梳理与纵深研究的同时,也密切关注日本现实社会与当时的民众生活,强调研究的当下性与现场性,对关乎社会现实或留存至今的传统事物,注重调查取证。如《学刊》第十卷中刊载了巴彻勒研究阿伊努语的两篇文章④,是作者在阿伊努人中间生活了五个月,通过田野调查获取一手资料后整理而成的产物。

《日本亚洲学会学刊》上刊发的论文,尤其是其中的调查报告,都建立在完备的资料和有效的数据基础之上,个案论述则注重实证的方法,研究型的文章一般都立论有据、引文规范。比如《日本竹的培育》⑤提供了22幅精美的彩页插图,是不同种类竹子的干、叶、笋、花的真实描摹。不仅颜色逼真,而且

---

① "Report of the Council for the Session 1885—1886", in *TASJ*, Vol. XIV (1886), p. xi.
② "Minutes of Meetings", in *TASJ*, Vol. XLVI (1918), Supplement, p. 3.
③ "Minutes of Meetings", in *TASJ*, Vol. XLVI (1918), Supplement, p. 3; Vol. XLVII (1919), Supplement, p. 3.
④ J. Batchelor, "Notes on the Ainu"; "An Ainu Vocabulary", in *TASJ*, Vol. X (1882), pp. 206—219; 220—251.
⑤ E. M. Satow, "The Cultivation of Bamboo in Japan", in *TASJ*, Vol. XXVII (1899), Pt. III, pp. 1—127.

大小也是依照实物按比例呈现的。举凡竹叶的纹理、茸毛、竹干上的花纹、竹节、竹笋的尖端、表皮的斑点，都纤毫毕现，不输照片。

二、"他者"视角的观照

近代旅日欧美学者在观察与研究日本时，必然会结合自身的文化背景，以"他者"的眼光注视研究对象。他们当中的许多人有着精通日语与多种欧洲语言的优势，因而能够在日本文化与西方文化之间穿针引线，架起理解与沟通的桥梁。比如赫伯恩曾将《圣经》"旧约"与"新约"译成日语，并于1867年编纂了一部英-日词典，他还创制了将日语罗马化的赫伯恩体系（The Hepburn System）。

汇通东西方文化的优势使他们能够深入研读并主动借鉴日本学者的研究成果。同时，他们毕竟是拥有不同文化背景的外国人，这种身份使他们总能与作为研究对象的日本与日本文化之间拉开一定的距离，便于保持外在的视角与批判的姿态。

借助"他者"视角，可以发现本国人司空见惯、习以为常而实际具有文化独特性的一些事物与特征。劳埃德在《日本事物研究：范围、目的与方法》一文中指出，由于日本人在身处的环境中出生、成长，所以容易把周围的一切事物都理解为理所当然；而外国人来到一个全新的地方，只要他们睁眼观看、侧耳倾听，就会发现被日本人忽略、放弃的东西，并予以收集和保存。[①]日本籍学会会员、日本宗教学研究的开创者姊崎正治（1873~1949）在学会成立五十周年庆典上说，日本人在狂热追求西学的过程中忘却了自己的过去，而日本亚洲学会在这一时期却起到"激励者与指导者"[②]的作用。意即日本亚洲学会有意关注日本传统文化特色，在一定程度上为盲目迷信西方的日本人以指导与纠偏。在这个意义上说，异质文化的交往不仅成为必要，而且西方人与日本人均受益于学会与《学刊》的工作。

在讨论麦克拉奇（Thomas R. H. McClatchie）的《日本的家徽》（"Japanese Heraldry"）[③]一文时，福尔兹（Henry Faulds）怀疑日本天皇的饰章根本不是太阳或菊花，而可能是向日葵。[④]这种怀疑在日本人看来绝对是惊世骇俗的，因为这已经大大溢出了有关家徽或饰章的讨论范畴。一般日本人未必信奉"神

---

① A. Lloyd, "The Study of Things Japanese: Scope, Aims, Methods", in *TASJ*, Vol. XXXVII (1909), Pt. I, p. 119.
② "Jubilee of the Asiatic Society of Japan", p.98.
③ Thomas R. H. McClatchie, "Japanese Heraldry", in *TASJ*, Vol. V (1877), pp. 1—23.
④ "Minutes of Meetings", in *TASJ*, Vol. V (1877), p. 24

国日本""太阳神后裔"等观念,但无形中他们又接受了这些观念的熏染,建立在这些创世神话基础上的所谓天皇家徽等说法在日本人心目中的影响是根深蒂固的,并在普通民众心目中形成某种思维定式,绝少会想到要对其质疑。

借助"他者"的视角,可以在一定程度上穿越时间与打通空间以观照研究对象。1877年2月28日的会员大会上,在讨论朗福德(Joseph H. Longford)的《日本刑法典概观》("A Summary of the Japanese Penal Codes")时,霍尔(J. C. Hall)首先从西方社会重个人,日本社会重家庭的区别来分析刑法典形成过程中的差别;然后又联系公元8世纪日本与中国唐朝交往的历史,指出包括日本刑法典在内的一整套法规绝大多数是中国法规的抄本。[1]缺少了"他者"视角的观照,本国文化就是自己认知的全部,自然不会产生比较与鉴别。只有借助"他者"视角,才有可能将本国文化作对象化处理,并十分自然地将其置放到世界文化坐标中或区域范畴内,予以定位并加以考察。

三、学术性与趣味性结合

《学刊》一方面追求学术性,另一方面又很好地将知识性与趣味性结合了起来。有会员指出,"我们的杂志也不缺乏文化方面的令人愉悦的事物,因为其中包含文学典藏,富含机趣和感情,有令人震撼的叙述描写,亦不乏给人以刺激、诙谐幽默的文章。"[2]《学刊》所载论文广泛涉及日本的建筑艺术、庭园艺术、服饰史、茶道、花道、柔道、歌舞伎、还愿画、婚庆、丧葬、节日庆典、民间传说等话题,每每配有丰富的插图,既保证学术性,又表现出妙趣横生的一面。

学会创立之初,在研究范围的"广博"与"专门"问题上博弈,兼顾"学术性"与"趣味性"的问题已经引起会员的关注与思考。在1876年召开的一次会员大会上,围绕如何确保发表最合乎需要(most desirable)的论文展开讨论,并就在学会大量宣读自然科学方面的论文是否合适各抒己见。[3]正是在不断讨论、反思、辩驳的过程中,会员们逐渐形成《学刊》应兼顾学术性与趣味性的共识。

会员们经常讨论的热点问题包括是否应该限制自然科学论文的数量,以及如何使研究论文给听众和读者以乐趣。《学刊》刊载的绝大多数文章都具有相当高的学术价值,其中有大量的自然科学方面的研究成果,涉及的主题包括海洋深度测量、气象观测、森林密度、地震记录、鸟类、鳞翅类动物、鞘翅类动物、植物群落、温泉、火山等。

---

[1] "Minutes of Meetings", in *TASJ*, Vol. V (1877), p. 96.
[2] "Jubilee of the Asiatic Society of Japan", p. 100.
[3] "Minutes of Meetings", in *TASJ*, Vol. IV (1876), pp. 108—109.

学会积极引导会员加大对日本社会现实的关注。1918年理事会报告指出,"许多最有用的记录和观察只有在事件发生的过程中才会收集得最好。的确,在特定情况下,有些观察工作现在就要着手,否则将永远失去机会"。①理事会还就战争对日本人的生活和思想层面的影响问题向研究者提出一些题目作为参考②,清楚地表明,《学刊》希望基于日常观察的系统记录,对以后的研究工作有所助益;③也显示出《学刊》关注领域之广泛、对研究方法规约之严格,以及对日本社会脉动把握之准确。

有会员建议,有趣味的论文应当在东京与横滨两地都宣读,显示出会员对趣味性的热衷,同时表明会员大会上宣读过的一些论文单就趣味性而言乏善可陈。另有会员提议,理事会遴选论文时应提高文学题材的入选比重,该建议得到热烈响应并获得通过。与中规中矩的自然科学论文相比,文学题材的论文也在趣味性方面见长。

1888年理事会年度报告提到:"许多证据都表明,在欧洲和美洲,东方学研究者与普通公众对日本亚洲学会所做工作的兴趣在增加,其中最现实的一个例证是他们对《日本亚洲学会学刊》的购买量已大大增加,不仅在英语国家,就是在德国也出现了同样的情况。"④如果说专事东方学研究的学者为寻求对自己的研究有所助益而订阅《学刊》,看重的是它的知识性和学术性,那么普通公众至少不完全是因为《学刊》的知识性而订阅它的。设若《学刊》一味追求学术性而佶屈聱牙、不忍卒读,很难想象普通公众还会纷纷订阅,并饶有兴致地捧读。

---

① "Minutes of Meetings", in *TASJ*, Vol. XLVI (1918), Supplement, p. 3.
② 包括:战争对哲学思想的影响;战争对政治及政治主张的影响,包括诸如国家主义、民主、政党问题、整体社会趋向及国际关系;日本人对这次战争的看法以及一般战争观;对西方不同国家观念的态度变化;劳动政策;不同工种的薪水,兼及物价;与1904~1905年战争期间相比,礼仪与风俗方面的变化;住房情况;工业的兴衰,如化工业、棉纺业等;船运与轮船制造;发明活动与专利保护;银行业发展;农业发展;医药业的进展。(参见"Minutes of Meetings", in *TASJ*, Vol. XLVI (1918), Supplement, p. 4。)
③ "Minutes of Meetings", in *TASJ*, Vol. XLVI (1918), Supplement, p. 3.
④ "Minutes of Meetings", in *TASJ*, Vol. XVI (1888), p. xx.

第三章 《学刊》的撰著者与读者群

纵览日本亚洲学会最初五十年的发展历程,几乎所有一流的专门从事日本研究的旅日欧美学者都投身于学会与《学刊》的工作。在《学刊》的撰著者中,有许多是受日本政府、高等院校与各类学术机构延请,作为顾问、教师或研究人员而留居日本的,他们在赴日本之前都接受过良好的教育,具备较为全面的知识结构,他们发挥长期身在日本进行文化体验的优势,运用西方的研究方法钻研日本本土的学问,迅速成长为日本研究方面的专家,并持久地专注于日本研究。

近代旅日欧美学者同时构成《日本亚洲学会学刊》的读者主体,《学刊》的其他读者也大都以学术研究与文化交流为目的,是以《学刊》的读者群体以学术研究型人才为主。旅日学者在学会内外都有广泛的学术交流,不仅使日本以外的人们得以真切地了解日本,而且还将自己的研究与各自母国的日本研究联系起来①,为后者提供资料来源和人员补充。撰著者、《学刊》与读者群体三方面形成良性互动,共同保证了《学刊》的专业学术性定位。

第一节 《学刊》撰著者概况

日本亚洲学会的发起者是《学刊》最早、也最稳固的一批撰稿人。包括横滨教区牧师莎利、《天皇的帝国》(The Mikado's Empire)的作者格里菲斯、英国海军上校亚瑟(W. Arthur)、英国海军上将沙德威尔(C. Shadwell)、英国驻日公使巴夏礼(Harry Smith Parkes)②、《日本书纪》的英译者阿斯顿、外科医

---

① 如张伯伦在《日本事物志·序章》中说:"我们总是不断地被问及关于日本的这样那样的问题。"(B. H. Chamberlain, "Introductory Chapter", in *Things Japanese: Being Notes on Various Subjects Connected with Japan*, London: Kegan Paul, Trench, Trübner & Co., Ltd.; Tokyo: the Hakubunsha, Ginza; Yokohama, Shanghai, Hong Kong, Singapore: Kelly & Walsh, Ltd., 1890, p. 2.)提问者中有亲友,也有在英国国内从事日本研究的学者或学习日语的学生,一劳永逸地集中回答这些疑问成为张伯伦撰写《日本事物志》的动机之一。

② 巴夏礼赴日前被派驻中国上海,并于1864年出任英国皇家亚洲学会在上海的分会"皇家亚洲文会北华支会"(North China Branch of the Royal Asiatic Society)会长。

生、律师迪金斯(Frederic Victor Dickins)、医学博士赫伯恩、英国外交官萨道义以及学会首任会长沃森等。后来又有将日语语法体系化的张伯伦、杰出的阿伊努语研究者巴彻勒等入会；格宾斯、霍尔、劳埃德、克莱门特(Ernest W. Clement)等成果颇丰、影响广泛的学者也相继成为会员。他们中的绝大多数都一直持续向《学刊》撰稿。

一、撰著者一瞥：历任会长

下表所列学会历任会长提供了《日本亚洲学会学刊》部分撰稿人队伍的一个剪影：

表3-1　1872~1922年日本亚洲学会历任会长

任次	任期	姓名
1	1872~1873	沃森(R. G. Watson)
2	1873~1874	赫伯恩(James Curtis Hepburn)
3	1874~1876	布朗(S. R. Brown)
4	1876~1878	巴夏礼(Harry S. Parkes)
5	1878~1879	默里(David Murray)
6	1879~1880	莎利(E. W. Syle)
7	1880~1881	戴沃斯(Edward Divers)
8	1881~1882	肯尼(J. Gordon Kenney)
9	1882~1883	巴夏礼(Harry Smith Parkes)
10	1883~1885	赫伯恩(J. C. Hepburn)
11	1885~1888	韩能(N. J. Hannen)
12	1888~1889	阿斯顿(W. G. Aston)
13	1889~1890	阿莫曼(J. L. Amerman)
14	1890~1891	韩能(N. J. Hannen)
15	1891~1893	张伯伦(Basil Hall Chamberlain)
16	1893~1895	格瑞尼(D. C. Greene)
17	1895~1900	萨道义(Ernest M. Satow)
18	1900~1903	格瑞尼(D. C. Greene)
19	1903~1905	劳埃德(Arthur Lloyd)
20	1905~1912	麦克唐纳(Claude M. MacDonald)
21	1912~1913	霍尔(J. C. Hall)
22	1913~1918	戈瑞斯(Conyngham Greece)

续表

任次	任期	姓名
23	1919～1921	莫里斯（Roland S. Morris）
24	1921～(1926)	埃利奥特（Charles Eliot）

资料来源：《日本亚洲学会学刊》封面内页（*TASJ*, First Series, Vol. L, 1922; Second Series, Vol. IV, 1927.）。

其中第24任会长查尔斯·埃利奥特（Charles Eliot）1912～1918年担任香港大学首任校长，战后出任驻日大使，著有《日本佛教》（*Buddhism in Japan*）等书。有关阿斯顿、萨道义与张伯伦的生平、与学会的关系及各自的学术成就，本书卷二将做专题分析，在此不再枝蔓。

二、《学刊》部分固定撰稿人

围绕在《日本亚洲学会学刊》周边的旅日欧美学者有着整体素质较高、学术态度严谨、治学勤奋扎实的突出特征。此外，撰稿人队伍相对稳定，保证了《学刊》的编辑思想前后一贯，而专注、持久的研究更有利于锻造精品成果。《学刊》刊载的论文没有停留在一般性的介绍与描述层面，而是既有对历史的梳理，又有对社会现实的写照。学会会员在纵横两个面向上对日本展开了细密的研究。

现将《学刊》较为固定的撰稿人在《学刊》前24年的撰文篇数列表统计如下：

表3-2　1872～1895年《日本亚洲学会学刊》部分固定撰稿人统计

撰稿人	发文篇数	撰稿人	发文篇数
张伯伦（Basil Hall Chamberlain）	22	萨道义（E. M. Satow）	18
阿斯顿（W. G. Aston）	15	格尔茨（A. J. C. Geerts）	10
迪克逊（J. M. Dixon）	9	艾约瑟（J. Edkins）	8
帕克（E. H. Parker）	8	巴彻勒（John Batchelor）	7
普莱叶（H. Pryer）	7	阿特金森（R. W. Atkinson）	6
麦克拉奇（Thomas McClatchie）	5	丹宁（W. Dening）	5
德沃斯（D. W. Dwars）	5	布莱基斯顿（Blakiston）	4
孔德尔（J. Conder）	4	格宾斯（J. H. Gubbins）	4
米尔恩（J. Milne）	4	诺特（C. G. Knott）	4
苏梅尔斯（J. Summers）	4	特鲁普（J. Troup）	4

资料来源:据《日本亚洲学会学刊》第十二卷所载"综合索引"与第二十三卷所载"撰稿人索引"统计而成("General Index——Vols. I-XII", in *TASJ*, Vol. XII (1885), pp. 1—16; "Index to Contributors", in *TSAJ*, Vol. XXIII (1895), pp. 30—41.)。

出于统计便利的考虑,援用《学刊》刊载的索引制作了上表。它反映的仅是《学刊》创刊以来最初24年(1872～1895)的情况,上述撰稿人在以后的岁月里发表的论文都有不同程度的增益。比如,阿斯顿在整个《学刊》第一辑50卷共发表文章18篇,萨道义发表22篇,张伯伦发表27篇。

在西方近代学术观念的影响下,日本亚洲学会会员的研究方法与研究手段更趋严谨科学,以日本研究为志业的专业研究队伍逐渐形成;原本个人零散的日本观察与有感而发的散论发展成为有组织、有计划、有系统的科研行动;会员之间不仅彼此交流,而且还与各自国家的日本研究界展开互动,将日本研究提升至新水平。研究层次也逐渐得以深化,从比较直观地介绍日本概况与风土人情,发展到选取一个侧面或领域进行深入研究,继而发展到系统地综合研究,再到从文化深层剖析日本。

无须否认,尽管这一阶段作为学会会员的旅日欧美学者大都是开明的高级知识分子,以客观研究日本文化、真实呈现日本形象为指针,但仍有一些人受学识所限,或者对当时的世界局势缺少宏观、动态的把握,更甚者从褊狭的民族主义乃至殖民主义立场出发,导致立论偏颇甚至观点错误。譬如1904年1月17日学会邀请一名去过西藏的日本人举办讲座,会议主持人劳埃德竟宣称西藏为一个国家①。还有会员宣扬:"当人们看到印度、锡兰、缅甸以及许多其他热带国家在英国的统治之下取得令人惊奇的进步时,像东京(Tonkin,越南北部一地区的旧称)那样一块肥沃富饶的国土,若同样加以良好的管理和发展,应当会有一个光辉灿烂的未来"②,其醉心于殖民主义的嘴脸一览无余。

学会会员种种偏颇观念的形成主要囿于时代局限,但他们的教育背景、生活经历与世界观方面的影响也是不可轻忽的因素。首先,当时来自欧美的日本研究者无一例外都具有纯粹的西方教育背景,他们的思想、观念自然会以西方的立场为出发点;其次,他们居留日本时恰逢西方扩张主义极盛阶段,而他们又是当时最强势的殖民主义国家的上等公民,从自觉维护既得利益出发考虑问题成为部分缺乏批判意识者的惯性思维;第三,开国之初的日本人忘我地吸收西方的科技与文明,使得部分欧美学者自我陶醉,产生凌驾于日

---

① "Minutes of Meetings", in *TASJ*, Vol. XXXI (1905), p. 58.
② E. Baelz, "A Report on a Visit to Tonkin", in *TASJ*, XXXI (1905), p. 25.

本乃至整个东方文化之上的飘飘然感觉,这势必影响其立论的客观持平,他们的有些分析判断甚至是非学理性的。

第二节 《学刊》读者群分析

《学刊》较为固定的读者群体计有下列几类:一、学会的各式各类会员;二、英语世界的日本研究者与日语专业的学生;三、世界各地与日本亚洲学会交流互换刊物的学术机构的成员、高等院校的师生、部分报刊出版机构的工作人员;四、受过西学教育的部分日本人。

不同于欧美国家在亚洲各地建立的东方学会,也迥异于后来日本军国主义分子操控下的"满铁"调查机构或东亚同文书院[①],相对而言,日本亚洲学会没有表现出特别明显的殖民侵略色彩。围绕在日本亚洲学会周围的会员与读者大都以学术研究与文化交流为志业。

在学会理事会的年度工作报告中,以及在围绕会员大会上宣读的论文展开讨论时,经常会提到某项工作或某一方面的研究对日语专业的学生有所助益,这说明学会与《学刊》设定的读者群体中包含英语世界的日语专业学生。对那些在欧美国家从事日本研究的学者而言,因接触日本事物与日本书籍的机会相对有限,《学刊》理所当然地成为他们研究工作的重要资料来源之一。

仔细研读日本亚洲学会的会议纪要(Minutes of Meetings)可以发现,有众多学术机构乐于分享学会会员的研究成果,也愿意向学会图书馆慷慨赠送他们的定期刊物。理事会1886~1887年的年度报告不无自豪地指出,"学会图书馆接受的捐赠与互换交流的定期出版物,无论在种类上还是数量上都有很大增长,这无疑表明,学会的工作在日本和海外都颇受赏识。"[②]根据《学刊》第四卷提供的交流名单,与学会互换定期出版物的组织机构包括英国皇家亚洲学会、皇家亚洲文会北华支会、《中国评论》社等。[③]《学刊》的读者群中有遍布世界各地的学术机构,部分有西学背景的日本人积极参与学会活动,同时也是《学刊》的固定读者。

---

① 据蒋百里的说法,上海的东亚同文书院创办时,日本第一任陆军参谋总长川上操六(1848~1899)把自己的房子卖了作基金,由是很难保证书院的纯粹学术性。(参见蒋百里:《日本人——一个外国人的研究》,第九章"外交",见戴季陶:《日本论》(外一种),海口:海南出版社,1994年版,第30页。)

② "Minutes of Meetings", in *TASJ*, Vol. XV (1887), p. viii.

③ "Minutes of Meetings", in *TASJ*, Vol. IV (1876), p. iv.

一、世界各地的学术机构成员

在1892年6月的会员大会上就有会员建议:"由于与学会交流互换杂志的学会、机构日渐增多,其中不乏与学会的兴趣和工作几乎没有任何关系者,最好停止与它们交流互换。"①此后日本亚洲学会与外界交流的方式由粗放转向集约。与之有交流合作关系的组织机构1891年、1892年均为74家,1893年为68家,1894年为54家,1895年理事会进一步调整为45家,1896年增加两家达47家,1897年、1898年均为49家。此后相当长一段时期内学会将互换交流出版物的对象机构保持在50家左右。

对比1895年大调整前后的名录,发现以往七十余家组织、机构中保存下来并延续多年的仅有39家。在当时学会会员的心目中,这些组织、机构所从事的工作与学会接近,或者它们的定期刊物符合自己的兴趣与需要。对这些组织、机构列表统计如下:

表3-3 日本亚洲学会部分交流合作组织、机构统计表

组织机构中文名	组织机构西文名	所在地	所在国家
美国地理学会	American Geographical Society	纽约	美国
美国东方学会	American Oriental Society	纽黑文	美国
大不列颠及爱尔兰皇家人类学学会	Royal Anthropological Institute of Great Britain and Ireland	伦敦	英国
维也纳人类学学会	Anthropologische Gessellschaft in Wien	维也纳	奥地利
孟加拉亚洲学会	Asiatic Society of Bengal	加尔各答	印度
澳大利亚科学推进协会	Australian Association for the Advancement of Science	悉尼	澳大利亚
巴达维亚国立博物馆	Bataviasch Genootschap	巴达维亚	印度尼西亚
人类文化学社	Bureau of Ethnology	华盛顿	美国
教育社	Bureau of Education	华盛顿	美国
加拿大学会	Canadian Institute	多伦多	加拿大
中国评论	China Review	香港	中国
教务杂志	The Chinese Recorder and Missionary Journal	上海	中国
圭多科拉之宇宙	Cosmos di Guido Cora	托里诺	意大利

---

① "Minutes of Meetings", in *TASJ*, Vol. XX (1892), p. xiii.

续表

组织机构中文名	组织机构西文名	所在地	所在国家
德国东亚自然与人类学会	Deutsche Gesellschaft für Natur und Völkerkunde Ostasiens	东京	日本
加拿大地理与自然历史概览	Geographical and Natural History Survey of Canada		加拿大
哈佛大学	Harvard University	马萨诸塞	美国
俄国皇家地理学会	Imperial Russian Geographical Society	圣彼得堡	俄国
日本帝国大学	Imperial University of Japan	东京	日本
日本邮报周刊	Japan Weekly Mail	横滨	日本
约翰斯·霍普金斯大学出版社	Johns Hopkins University Publication	巴尔的摩	美国
亚洲学报	Journal Asiatique	巴黎	法国
吉美博物馆	Musée Guiment	里昂	法国
北京东方学会	Peking Oriental Society	北京	中国
英国皇家亚洲学会	Royal Asiatic Society of Great Britain	伦敦	英国
皇家亚洲学会孟买支会	Royal Asiatic Society of Bombay Branch	孟买	印度
皇家亚洲学会锡兰支会	Royal Asiatic Society of Ceylon Branch	科伦坡	斯里兰卡
皇家亚洲文会北华支会	Royal Asiatic Society of North China Branch	上海	中国
皇家亚洲学会海峡支会	Royal Asiatic Society of Straits Branch	新加坡	新加坡
皇家都柏林学会	Royal Dublin Society	都柏林	爱尔兰
皇家地理学会	Royal Geographical Society	伦敦	英国
皇家学会	Royal Society	伦敦	英国
爱丁堡皇家学会	Royal Society of Edinburgh	爱丁堡	英国
新南威尔士皇家学会	Royal Society of New South Wales	悉尼	澳大利亚
史密森协会	Smithsonian Institute	华盛顿	美国
马德里地理学会	Sociedad Geográfica de Madrid	马德里	西班牙
里斯本地理学会	Sociedad de Geographie de Lisboa	里斯本	葡萄牙
巴黎人类学学会	Societe d'Anthropologie de Paris	巴黎	法国
美国地质勘测	United States Geological Survey	华盛顿	美国
美国农业部	United States Department of Agriculture	华盛顿	美国

资料来源：据1883、1885年学会理事会年度报告中的交流名录整理而成（*TASJ*, Vol. XI (1883), p. xii; Vol. XIII (1885), p. xii）。

上表显示出,与《日本亚洲学会学刊》交流互换刊物的主体基本限定在英语世界:英国、美国、英联邦;非英语世界的英语期刊也受欢迎;关注的对象锁定在亚洲或东方;专注于自然科学、社会科学领域的机构亦备受青睐。

1918年学会通讯秘书所作的报告指出,由于战争原因,学会与德国的期刊交流被迫中断,此外尚有93家刊物与他们保持互换关系。报告称:"对这份名单我们进行了审慎的分析,确保每一例情况都对我们的会员有所助益,或者保证我们的《学刊》对对方真正有价值。"[①]在这一思想指导下,29家组织、机构被从这份名单上排除出去,保留下来的基本是一些纯学术机构和教育院所。

互换交流刊物见证了一个群策群力、凝聚集体智慧的过程,一个经历审慎选择、对会员负责的过程,一个动态发展、有序推进的过程。那些被保留下来的学术机构与教育院所的成员,尤其是那些以日本、亚洲或东方为关注对象者,自然是《学刊》较为固定的读者群体的一部分。

二、有"西学"背景的日本人

学会固定读者群中还包括一部分受过西学教育的日本人。日本亚洲学会会员中的有识之士倡导吸纳日籍会员,并主动加强与日本学者的协作与交流。按照《学刊》各卷刊载的会员名录,萨摩藩出身的外交官、日本首任文部大臣森有礼(1847~1889)早在1873年即加入学会;1875年10月明治洋学学者、开成所教授神田孝平(1830~1897)在学会宣读了一篇题为《论铜铎》[②]的论文,该文刊载于翌年出版的《学刊》第四卷,按照《学刊》仅刊载会员成果,若系转载则一律予以注明的惯例,表明作者此前已成为学会会员;东京博物馆首任馆长汀田久成(1838~1897)在1876~1877年间加入学会。河野哲郎在《日本亚洲学会及其周边》的第五部分介绍了学会的日籍会员情况,重点介绍了森有礼、町田久成和神田孝平三人在学会的表现。

后来相当一批有西学背景、在不同领域负有盛名的日本学者相继加入学会,并与欧美籍会员展开合作与互动。包括政治家、教育行政官员滨尾新(1849~1925),1895~1897年任台湾总督府学务长的伊泽修二(1851~1917),植物学家矢田部良吉(1851~1899),启蒙思想家中村正直(1832~1891),农业教育家津田仙(1837~1908),教育学者新渡户稻造(1862~1933),佛教学者铃木大拙(1870~1966),教育家、讲道馆柔道创始人嘉纳治五郎(1860~1938)等。

---

① *TASJ*, Vol. XLVI (1918), Supplement, p. 3.
② Kanda Takahira, "On Some Copper Bells", in *TASJ*, Vol. IV (1876), pp. 29—33.

随之也有日本人开始在《日本亚洲学会学刊》上发表论文,如姊崎正治(1873～1949)、宫部金吾(1860～1951)、石川千代松(1860～1935),德富猪一郎(1863～1957)等。1877年2月14日的会员大会上,豪斯(E. H. House)带来一篇日本人撰写的论文,题为《在日荷兰人早期研究》("The Early Study of Dutch in Japan"),论文宣读后颇受赞赏。时任会长巴夏礼说:"学会诚挚地邀请日本同仁以入会或者投稿的方式与我们合作。"①学会欢迎日本人成为会员,也希望得到更多日本人的投稿,《日本亚洲学会学刊》作为在日本本土出版发行且影响甚大的外文刊物,必然会吸引一批较为固定的日本读者。

开国之后迅速走上资本主义发展道路的日本,从官方到民间都着意效仿西方,他们十分关注旅居日本的欧美人眼中的日本与日本人形象如何,这一时期许多西方人的游记作品都记录到,初识外国人的日本人会小心翼翼地向他们提出这类问题。《日本亚洲学会学刊》无疑为他们获取这类问题的答案提供了绝佳的来源,在这个意义上,《学刊》成为日本人反观自身的有效镜鉴。因而我们有理由相信,《学刊》的日本人读者群体一定不仅仅局限于学会会员和撰稿者,而应该是一个范围更加广泛的群体。

---

① "Minutes of Meetings", in *TASJ*, Vol. V (1877), p. 93

卷二：日本学之冠冕

在19世纪中叶至20世纪初年的世界日本学发展史上，阿斯顿（William George Aston，1841~1911）、萨道义（Ernest Mason Satow，1843~1929）和张伯伦（Basil Hall Chamberlain，1850~1935）三位英国学者的成就十分突出。他们积极参与日本亚洲学会的组织工作与学术活动，先后都担任过会长，在《日本亚洲学会学刊》发表了大量论著、译作，亦有大批经典日本研究著作传世。1998年日本亚洲学会为纪念学会创会125周年，推出一部四卷本《早期日本学》（*Early Japanology*）[①]，系他们三位日本学先行者发表在《学刊》第一辑中的全部论文的结集再版。他们以多产与高质量的著、译成果赢得当时世界范围内日本研究者的赞誉，并持续深远地影响了继起的日本研究，在这个意义上，本研究将他们三位定位为"早期日本学之冠冕"。

[①] *Early Japanology: Aston, Satow, Chamberlain*, with an Introduction by George A. Sioris, reprinted from *Transactions of the Asiatic Society of Japan*, anniversary edition for the 125th year of the Asiatic Society of Japan, Westport, Connecticut: Greenwood Press, 1998.

第四章 阿斯顿与萨道义

威廉·乔治·阿斯顿1841年出生于北爱尔兰,曾在英国港口城市贝尔法斯特(Belfast)学习古典与现代语文文献学,1864年作为英国领事服务部(British Consular Service)①的见习译员(student interpreter)首次来到日本。阿斯顿是日本亚洲学会的创始人之一,但因1872年受命陪同岩仓使节团(Iwakura Mission)出访,所以迟至翌年方加入学会。他先后担任过日本亚洲学会理事、副会长、会长,1889年因健康原因离开日本,但直至1911年去世前一直活跃在日本学研究界,期间不断有成果在《日本亚洲学会学刊》刊发。

萨道义原名欧内斯特·梅森·萨托(Ernest Mason Satow),1843年出生于伦敦,1862年以英国领事服务部见习译员身份来到日本,1872年作为创始会员之一加入日本亚洲学会。1884~1895年因公离开日本,学会理事会选举他为荣誉会员,期间他仍与学会保持通讯联系并持续进行日本研究。回到日本后,他从1896年至1900年一直担任学会会长。萨道义1900年调任北京领事馆,再次离开日本,1929年在英国去世。

第一节 高产的《学刊》干将

阿斯顿与萨道义都在日本工作、生活二十余年,积极参与日本亚洲学会的创建、组织与管理,期间持续研究日本,并在《日本亚洲学会学刊》分别刊发20篇左右的论文,在《学刊》第一辑50年的历史中,同属最高产的日本学研究者行列。

一、专注日本文史的阿斯顿

阿斯顿在日本亚洲学会宣读过21篇论文,刊发在《学刊》上的有18篇,几乎都是语言、文学与历史研究领域的,研究重心既高度关注日本也多方留意

---

① 英国领事服务部培养出最早一批极为出色的日本学家,并引领了日本研究成果大量涌现的第一个高潮;第二次高潮则在第二次世界大战期间及战后,由美国海军部培养出的大批专家型日本研究学者引领实现。

朝鲜,这些成果无论就数量还是质量而言,都令人印象深刻。以下以简表的形式呈现阿斯顿刊发在《学刊》上面的论文：

表4-1 《日本亚洲学会学刊》所刊威廉·乔治·阿斯顿著、译作一览表

篇目	所在卷次	发表年份
1806~1807年俄罗斯对库页岛和择捉岛的侵袭	一	1873
日语与印欧语系有密切关系吗	二	1874
一部古老的日本名著(《土佐日记》)	三	1875
丰臣秀吉入侵朝鲜	六、九、十一	1878;1881;1883
1808年停驻长崎的英国皇家海军舰艇"辉腾"号	七	1879
日本艺术史	七	1879
朝鲜语字母表排列建议	八	1880
早期日本历史	十六	1888
古代日本的一位女文学家(清少纳言)	十六	1888
小品词"ね"	十七	1889
朝鲜通俗文学	十八	1890
答帕克先生	十九	1891
"日之丸"——日本国旗	二十二	1894
训民正音及其发明年代	二十三	1895
鸟居——它的语源	二十七	1899
崔冲传	二十八	1900
高天原	三十八	1911

资料来源:《日本亚洲学会学刊》各卷目录;《早期日本学》第一卷(*Early Japanology, Aston, Satow, Chamberlain,* Westport, Connecticut: Greenwood Press, 1998, Vol. 1.)。

需要指出的是,阿斯顿除在日本居留之外,还多次被派驻他国,其中数次去往朝鲜,是以他对朝鲜语言与文学也有相当深入的研究。

阿斯顿的一些重要著作是在返回英国后出版的,如《日本书纪》英译[①]、《日本文学史》[②](本章第二节专题论述)、《神道》[③]等。基于在日本长时间生活

---

① W. G. Aston, trans., *Nihongi, Chronicles of Japan from the Earliest Time to A. D. 697*, London: Tuttle Co., 1896.
② W. G. Aston, *A History of Japanese Literature*, London: William Heinemann, 1898.
③ W. G. Aston, *Shinto, the Way of the Gods*, London: Longmans, Green, and Co., 1905.

的经历,以及对所关注问题的深入研讨,阿斯顿的这些后期成果更加厚重,在学界的影响也更大,比如金子弘、中川かず子、三泽光博、渡边修等纷纷撰文①,探讨阿斯顿关于日语语法方面的论著。

《神道》追溯了日本神道的源头,并论述了作为宗教信仰的神道的早期发展阶段,通过与世界其他几大宗教对比,指出简陋是神道的根本特征,在有足够文字记录的所有宗教形式中神道是最不发达的。2013年佐藤一伯对阿斯顿《神道》一书做过专题评论②,由此可见阿斯顿相关研究的影响至今不衰。

在翻译《日本书纪》的过程中,阿斯顿竭力向读者传达古老洪荒的日本的原初样态,并成功地达成了这一目标。该译本第一次将这部重要的日本经典全面呈现给西方读者,尤其难能可贵的是,阿斯顿系从古汉语原文直接翻译的,而不是从日译本转译的,有效地避免了二次转译可能造成的失真。

阿斯顿在翻译中加入了许多杰出的注解,其中不乏真知灼见,亦充满丰富的学术信息。注解涉及早期日本风物、希腊神话、印度《奥义书》、中国早期信仰等若干领域。1997年担任日本亚洲学会会长与《学刊》编辑的西奥瑞斯(George A. Sioris)评价说:"倘若予以适当的编辑,阿斯顿脚注中提供的资料完全可以构成一本独立的著作,其学术价值将不逊于《日本书纪》的翻译本身。"③仔细研读阿斯顿译本中的相关注解,当承认该评论绝非溢美之词。阿斯顿的《日本书纪》英译在当代日本学者中受到较多关注,龟田隆之撰文从整体上予以评述④,虎尾达哉自2005年起在《鹿大史学》连续刊载六篇阿斯顿英译《日本书纪》的脚注抄译⑤,亦表明日本学界对阿斯顿研究的推重。

阿斯顿以自己的热诚与卓越著译成果影响了当时和后世不计其数的日本亚洲学会会员、《学刊》读者以及从事日本研究的学者,并且这种影响持续至今。1997年牛津大学出版社在东京推出六卷本《阿斯顿文集》(The

---

① 如:金子弘:「アストン『文語文典』改訂の性格」,『創価大学日本語日本文学会』(20),2010(03)、第37—46頁;中川かず子:「外国人による日本語文法教本の研究—W.G. Aston 著『日本文語文典2』を中心に—」、『北海学園大学人文論集』第23·24号、2003(03)、第375—397頁。
② 佐藤一伯:「明治期イギリス人の神道論に関する一考察:W·G·アストン『神道』について」、『國學院大學研究開発推進センター研究紀要』(7). 2013(03)、第117—138頁。
③ G. A. Sioris, "Introduction to Early Japanology", in *Early Japanology*, p. ix.
④ 亀田隆之:「W. G. アストン『日本紀』」、『東洋学報:東洋文庫和文紀要』39(1)、1956(06)、第109—113頁。
⑤ 虎尾達哉[訳]:「翻訳アストン『英訳日本紀』脚注抄訳稿」(1-6)、『鹿大史学』、2005:35—51,2006:9—23,2007:33—48,2011:67—80,2013:29—40,2014:41—53。同作者还有11篇关于剑桥大学阿斯顿文库日文书目的文章(「ケンブリッジ大学図書館蔵『アストン和書目録』について」)刊行。

Collected Works of William George Aston），在英语世界与日本都深受好评，并广为征引。

二、研究领域多栖的萨道义

萨道义身兼外交使节与学者双重身份，在处理繁重外交事务的同时，不间断地关注日本，并做出卓有成效的研究，其难度可想而知。萨道义在《学刊》发表论文22篇，列表统计如下：

表4-2 《日本亚洲学会学刊》所刊萨道义著作一览表

篇目	所在卷次	发表年份
琉球札记	一	1872
日本地理	一	1873
伊势神宫	二	1874
纯神道的复兴	三	1875
论基督教会在日本衰落的原因	六	1878
烟草之引入日本	六	1878
萨摩的朝鲜陶工	六	1878
日本的消防演练	六	1878
1878年八丈岛旅行记	六	1878
古代日本礼仪	七、九	1879；1881
1550~1586年间山口的教会	七	1879
日语假名的音译	七	1879
答艾约瑟博士"ち""つ"论	八	1880
古代上野国的高塚坟墓	八	1880
艾约瑟博士《15世纪中日词汇汇编》评议	十	1882
早期日本印刷史	十	1882
朝鲜活字与早期日本印刷书籍详解	十	1882
17世纪日本与暹罗的交往	十三	1885
西班牙与葡萄牙在日本竞争的缘起	十八	1890
耶稣会在日本的传教出版事业（1591~1610）	二十七	1899
日本竹子的培育	二十七	1899

资料来源：《日本亚洲学会学刊》各卷目录；《早期日本学》第一、二卷（*Early Japanology, Aston, Satow, Chamberlain*, Westport, Connecticut: Greenwood Press, 1998, Vols. 1—2.）。

萨道义在日本亚洲学会创立大会上宣读了《琉球札记》一文，并刊发在《学刊》第一卷卷首，同卷刊发的还有他1873年3月在学会宣读的《日本地理》一文。从《学刊》创刊至他1900年最终离开日本，近30年间萨道义始终为学会服务，不间断地从事日本研究，也持续为《学刊》撰稿。

萨道义对日本的兴趣非常广泛，其研究所涉无法予以简单归类，其中既有神道、基督教方面的，也有日语词汇与语音方面的，还有他在日本各地的旅行见闻和对日本现实生活的写照，有涉及日本对外交往的，亦有描述神社神宫建筑的，甚至还有关于竹子栽培的。

除了在《学刊》上发表的论文外，萨道义还有一些影响深远的其他著作。《外交实践指南》①历来被英国外交机构视作权威参考书。《一个外交官在日本》②1885年始动笔，1921年方写成出版。该书建基于萨道义二十年的外交官生涯，主要取材于他的日记，生动呈现了他在日本的见闻与观感，也是对明治时代日本社会客观翔实的记录。譬如萨道义以令人惊奇的即时性记录下日本与其贸易伙伴的紧张关系与相互猜疑，显示出他敏锐的洞察力，以及解读国际关系的专业见地。

萨道义还以自己对日本与泰国的熟稔而对日、泰两国17世纪的交往情况进行了深入研究，是为发表在《学刊》第十三卷的《17世纪日本与暹罗的交往》③。该论著被视为研究日本与泰国关系史与两国文化交流史的重要里程碑和不可多得的参考文献。

第二节 《早期日本历史》解读

1882年阿斯顿在《日本亚洲学会学刊》第十六卷发表了《早期日本历史》一文，其研究范围上起文献记录中的远古时代，下迄公元500年左右。④按照阿斯顿的说法，公元500年以后，中国与朝鲜的历史著作中分别出现了相当长一段没有记载日本情况的空白期⑤，因而他以这个时间点作为收束全文的终点，将此前的日本历史称作"早期日本历史"（Early Japanese History）。

---

① E. M. Satow, *A Guide to Diplomatic Practice*, London, New York: Longmans, Green & Co., 1917.
② E. M. Satow, *A Diplomat in Japan: The Inner History of the Critical Years in the Evolution of Japan When the Ports Were Opened and the Monarchy Restored*, London: Seeley, Service, & Co. Limited, 1921.
③ E. M. Satow, "Notes on the Intercourse between Japan and Siam in the Seventeenth Century", in *TASJ*, Vol. XIII (1885), pp. 139—210.
④ William George Aston, "Early Japanese History", in *TASJ*, Vol. XVI (1888), p.72.
⑤ 其实不惟公元500年以后，研究发现266～412年的中国文献中也缺少有关日本的记载。

相对而言,《早期日本历史》一文无论在西方还是日本都被研究得不够充分,日本尚未见到专题论述该文的研究。或许阿斯顿的日本史观在日本不受待见,日本学界涉及他的日本研究的论说[1]都无一例外地"巧妙"避开了该文。因而《早期日本历史》的价值至今未得到恰当的评价,更罕有从历史语境出发评述该文的方法论意义者。

在《早期日本历史》一文中,阿斯顿从日本的历史文献入手,并通过对比大致同一时期日本、中国和朝鲜半岛的历史记载,从比对围绕同一件事情的不同文本记录出发,展开细密分析,从细微处寻找相关记录的差异之处或者破绽。经过全面的对比与审慎的判断,阿斯顿确定了早期日本历史最早可信的起点;他借鉴日本学者的研究成果,论证早期日本历史记载中的年代记录存在一个120年的时序差错;他对"神功皇后征韩"的说法进行了详细考证,认定它基本上是虚构的;他的研究在当时的旅日欧美学者中还引发了关于日本历史研究方法的热烈探讨。

一、日本史籍可信度研判

坎普法(Engelbert Kaempfer, 1651~1716)在《日本历史》一书中指出,自神武天皇以后日本人已经"准确忠实地记录他们国家以及君主的生平与统治历史"[2],继起撰写日本历史者几乎都不加改动地重复这一观点。1880年布莱姆森(William Bramsen)对上述观点提出怀疑,指出在公元纪元以前历任日本君主特别长的寿命和在位统治期与真实历史相距甚远。[3]旅日英国学者张伯

---

[1] 目前检索到的研讨阿斯顿日本历史研究方面的论文有:太田弘毅:「文禄慶長の役を外国人に紹介した英語の論文-W.G.アストン著"Hideyoshi's invasion of Korea"について」,『政治経済史学』(370)、1997(04)、第114—132頁;岸田文隆:「『漂民対話』のアストン文庫本について」,『朝鮮学報』(通号164) 1997(07)、第33—53頁;松居竜五:「初期来日西洋学者と『日本』という言説:アストン・チェンバレン・モース・ハーンと南方熊楠・柳田國男の対比の試み」,『駿河台大学論叢』(12)、1996、第89—104頁;岸田文隆:「アストン旧蔵の『交隣須知』関係資料について」,『朝鮮学報』(通号 167) 1998(04)、第1—39頁。

[2] Engelbert Kaempfer, *The History of Japan: Together with a Description of the Kingdom of Siam*, J.G. Scheuchzer trans., London: J. MacLehose and Sons,1906; 转引自 W. G. Aston, "Early Japanese History", p. 39.

[3] William Bramsen, *The Coins of Japan*, Yokohama: Kelly & Co., 1880; W. G. Aston, "Early Japanese History", p. 40.

伦与萨道义也表达了类似的不认同立场。①阿斯顿在《早期日本历史》中指出，学者中尚有许多人仍信奉《古事记》与《日本书纪》中的准历史传说，虽然他们会尽力将这些传说中包含的奇迹因素作最小化处理。

(一) 日本信史的起点研判

阿斯顿指出，关于朝鲜与中国的编年史在年代记载方面一致的问题，最为决定性的证据在于朝鲜历史是从中国历史衍生出来的，这一点已经得到证实。公元372年朝鲜历史记录中第一次出现了直接的、确定包含汉字在朝鲜出现的信息。②通过分析日本与朝鲜两国历史记载中的诸多事实，阿斯顿得出的结论是：朝鲜确定开始汉文学习的时间要比日本早30年，并且在两国都已经熟悉了汉字的情况下，朝鲜显然有更好的机会援用汉字。由于地缘上更接近、政治关系相对密切等方面的因素，有足够证据表明朝鲜先于日本接受了中国影响，我们相信汉字在朝鲜的出现也远早于日本，但阿斯顿所断定的早30年，由于缺乏明确而具体的证据，似乎说服力并不那么强。

阿斯顿指出，每当日本与朝鲜在历史记载中出现冲突之处时——它们在公元纪元后的四个世纪里经常出现不一致，研究者有把握认定真实历史在很大程度上应当倾向于接近朝鲜的记录，尤其在关乎年代的问题上更是如此。朝鲜历史中对公元纪元以前在位的君王已有记录，而日本历史记载中公元1~400年间在位的君王只有七个。阿斯顿论述称，在可以获知的范围内，日本这一数目是最少的，世界其他国家大致相同时期在位的君王有15位左右。的确，人们很难相信那个年代的日本君王每每一百多岁的寿命和动辄几十年的在位统治期。阿斯顿据此判断朝鲜编年史的真实可信程度方面是超出日本历史的，他的这一判断能够站得住脚。

概括而言，阿斯顿认为几乎不能说公元200年以前存在严格意义上的日本历史；公元200年以后，朝鲜历史及其中记载的年代较之日本的更为可信；日本编年史最早可以接受的年代是公元461年，其准确性可以借助外部证据，准确地说，是借助值得信赖的朝鲜历史记录得到证实。

不能说针对《古事记》《日本书纪》等日本典籍中的许多"准历史"记载从

---

① 张伯伦在《〈古事记〉译者导言》中以令人信服的论证表明，在公元400年以前所谓的日本历史丝毫不足信。(Basil Hall Chamberlain, "Introduction to *A Translation of 'Ko-ji-ki'*, or Records of Ancient Matters", in *TASJ*, Vol.X (1890), p.lviv.) 萨道义说："几乎所有致力于研究该主题的欧洲作者都确定无疑地接受不可能的年代、大量的神话以及其他有出入的地方，并认为它们的真实性不容置疑。" (Ernest Mason Satow, Albert George Sidney Hawes, *A Handbook for Travellers in Central and Northern Japan*, Yokohama: Kelly & Co., 1881, p. 69.)

② W. G. Aston, "Early Japanese History", p. 46.

来没有人怀疑过,但阿斯顿在历史上第一次借助日本记载本身,并比照中国与朝鲜的历史文献,予以严密的论证,从而令人信服地研判了日本信史的起点。张伯伦在《〈古事记〉译者导言》中从日本历史记录中的语言、实物等层面详加论证后得出结论:"就日本文献证据所能达到的明确程度而言,日本历史可信的最高限度是公元400年"①,与服阿斯顿借助比对中国、朝鲜与日本的历史文献后得出的考证结果异曲同工。

(二)东亚史籍时序差异探讨

阿斯顿提到,自己受到本居宣长(1730~1801)启发,发现日本历史与朝鲜历史在一段时期内存在着一个跨度为120年的时序差异。②关于《日本书纪》的纪年,江户时代即有日本学者提出过质疑。橘守部(1781~1849)亦发现日本与朝鲜的编年史中存在一个120年的时序差异。他认为同样的原则可以扩展至从神武天皇到仁德天皇的整个阶段,并且说这一阶段被分别夹入了十个长度各为60年的周期。阿斯顿认为橘守部的观点呈现出一种"健康的怀疑主义",并指出橘守部如此强调无非是为了证明《日本书纪》中提到的统治者极长的寿命与统治期需要大打折扣。针对该问题考证得最为详细并给出较为合理解释的,当推"东洋史"概念的首倡者、历史学者、文学博士那珂通世(1851~1908)。经过与朝鲜古史对照比较,那珂通世认定神功、应神二代比实际纪年提前约两个甲子(120年)以上。③

阿斯顿做出的日本历史记载中存在时序差异的判断,无论在论断本身还是论证方面,都没有超越此前的日本学者;但是也应当看到,阿斯顿并非不假思索地直接援用日本学者的成说定论,而是基于日本学者"健康的怀疑主义"的启发,运用差不多同样的方法——对比中国、朝鲜与日本三方同时段的历史记载,摒弃了为日本古史记载寻求合理性解释的努力尝试,立论较之本居宣长与橘守部更为客观。或许未必存在必然的相互影响或启发,阿斯顿与那珂通世却同在1888年,借助基本相同的论证方式,即通过对比日本与朝鲜的历史文献,得出相同的结论。如今,日本历史与朝鲜历史在一段时期内存在着若干个跨度为120年的时序差异已成为日本历史学界普遍接受的一个共

---

① B. H. Chamberlain, "Introduction to *A Translation of 'Ko-ji-ki'*, or *Records of Ancient Matters*", in *A Translation of 'Ko-ji-ki', or Records of Ancient Matters* (*Transactions of the Asiatic Society of Japan*, Supplement to Vol. X), Yokohama: R. Meiklejohn and Company, 1882, p. lxiv.

② W. G. Aston, "Early Japanese History", p. 63.

③ 那珂通世:「日本上古年代考」、『文』第一卷八号、1888;那珂通世:「上世年紀考」、『史学雑誌』第八編第八・九・十・十二号、1897;三品彰英:『増補上世年紀考・第三編 紀年新考』、天理:養徳社、1948。

识。事实证明,阿斯顿的研究在一定程度上推动了日本国内的历史研究。

二、"神功皇后征韩"考辨

《古事记》和《日本书纪》都记载了关于神功皇后(じんぐうこうごう)的充满神异的传说。神功皇后是日本历史上第14代天皇仲哀的皇后、第15代天皇应神的生母。传说她在仲哀天皇去世后曾长期摄理朝政,并一直试图吞并或压服其他国家,尤其是朝鲜半岛,为此曾三次下令西征朝鲜。

在《古事记》中,借助神言喻示皇后:"西方有国,金银为本,目之炎耀,种种珍宝,多在其国。吾今归赐其国。"《日本书纪》亦载:"振甲兵而渡险流,整舻船以求财土。"明白无误地表达了神功皇后为掠夺财富和扩张领土而出征三韩的动机。不期然间,记载的字里行间显示出当时的日本对"图籍文书"的珍视。据《日本书纪》神功皇后摄政前纪(仲哀天皇九年)十月条载,神功皇后率队扬帆出征朝鲜半岛,新罗王"素簈而自服,素组以面缚,封图籍,降于王船之前"。高句丽、百济闻神功皇后入新罗,则"封重宝府库,收图籍文书",并表示"从今以后,永称西藩,不绝朝贡"。然而依照《日本书纪》的说法,事情发生在仲哀天皇九(200)年,这与学界普遍认定的书籍最早传入日本的时间与路径不符。

关于神功皇后征韩的记载,疑点甚多,有学者倾向于认为神功皇后征伐新罗一事与好太王碑①中"辛卯年条"的记载相关,即此战争发生在4世纪末至5世纪初,但这不是学界通说。目前学界大多倾向于认为此传说是朝鲜问题、现实历史与地方信仰三方面相结合的产物。

阿斯顿以较长的篇幅引述《日本书纪》中关于神功皇后征韩的记载细节,指出包括预兆与奇迹、诗化的措辞、言说方式、出于民族虚荣而提及的丰裕食物,甚至试图解释地名的尝试,都具有传奇故事的特征,而非真正的历史记录惯于采用的手法。②阿斯顿提到,或许有些读者可能会将上述传奇故事看作一项证据,以证明朝鲜在公元3世纪的时候曾经被日本皇后率领的军队征服过,但即便这样的想法恐怕也不能接受,通过对该传奇故事更细致的解读,会

---

① 好太王碑是高句丽王朝第19代王"国冈上广开土境平安好太王"谈德的墓碑,碑址位于今吉林省集安县太王乡。碑建于414年(晋安帝义熙九年、高句丽长寿王二年),清代光绪初年被发现。碑文内容分三部分:第一部分记述高句丽建国的神话传说,并简述好太王的行状;第二部分记述好太王一生东征西讨、开拓疆土的战事和军事活动;第三部分根据好太王遗教,对好太王墓守墓人烟户来源和家数作了详细记载,并刻记不得转卖守墓人的法令。好太王碑是现存最早、文字最多的高句丽考古史料,因内容涉及朝鲜半岛和当年日本列岛倭人的活动而备受中外史家关注。

② W. G. Aston, "Early Japanese History", p. 51.

得出整个记载是一个虚构故事的结论。

阿斯顿继而解释说,称神功皇后征韩是一个虚构故事,这一判断基于两个真实存在的事实:一是这一时期日本历史上确实有一位女性统治者;二是在后来某个时期朝鲜的确受到日本的侵略并被部分征服。其虚构性在于利用两条事实上存在的材料,将两个间隔相当久远的事情混为一体,并刻意夸大日本的战功。阿斯顿强调,日本人的史书中给予神功皇后以极其长的统治时期,也表明他们的历史记载在神功皇后征韩这一点上存在某些明显的虚假。

还有另外一个更加确定的证据,表明神功皇后征韩的传奇故事有着相对晚近的起源,即《日本书纪》描述该故事时用了"日本"一词。而该词直至公元670年才被引入日本,距《日本书纪》成书只有50年。阿斯顿认为,考虑到称呼本国的外来词有一个被接纳的过程,正史记载中不会如此急切地采用它。

阿斯顿还强调指出,在《古事记》与《日本书纪》的日语音译者中间似乎有一股流行趋势,他们拒绝一切具有中国渊源的词汇,而悉数用本国术语取代它们。他指出,《日本书纪》中的"日本"毫无疑问带有中国影响的痕迹。"日本"意为"太阳升起的地方",但对日本人而言,他的国家既是太阳升起的地方,也在同等程度上是太阳落下去的地方,只有在中国是一个中央大国的意识下,才会产生将日本称作"太阳升起的地方"的想法。①

阿斯顿的这一论断猜测的成分居多,并没有相关文献支持。他的推理有合理之处,但大陆国家的中国人何尝不认为自己的国家既是太阳升起的地方,又是太阳降落的地方呢。我们认为,一直严守华夷秩序的古代中国人不可能将他们眼中化外之地的蕞尔小岛称作"太阳升起的地方"。我们更倾向于认为存在另外一种可能性,倒是处于中国和日本中间的朝鲜半岛上有中国文化素养的知识人最有可能采取这种命名方式,其得天独厚的地理位置,南北狭长、东西纵深度较小的国土,也易于让他们产生太阳在自己的邻国那里东升西落的想法。加之当时尚未深受中国中原政权严格的华夷秩序的影响,正好便于他们做出一面是日出处的岛国日本,另一面是日落处的大陆国家中国这样的区分。

阿斯顿针对日本历史记载中神功皇后征韩一说的基本看法是:尽管可能根本没有神功皇后征韩一事,但是依然可以相信3世纪前半叶的日本处在一位有着卓越才能的女性统治之下,她以强有力的手段平息了国内的叛乱,并为她的国家带来一段较长时间的和平与繁荣的治世。

---

① W. G. Aston, "Early Japanese History", p. 42.

公元3世纪日本历史上的确出现过一位女性统治者,但称她征服了朝鲜却是十分不可能的。因为无论中国还是朝鲜的历史中都没有相关记载。倘若发生如此重大的国际事件,而中朝双方都失于记载的可能性不大。但日本又确实曾于5世纪时一度在朝鲜部分地区取得过决定性的影响,这一点亦为中国与朝鲜的编年史所证实。然而在相关事实的细节方面,日本方面的记载却是相当不准确的。

迟至阿斯顿生活的年代,日本尚有为数不少的学者出于不健康的民族虚荣心态,徒劳地将"神功皇后征韩"视作历史真实,并不时有将神功皇后附会为中国史籍中出现的卑弥呼女王[①]等历史人物的说法,甚至不惜为此削足适履,将文献记载予以种种变形、改造与有意误读。阿斯顿关于"神功皇后征韩"的考辨当时未必产生石破天惊的效果,但无疑对日本学界的非历史主义倾向具有一定的批判与反拨作用。

三、历史研究方法论思考

整体而言,近代旅日欧美学者的知识结构比较全面,对具体问题的思考很有纵深度;他们对日本历史、语言的掌握以及对中国典籍的熟稔成为不可多得的优势,易于形成独到的视角;他们对日本文献记载的解读与对日本现实社会的田野调查相结合,有助于加深对早期日本的理解;他们尊重科学、注重实证的精神保证了其论证的严密稳健。

(一) 忠实重构

阿斯顿关于早期日本历史的研究在当时的旅日欧美学者中引起了广泛关注和深入讨论。米尔恩(John Milne)评论指出,阿斯顿的《早期日本历史》一文发人深省,因为它阐述的问题在所有人类历史中都存在。人们沿着时间的长河往前追溯得越远,历史的可信赖程度就变得越低,最终跨入神话阶段,再往前则是完全未知的世界。米尔恩提到,人类学家借助史前遗迹重构历史,考古学家与历史学家在他们特定的领域内也为忠实重构既往历史做出自己的贡献。[②]历史学家的工作任务之一是解读早期历史著作,打破人们以前

[①] 日本"国学者"本居宣长(1730~1801)即持此观点。本居宣长一方面承认中国史书记载中的卑弥呼与日本史籍中的神功皇后所指为同一个人,另一方面却不愿接受史籍记载中她向中国朝贡的事实。本居宣长于是给出一种折中调和的解释,称邪马台只是位于九州的地区性政权,邪马台的统治者伪僭神功皇后之名向中国朝贡。通过这种略显自欺欺人的"切割",表明古日本(大和)未曾臣服于中国。(参见 E. M. Satow, "The Revival of Pure Shin-tau", in *TASJ*, Vol. III, 1875, p. 33.)

[②] "Minutes of Meetings", in *TASJ*, Vol. XVI (1889), p. xii.

信奉但未必真实的东西，紧随其后应当出现一个建设性的新阶段，即尽量忠实地重新建构可能的历史，做到有破有立。

在阿斯顿宣读《早期日本历史》的会员大会上，因健康原因未能前来与会的张伯伦寄来一份书面评论。评论中说阿斯顿或许已经从外部穷尽了对该主题的研究，但其他学者抑或阿斯顿本人应该利用内部证据进一步深入探讨。所谓内部证据，指"书籍、风俗、日本自身的地名等"[①]。张伯伦称萨道义的《古代日本礼仪》[②]就是充分利用内部证据的很好例证。

经过历史长河淘洗后留存下来的文献资料非常有限，借助它们重构历史的难度之大可想而知。而如何针对研讨对象合理取舍"内部"与"外部"资料是颇费思量的，也颇见功力。正如张伯伦所指出的，阿斯顿几乎完全借助外部资料中的证据，来证明日本历史记载中的不尽准确之处，而许多能够起到同样作用的内部证据却很遗憾地被忽略了。阿斯顿亦承认自己对日本早期历史的论述远称不上全面彻底，自己甚至没有涉及《古事记》与《日本书纪》中若干已知的矛盾与荒诞不经之处。

尽管在探讨东亚史籍的时序差异时，阿斯顿对日本本身的"内部"资料的占有与利用尚不够全面，但结合阿斯顿在其他论著中的相关研究考量，他对内、外部资料的调用取兼收并蓄的态度，并没有有意忽略内部资料，并且以一种"互文性"的架构模式对研究对象进行综合判断。

但也不容否认，历史发展阶段、科学发展水平所能提供的条件都会形成客观限制；研究者的教育背景、生活阅历以及前设的意识都会成为他们准确判断与合理论证的制约因素，这一点使得包括阿斯顿在内的近代旅日欧美学者在阐释日本古事及梳理日本文化源流时，在一定程度上存在视域盲点与局限。

中国古代典籍《山海经》中包含目前可见的关于日本的最早记载，其中提到："盖国在钜燕南，倭北。倭属燕。"依据阿斯顿的英文翻译，他将此断句为"盖国在钜燕，南倭、北倭属燕"，并进而评论道，"说日本一度臣属于一个首都在今天北京所在地的王国，看似可能性不那么大；但记载中提到日本分为南北两个政权的情况却是值得关注的。"[③]阿斯顿对上述记载的理解是很成问题的，因为原文主要讲了两层含义：其一，盖国的地理位置在燕之南、倭之北（今辽东、朝鲜北部一带）；其二，倭国臣属于燕国，而臣属未必必然意味着实际的

---

① "Minutes of Meetings", in *TASJ*, Vol. XVI (1889), p. ix.
② E. M. Satow, "Ancient Japanese Rituals", in *TASJ*, Vol. VII (1879), pp. 95—126; Vol. VII (1879), pp. 393—434; Vol. IX (1881), pp. 183—211.
③ W. G. Aston, "Early Japanese History", pp. 40—41.

治理与直接统治。郭璞在对《山海经》的注释中指出："倭国在带方（即带郡）东大海内，以女为王。其俗露介，衣服无针功，以丹朱涂身。"按照中国的多种文献记载，日本的确长期分裂为数量庞大、变更频繁的许多小诸侯国，而不是像阿斯顿所说那样，仅分为南倭、北倭两个政权。

（二）多重证据法

尽可能忠实地重构历史要求依赖双重甚至多重证据，要求将文献解读与考古发现等因素结合起来统筹考虑。张伯伦在评论中指出，就中、日历史记录的吻合情况而言，中国历史学家关于日本人生活的记录，与通过其他渠道掌握的信息不期然地高度一致，这使得它们彼此不再是孤证，借助这些记录有助于了解早期日本的情况。

阿斯顿善于从考古发现中寻找证据。在探讨"神功皇后征韩"一说时，他提到有日本学者宣称中国史料中记载的卑弥呼女王就是神功皇后，并指认奈良某处即是葬有神功皇后的坟墓，阿斯顿指出，卑弥呼女王被葬在巨大的坟丘下面，为她服务多年的众仆人在她坟墓周围作为为她殉葬的牺牲，这些都是基于远古时期日本的习俗而出现的[①]，由此确认神功皇后大大晚于卑弥呼女王所生活的时代。

阿斯顿还注重从文化传播与适应的角度展开阐释。一般而言，异文化进入新的环境后往往被重塑、改造以适应新的文化环境，所以分辨文化的历史传播路径与修正过程，是解释文化与阐释意义的关键原则。阿斯顿在《早期日本历史》中指出，日本全国普遍学习汉文或许是日本迈向文明进程最重大的一步；《日本书纪》用汉文撰写，但中国影响并非仅仅体现在字词层面，比如对神功皇后征韩的描述中，提到的战鼓、军旗、三军的划分以及向天地宣誓等都是中国式的细节。

阿斯顿关于日本文化与大陆影响的阐释路径对我们深入理解日本大有裨益。日本借助学习汉字汉文的方式，无疑加速了吸收大陆先进文化的进程。后世民族意识过于强烈的日本知识人在解读历史的过程中努力淡化中国文化影响的痕迹。而日本古代史籍中的汉文实录则明白无误地则彰显了类似"去中国化"尝试的历史虚无主义本质。在这一阐释路径的引领下，阿斯顿对日本信史起点的研判、对早期东亚史籍时序差异的评判以及对"神功皇后征韩"说的辩驳显示出严整的科学性与清晰的逻辑性。

---

① W. G. Aston, "Early Japanese History", p. 60.

(三)余韵:反思线性进化史观

在讨论阿斯顿研究早期日本历史的方法时,米尔恩表示不确定中国与朝鲜的记录在多大程度上是真实可信的。他说:

> 譬如身居上海的某个学者,通过比较日本与中国各自的历史记载,难道不会得出结论,认为后者存在错误吗?目前日本对事实真相的赏识(appreciation)程度远高于中国,难道在历史早期阶段不是如此吗?①

首先,根据米尔恩的言说方式,基本可以断定他不大可能是一个人文学者,或者至少他不了解东亚历史,尤其是对汉字文化圈的文化交流情况更是一无所知。古代先进的大陆文化向朝鲜半岛和日本传播,朝鲜与日本主动加以吸收与模仿的情况不仅有确凿的历史记录,而且这种文化传递与接受在物质层面亦有考古发现反复证明;在制度层面只需对比一下隋唐与日本的律令,就可以清楚地显示出两国历史文化的交融情况。米尔恩做出上述论断的方式在19世纪的若干学科中屡见不鲜,这种毫无相关知识储备,罔顾事实真相的无端臆测没有任何价值。

其次,米尔恩评判当时日本与中国对待事实真相的态度没有任何论据支撑,他带有明显价值判断色彩的偏颇论断体现出不加掩饰的唯心主义和主观主义倾向。事实上,即令在近代接受西方先进科技文化方面,中国也远远走在日本前面,在日本锁国时期大量汉译西书通过商船从中国输入日本,幕府亦通过"唐风说书""和兰风说书"②了解世界形势。只是后来因国内、国际形势的变化,中国被迫放缓了学习西方与快速发展的步伐,日本得以赶超。但这并不必然意味着中国对事实真相的赏识程度不如日本。

最后,米尔恩的论断逻辑显示出明显的线性进化历史观。进化或进步的观念根源于文艺复兴运动,早期的倡导者是17世纪初的笛卡尔(René Descartes,1596~1650)和培根(Francis Bacon,1561~1626),18世纪和19世

---

① 原文如下:Might not some scholar, for instance in Shanghai, who compared the Japanese records with the Chinese, draw the conclusion that the latter were erroneous? At present Japan is showing far higher appreciation of the truth of things than China is, and might it not so have been in earlier days? ("Minutes of Meetings", in *TASJ*, Vol. XVI (1889), p. xii.)

② 17世纪30、40年代幕府颁布一系列锁国令后,仅留长崎一港与中国、荷兰等国交往。幕府要求在长崎入港的外国商人向幕府提供一份有关中国、东南亚及西方各国的情报——"风说书"。因与日本保持贸易往来的国家主要是中国、荷兰,所以风说书主要由这两个国家的商人提供。其中,中国商人提供的风说书称为"唐风说书";荷兰商人提供的风说书称为"和兰风说书"。

纪初进步观念在整个欧洲赢得了哲学观念的地位。意大利学者维科（Giambattista Vico, 1668～1744）的《新科学》(1825)①一书认为，在历史发展的不同时代，后来的时代都是从先前时代自然进化来的。此即历史的持续性观点，强调前后相继的历史发展和不同发展阶段之间的相互依赖。进化论产生的真正标志是1859年达尔文（Charles Robert Darwin, 1809～1882）《物种起源》(The Origin of Species)一书的出版。斯宾塞（Herbert Spencer, 1820～1903）和赫胥黎（Thomas Henry Huxley, 1825～1895）则把历史哲学和进化论联系起来，相信社会文化与自然法则的发展规律是一致的。

线性进化的历史观否定了历史发展的复杂性和历史进程的多样性，有简单、武断的嫌疑，并且与世界范围内的历史事实严重不符。历史发展是必然性与偶然性共谋的结果，根本不存在什么一成不变的模式或路线图。抱持线性进化历史观的近代欧美学者，处处标榜欧美的"先进"，并以欧美的历史发展方式为世界"标准"，强烈坚持后进的东方只需向西方学习就能走上正确的康庄大道。这种线性历史观一旦与强权、资本相勾结，轻则对他国发展道路指手画脚，重则从一己私利出发践踏国际秩序，必将贻害无穷。

退一步讲，即便事实真如米尔恩所说，近代日本对事实真相的赏识程度高于中国，但历史早期发展阶段未必也一定如此。在前近代，处于较高发展阶段的大陆文化流向尚处于较低发展阶段的朝鲜、日本；鸦片战争以后，中国在内忧外患夹击下自顾不暇，文化发展趋于停滞，而日本借助明治维新得以全面学习西方之机乘势而起，迅速走上了资本主义发展道路，并成为中国学习西方先进科技与文化的中转站，一度令中国朝野上下争相效仿，文化传播的方向完全逆转。所以仅仅依据当前的形势凭想当然地逆推过往的历史未必站得住脚。因为这种观念要么承认历史是静止的，要么陷入线性进化的窠臼。

第三节 《日本文学史》分析

1898年阿斯顿在伦敦出版了《日本文学史》(A History of Japanese Literature)②一书，是西方学者在该领域的最早尝试。尽管如周作人所指出的，阿斯顿的《日本文学史》大体上依据1890年（明治二十三年）三上参次、高

---

① 〔意〕维柯：《新科学》(上、下册)，朱光潜译，北京：商务印书馆，1989年版。
② W. G. Aston, *A History of Japanese Literature*, London: William Heinemann, 1898.

津锹三郎合著的两册《日本文学史》①,但考虑到"四十年前,尚没有一个英国人读过哪怕一页日本书籍"②,该书在西方乃至世界范围内的价值与意义不容低估。久保忠夫、八木正自等都对它推崇备至③,并承认它影响了继起的日本学者的日本文学史观。

在《日本文学史》中,阿斯顿一方面取法日本学者的成熟研究,仔细审阅历来为日本人所标举、最值得关注的经典著作,确定它们的特征与文学价值,另一方面从自己的异质文化背景出发,着意探寻这些著作对日本人所起的激发作用。该书以线索清晰与叙述简洁著称,阿斯顿择取重要作家并以相对较长的篇幅予以论述,对不十分重要的作家则存而不论。阿斯顿在可达致的范围内,遵照文学演进的线索进行梳理④,又不囿于文学本身,能够从社会、历史角度切入,探究不同阶段的日本文学产生差异的原因。

一、对日语变迁的强调

文学史的写作若过分拘泥于有重大影响力的作家作品,则容易忽略文学的外部与周边,将文学史写成文学批评;而若将文学史完全放入社会、经济、文化的大背景中去书写,往往会忽视文学的内部生成机制,使文学史沦为社会发展史的附属品或证据之一。面对纷繁复杂的日本文学,阿斯顿对上述两种方式进行了适度的调和,并造就一种富有创新性的独特方式。

在《日本文学史》中,阿斯顿没有选择从自身经验或西方文学的标准出发梳理日本文学史,评述日本文学"有什么""缺什么"、哪个方面"不够好",而是特别注意文学语言因适应社会发展与时代需要而体现出生命力的情况,不仅视角独到,而且大大增强了论述的可信度。

阿斯顿在《日本文学史》中贯穿始终的一个关注点是强调日语的发展变

---

① 周作人:《老人的胡闹》,原载 1936 年 9 月刊《论语》96 期,见《周作人文类编 7·日本管窥》,第 719 页。
② W. G. Aston, "Preface", in *A History of Japanese Literature*, London: William Heinemann, 1898, p. v.
③ 久保忠夫:「アストンの『日本文学史』ほか」,『東北学院大学論集・人間・言語・情報』(通号 103)、1993(01)、第 1—51 頁;八木正自:「W.G.アストン著『日本文学史』の成立とその周辺」、『日本古書通信』67(6)、2002(06)、第 21 頁。
④ 该书按时间顺序将日本文学史划分为古风时代(公元 700 年以前)、奈良时代(8 世纪)、平安时代(800~1186)、镰仓时代(1186~1332)、南北朝与室町时代(1332~1603)、江户时代(1603~1867)和东京时代(1868~1900)几个阶段。

平安时代通常是指从 794 年桓武天皇(737~806)将首都从奈良移到平安京(今京都)开始,到 1192 年源赖朝建立镰仓幕府为止的一个历史阶段。阿斯顿此处所取的 800~1186 年不十分准确。

迁对文学产生的正反两方面的影响。他指出,在《古事记》成书之后的两个世纪里,日本散文文学中没有实质性的增益,直至10世纪早期,日本作家才热诚地参与到用日语进行散文创作的实践中。他特别强调,《古今集》编辑者、诗人纪贯之(872?～945?)[1]最早进入到这一领域。

阿斯顿认为,作为纪行文学[2]代表作的纪贯之的《土佐日记》是强调风格重要性的典型。阿斯顿称,《土佐日记》并不包含激动人心的冒险或者浪漫的场景,亦不包含任何明智的格言或者新奇的信息,唯一的优点在于它以简单却不失雅致的语言进行描述,凭借俏皮幽默的风格表现当时日本旅行者的普通生活。阿斯顿称许《土佐日记》在日本古典中拥有相当高的地位,是以日本本土风格进行创作的典范,后世不乏仿作者,但都没能达到它的水准。

在论及能剧[3]时,阿斯顿指出能剧的一个显著特色是大量使用诗歌技巧,如自由地引入枕词、常用对仗装点等,但最受欢迎的是"挂词"(かけことば)[4]的使用。挂词在能剧中使用较多,并且以一种在以前的日本文学样式中不为人知的方式被使用着。阿斯顿大胆断言,"挂词"是严肃写作中的一种错误,并称它是"文学衰落和坏品味的标志性特征"[5]。他认为对"挂词"的使用是出于对无意义的装饰的偏爱,不仅体现在能剧作家身上,而且也体现在江户时代的戏剧家和小说家身上。

几乎在论及每一阶段的日本文学时,阿斯顿都会分析汉语在其中的地位及其产生的影响。[6]他提到镰仓时代用汉语写成的书籍见证了中国学问普遍

---

[1] 纪贯之著名的《古今集·序》(922)简洁地追溯了日本奈良时代的和歌史,然后谈及《古今集》所收录的和歌诗人的创作情况。它是第一篇认真思考并探讨诗之本质的文章,被看作日本最早的文学批评。至今在日本仍被誉为风格优雅的制高点,后起的文学批评不断提及并效仿它。

[2] 纪行文学是以第一人称记叙的以自身体验为依据的行旅散文。纪行文学中不乏作者的主观感受与评议,文学意识突出;而以记述为主、客观性较强的则称为旅行记。中世初期,源赖朝(1147～1199)在镰仓设立幕府,日本形成京都与镰仓两个政治中心,往来于这两地的人日渐增多,从而催生了纪行文学的繁荣。

[3] 阿斯顿对能剧的评价不高,他说:"能剧不是古典诗。它们过于缺乏清晰性、条理性和首尾一贯性,也缺少良好的品味。"(W. G. Aston, *A History of Japanese Literature*, p. 203.)从中不难看出,他对能剧缺乏深入了解,但《日本文学史》中包含世阿弥的能剧《高砂》(たかさご)最早的英文翻译,其先驱之功不可抹杀,其眼界与文学史观仍值得称道。

[4] 阿斯顿援引张伯伦在《日本古典诗》中对挂词的说明:"挂词是指有两个含义的词,起到将两扇门固着于其上的枢纽的作用,一个诗化用语的前半部分没有逻辑终点,其后半部分则没有逻辑起点。它们彼此相遇,句子无法分析……这些相互链接的句子给人留下极其愉快的印象,它们像一系列渐隐的风景一样从读者眼前经过,模糊、优雅、带有暗示性。"(W. G. Aston, *A History of Japanese Literature*, p. 202.)

[5] W. G. Aston, *A History of Japanese Literature*, p. 202.

[6] Ibid., pp. 159—160, p. 221, p. 380.

衰落的状况,当时写作所用的汉语十分糟糕,堪比中世纪欧洲使用的不规范的拉丁语。阿斯顿指出:"现代日本文学语言的形成很大程度上归功于日本的汉诗文创作,17世纪与18世纪初期尤甚。"①他解释说,这一阶段不仅日语的词汇得以大大扩充和丰富,而且亦获得了繁琐的旧日语所不可能达到的清晰与直接的效果。阿斯顿继而指出,江户时期日语经历了一个明显变化,为适应新文明的需要,有必要大量增加词汇,汉字被随意借用,以至于在数量上大大超过了有着本土起源的词语。阿斯顿还注意到,到江户末期,日本文学中对汉语的使用大幅减少,而到《日本文学史》成书时,日本文学创作中汉语仅在很少的特定目的下才会被使用。

阿斯顿在关注日语语言的同时,将深层次的社会语境一并考虑在内,并进而上升到思想意识的层面加以观照。在论及本居宣长时,阿斯顿称他的成就之一是创造了一种新的文学用语,在他手中"纯正的和文(わぶん)变得灵活、生动和富有表现力⋯⋯但也有冗长的缺陷"②。阿斯顿继而解释说:

  部分原因在于本居宣长为追求语言的纯正而拒绝使用汉语词汇,尽管它们既有用又彻底自然化了,并且对日语的表现形式也是有益的;还有部分原因在于本居宣长对外国心存偏见,尤其是当有机会声讨中国思想或者放大神道优点时,这么做表现出狭隘的爱国意识与民族自尊。③

上述对和文文体发展的观察以及给出的原因分析都是十分恰当的。

阿斯顿在《日本文学史》的"导言"中指出,日本语言与西方语言之间存在着隔阂,部分隔阂甚至造成"拒绝任何翻译的障碍,从而阻碍了我们对其优点的充分理解"④。并称:"即便译者充分掌握了日语,他们也不可能将所有的比喻、典故、隐语和例证原汁原味地呈现出来。所有这一切如果没有大量说明性的注释则在很大程度上令人难以理解,而太多这种注释恰恰是读者所不能

---

① W. G. Aston, *A History of Japanese Literature*, p. 265.
② 原文如下:It became flexible, picturesque, and expressive... But it is marred by one terrible fault, prolixity.(W. G. Aston, *A History of Japanese Literature*, pp. 332—333.)
③ 原文如下:This is partly inseparable from Motoöri's purism, which leads him to reject many useful and thoroughly naturalized Chinese words in favour of Japanese forms of expression, however circuitous, and is partly owing to an inveterate habit which he has of repeating himself, especially when an opportunity offers of denouncing Chinese proclivities or of magnifying the merits of Shinto.(W. G. Aston, *A History of Japanese Literature*, p. 333.)
④ 原文如下:Some obstacles which prevent any translations from giving an adequate idea of its merits. (W. G. Aston, "Preface", in *A History of the Japanese Literature*, p. vi.)

容忍的。"①文学作品译介过程中如何处理源语与译入语中判然有别的成语（idiom）问题是尤其突出的困难。关于这一点，阿斯顿提到，在将日语译为西方语言时，意大利格言似乎特别适用于对应日语成语，但并没有给出具体例证。

阿斯顿强调两种语言中对应词不可能达到完全一致的程度，尤其是词汇蕴涵的思想与感情方面的差异更难吻合，比如"用以表示正义、美德、贞操、荣誉、爱以及表达许多类似观念的词汇，尽管在本质上与我们的词汇是一样的，但仍然必须注意那些在翻译过程中必然丢失的差异之处。"②他以日语中的"本心"（ほんしん）为例，认为该词隐含着人心地本来是善良的，人的良心就是人心发出的内在声音这样一层含义；当译成英语"良心"（conscience）时，无法传达出这层隐含的意蕴。

二、对外来影响的关注

阿斯顿在分析作家、作品以及文学思潮时，不仅从文学文本自身入手，而且也充分关注日本文学接受、吸收外来影响的情况，由此避免了单线条文学史叙述的弊端，也超越了单纯在语言与文学层面考量文学史的局限。这种跨文化的视角与敏锐发现，也是对此前日本学者撰写的日本文学史的一种超越。

传统日本一方面移植以中国文化为主的外来文化因子，另一方面逐渐形成民族意识与文化自觉，表现为面对外来文化冲击时，对本民族文化的维护和坚守。阿斯顿在《日本文学史》中关注中国思想文化给日本带来的影响，他指出，在日本的国民生活与思想中，物质文明、宗教、伦理、政治组织形态、语言乃至文学，没有任何一个层面未受到过中国的深刻影响。

在阿斯顿看来，在艺术、政治组织形态，甚至宗教方面，当然也包括文学领域在内，日本善于从别国吸收、借鉴，也惯于对吸收进来的一切事物进行范围广泛的修订，并在其上附加他们自己的民族精神。日本文学的最早留存物

---

① 原文如下：Even when they have a complete knowledge of the language they cannot possibly reproduce all the metaphors, allusions, quotations, and illustrations which form the great part unintelligible without a profusion of explanatory notes intolerable to the reader. (W. G. Aston, "Preface", in *A History of Japanese Literature*, p. vi.

② 原文如下：The words for justice, virtue, chastity, honour, love, and many more ideas of this class, although meaning substantially the same as with ourselves, must yet be taken with differences which are necessarily lost in a translation. (W. G. Aston, "Preface", in *A History of Japanese Literature*, p. vii.)

《古事记》与《日本书纪》中的"记纪"歌谣,以及日本本土宗教神道的"祝词"①所具有的所谓诗歌品质,也在一定程度上归功于中国诗歌的启示。

阿斯顿认为,整个古风时代日本几乎没有给后世留下多少不朽的文学巨著,但该时期有两大事件对日本文学的发展至关重要。其一是书写技艺的传入,伴随而至的是日本文人对中国文学与历史的熟习;其二是佛教在日本的第一次传播。②随着定都平安京,来自中国儒学与佛教两方面的影响达到顶峰,结果出现了一个文化高度繁荣的时期。阿斯顿借助类比的方式论及,佛教以其软化的、人本主义的影响(softening and humanisming influences)③,对日本起到类似于基督教在西方世界所发挥的作用。

阿斯顿分析称,《竹取物语》④的场景、人物和语言都纯粹是日本式的,但其中有足够的痕迹显示出外国影响。超自然的情节可能是佛教的,也可能是道教的,甚至连其中枝节性的插话都取自丰富的中国民间传说。在论及《宇治物语》(又称《宇治大纳言物语》)时,阿斯顿分析说,该书薄薄的60卷中仅有30卷的篇幅分配给了日本故事,其余故事则有着中国或印度源头。

阿斯顿正确地指出,江户时代,更大的一波中国影响涌入日本,并且以一切可能的方式深刻影响着日本。不仅日本政府的组织方式效仿中国,而且法律、艺术、科学等方面亦从中国获益良多,最重要的是哲学与文学所表现的国民思想中都含有中国影响的深刻印痕。⑤阿斯顿继而指出,日本受惠于中国文化影响的情况最终发生了逆转,曾经一度给日本带来健康影响和生机活力的中国哲学思想在江户时代后期逐渐成为日本的沉重负担,这使得转而向西

---

① 阿斯顿认为,《祝词》尽管是散文体的,在某种意义上说却比今天的许多诗歌更有诗意(或者说更像诗)。最早的日本文学呈现出两种文体类型并未完全区分的状态——诗歌实则是有韵律的散文,而散文中则包含可以觉察得到的诗歌因素。(W. G. Aston, *A History of Japanese Literature*, p. 13.)

② W. G. Aston, *A History of Japanese Literature*, p.3.
此后佛教在日本的传播与发展又迎来几次高峰:第二次是在平安时代,8世纪中期,密教大兴于中国,旋即影响到日本,其中最澄(767~862)入唐求法主要学习天台宗,空海(774~835)入唐学习真言密教,他们回到日本后形成显教(天台宗)与密教(真言宗)既对立又融合的局面;第三次是在镰仓时代(延续至室町时代),入宋求法的留学僧将禅宗带回日本,从日本天台宗中分化出净土宗、日莲宗等,佛教在日本取得辉煌的发展。

③ W. G. Aston, *A History of Japanese Literature*, p. 4.

④ 创作于10世纪初的《竹取物语》(又名《赫映姬物语》)是日本现存最早的一部物语文学。故事写一位伐竹翁在竹心中发现一个美貌的小女孩,女孩经三个月就长大成人,取名"细竹赫映姬"。五个贵族子弟向她求婚,她答应嫁给能寻得她喜爱的宝物之人,可是这些求婚者都遭到失败。天皇想凭借权势强娶她,也遭到拒绝。赫映姬在这些凡夫俗子茫然失措中升天而去。

⑤ W. G. Aston, *A History of Japanese Literature*, pp. 220—221.

方学习科技、思想与文化成为必要。

阿斯顿基本袭用当时日本学界的常规观点,称中国哲学思想之于日本为负担,这一定位是不符合事实真相的。一方面幕府末年日本强调"东洋道德,西洋艺术",只认可西方形而下的器械技术,而仍然信奉中国哲学思想中的仁义忠孝的道德,并且日本开国后取得的成就也表明中国哲学并未成为日本近代化的包袱或桎梏;另一方面,即令在日本学习西方的过程中,来自中国的汉译西书也是日本最早接触西方先进科技文化的重要来源之一。

阿斯顿也关注到欧洲文学加诸日本文学的影响。他称欧洲在各个方面真实可感的领先情况导致日本下决心学习欧洲,尤其是英语书籍成为日本实用知识的来源。1879年欧洲小说的日文翻译首次出现,给日本的小说写作艺术带来巨大革命。[①]陈旧的文字游戏、墨守成规的人物描写、异想天开式的劝善惩恶、过分铺排事件与情节以及浪漫的做派已经很少有人模仿,代之而起的是一种更严肃认真、更具常识性的写作风格。

说到具体的学习对象,阿斯顿认为莎士比亚(William Shakespeare,1564～1616)是否可以作为楷模供日本戏剧作家模仿是值得怀疑的[②],因为他担心日本戏剧作家极易学到莎士比亚的缺点,他倾向于支持向德国或者法国的古典戏剧学习。

在论及欧洲文学对日本的影响时,阿斯顿采取了截然对立的两分法,其中暗含着西方优越的意识,无形中抹杀了日本文学向西方学习过程中甄别选择的自主性,亦未考量日本文学或会对西方文学带去影响(如第五章将论及的日本俳句的译介、向西方传播及对意象主义的影响),多少有些违背历史。

三、纵横对比彰显特性

在《日本文学史》撰写过程中,阿斯顿既注重从整体上把握不同历史时代日本文学的特色,又着意进行详细的个案分析,还高度重视对比方法的运用,不仅有不同作家间的对比[③],也有不同作品、甚至不同文体间的对比,还时常

[①] W. G. Aston, *A History of Japanese Literature*, p. 386.
[②] Ibid., p. 387.
[③] 比如他专辟篇幅比较紫式部与清少纳言的区别,称紫式部在塑造人物的过程中失去了自我,而清少纳言在她写的每一个事物中都明显地体现出自己的个性来。

穿插日本作家、作品与西方同类的对比。①以下选取几个实例,侧重关注阿斯顿采用整体观照、个案分析与纵横对比相结合以彰显日本文学不同侧面特性的述论方法。

(一)日本诗歌的"限制性"特征

阿斯顿从日本文学与中国文学、日本文学与西方文学分别进行对比的角度着眼,将一般日本诗歌的特点归结为"限制性"(limitations),表现为"缺什么,而不是有什么"(for what it has not, rather than for what it has)。②

首先,限制性表现为日本诗歌的描写对象与取材范围比较狭窄。阿斯顿如此定位日本文学的特征:

> 日本文学是勇敢、有礼貌、轻松、爱好快乐的民族的文学,易动情但不易被情欲支配(sentimental rather than passionate),富有机智幽默,带有机敏的见解但不深刻;别出心裁,有独创性,但几乎没有高智力成果;对知识的渴求赋予他们善于接受外来思想的特点;倾向于简洁与优雅的表达,却很少甚至从未将之提升到崇高的境地。③

阿斯顿指出,奈良时代(8世纪)日本有相当数量的诗歌,悉数由抒情诗构成,但没有一首是叙事性的;无论真实与否,它们都不提供历史资料;说教性、富于哲理性、政治性与讽刺性的诗歌明显缺省,战歌(war-songs)几乎完全缺席;这一时期日本诗歌的一个主要着力点是描绘自然美。

其次,限制性也体现在日本诗歌形式上的局限性。阿斯顿认为日本诗歌仅限于抒情诗与警句诗,主要用于表达情感;日本基本没有长诗,事实上任何形式的叙事诗都篇幅短小且数量不多;日本诗节的结构简单到了极点。不同

---

① 针对日本有人将日本江户时代净瑠璃和歌舞伎剧作家近松门左卫门(1653~1724)与莎士比亚相比的情况,阿斯顿表示,当然可以在他们二者之间找到共同之处,但这种对比几乎没有任何价值。他认为近松门左卫门的人物刻画简陋,其故事情节令人不能容忍地过度夸张与不可信,其生命哲学全然是独出心裁的需要,他不断引入残暴与叛乱的场景,在某种程度上很难被西方观念理解。阿斯顿的论述其实包含近松门左卫门不如莎士比亚的评判,尽管其论据不十分令人信服,但从二者的文学作品在世界范围内的接受与影响程度而言,这一评判的结果还是成立的。

② W. G. Aston, *A History of Japanese Literature*, p. 24.

③ 原文如下:It is the literature of a brave, courteous, light-hearted, pleasure-loving people, sentimental rather than passionate, witty and humorous, of nimble apprehension, but not profound; ingenious and inventive, but hardly capable of high intellectual achievement; of receptive minds endowed with a voracious appetite for knowledge; with a turn for neatness and elegance of expression, but seldom or never rising to sublimity. (W. G. Aston, *A History of Japanese Literature*, p. 4.)

于汉语诗节,日本诗歌不押韵,这显然是由日语音节的特性决定的。阿斯顿认为,日本诗节结构中唯一将它与散文区别开来的标志是五音节与七音节诗行的交替使用。

第三,日本诗歌的限制性还体现在日本诗人有意在形式与主题方面避开中国文学,后者事实上是他们所熟知的唯一的文学样态。阿斯顿指出,日本人对语言的提炼和对主题的选择,在某种程度上归功于对中国古代文学的熟知,但是他们却几乎不让这种迹象显露。日本诗歌中暗指中国文学与中国历史的情况虽说不是完全没有,却并不多见;并且在所有古典形式的诗歌中严禁使用汉语词汇。这种限制有其本质原因,即两种语言的语音差别很大,汉语词汇在音节方面要比日语词汇复杂得多,也更加多变。

阿斯顿还指出,日本诗人与西方诗人的一大区别在于前者在一定程度上缺乏想象力。① 表现为西方诗歌善用大量人格化的描写,日本人却轻易不会赋予无生命的事物以生命。阿斯顿认为这种非人格化的思维习惯并不为日本人所独有,而在东亚各民族中都存在,尤以中国表现得最为突出;并且也不局限于诗歌乃至文学中,而是整个民族心态的写照。按照阿斯顿的理解,在东亚民族的思想意识中,"事情是发生的而不是被做的"(things happen, rather than are done)②;对东亚的人们而言,"命运的潮汐远比强烈的意志与顽强的拼搏更真实"③,这一点对他们的文学,尤其是诗歌的影响非常关键。

阿斯顿该观点有以偏概全之嫌。可以说部分东亚文学作品表现得缺乏想象力,但若上升到国民性的高度则缺乏说服力。中日两国的创世神话、日本的《竹取物语》以及中国的《西游记》都是基于恢弘的想象而创作出来的。接受命运潮汐摆布与顽强地拼搏抗争更不应成为区分东西方文学主题或表现力的标志,譬如比较莎士比亚的《李尔王》与被誉为乐府双璧的《孔雀东南飞》和《木兰辞》,前者对命运潮汐的慨叹更甚,后两者以抗争的方式主宰自己命运的呐喊更胜一筹,似乎与阿斯顿的判断截然相反。但我们亦无意提炼一个与阿斯顿立场相反的观点。归根结底,阿斯顿这种试图对一国、一民族文学进行整体价值高下评判的做法不科学,也不足取。

(二)《古事记》与《日本书纪》比较

阿斯顿曾将《日本书纪》全文翻译成英语④,为欧美的日本研究者提供了

---

① W. G. Aston, *A History of Japanese Literature*, p. 31.
② Ibid.
③ 原文如下: The tides of fate are far more real to them than the strong will and the endeavour which wrestles with them. (W. G. Aston, *A History of Japanese Literature*, p. 31.)
④ W. G. Aston, trans., *Nihongi, Chronicles of Japan from the Earliest Time to A. D. 697*, London: Tuttle Co., 1896.

一个可资信赖的资料来源。在译文前有一篇导言,译文中附有博学的注解,对《日本书纪》中出现的关于日本文学、历史、传统、古代习俗等问题都详加关注,远古时代日本的婚嫁与丧葬礼仪、世袭制、人牲、崇拜的形式、社会组织形态等也不断被提及并予以解读。

阿斯顿强调《日本书纪》在所有日本著作中的突出地位。相比于《古事记》,他更推重《日本书纪》的历史价值与文学艺术性。他认为:

> 无论《古事记》对研究早期日本的神话学、风俗、语言与传说多么重要,也不管我们把它看作文学抑或实录,它都是非常粗疏的作品。作为历史著作,它与同时期用汉文书写的《日本书纪》不能相提并论;其语言是汉语与日语的奇特混合体,是以几乎没有进行艺术性的尝试。①

诚然,作为日本留传至今最早的正史,《日本书纪》包含从远古时代直至公元697年的大量日本国族神话、传说、诗歌与历史记录。它是研究古代日本历史最重要的参考文献之一,并且它的价值绝非仅限于历史学范畴,对于研究中日文化交流与日本思想、习俗、语言、文字、文学及社会发展都是必不可少的珍贵资料。

阿斯顿推重《日本书纪》的观点与张伯伦青睐《古事记》的态度②貌似截然相反,实际上只是强调的侧重点不同:张伯伦强调《古事记》在中国影响大举进入日本以前对日本远古社会的记录;而阿斯顿强调《日本书纪》的文献价值与典雅的语言风格。阿斯顿亦明确出,《日本书纪》用编年体形式逐月逐日记载事件,但并没有尝试追踪事件之间的关联,或者思考它们的起因。阿斯顿与张伯伦分别指出的两部书的优缺点也大致符合实际,并没有畸轻畸重的偏颇。至于二人对两部著作价值的高下判断,当然不排除一定程度上取决于他们在个人趣味、爱好与眼界方面有所差异。

(三)《源平盛衰记》与《平家物语》对照

阿斯顿指出,日本的准历史著作(quasi-historical works)是一个大类,尽

---

① 原文如下:The *Kojiki*, however valuable it may be for research into the mythology, the manners, the language, and the legends of early Japan, is a very poor production, whether we consider it as literature or as a record of facts. As history it cannot compare with the *Nihongi*, a contemporary work in Chinese; while the language is a strange mixture of Chinese and Japanese, which there has been little attempt to endue with artistic quality. (W. G. Aston, *A History of Japanese Literature*, p. 19.)

② 详细论述参见第五章第一节。

管莎士比亚的历史剧与它存在类似之处，即都包含一些事实，也都有虚构的成分①，但西方文学中没有与之完全对应的文类。

阿斯顿分析物语类作品《平家物语》②与准历史著作《源平盛衰记》③的异同，认为《平家物语》不过是对《源平盛衰记》的一种改编，主要内容方面只是页复一页地抄录后者。阿斯顿详细翻译了《平家物语》对坛浦合战（壇ノ浦の戦）结局的描述，继而通过比较《源平盛衰记》中的相关篇章，清楚地标举出两部著作的显著不同。

阿斯顿分析说，在《源平盛衰记》中没有任何向神或佛祈祷的描述，也完全没有谈及未来的天国；而《平家物语》却赋予人物虔诚礼拜神佛的感情色彩。④阿斯顿还恰切地指出，《源平盛衰记》并没有远离真正的历史；《平家物语》虽然涉及同样的范围并描述同样的事件，但作者在爱国主义或者敬奉英雄的思想驱动下，抑或出于诗歌或者戏剧效果的考虑，增添了许多艺术加工与虚构的成分。

四、对社会语境的把握

文学史撰写不同于文学评论，后者可以仅仅针对一个作家或一部作品展开分析，文学史是对一个国家、一个民族、一个或若干个时代的文学从源到流的综合性论述，既要看一个时代的文学主流，又要把握一个时段内文学的发展与变迁倾向，还要突出杰出作家与典范作品。要讨论一个国家或民族的文学史，不能不讨论该国家或民族的历史传统、社会制度与时代条件。文学史的撰写必须将文学生成、发展与变迁的社会语境考虑在内。

阿斯顿在《日本文学史》的"序言"中指出，日本有卷帙浩繁的文学作品，连绵超过十二个世纪，但直至他写作《日本文学史》时，欧洲人对日本文学的理解还很不完整，他认为必须竭力直接面对那些被日本文学史家标记出来、最值得注意的作品，以此来确定它们的特征及其在日本文学中的地位，并尽可能掌握它们给日本人思想观念的启发。阿斯顿选择日本作家、作品进行论述的标准高度依存于日本人的评判，而不是出于西方的文学标准或品味，这是十分明智的。事实上一个外国学者在没有多少参考资料可资借鉴的情况

---

① W. G. Aston, *A History of Japanese Literature*, p. 134.
② 《平家物语》是成书于13世纪的军记物语，原称《平曲》，又称《平家琵琶曲》，作者不详，记叙了1156～1185年源氏与平氏的政权争夺。
③ 《源平盛衰记》又称《盛衰记》，共48卷，作者不详，对后世的谣曲、净琉璃等戏剧艺术影响很大。
④ W. G. Aston, *A History of Japanese Literature*, p. 143.

下,倚重日本学者对日本文学源流的梳理,以及他们对作家作品的评判,理应成为取舍论断的重要依据之一。

阿斯顿在论及平安时代的女性创作时指出,强势的男性主要致力于研究中国学问,对写诗与虚构小说持蔑视态度,认为这是一些琐屑追求;继续使用本国语、以轻松文学形式为本国文学维持荣誉的任务主要下放给日本女性。①但仍有一个更为有效的原因,即此时女性的地位远不同于后来男女有别、男尊女卑等中国观念在日本取得支配地位后的情形。②加之这一时期的日本相对安静和平,于是平安文学基本上表现为女性特色,柔和、优雅和淡淡的风趣幽默是其主要特征,最受青睐的文学题材是描摹大自然,家庭感情紧随其后也占据了支配地位,而爱情则成为最主要的主题。

与平安时代或古典时代相比,江户时代的文学发展势头更为强劲,并且主题更加广泛,但在形式方面却有一个可悲的衰落。③在探讨这一时段的日本文学时,阿斯顿着力思考的一个问题是:大力吸收了中国朱子哲学的日本人在性格方面与欧洲诸民族有哪些差异。他指出,整体而言日本人的善恶观念与欧洲人一样,但日本人的"道德排名表"(Table of Moral Precedence)与欧洲的道德关切存在明显差异。

阿斯顿注意到江户时代忠诚占据道德制高点,在它的遮蔽下所有其他道德要求都相形见绌。④阿斯顿认为,佛教徒献身宗教活动的虔诚,不仅在德川幕府治下没有获得较高评价,而且在日本的任何历史时期都没有成为其国民性中的标志性善行。阿斯顿继续分析说,在日本人的德行范围内,紧随忠诚之后的是孝,他们将孝与家庭管理的关系扩大到整个国家层面,从政治角度提出孝的必要性。在武士对主人或者子女对父母的各项主要义务中有一项是复仇。现代日本戏剧与小说中充斥着复仇主题的故事,阿斯顿认为诸如赤穗四十七义士⑤的复仇主题在日本文学中的地位堪比西方爱情小说。

阿斯顿特别指出,17世纪的日本小说作家并没有触及有身份名望的社

---

① W. G. Aston, *A History of Japanese Literature*, p. 216.
② Ibid., p. 55.
③ Ibid., p. 221.
④ Ibid., p. 229.
⑤ 幕府属臣赤穗城主浅野长矩因仪典官吉良义央的谗言而被赐剖腹,他的赤穗城和江户城内的宅邸随即被幕府没收。浅野死后,他手下的47名武士在首领大石良雄的率领下暗中筹划复仇,等待将近一年方得到机会杀掉吉良。武士们复仇后并未逃跑,而是主动到幕府自首,后一起切腹自杀。他们被誉为武士的理想、忠臣的楷模。他们的事迹被搬上歌舞伎和净琉璃的舞台,并被反复写进各类文学作品中。

会阶层的风尚习俗①,阻碍因素并非在于经济方面。江户时代妻子或者一般女性的地位与以往大不相同。要求女性绝对服从、尽可能不抛头露面等中国观念在日本的传播与接受取得很大进展。上层阶级的男性与女性之间没有社会交往,浪漫的爱恋极其罕见。女性很少出现在公众生活中,因而也彻底从文学世界消失。

阿斯顿在论述中强调,贞节无论对于日本男性还是女性而言都是一种美德,理论上一个男子只能有一个妻子,但如果是大家庭的族长,则允许娶一个甚至多个妾,但真实的目的只是为了生养孩子。粗俗放荡受到谴责,并有可能受到政府的严厉惩罚。②阿斯顿认为贞节在日本女性的美德范畴内所处的位置要比基督教国家的低,但并没有引述文学作品或分析现实生活予以论证。或许《源氏物语》等作品对"访妻婚"及贵族淫逸放荡生活的描述给他造成这种印象。

阿斯顿在书写《日本文学史》的过程中充分考虑日本社会发展作为文学变迁的外部因素,并进而挖掘这些因素对文学的影响,不仅使文学史研究具备一定的深度与广度,而且对文学史的诠释更加具体形象,也体现出他以关怀之心去叩问和反思历史,以期最大限度地发掘历史真相,梳理思想观念的发展脉络,并以思想和文学的亮度去烛照历史的文学史观。

五、书写当代史的史识

阿斯顿从社会与历史文化语境入手,不仅分析文学发展变迁的背景,而且直面当下,书写他所生活时代的日本文学史。一方面,表现出当代书史的勇气与史识,并对发展中的日本文学寄予厚望;另一方面,他又表现出信奉历史循环论的一面,部分判断不尽准确。

阿斯顿在《日本文学史》推出新版时,新增加了第七部分,简要评述明治维新后三十余年(1868~1900,阿斯顿称"东京时代")的日本文学发展情况。法国年鉴学派③告诫人们最好不要书写近二十年之内的历史;英国哲学家、历

---

① W. G. Aston, *A History of Japanese Literature*, p. 304.
② Ibid., p. 232.
③ 法国年鉴学派的历史渊源可以追溯到18世纪的伏尔泰(Voltaire,1694~1778)。所谓年鉴学派,是指法国自1929年以来主持、编纂《经济与社会史年鉴》的几代历史学家。他们反对以兰克(Leopold von Ranke,1795~1886)为代表的旧史学传统,主张把新观念与新方法引入历史研究领域。他们的理论不仅震撼了法国史学界,而且标志着现代西方史学开始发生变革。

史学家柯林伍德(Robin George Collingwood,1889～1943)①也一再提醒,治当代历史易于让作者感到困惑,不仅因为他们知道得太多,而且也因为他们知道的东西是零碎的、不连贯的,还没有完全被消化。当代书史因所书写的对象依然在生长、未定型,且要对自己亲历或眼见的事情做出判断和评价,立场和态度易受到质疑。在这个意义上,阿斯顿撰写明治时代文学史的做法表现出非凡的勇气,其难度亦可想而知。

阿斯顿秉持一种外在的他者视角,其感知角度与观照方式的独特性决定了他可以看到当时日本人自身看不到的东西。他注意到明治维新以来日本文学中历史写作的技艺获得了长足进展,现代的调查研究方法与历史批评原则已为人所知并广为接受,但他也强调指出,在历史写作之前必须对来源不同的现存资料进行筛选。②他的文学史撰写就很好地贯彻了他自己确立的这一原则。

一方面阿斯顿注重深入到文学的内部去仔细解读文本。他通过检视刚刚过去的三十余年间的日本戏剧与小说,认为它们在整体上值得赞扬:技艺更加精良细致,道德水准方面少了些人工斧凿,违反良好品味的情况亦大为减少,作品也努力规避近松门左卫门和曲亭马琴(1767～1848)等作家写作中大量存在的各种明显不可能、难以令读者信服接受的情况。③

另一方面阿斯顿又始终站在边缘的立场思考问题。他认为明治维新以来的形势比以往任何时代都更有利于日本产生好的诗歌。原因之一在于语言,日语通过更彻底地吸收中国元素,用于诗作的能力已相当令人满意;原因之二在于生活方式的变化带来的影响,日本人在欧洲观念的影响下,其注意力已经被导向欧洲诗歌,尤其是英国诗歌。④并且只有到这时日本作家的地位才获得了彻底的革命性逆转,成为受人尊敬的社会成员,而不是可有可无的所谓"帮闲"阶层。

阿斯顿认为明治维新以来日语词汇大大丰富,提高了日语用于诗作的表达能力,整体而言这一判断是可取的。但与其说日本人的注意力被导向以英语诗歌为代表的欧洲诗歌,倒不如说西方历时发展了几百年的文学思潮与历史积淀下来的经典文学作品并时性地涌入日本,面对极其丰富的外来文学资

---

① 柯林武德,英国哲学家、历史学家、业余画家,1927年起为牛津大学罗马史讲座教师,成为继哈佛菲尔德之后的罗马不列颠史专家。柯林武德博学多才,一生涉猎诸多知识领域,在哲学、历史学、考古学、艺术、宗教、人类学等学科方面都有贡献,尤其是他的历史哲学思想,在20世纪学术史上具有极其重要的地位。
② W. G. Aston, *A History of Japanese Literature*, p. 395.
③ Ibid., pp. 394—395.
④ Ibid., p. 397.

源,日本作家一方面急于起而模仿,另一方面也为他们自主选择、消化吸收的余裕带来一定的冲击。反映近代西方文学的几种主要思潮——写实主义、拟古典主义、浪漫主义和自然主义——逐一在日本文坛粉墨登场就是明证。

《日本文学史》在对刚刚过去的三十余年日本文学基本认知的基础上反思过去,并展望未来,关注一种共时性的构建。在全书末尾,阿斯顿以此作结:"三十年还是太短的一段时期,1868年维新变革种下的种子还没有长成成熟的文学果实……毫无疑问今天事物变动更迅速,我们现在见证的只是一个新的、重要发展的开端,相信这一点似乎是合理的。"[1]他表示相信,西方社会观念和文学观念的引进使得明治维新以来的日本文学具备了世界性和现代性的因素。结合后来日本文学的发展状况来看,阿斯顿颇具前瞻性的乐观展望是非常准确的。

第四节 《纯神道的复兴》述论

萨道义的《纯神道的复兴》[2]作为附录刊发于1875年出版的《日本亚洲学会学刊》第三卷,1882年作者又对文章做出修订,待《学刊》重印时替换掉原文。该文是近代旅日欧美学者较早专题研讨神道的代表,研究十分深入且广为征引。拉夫卡迪奥·赫恩坦承,被誉为"他研究日本的毕业论文"[3]的《日本试解》(Japan: An Attempt at Interpretation)[4]中,所有关于神道的引述都来自萨道义的《纯神道的复兴》一文。[5]由此可见萨道义此文的分量之一斑。

一、极力消除外来影响的"纯神道"

萨道义开宗明义点明题旨,指出所谓"纯神道",意味着在佛教与儒学传入日本之前日本人民的宗教信仰;而纯神道的复兴,意指被称为"国学家"的现代学派(modern school of writers)为了消除外来影响并呈现神道原初状态而做出的努力。[6]复兴纯神道的主张潜在地相信,在外来思想文化传入之前日本早已存在真正的古道。

---

[1] W. G. Aston, *A History of Japanese Literature*, p. 402.
[2] Ernest Mason Satow, "The Revival of Pure Shin-tau", in *TASJ*, Vol. III (1875); Vol. III (reprint), 1882.
[3] 曹晔:"序",见〔日〕小泉八云:《神国日本》,曹晔译,长春:吉林出版集团,2008年版,第2页。
[4] L. Hearn, *Japan: An Attempt at Interpretation*, Boston & New York: Houghton Mifflin Company, 1922.
[5] L. Hearn, *Japan: An Attempt at Interpretation*, p. 152.
[6] E. M. Satow, "The Revival of Pure Shin-tau", p. 1.

日本国学,系指在《古事记》《日本书纪》《万叶集》等日本古典作品的基础上,研究儒学和佛教等外来思想传入前日本固有的哲学思想的一门学问。江户时代后期,作为封建社会意识形态指导的朱子学在理论上趋于停滞和没落,在锁国政策造成闭关自守的社会背景下,很容易滋生国粹主义思想,表现在思想文化上,产生了一种向往和回归古代的社会思潮。以契冲(1640~1701)、下河边长流(1626~1686)、户田茂睡(1629~1706)等的《万叶集》研究,尤其是契冲的《万叶代匠记》的文献研究为国学的开端。但因其研究对象仅限于《万叶集》而尚称不上纯神道的开端。

在《古事记》《日本书纪》中有大量有关神代的资料,而纯神道学者也正是将注意力投放到这些典籍上面进行论说的。萨道义通过分析纯神道学者的生平与著作,以及他们持有的、被认为是神道本质的一些观念,从而对纯神道的复兴这一主题展开论述。他遵循本居宣长研究古代日本文学的顺序①,通过解读本居宣长等日本学者的研究成果,将《古事记》与《日本书纪》中的传说、祝词与《延喜式》中包含的相关礼节与仪式与其他宗教信仰进行比较解读。

萨道义分析纯神道出现的社会条件时提到,除了内战造成的直接影响以外,在一个尚武的时代,武士是唯一享有盛誉的职业;每一个男子都有义务始终为攻防敌人而严阵以待,学问因无暇被顾及而必然导致衰落的命运。②复兴所谓的纯神道,是因不满于用朱子学、阳明学等外来思想阐述日本"神之道"的"神儒习合"做法,而提出复兴日本古道的主张。

以今天的标准来看,纯神道学者通过分析古言究明古意、阐明古道,体现了一定程度上的实证精神。但他们过于迷信日本古典,缺乏理性的批判,所谓廓清汉意、佛意,刻意否定儒、佛思想在日本思想文化建构过程中的作用与价值,无视他们采作依据的《古事记》《日本书纪》等古典文献本身就是在儒、道、佛、阴阳等外来思想观念综合影响下产生的,体现了一种狭隘的民族主义与较强的排斥外来思想文化的心态。

萨道义指出,儒学与佛教传入日本的过程非常复杂,唯一可以做出定论的是儒学很可能比佛教传入日本的时间要早。③佛教与中国的教义在接下来的一千余年间在日本各地传播,并且在相当大的程度上改变了日本人的信仰

---

① 先从被称作"真字"的汉字语言分析入手,然后研读物语,这两者是通往《万叶集》的诀窍,如果没有对《万叶集》的足够理解,对《古事记》《日本书纪》以及《祝词》中记录下来的汉字的解读不会有任何程度的确定性。(E. M. Satow, "The Revival of Pure Shin-tau", p. 87.)
② E. M. Satow, "The Revival of Pure Shin-tau", pp. 3—4.
③ Ibid., p. 2.

状况。9世纪初圣德太子(574～622)将佛教、儒学和神道复合,并发展出一种新的神道教义体系。该体系最显著的特征表现为:神道中的神不过是佛教诸神的转世。这一教义体系不仅影响了日本的本国信仰,而且对外来宗教也产生了变形作用。

后来的日本思想史清楚地告诉我们,佛教尽量适应人们认识自身弱点并追求完美的意识取得了支配地位,成为日本的全民宗教,上至天皇、下至最低阶层的民众都信奉它。佛教的这种地位一直持续至德川幕府时代,朱熹的道德哲学才取代它而在受教育阶层中占据了主导地位。日本纯神道提倡者全然无视这些基本事实,贸然地祭出"纯神道"的旗号,无疑堕入了历史虚无主义的深渊。

二、萨道义论"国学四大人"思想

纯神道产生于日本近世(江户时代)的"国学"内部。因不满神道与外来思想的结合,出现了荷田春满(1669～1736)、贺茂真渊(1697～1769)、本居宣长(1730～1801)和平田笃胤(1776～1843)等"国学四大人"。契冲与荷田春满是"国学"的先驱,贺茂真渊和本居宣长对复古神道的发展有较大贡献,平田笃胤则是复古神道的集大成者。荷田春满的歌学是以《万叶集》为中心的,而他所主张的国学是以《日本书纪》为中心的,后来的本居宣长、平田笃胤则均以《古事记》为中心展开论述。

(一) 荷田春满

萨道义提到,荷田春满强烈反对当时日本学界普遍追求中国学问而完全忽略日本学问的做法,并以此为起点开始了纯神道学派的创建。① 荷田春满在前人的研究方法中加入了神道的内容,所以他被视为古神道的开创者。他坚持认为任何意欲研究日本文学者都应当首先获得良好的汉文知识,然后转向《万叶集》,从中可以发现神代的古老规则;而要对古事有所了解,首先应该掌握诗歌及其他文体的古老风格。② 荷田春满解释说,古代诗人表达的仅仅是自己内心的真实情感,其风格自然是直白的;但是后世流行随意通过规定性以确定写作主题的做法,诗的语言变得华丽繁缛,观念也是强加于其上的,于是形成一种矫揉造作的形态。荷田春满的不满表达出一种回归文本本身与加以"同情地理解"方能接近古人真意的诉求,是非常有道理的。

---

① E. M. Satow, "The Revival of Pure Shin-tau", p. 6.
② Ibid., p. 7.

(二) 贺茂真渊

萨道义将贺茂真渊的主要贡献归结为,他将荷田春满提出的解释史前时代的设想付诸实施。贺茂真渊认为有必要从解释《万叶集》开始[1],诗歌对他而言不过是追溯历史的一种方式。他认同荷田春满视唐宋诸儒为糟粕的观点,并对佛教与儒学的观念进行了批判,他强调以古语阐明古道,认为不廓清汉意就不能阐明古意,无法恢复古道。

(三) 本居宣长

萨道义指出,本居宣长宣扬皇国优越论,认为有关日本是神国与日本人是神的后裔[2]这两大基本信条的证据被人们严重忽视了。本居宣长表示:"天皇统治的万世一系是神道之'道',这是它比任何其他国家的制度都优越得多的十足证据。"[3]他相信天皇是神的后裔,从这一首要的"真相"出发,产生出日本地位要大大高于所有其他国家,其他国家都不能与它相提并论的推论。

本居宣长说被外国学问误导的人无意反对日本是个小国的判断,似乎国土大小是评价一个国家地位的重要标准,他们也会指出日本文明发展得迟缓。但紧接着他以类比论证的方式反驳说,鸟兽一出生就知道如何捡拾谷物和虫子吃,有些鸟兽只有两三个月大就已产育后代。而比鸟兽更高级的人,发育却相当迟缓;说到国家的发展,情况也一样。[4]本居宣长意在表明,日本文明具有后发优势,因充分吸收其他先进文明的成果反倒更高级。

萨道义不惜篇幅大段引述本居宣长区分神道与道教不同的言论,依照萨道义的英译转译如下:

> 有人问及神道是否等同于老子的道教。老子痛恨中国学者的自负,他崇尚自然,在这一点上,道教与神道存在着可以探讨的相似之处。但是由于老子出生于不洁的国度(a dirty country),那里并不是天照大神眷顾的国土,因而他仅仅听到所谓的圣人的继替理论,他所信奉的自然只不过他们自己称作自然而已。他并不了解神是所有人类行为的发起者

---

[1] 萨道义援引本居宣长的说法:"要理解古代的典籍,比如《古事记》与《日本书纪》,有必要避免中国概念的误导,要研究古事并接受古代观念的指引,但是对这些事实的了解恰恰是贺茂真渊讲授《万叶集》的精神所在。他为研究古事而开创了学问的一个分支并备受赞誉,他为此做出的努力对人类产生了不可估量的价值。"(E. M. Satow, "The Revival of Pure Shin-tau", p. 15.)

[2] E. M. Satow, "The Revival of Pure Shin-tau", p. 41.

[3] Ibid., p. 24.

[4] Ibid., p. 47.

(author),这一无知是造成差异的根本原因。①

本居宣长所宣扬的"道",是创生天地的诸神传给天皇的道。他在《古事记传》(『古事記伝』)中论"神之道"时称:"自然之道,老庄推崇它为自然存在的,事实上这种所谓自然之道是不存在的。"(自然の道は、かの老荘が尊むところの自然にして、誠に此自然の道といふ物は、なきこと也。)在《铃屋答问录》(「鈴屋答問録」)第十三条中进一步指出:"老子所说的'自然',并非真的自然。实则是比儒教更加牵强的说辞。"(老子の云う自然というのは、真の自然ではない。実は儒教よりも甚しくこじつけたものである。)

本居宣长称他无意复苏神道使它成为当前的生活准则,他唯一的目的在于如实呈现神代的真实形态。他认为坚持实践古代的"神道",抵制当前时代的风俗,是违背该"道"的做法,与试图超越它等同。萨道义分析说,正是因为本居宣长持有这种保留意见,他证实了古代同父异母的姐弟/兄妹通婚的惯常做法的存在,但无意推荐它的复苏。②按照本居宣长的理念,践行神道要求人们在日常行为中遵循不同时代的权威人物制定的法律,使自己的行为符合一般习俗。

(四)平田笃胤

萨道义分析称,平田笃胤的著作中包含违背古代权威的情况。1813年平田笃胤写成《古事大意》一书,主要是祖述本居宣长的观点与方法,该书系在揭露古事之不足与寻求科学性之间寻求一种平衡的欲望驱动下展开的。③

萨道义将平田笃胤的贡献归结为两个方面。一是表达了宇宙观方面的新见解。他说古典中所记述的造化三神的职能不同,天御主中神是主宰宇宙万物的神,高皇产灵神和神皇产灵神则是创造天地世界和人种、万物的神。主宰神的观念最早是由平田笃胤提出的。二是在《古道大意》以后的著作中平田笃胤对神灵观、幽冥观及所谓仙界、异界予以关注。平田笃胤对生死观进一步加以理论化和体系化,他认为宇宙是由天、地、黄泉构成的,分别由天

---

① 原文如下:It has been asked whether the *kami no michi* is not the same as the Taoism of Laozǔ. Laozǔ hated the vain conceits of the Chinese scholars, and honoured naturalness, from which a resemblance may be argued; but as he was born in a dirty country not under the special protection of the Sun-goddess, he had only heard the theories of the succession of the so-called Holy Men, and what he believed to be naturalness was simply what they called natural. He did not know that the gods are the authors of every human action, and this ignorance constituted a cause of radical difference. (E. M. Satow, "The Revival of Pure Shin-tau", pp. 25—26.)

② E. M. Satow, "The Revival of Pure Shin-tau", pp. 31—32.

③ Ibid., p. 53.

照大神、天照大神的天孙(天皇)和大国主神治理,并将人生存的地方称作"显世",显世与黄泉间存在一个"幽世",善人死后入幽世成神,恶人死后入黄泉。

萨道义在综述平田笃胤的思想时,专门论及他对祖先崇拜的观点。平田笃胤将祖先崇拜的源头追溯到天孙降临,高皇产灵神和神皇产灵神教导天孙礼拜天上和地上的神,并将这种礼拜看作管理世间工作最重要的部分。①在虔诚地敬奉神明的基础上,臣民有同样的义务去勤勉地礼拜其祖先,因为:

> 勤勉地祭祀祖先是所有善行的源头。没有一个尽职履行义务的人会对神表现出不敬来,他也不会怠慢自己的父母。这样的人会对主上忠心,对朋友诚实,对妻子和蔼,对子女慈爱。这种奉献的本质在于事实上的孝。②

按照平田笃胤的解释,在日本历史上极为盛行的收养养子的习俗源自于自己死后有人履行祭祀职责的自然渴望(natural desire)。③该解释合理地给出了收养养子习俗的一个重要动机,虽然尚有其他动机存在。

三、在"排异"中"变异"的路径

应该说,萨道义对日本"纯神道"倡导者的思想的把握是精准的,他通过深入的阅读与审慎的判断,以简约的文字把"国学四大人"的核心理念与主要贡献阐述清楚了。但是或许由于时代所限,萨道义在观照"纯神道"时批判意识不强,甚至都没有对倡导复兴纯神道者以定性分析。

柄谷行人(1941～)在《书写语言与民族主义》一文中指出,德里达所批判的声音中心主义并非西方文化所独有的,其实日本18世纪的文学家与语言学家本居宣长早有这种倾向。在柄谷行人看来,本居宣长抗拒汉文化与回归古日语纯正性的主张实质上是一种声音中心主义,并且正是这种声音中心主义构成了日本近现代狭隘民族主义的历史渊薮。④

---

① E. M. Satow, "The Revival of Pure Shin-tau", p. 85.
② 原文如下: Devotion to the memory of ancestors is the mainspring of all virtues. No one who discharges his duty to them will ever be disrespectful to the gods, or to his living parents. Such a man will also be faithful to his prince, loyal to his friends, and kind and gentle with his wife and children. For the essence of this devotion is in truth filial piety.(E. M. Satow, "The Revival of Pure Shin-tau", p. 85.)
③ E. M. Satow, "The Revival of Pure Shin-tau", p. 85.
④ 〔日〕柄谷行人:《书写语言与民族主义》,见柄谷行人:《日本现代文学的起源》,赵京华译,北京:生活·读书·新知三联书店,2003年版,第194～212页。

柄谷行人这一分析富有创见,因为包括本居宣长在内的日本"国学家"不仅没有否弃日语中的汉字,反而还用汉文表情达意,他们只是意欲摧毁作为真理的"汉意"或"汉心",不再在文化上做中国的附庸,并着意追求一种排他性的新真理——所谓的"大和心"。说到底,本居宣长式的狭隘民族主义是针对吸纳进来的外国文化元素而起的,是在"排异"中进行"变异"处理的结果。

所谓在排异中变异,是超越了"影响—接受"与"冲击—回应"这种简单的二元对立模式,而特别关注文化传递过程中接受一方的主体意识与主观能动性。一方面有见地、有抱负的日本学者出于维护传统文化纯正性与连续性的考虑,对强势的外来文化自然会产生"排异"的排斥心理;另一方面,他们又会审视外来文化中种种可资利用的因子,以或隐或显的方式将之"变异"后整合进自身系统中,从而产生既不完全等同于本国文化传统,又与外来文化有明显差别的"变异体"。在"排异"中"变异"强调接受主体(通常意义上的被影响者)对外来文化的选择、过滤、吸纳、重组与改造。

萨道义虽然没有明确标举在"排异"中"变异"的理论路径,但他在《纯神道的复兴》一文中多次做出过类似论断。他敏锐地注意到,自契冲等古学者开始,在强调日本传统文化时,总是依靠引证中国古籍中的典故来加以说明。作为国学者的荷田春满也未能免俗,他一面主张弘扬国学,批判唐宋儒学为糟粕,一面又借助引述儒家典籍以增加论说的力度。萨道义的这一论断不乏洞见,可惜的是他仅止步于这一评判,没有进一步追索这一悖论的产生原因。

神道是在古代日本原始信仰的基础上发展起来的,后来因应时代变化,不断接纳外来文化中的营养成分,适时进行调整,因而在不同的历史阶段表现出相当明显的差别。927年写完上呈天皇、967年获颁布的《延喜式》对神道的祭祀、斋宫制度及神社等级等作出规定,至此神道仅有祭祀礼仪,尚无系统的理论。从平安时代后期开始,神道吸收了儒、佛、道及阴阳五行等外来思想的影响,逐渐形成自己的教义理论,神佛结合、神儒结合的各派理论神道都是神道与外来思想相结合的产物。

萨道义指出,本居宣长一方面承认卑弥呼是神功皇后,另一方面却不愿接受她向中国朝贡的事实,认为邪马台只是位于九州的地方政权,伪借神功皇后之名向中国朝贡,从而表明古日本(大和)未曾臣服于中国。[①]在"国学"宣扬日本本位而积极去中国化的思潮影响下,这种言行极为盛行,他们转而产生一种返古意识,夸大古代日本的国力,鼓吹日本古代文化先进。与此同

---

① E. M. Satow, "The Revival of Pure Shin-tau", p. 33.

时,他们为避免完全堕入历史虚无主义,让自己的观点具有一定的说服力,不得不做出一种变通折中的论断。

中日两国朝廷间持续的交往存续了两个世纪,然后出现了一个为期30年的中断,针对这一事实,本居宣长的回应是"不论日本期望从中获取何种利益,她都不值得与一个卑鄙、野蛮的国家(a base barbarian country)交往"①。萨道义指出,本居宣长虽然长篇累牍地强烈批评中国,但他无法否认日本从艺术到科学的各个方面都受惠于中国,中国影响使他们生活得更好而不是毫无建树。日本也应感激它从中国学到了一整套行政与法律体系,甚至作者记录下他的傲慢与居心不良(arrogant and spiteful)心态的书写艺术也受惠于中国。②本居宣长不仅选择性地无视日本文化受惠于中国的事实,而且还加之以"卑鄙、野蛮"的攻击性言辞,萨道义对此评判为"傲慢与居心不良",可谓恰中肯綮。

萨道义还指出,贺茂真渊在确立自己的学说时,对儒学进行了苛刻的批评,力图通过贬斥儒学和中国文化来拔高"国学"的形象。萨道义的相关英译转译如下:

> 在当时的日本没有存在对与错的清规戒律之必要。但是因为中国人性本恶(being bad at heart),尽管他们有种种教义,也只是外表好,而他们的行为如此不堪,以至于整个社会陷入混乱之中。③

贺茂真渊的学说表现出明显的理想主义特征。在他看来,"古道"与"神道""皇道"密不可分,他的古道中已出现王政复古思想的端倪。而且在古代,这种道既是本于"天地之心"的自然之道,又是社会上下践行之道,因而这种道也是"人之道"。

当然这种将日本古代文化加以理想化的做法并非肇始自贺茂真渊,南北朝时代(1331~1392)的北畠亲房(1293~1354)在《神皇正统记》(1339)中阐

---

① E. M. Satow, "The Revival of Pure Shin-tau", p. 33.
② Ibid., p. 34.
③ 原文如下:So that in those days it was unnecessary to have a doctrine of right and wrong. But the Chinese, being bad at heart, in spite of the teaching which they got, were only good on the outside, and their bad acts became of such magnitude that society was thrown into disorder.(E. M. Satow, "The Revival of Pure Shin-tau", p. 14.)

述其神国思想时,已经将日本定为其他国家的宗源。①本居宣长亦明确提出日本古代精神即"神之道",并且以此排斥外来的佛、儒思想。其国学和神道思想的核心体现在"皇国优越"论和尊崇天皇方面。②本居宣长宣扬神之道是天照大神之道、天皇治理天下之道、遍及四海万国的真正的道,强调其普遍适用性。

萨道义提及,在平田笃胤的论说中,孝德天皇(645~654年在位)曾问大臣应当如何统治人民,所有大臣都回答说,首先要敬奉神明,然后仔细考虑治国之事,但是继任天皇却忽视了敬神的重要性,转而礼拜佛,结果导致政权的衰落。③平田笃胤意欲在神道的基础上确立一种宗教,佛教与儒学都应该在这种宗教面前消失。萨道义指出,平田笃胤从中国哲学中获益良多,包括他试图从神道中提取的道德准则仅仅包含宗教的一些特点,而这些特点属于理论化的教义。④过激的言论与煞有介事的历史解读都明白无误地显示出平田笃胤在"排异"中"变异"的倾向。

借助长时段、大历史的眼光反观日本"国学者"在"排异"中"变异"这一现象,原因在于早期"国学者"大都是从"古学者"转向"国学"的,加之当时西方文化尚未大举进入日本,"国学者"的知识结构还没有得到根本性的更新,他们只能借助已有的知识系统进行表达,于是在"排异"中"变异"成为他们所能采取的革命性最强、也最为有效的方式。

在"排异"中"变异"作为一种思想路径,深远影响了后来日本文化的发展方向与力度,比如平田笃胤所表现出的带有鲜明的神道主义和国粹主义特征的主张,后来成为幕末尊皇攘夷和王政复古的思想基础。

---

① 比如《神皇正统记》开篇即提到:"大日本者神国也。天祖始肇基,日神永传统。惟吾国有此事,异朝无其类。此故谓之神国。"实际上已经显露出日本至上的萌芽,它与反本地垂迹说一起,为纯神道的国体思想作了理论上的准备。

② 比如他宣称:"天照大神,与天地共无穷,统治高天原,普照大地,天下所有的国家都蒙其恩,所以是天地全体的大君主,是这世上无上的至尊者。"(本居宣长:『古事记伝』卷七,『本居宣长全集』第九卷、東京:筑摩書房、1968、第291頁。)

③ 转引自 E. M. Satow, "The Revival of Pure Shin-tau", p. 72.

④ Ibid., p. 70.

第五章　张伯伦

　　曾任日本东京帝国大学（Imperial University of Tokyo）教授的张伯伦是19世纪后半叶至20世纪初年活跃在日本的英国学者。张伯伦居留日本三十余年，以广博的兴趣为依托，对日本语言、社会、历史、文学与现实生活展开了持续的追踪研究。张伯伦身为外国人，却被誉为"日语语言学之父"，他在日本最高学府向日本人教授日语语法，冠绝古今；他也是研究阿伊努语与琉球语的先驱学者之一；他积极向西方世界推介日本能剧；他是将《古事记》完整译入西方语言的第一人；其一卷本百科全书《日本事物志》[①]无论在日本还是在海外都广为人知；他较早进行过将俳句译入英语的尝试，对西方意象主义诗歌的发展起到了一定的推动作用。

　　1874年10月日本亚洲学会成立两周年之际，张伯伦作为普通会员被吸纳入会，并历任学会通讯秘书、副会长、会长、理事会成员、荣誉会员，为学会发展做出了卓越贡献。自1877年起张伯伦在《日本亚洲学会学刊》上发表作品共计27篇，参见下表：

表5-1　《日本亚洲学会学刊》所刊巴兹尔·霍尔·张伯伦著、译作一览表

篇目	所在卷次	发表年份
"枕词"的使用及日本诗中的文字游戏	五	1877
菟原处女	六	1878
喜剧中的中古口语语调	六	1878
和庄兵卫——日本的格列佛	七	1879
来自17世纪的简短回忆录（安女士的故事）	八	1880
日语圣歌翻译之我见	八	1880
会津方言评论	九	1881
《童子教》翻译	九	1881
《古事记》翻译	十	1882

[①]　B. H. Chamberlain, *Things Japanese, Being Notes on Various Subjects Connected with Japan*, London: Kegan Paul, Trench, Trübner & Co., Ltd., 1890.

续表

篇目	所在卷次	发表年份
大伊豆岛今昔	十一	1883
本居宣长论中日艺术(译)	十二	1884
日语文学使用的多种文体	十三	1885
日语动词的所谓"词根"	十三	1885
过去分词还是动名词？——一个语法术语	十四	1886
被称作"矢印"的准字	十五	1887
阿伊努人猎熊记	十五	1887
罗德里格斯音译系统	十六	1888
关于巴彻勒"神"与"阿伊努"两词的答复	十六	1888
最古老的日语词汇	十六	1888
萨道义先生《耶稣会在日本的传教出版事业(1591～1610)》评论	十七	1889
何为日本动词"词根"最恰当的名称？	十八	1890
琉球人的风尚习俗	二十一	1893
日语与琉球语比较	二十三	1895
琉球语语法及词典编纂辅助研究	二十三	1895
琉球参考书目增补	二十三	1895
土佐长尾鸡	二十七	1899
芭蕉与日本俳句	三十	1902
草书的要素(书评书讯)	四十一	1913

资料来源：《日本亚洲学会学刊》各卷目录；《早期日本学》第三、四卷（*Early Japanology, Aston, Satow, Chamberlain*, Westport, Connecticut: Greenwood Press, 1998, Vols. 3-4.）

在直至今天学会一百四十余年的发展史上，这一纪录盛况空前。不惟数量多，涉及的领域也非常宽广，并且每一篇都堪称质量上乘；其中有一些达到专著的规模与篇幅，如《古事记》翻译作为《学刊》第十卷增刊以单行本行世，至今仍被不断再版重印。2000年英国与日本共同出版了八卷本《张伯伦文集》①，是最为完整的张伯伦著作结集，悉数是关于日本、日语与日本文学的论著。

张伯伦对日语的研究非常系统，涉及语音语调、语法、词汇、口语与书面语的区别、方言等诸多领域。他是较早撰文论述日语中"枕词"(pillow word)②现象的西方学者之一。张伯伦还就具体的日语语法、词汇问题展开过讨论，他以丰厚的学养、缜密的思维、严整的论断开风气之先，小到日语语法术语的确立，大到日语语法的体系化，都做出了开创性的贡献。

无论在英语世界还是日本学界，对张伯伦的研究大多集中在他的语言学论著方面。英语世界有关张伯伦的整体性研究最详尽的当推理查德·柏龄(Richard Bowring)的论文《最好玩的客人：巴兹尔·霍尔·张伯伦》③。该文以传记形式描述张伯伦的生平，主要取材于他与家人、朋友的通信，针对张伯伦多角度研讨日本文化的众多著述，文本的深入解读仍嫌不足。

一直以来，日本学界对张伯伦的分析与研究很不充分，并且往往跳不出将他与拉夫卡迪奥·赫恩进行对照比较的藩篱（但英语世界没有将张伯伦与赫恩放到一起探讨的）。研究最深入的两部著作为太田雄三（1943～ ）的《巴兹尔·霍尔·张伯伦：一位日本学家的肖像》④与平川祐弘（1931～ ）的《友谊的破裂：赫恩与张伯伦对日本的理解》⑤，二者都较多取材于张伯伦与弟弟豪斯顿(Houston Chamberlain)及张伯伦与赫恩的通信，但都较少解读分析张伯伦的著述。

---

① Collected Works of Basil Hall Chamberlain: Major Works, co-published by Ganesha Publishing Ltd., United Kingdom and Edition Synapse, Japan, 2000. [八卷书目如下：Volume 1, A Simplified Grammar of the Japanese Language; Volume 2, A Handbook of Colloquial Japanese; Volume 3, A Practical Introduction of the Study of Japanese Writing; Volume 4, Japanese Poetry; Volume 5, Translation of "Ko-ji-ki" or "Records of Ancient Matters"; Volume 6, Things Japanese: Being Notes on Various Subjects Connected with Japan; Volume 7, Moeurs et Coutumes du Japon; Volume 8, A Handbook for Travelers in Japan (Including Formosa) with W. B. Mason.]

② "枕词"，也作"冠词"，是日本古代诗文中常见的修辞手法之一，指冠在某个词前面以调整语调，或对后面的词起修饰作用的词，无具体意义，一般用于五音节的诗句。当时西方的日本学家对这一主题的论述并不多见，除张伯伦该文以外，《学刊》后来又刊发了一篇题为《日本原始韵文中的枕词》(F. V. Dickins, "The Makura-Kotoba of Primitive Japanese Verse", in TASJ, Vol. XXXV (1908), Pt.IV, pp. 1—113)的文章，论述颇为详尽。

③ Richard Bowring, "An Amused Guest in All: Basil Hall Chamberlain (1850—1935)", in Hugh Cortazzi & Gordon Daniels, ed., Britain and Japan, 1859—1991: Themes and Personalities, London: Routledge, 1991, pp. 128—136.

④ Ota Yuzo, Basil Hall Chamberlain: Portrait of a Japanologist, Richmond, Surrey: Japan Library, 1998.

⑤ 平川祐弘：『破られた友情：ハーンとチェンバレンの日本理解』、東京：新潮社、1987。

张伯伦除了晚年的一部法文文化随笔外，余者都是英文著述，但他的经典著作《日本事物志》在日本以日译版行世，日本学者研究中绝少引用英文原版，而习用日译本。因受民族文化立场的影响，部分日本学者的取材与立论先天性地存在狭隘与偏颇，并因此造成一种有意"误读"，影响了研究的深广度与客观性。在日本学界颇受冷遇的张伯伦在普通民众那里也屡屡遭受误解。因应张伯伦被研究得不够充分并且频遭误解的现状，本研究希望能够在有限的程度上实施纠偏与接近事实真相的工作。

第一节 《古事记》翻译与研究

在众多的日本学研究成果中，张伯伦的《古事记》英译[①]与研究具有里程碑意义。该译本连同一个长篇译者"导言"，于1882年4月12日、5月10日、6月21日分三次在日本亚洲学会会员大会上宣读，并作为《日本亚洲学会学刊》第十卷的增刊于1882年出版，后作为单行本多次再版、重印。张伯伦提供了高质量的翻译，并辅以博学的注解和中肯的评论，其译文与研究至今仍不断被征引。

张伯伦撰写的长篇《<古事记>译者导言》本身就是一部日本古事研究的杰出著作，其极具洞见的分析、详尽的阐释与细密的论证，在很大程度上增加了译本的效用。本研究将张伯伦与阿斯顿、萨道义并称为日本学之冠冕，而张伯伦的《<古事记>译者导言》则是当之无愧的日本学皇冠明珠。

在"导言"中张伯伦广泛涉及《古事记》的文本真实性、文本的基本特征及文献资料；关于翻译的方法；《古事记》与《日本书纪》的比较；远古日本的习俗和风尚；古代日本的宗教与政治观念；日本国家的创立以及日本民族口传历史的可信性等方面。

一、文本的选择与解读

张伯伦极力摆脱日本学界相对贬抑《古事记》的定见，明确标举它无论从出现的时间而言，还是从现实价值考量，在日本古典文献中都首屈一指，是"最重要、具有里程碑意义的"，因为"它比任何其他书籍都更忠实地保存了古

[①] B. H. Chamberlain, "A Translation of the 'Ko-ji-ki' or 'Records of Ancient Matters'", in *TASJ*, Vol. X (1882), Supplement.

代日本的神话、习俗、语言及口传历史"①。他对《古事记》进行了细密的读解阐释,并与研究者一贯拿来与之对举的《日本书纪》相对照,使文本分析更加透辟,还就日本国族记录的可信性做出了令人信服的判断。

(一)《古事记》与《日本书纪》之比较

张伯伦指出,成书于公元712年的《古事记》是日本文化的开篇长卷,也是日本民族的文献源头;它为追踪研究日本列岛上早期居民的历史,揭示占主流地位的日本宗教与社会思潮提供了便利与可能;同时它也在世界神话文学中占据着独特的位置。

在张伯伦的英译本出现以前,尽管欧洲学界关注日本的学者已经普遍意识到《古事记》的重要性,但对《古事记》内容的呈现却很不全面,散见于任何一种欧洲语言的译文都不及全书内容的二十分之一;并且关于该书文体、涵盖范围及内容方面的错误充斥于论述日本的通俗作品之中。张伯伦希望提供一个完整的英语译本,以便"更清楚地呈现该书的真正本质,也更清楚地呈现早期日本传统、习俗与观念的真正本质";唯一力争达到的目标是"严格地在字面上与日语文本保持一致。"②求真是张伯伦翻译过程中遵循的最重要的原则。

张伯伦在《<古事记>译者导言》中首先探讨了《古事记》一书的编纂缘起,认为较为保险的说法是,编集一部纯粹国族历史的计划肇始于天武天皇,这一计划在他的继任者指导下得以最后完成,具体执行者是一位名为安万侣的宫廷贵族。③接着张伯伦廓清了《古事记》文本中表现出来的中国影响与"日本特质"之间的关系。张伯伦也承认,《古事记》本身并非丝毫未受中国影响,最明显的影响体现在文本书写所用的汉字上;但这种影响程度相对较低,不像后来的著作那样,生活在与中国发生交往以前的日本帝王和英雄人物往往满口华丽的中文辞藻。

《古事记》与《日本书纪》是日本古代典籍文献的双璧。张伯伦在《<古事记>译者导言》中以一节的篇幅,论述成书略晚(公元720年)、价值稍逊,却一直比《古事记》更受欢迎的另一部著作——《日本书纪》(也作《日本纪》)。大多数日本学者更推崇《日本书纪》,标举它为以纪传体风格撰写日本历史的滥觞。张伯伦明确指出,《日本书纪》"价值仅次于"(second only in value to)《古事记》。他认为《古事记》体现的是一种毫不造作的质朴;而《日本书纪》则不

---

① B. H. Chamberlain, "Introduction to *A Translation of the 'Ko-ji-ki'*", p. i.
② Ibid., p. iii.
③ Ibid., p. v.

仅文体完全是中国式的,甚至在很大程度上只是陈腐的中国成语的杂烩;而且在题材方面也经过修改、重置和润色,以至于看起来更像一部中国史书。

毫无疑问,《日本书纪》篡改过日本的口传历史,并且不是以日本本国的语言写就的,但它是如何获得通过的?为何它的真实性不及《古事记》,反而更受欢迎?张伯伦一针见血地指出:

> 向中国观念妥协是基于中国模式训练成的思维方式;同时,读者对本国古代帝王的维护增加了,保存对本国神祇的信仰因而成为可能。①

中国书籍和汉字进入日本后不久,规范的汉语作为唯一一种语言开始在学校传授。在接下来的一、两个世纪里,日本本族语发生了急剧变化。随着中国语言与文化在日本的广泛深入传播,规范的汉语变得比古日语更易于理解。这就可以解释《日本书纪》何以用汉语写就。反过来,时代的紊乱因援用汉语记录而被部分地遮掩,如与中国正式交往以前日本人物已满口中文词藻这种时序错误,在汉语语境下听起来却很自然,毫无违和感。

虽然张伯伦高度评价《古事记》,但他同时也以相对公允的态度指出,《日本书纪》对学习日本神话和日本语言大有裨益,尽管单纯就日本历史著作的价值而言,《日本书纪》比不上《古事记》。张伯伦总结《日本书纪》的价值在于:第一,作者在处理所谓的"神代"时,以"一书曰"为标题,以注释的方式把同一传说的不同版本补缀在正文后面,将《古事记》编纂者忽略不谈的事情在正文或"一书曰"中保存了下来;第二,《日本书纪》中的许多歌谣也与《古事记》所载不同,对古代日语词汇提供了宝贵增补;第三,《日本书纪》以注释形式提供的许多材料,有助于理解《古事记》以表意符号书写的部分词语的读音,以及标注读音的词语的意思;第四,《日本书纪》还提供了超出《古事记》涵盖范围以外72年的历史记录。

(二) 日本国族记录的可信性分析

在精细阅读与深入思考的基础之上,并通过与《日本书纪》相对照,张伯伦从对《古事记》的研读中得出一些重要发现,其中就日本国族记录的可信性做出令人信服的判断最为核心。他认为古老的历史记载与历史传说包含一些过于绝对的证据,这些证据反而对它们自身不利,因为至少这些历史记载

---

① 原文如下:The concessions made to Chinese notions went far towards satisfying minds trained on Chinese models, while at the same time the reader had his respect for the old native emperors increased, and was enabled to preserve some sort of belief in the native gods.(B. H. Chamberlain, "Introduction to *A Translation of the 'Ko-ji-ki'*", p. xxi.)

与历史传说的初期部分经不起严肃、科学的研究检验。

张伯伦指出,尽管在《古事记》整个文本中故事没有断层,至少在时间先后顺序上没有断层,并且在虚构与真实之间没有明显的脱节,但实际上直到公元5世纪,也就是说比通常接受的日本历史的真正开端晚一千多年,《古事记》等日本古代文献所记录的才是真实可信的历史。张伯伦反对将神话历史化对待:

> 日本神话与历史一致性的事实已被主流的本土评论家充分认同。他们的观点被现代神道学家视作正统,并从中得出这样一个结论,标准的国家历史著作中的任何东西都必须作为确凿的事实加以接受……他们用一个传奇支撑另一个传奇的做法动摇了自己立论的基础;他们也没有发现自己的个体想象力同样囿于把历史事实当作唯一的标准。①

张伯伦反对将《古事记》与《日本书纪》等古籍所记载的全部内容都当作真实历史接受。②他拒绝相信《古事记》与《日本书纪》中关于远古日本的种种断言。他明确指出,由于头脑中已存在某种误解,欧洲学者总是被热诚的神道捍卫者虚构的一些故事误导,相信所谓的"神字",后者声称它们系由日本的神创造出来的,早在中国的表意文字传到日本之前日本人就在使用。不仅在张伯伦翻译《古事记》的当时,甚至迟至二战期间,主流日本学者仍自欺欺人地将神话传说当作正史,只有少数既有见地又有勇气的学者敢于对此质

---

① 原文如下:This fact of the continuity of the Japanese mythology and history has been fully recognized by the leading native commentators, whose opinions are those considered orthodox by modern Shintoists; and they draw from it the conclusion that everything in the standard national histories must be equally accepted as literal truth. ...It is certainly strange that such theorists should not see that they are undermining with one hand that which they endeavour to prop up with the other, and that their own individual fancy is made by them the sole standard of historic truth.(B. H. Chamberlain, "Introduction to *A Translation of the 'Ko-ji-ki'*", pp. lii—liii)

② 如张伯伦翻译与研究《古事记》的过程中征引颇多的本居宣长就将日本的神话记载视同为历史事实。本居宣长研究、注释《古事记》的《古事记传》(1798)是在训读《古事记》的变体汉文基础上围绕语言的实证解释,从历史、著述情况、文体等角度论述古道,试图再现古代的"言"与"事"(都读作「こと」,由是认为在采用汉字表记前二者无区别)合一的理想世界。其严密考证现今仍被视作《古事记》研究的基础;但其神学古道论具有强烈的神秘主义和尊皇思想,尤其是他将神话等同于历史的非理性倾向为后世所批判。

疑、批判①，却易遭受"津田事件"②式的攻击与迫害。

张伯伦认为："就日本文献证据所能达到的明确程度而言，日本历史可信的最高限度是公元400年。早于那个年代，则立即遭遇神迹。"③张伯伦坚持认为所有关于"神代"的口传历史，以及3世纪被认可的历史记载以前的早期君王统治期，都不应被视作历史，因为没有点滴记载涉及书写、书写材料以及书面记录，那么这些记载是怎样被记录下来的大可怀疑。张伯伦提到，《古事记》记载中最早出现的书籍为《论语》和《千字文》，据说它们是在应神天皇统治时期（270~310）由王仁于285年带到日本的。张伯伦认为甚至这一陈述也被提前了，这可以由《千字文》直到两个多世纪以后才成书的事实确定。

张伯伦的上述论断基本符合历史，他也试图做出符合逻辑的论证努力，但他的立论基础却并非牢不可破。因为中国文献学的研究已经充分表明，作为启蒙读物的《千字文》并非一部特定的作品，也不是由某一位确定的作家或文人创作而成，可能的情况是在传抄过程中它曾存在过若干个不同版本，有些差别甚至还很大，现在我们可以看到的只是传承下来的一种，更多的版本则在历史发展过程中湮灭了。从这个意义上说，张伯伦认为所谓《千字文》成书的时间推定并不一定准确。

二、多领域开启日本学

张伯伦在《<古事记>译者导言》中，对日本研究中的常规问题和热点问题，从自然风物、动植物、历史、哲学、宗教、习俗、文学、艺术，到经济、工艺、人种学、人类学等，都有广泛而深入的论述。尤其关于日本远古时期的习俗与风尚研究、古代日本的宗教观念、日本国家的起源等，都有浓墨重彩的详尽探讨。

---

① 比如津田左右吉在《神代史的研究》中说，《古事记》所记的神代故事并不是实际经过的事实，乃是国民想象的事实；后人见了万世一系的情形，想探究它的来源，于是编集种种传说，成为有系统的记载，以作说明。（津田左右吉：『神代史の研究』、東京：岩波書店、1924。）

② 1940年2月10日，右翼势力主导的日本政府以其研究内容"对皇室不敬"颁令查禁津田左右吉所著《神代史的研究》等否定"皇国史观"的四部书。同年，在文部省与校方双重施压下，津田左右吉被迫辞掉早稻田大学教授一职。津田左右吉与出版者还以违反出版法罪名遭到起诉，并分别被判有罪。津田左右吉不服，直到1944年判决方失效。此为当时轰动学术界的"津田事件"。

③ 原文如下：So far as clear native documentary evidence reached, 400 A.D. was approximately the highest limit of reliable Japanese history. Beyond that date readers would be at once confronted with the miraculous.（B. H. Chamberlain, "Introduction to *A Translation of* 'Ko-ji-ki', or *Records of Ancient Matters*", p. lxiv.）

(一) 远古时期的日本习俗与风尚研究

在《<古事记>译者导言》中张伯伦全面分析了远古时期日本人的衣、食、住、行、生产与生活状况。他指出,《古事记》保存下来的传说描绘出神话时期的日本早已从蒙昧状态中摆脱出来,具备了很高的原始技能。他们懂得用铁制造武器和生产、生活用具。在衣物和饰品方面,古代日本人也已达到很高的水平。在最古老的日本传说中有关于上衣、裙子、裤子、腰带、面纱和帽子的记述,两性都用项链、手镯以及宝石制成的头饰作装饰。早期日本人的食物包括鱼和野生动物的肉,这种动物性的饮食习惯在佛教戒律介入前是存在的。天照大神躲进"天之岩户"的传说或许可以表明穴居是日本先民们普遍采用的一种居住方式。

在日本神话中兄妹婚是神系家庭最自然、最恰当的婚姻方式。在《古事记》一开始,天地开辟后,伊邪那岐与伊邪那美兄妹成婚以生产国土;《古事记》记载中的天皇家系也不乏兄妹婚或兄妹恋情的实例,如仁德天皇与八田若郎女,木梨之轻太子与其胞妹轻大郎女。① 杜曼(I. Dooman)在《日本历史、文明与艺术之初》中考证,在早期日本歌谣中用以表示妻子的词不是"妻"(つま),而是"妹"(いも);用以表示家庭概念最常见的对应词是"わが いもこ",意为"我的妹妹和孩子"。② 据《日本书纪》记载,安康天皇(401?~456)将皇后称作"吾妹(わぎも)",并注曰:"称妻为妹,盖古之俗乎。"③《万叶集》等文献亦表明,男子将妻子称作"吾妹"在奈良时代(710~794)仍是一般的习惯。

张伯伦在《<古事记>译者导言》中指出:"事实上不仅在术语上,而且在观念上,姐妹是可以转换为妻子的。"④ 他表示相信,日本古代的兄妹(姐弟)血亲婚姻这种结合方式在从中国传来的伦理观念的影响下消失了,但是与异父(异母)姐妹、姑(姨)母的通婚则一直持续到有史可稽的时代。

关于与异父(异母)姐妹、姑(姨)母的通婚一直持续到有史可稽的时代一

---

① 《古事记》下卷"仁德天皇·八田若郎女"条载,趁皇后石之日卖外出置办酒宴用的树叶时,仁德天皇与自己的异母妹妹八田若郎女结了婚。《古事记》下卷"允恭天皇·木梨之轻太子"条提到,第十九代天皇允恭驾崩后,穴穗皇子阻止胞兄轻太子即位,并将他逮捕入狱,轻太子与同母妹妹轻大郎女的不伦之恋曝光,太子后被流放至伊豫温泉,轻大郎女不堪思念之苦,追随而至,双双自杀。(参见『日本古典文学大系 古事記 祝詞』(新装版)、倉野憲司、武田吉校注、東京:岩波書店、1993,第270;292—298頁。)

② I. Dooman, "The Beginning of Japanese History, Civilization and Art", in *TASJ*, Vol. XXV (1897), p. 52.

③ 『日本古典文学大系 日本書紀』(上)、阪本太郎·家永三郎·井上光貞·大野晋校注、東京:岩波書店、1967,「卷第十四」、第457頁。

④ B. H. Chamberlain, "Introduction to *A Translation of the 'Ko-ji-ki'*", p. xxxviii.

说,萨道义曾援引贺茂真渊的相关论述解释其原因:

> 根据日本古代习俗,同一个母亲生的几个孩子才会被看作存在紧密的兄弟关系,由是同父异母的子女间通婚不会遭到任何反对。①

但贺茂真渊似乎也倾向于认为基于中国道德体系的影响,日本兄妹、姐弟婚姻形态的习惯做法得以终止。萨道义引申说,中国人禁止同姓结婚,正是由于吸收了这一条严格得离谱的限制规则才导致日本古老的传统做法逐渐被废弃。②并且贺茂真渊承认该传统习俗的废弃本身没有什么害处。此处当是萨道义误解贺茂真渊的观点,因为在明治三年颁布法令前古代的日本平民是没有姓的。因而中国同姓不结婚无法影响到日本,可能存在另外的影响机制。

中国的伦理观念对日本取消兄妹婚的结合方式产生影响不是没有可能,但从世界范围看,血亲婚姻大多在人类进入文明阶段即已结束,设若日本一直维持到与中国产生文化交往以后,多少有些令人费解。并且张伯伦并没有给出中国影响的路径或证据。因此存在另一种可能,即古代日本人在历史发展进程中逐渐认识到近亲婚配的遗传学危害,并萌发出因乱伦而感到羞耻的意识,于是兄妹婚的形态逐渐消失。但是有关兄妹婚的一些或真实或虚构的故事却通过口头方式一直流传下来,等到中国的伦理观念传入日本时,难免有人会产生兄妹婚是在外来观念影响下刚刚被否弃的误解。认为兄妹(姐弟)血亲婚姻在中国传来的伦理观念影响下才消失的观念无疑将日本的文明进程大大推后了。

《<古事记>译者导言》中提到:"没有奴隶制是另一个值得钦佩的特色。"③这一论断颇值得怀疑,当时就有学者提出疑义,认为"这一错误观念无疑是基于不了解'奴婢(ぬひ)'(奴指男性奴隶,婢指女性奴隶)一词,该词几乎是表示奴隶的惯用术语"④。反驳者还列举了奴隶产生的几种方式:欠债不能偿还者成为债主的奴隶;盗窃者不能归还赃物并支付罚款者成为失主奴隶;臣民

---

① 原文如下:According to ancient Japanese custom the children of the same mother were alone regarded as united by the fraternal tie; that it was not considered in any way objectionable for children of the same father by different mothers to intermarry.(转引自 E. M. Satow, "The Revival of Pure Shin-tau", p. 14.)
② E. M. Satow, "The Revival of Pure Shin-tau", p. 14.
③ B. H. Chamberlain, "Introduction to A Translation of the 'Ko-ji-ki'", p.xli.
④ J. H. Wingmore, "Notes on Land Tenure and Local Institutions in Old Japan", Edited from Posthumous Papers of Dr. D.B. Simmons, in TASJ, Vol. XIX (1891), p. 242.

胆敢冒犯君王辄降格为奴隶;未被消灭或未被驱赶到日本极北端或难以接近的山地的阿伊努土著人也有可能沦为奴隶。①

事实上,张伯伦也曾正确地指出,家长制被真正的行政体制取代后,产生了许多限制条件,约束主人对奴隶的管控。②换言之,日本法律法规中有关于奴隶的若干规定,这也从另一个侧面说明张伯伦关于古代日本没有奴隶制的判断是草率的。

(二)古代日本的宗教观念研究

张伯伦从《古事记》的字里行间搜集到关于古代日本宗教状况的一些信息。意欲探寻中国文化传入前日本人的远古信仰,文献不足是一大困难,现代的评论亦不足为据,它们都或多或少地存在先入为主的缺陷,因为早在任何形式的文献编纂之前即已经吸收进了一些中国观念。并且因为涉及人类历史与神话传说交融、混合的情况,使得问题愈发复杂。

张伯伦认为构成《古事记》与《日本书纪》开头部分的各种抽象概念很可能是后来的产物,并且实际上很可能只是个别神职人员的创造。③读者不可能从中发现与宗教教义相一致的事物,也不会发现道德准则,抑或人们熟知的教义宗教中强制实施这种教义或道德准则的神圣经籍。读者只会从《古事记》中读到一些不同种类迷信的混杂体,而不是一个协调一致的宗教体系。

张伯伦提出:

> 我们现在看到的历史著作中开篇提到的神,并不必然是最初崇拜的神。因为宗教的产生和著述一样,最早写的未必总是前言。④

这一理念的提出,在当时具有划时代的意义,它一举打破了日本学者与西方学者有意无意地将神话与历史相混同的根深蒂固的观念。由于日本古代传说中不乏后人随意的增添,张伯伦指出,不能把早期日本的宗教看作一个有组织的宗教,甚至称之为宗教也不够确切。

张伯伦分析说,日本古代崇拜的对象当然是神,有些神在地上居住,或者

---

① J. H. Wingmore, "Notes on Land Tenure and Local Institutions in Old Japan", p. 244.
② Ibid., p. 243.
③ B. H. Chamberlain, "Introduction to *A Translation of the 'Ko-ji-ki'*", p. lxv.
④ 原文如下: The gods who were mentioned in the opening phrases of the histories were not necessarily the gods which were most anciently worshipped. Surely in religion, as in books, it is not the preface that was often written first.(B. H. Chamberlain, "Introduction to *A Translation of the 'Ko-ji-ki'*", p. lxv.)

从天上降临,并与人间的女子生养孩子。他们像希腊诸神一样,被想象成不过是更强大的人而已。作为崇拜对象的山神、河神、海神都以复数形式出现,类似于"天神"与"地祇"的说法。根据《古事记》的说法,社格制度始于崇神天皇(前97~前30),依据祭祀对象是天神还是地祇的区别,分成天社和国社。天社用以祭祀天神,实际上原本只是大和氏族的神社;国社用以祭祀地祇,实际上原本是各地方豪族的神社。

张伯伦注意到《古事记》关于神的叙述中充斥着前后矛盾的情节:他们被生育出来,其中一些死去,并真正终结;而在有些情况下,这种死仅仅标志着转移到了阴间——"一路(the One Road)"。"阴间"本身是这种前后矛盾的另一例证:在以筑紫为中心的系列传说中,大国主神故事里的阴间被描述得如同人类生活的陆地之一部分,或者恰似天堂;在伊邪那岐的传说中,阴间则意味着可怕的腐化与怀恨死去者的居所,冒险到此的神把它描述成"丑恶污秽"的地方。两个传说的唯一一致之处在于,人间与阴间当中有一道名为"黄泉比良坂"的关卡。

(三)日本国家的起源推定

张伯伦尝试将《古事记》中的些微发现组合起来解释远古时期的日本,对古老的传统习俗进行全面概括,并大胆推测日本政权的组织构成状况,在此基础上认定日本神话是一个混合体。他阐释道,神从天上降临到大地的情况,在所谓"神代"中只是一些孤立的个人或家庭的故事。不同的神话可能同样古老,一样具有独创性,只是分属于不同的地域而有所区分。伴随着政局的动荡与不同地方政权的扩张,神话的不同组成部分、多样性的口传历史被逐渐连缀成一个整体。这种方式被多次重复,就是对神话传说不太高明的修订例证。

考虑到神的多样性以及对所谓口传历史的编纂情况,张伯伦认为,那种相信日本文明的发展一直沿着唯一的潮流前进,直到3世纪与亚洲大陆交往时才被打断的看法难以自圆其说。文明发展不应受制于由因及果的单纯理论思考。有明显迹象表明,有三个各具中心的传说圈,这些中心是出云、大和与筑紫,三股潮流混合到一起,即是公元前5世纪时处于信史黎明阶段的日本的状况。张伯伦指出,中国官修史书明确表明日本和邪马台是两个不同的国家,"日本"用以指代筑紫岛或它的一部分。同样的道理也说明大和并非一直居于日本统治的中心地位。

张伯伦试图重绘日本列岛由分裂走向统一的路线图。他分析说,正如传说中所描述的那样,居住在早期日本中部的大和人的真正敌人以前住在该国的最西端，他们从九州出发东进与北上，在这一过程中消灭了一些土著部落，并与其他一些部落合并。土著居民的语言被人数相对较少的征服者采用，正如哥特人与法兰克人采用地方性的拉丁语一样。① 张伯伦指出，征服者种族在公元3世纪以前即已进入该国，因为中国历史学家有关日本的记载中出现的地名及其他事物名称都有明白无误的日本回响（Japanese ring）。②

从传说中重建历史几乎是一项不可能完成的任务，或许也没有足够的正当理由相信出云曾作为一个独立的国家存在过，要说明出云在神话故事中所占的特殊地位也很困难。张伯伦认为，《古事记》与《日本书纪》中介绍的各种神界集会系世界许多地方都有的原始部落集会的写照，这种集会拥戴一个英雄人物的智慧并普遍接受他的建议，以后发展成为更加确定的组织形式。地方首领在各自极小的势力范围内似乎是唯一的力量所在。

张伯伦认为，在有史年代早期，国家统治者的权力并不直接在日本各地施行，在很多情况下由地方首领掌握统治权，各地统治者只是在某种意义上向居于大和的天皇效忠。天皇实力足够强大时也会废黜地方统治者，而将这些地方分封给自己的亲属或臣仆，后者在自己的封地上享有至高的权威，并沿用以前当地统治者的称号。意即在帝国的势力范围之外，政府看起来"更像是封建制的，而不是无可置疑的中央集权制的"③。张伯伦分析指出，从公元六七世纪以后，皇室地位和中央集权的日本政体完全确立了，明显是为了权力计，他们希望尽可能消除先前各种政权组织形式的痕迹，并且试图让人们相信政权架构一直以来都如此。天武天皇渴望对诸家所记载的历史档案"既违正实，多加虚伪"④的情况予以修正，这正是编纂《古事记》的缘起。

三、圆融汇通的研究方法

17世纪以来欧洲逐渐发展形成了语言学、民族学、考古学、社会学等新兴学科；19世纪以来西方"新学"的学科化程度得到大幅提升，体现在三个层面：一是新学科的发展，比如考古学、人类学等取得重大发现与进展；二是新方法的运用，如提倡文献与考古相结合的二重证据法、注重田野调查等；三是新思潮的出现，比如斯宾塞（Herbert Spencer, 1820～1903）用演绎法把生物进化论用于社会范畴，从而提出社会有机体论和社会进化论。近代旅日欧美学者在西方"新学"的烛照下形成了独特的日本研究方法论，在比较语言学研究、社

---

① "Minutes of Meetings", in *TASJ*, Vol. XXII (1894), p. xxxix.
② B. H. Chamberlain, "Introduction to *A Translation of the 'Ko-ji-ki'*", p. xxxix.
③ Ibid., p. lxiii.
④ 「古事記序」、『日本古典文学大系 古事記 祝詞』（新装版）、第44—46頁。

会史与文化史的结合、考古发现与其他新材料的发掘等方面尤其显示出进步意义。

张伯伦在翻译与研究《古事记》的过程中,从现代西方学术中引入科学的理念与方法,并整合形成圆融汇通的方法论。他的论证资料来源广泛,又敏于吸收借鉴,涉猎的资源既有古代的又有现代的,借鉴的成果既有日本的又有西方的;他最大限度地挖掘文本包含的信息,又不囿于文本本身,而是跨越不同的学科与领域;他不断运用自己作为语言学家的优势,对日本古事进行多向度的分析与研究;他善于从日本人的观点出发,加以具体的甄别判断,并最终形成自己的看法。他的方法论为跨文化交流提供了一条可资借鉴的路径,并持续深远地影响了继起的日本研究者。

(一)多文本交织与多领域穿行

在张伯伦翻译《古事记》以前,西方学者对日本古事的恰当理解基本上还是一片空白,单纯依靠翻译所能填补的空白相对有限。张伯伦的工作超越了单纯的语际翻译,而是上升到学术研究的高度。按照张伯伦的观点,就算单纯翻译一本书,也不应将全部工作消耗在阐释该书本身上面。

文化尚处于低级阶段的古代日本民族,一个没有来得及用文字记录下自己全部文化特性的民族,其历史、文化乃至民族的特性不能不显得极其暧昧或不确定,它只能依靠异族的文字来呈现自己,这势必导致它的本来面目实际上只是被"他者"阐释的面目,本来面目因此变成了可能的面目。张伯伦的研究工作,很大程度上是借助现有资料进行最大限度的还原,以期尽量接近古代日本的本真面目。

在《古事记》研究中,除与《日本书纪》进行比较以外,张伯伦也广泛涉猎日本学者对日本古事的解读,同时对东亚范围内的文献进行批判性的调查分析,不仅让日本的资源充分展现出自身包含的丰富信息,而且还充分利用中国和朝鲜的文献,以期截断源流,别开生面。张伯伦细密地分析过早期日本传说中提到的造酒工艺,一次稍早于公元纪元出现,另一次在公元3世纪。根据可以接受的历史记载考证,早期的日本历史著作带有不利于自身的证据,因为当提到这种酒时,其措辞足以表明它是珍贵的稀罕物,而当时在中国酿酒早已是相当普遍的工艺了。[①]对照大致同期东亚不同国家的文献记载,进而分析其措辞,从字里行间读出微妙的意蕴,如此做出的判断可谓有理有据。

为有效地理解古代日本,张伯伦寻求与考古学家合作,借鉴他们发掘到

---

① B. H. Chamberlain, "Introduction to *A Translation of the 'Ko-ji-ki'*", p. lxix.

的材料和最新的研究成果,详尽地阐述中国影响在日本文化中的体现。张伯伦提到,追溯到传说开始衰落的时期,中国影响已然在这些传说中显现,中国人与当地居民既有工具的交换又有思想的交流。

张伯伦分析指出,在出云和九州传说圈中都提到过筷子;天照大神和月读命是从伊邪那岐眼中生出来的传说是几乎未加改动的中国盘古神话的一部分;桃子帮助伊邪那岐打退众多黄泉国追兵的迷信也可以追溯到它的中国源头;天照大神的侍女所用的名字取自中国神话《天衣织女》,同一则神话中出现的"天河"也完全是中国的;关于酒、桂树、鳄、勾玉、鸣镝的记载都是中国影响在物质层面的印痕。张伯伦亦明确指出,早期日本人并不熟悉一些工艺和产品,比如他们没有茶、扇子、瓷器、漆器,这些后来却成为最主要的几种日本知名品物。

(二) 语言学视角的观照

张伯伦善于发挥自己作为语言学家的优势。借助精通日语与多种欧洲语言的便利,张伯伦得以在日本与西方两种异质文化间自如地往来、沟通。他指出,通过阅读《古事记》,可以对它成书之际的古日语有所了解。他反过来又从语言视角入手,提出不少独特的见解。他仔细考查古代日本动植物名称及工具名、产品名,认为借助这种方式可以发现一些古物的特征,显然这些古物比所有文献都古老,甚至比这些文献保存的传说明确形成的时期都要早得多。

张伯伦大胆推测,《古事记》中的歌谣系编纂者出于娱乐读者的目的而创作:

> 我们太了解日语的历史了,可以从8世纪以降直至当今的太多文献中梳理其发展与衰落的历程。最新的、有着详尽音节标注的歌谣出现时间晚于8世纪后半叶,而其中绝大多数,则可以肯定出现于一个虽不确切但必定更早的时期,这是一个可以接受的观点。此外,这一判断可以从以下事实得到证实,即在日本书写的采用可以上溯到5世纪初;人们自然会推定,据信为神祇或远古英雄所创的歌谣当属首批书写下来的文字,而他们秉持的崇敬之情在某种程度上会令他们完全按照传统遗留下来的样式抄录这些歌谣,即便无法理解或者疑虑重重;而在其他情况

下,同样的感受会促使他们去修正某些被认为舛错或不雅的地方。①

张伯伦注意到许多细节处都运用了"童稚的话语(child-like words)",比如会说话的老鼠,伊邪那美的头饰变作一串葡萄等,并认定它们都是虚拟出来的,目的在于让这些故事适合孩子的口味,而不是作为记录信仰的文章和现代的成人联系起来。

张伯伦在《〈古事记〉译者导言》中针对"八"是否为神圣数字展开过详细探讨。在《古事记》第十九部分,建速须佐之男在出云国初造须贺宫时,从那地方升起许多云气来,他作了一首歌谣。张伯伦、阿斯顿与萨道义各自的翻译呈现出相当迥异的面貌:

张伯伦译: Eight clouds arise. The eight-fold fence
of Idzumo makes an eight-fold fence
for the spouses to retire [within]. Oh!
that eight-fold fence.

阿斯顿译: Many clouds arise:
The clouds which come forth (are) a manifold fence:
For the husband and wife to retire within
They have formed a manifold fence:
Oh! that manifold fence!

萨道义译: Many clouds arise.
The manifold fence of the forth-issuing clouds

---

① 原文如下: The history of the Japanese language is too well known to us, we can trace its development and decay in too many documents reaching from the eighth century to the present time, for it to be possible to entertain the notion that the latest of these Songs, which have been handed down with minute care in a syllabic transcription, is posterior to the first half of the eighth century, while the majority must be ascribed to an earlier, though uncertain, date. If we refer the greater number of them in their present form to the sixth century, and allow a further antiquity of one or two centuries to others more ancient in sentiment and in grammatical usage, we shall probably be making a moderate estimate. It is an estimate, moreover, which obtains confirmation from the fact that the first notice we have of the use of writing in Japan dates from early in the fifth century; for it is natural to suppose that the Songs believed to have been composed by the gods and heroes of antiquity should have been among the first things to be written down, while the reverence in which they were held would in some cases cause them to be transcribed exactly as tradition had bequeathed them, even if unintelligible or nearly so, while in others the same feeling would lead to the correction of what were supposed to be errors or inelegancies.(B. H. Chamberlain, "Introduction to *A Translation of the 'Ko-ji-ki'*", p. vii.)

> Makes a manifold fence
> For the sponses to be within.("sponses"当为"spouses"之误)
> Oh! that manifold fence."①

三种译文最主要的差别在于对原文中"*ya*"(八)的处理。阿斯顿(连同本居宣长)和萨道义将之看做"很多"(many)或"许多"(numerous),而张伯伦倾向于将之看作具体的数字"八"本身。张伯伦分析说:

> 数字七在许多国家都被看作神圣的,在这里(日本)却没有任何形式的凸显,其位置被八取代了。因此我们有大八岛、八歧大蛇、八十握长的胡子、名为"八千矛"的神、八十万或八百万众神,等等。注释者认为有必要告诉我们所有这些"八"都不必照字面理解,因为它们不过意味着许多。事实却是,由于一些不为我们所知的原因,数字八上面附着了一种特别的重大意义;提到八的文献也同样提到九和十,还有更大的数,并且在一些具体事例中,比如大八岛,八个岛中的每一个都分别列举了出来。很明显,当日本人说八的时候,他们的意思就是八,尽管他们肯定也曾以模糊的方式使用过该数字,正如欧洲人用一打、百、千一样。②

张伯伦对"八"的处理是比较中肯的,因为的确大多数时候,日语文献中说到"八"并且真正列举了八项事物在其后,当然也有用"八"表示约数、形容许多的时候,如"八十神"(やそがみ)、"八百万众神"(やおよろずのかみがみ)等。

但张伯伦提出的"八"在日本被看作神圣数字这一观点未必十分有道

---

① B. H. Chamberlain, *A Translation of the "Ko-ji-ki" or "Records of Ancient matters"*, p. 64.

② 原文如下:Another detail worthy of mention is that the number seven, which in so many countries has been considered sacred, is here not prominent in any way, its place being taken by eight. Thus we have Eight Great Islands, an Eight-forked Serpent, a beard Eight-breaths long, a God named "Eight-Thousand Spears," Eighty or Eight Hundred Myriads of Deities, etc., etc. The commentators think it necessary to tell us that all these eights and eighties need not to be taken literally, as they simply mean a great number. The fact remains that the number eight had, for some unknown reason, a special significance attached to it; and as the documents which mention eight also mention nine and ten, besides higher numbers, and as in some test cases, such as that of the Eight Great Islands, each of the eight is separately enumerated, it is plain that when the Early Japanese said eight they meant eight, though they may doubtless have used that number in vague manner, as we do a dozen, a hundred, and a thousand.(B. H. Chamberlain, "Introduction to *A Translation of the 'Ko-ji-ki'*", p. lx.)

理。可能"八"在《古事记》中出现的频率相对较高,但未必一定意味着它在日本人心目中拥有特定的重要意义。随着关注重心的转移,不期然间我们也会发现其他数字的独到之处。譬如数字"三",天地始分时有三神;伊邪那岐斩其子迦具土神时剑锋上的血迸溅岩石复生三神;伊邪那岐祓除时又生三神;以及"三神器"等,不一而足。换作数字"五"或"七",也可以找出相当多的例证。因而张伯伦的论断或可成一家之言,但事实未必一定如此。

四、张伯伦的历史观管窥

19世纪末到20世纪中叶,文化传播理论成为热点。由于面临不同地域、不同民族之间文化现象的冲击,人们关于文化的产生与发展、文化的雷同性与差异性等问题的联想和假设持续不断。在科学实证主义原则的引导下,传播学派(又称历史学派、文化史学派)试图通过对具体区域、民族或个案的研究,得出具有历史含义的理论认识。

张伯伦赞同人类学家爱德华·泰勒的观点:

> 历史批判是判断,不是为了做出不相信什么,而是认定可以相信什么的判断。目的不在于给作者挑错,而是要确定他所说的在多大程度上可以作为正确的予以采信。①

泰勒认为古老神话作为思维发展的证据、古老信仰与习惯的记录以及历史素材在事实方面有其合理性;但他同时又指出,不能把神话简单地等同于历史,在面对年代久远的古物时,研究者应当从舛错谬误中区分纯正真实。张伯伦在《古事记》研究中较为忠实地遵循了泰勒的这一理念。

(一)正视史籍的多面价值

张伯伦公允地指出,通过研究包含早期日本口传历史的书籍,追溯更遥远的日本历史与部落分割,追溯日本传说的源头,很少能够得到确切无疑的结论性的东西,但至少有一些有趣的可能性。他说:

> 即便是不能作为历史真实接受的部分,常常也有许多人会从其他方

---

① 原文如下:Historical criticism, that is, judgment, is practised not for the purpose of disbelieving, but of believing. Its object is not to find fault with the author, but to ascertain how much of what he says may be reasonably taken as true.(Edward Bern Taylor, *Anthropology* (Chapter XV);转引自 B. H. Chamberlain, "Introduction to *A Translation of the 'Ko-ji-ki'*", p. lxxi。)

面看到有价值的东西。因此,如果我们失去一千年所谓的日本历史,必须不能忘记日本神话仍是阿尔泰思想中最古老的现存物。①

秉持这种辩证的视角,一方面辩驳将神话历史化的做法,另一方面不忘彰显日本神话的独特价值,有助于日本学界与民众客观冷静地看待《古事记》"神代记"等史前传说。

在1893年11月日本亚洲学会的会员大会上,张伯伦提到当时的日本需要一部值得信赖而又富有启发性的历史著作。材料已经具备,并且极其丰富,甚至给取舍带来困难。②他认为全部古典文学、诗歌、爱情故事、宫廷日记、旅行日记、佛教圣徒传记、中世及近世的回忆录等,连同更广阔范围内的更多材料都有待批判性地取舍。

张伯伦指出,在甄别判定历史材料方面仍有两大障碍阻挡日本人前行。一是日本仍然普遍忽视批评方法,尤其忽视对材料的批判;二是担心挖掘事实、拒绝重复不实之词会冒犯权威。他还以亲身经历为证,称有较高身份地位的日本人经常告诉他,他们不敢坚称天皇不是太阳神后裔,或者承认神武天皇从来没有存在过,尽管私下里他们对做出上述否定的外国书籍并无异议。③考虑到张伯伦的《古事记》翻译与研究是在学术氛围尚不自由的近代日本开展的,其昌明学术的追求与学理性的分析判断对日本学界的示范意义更加彰显。

(二)借助当下民俗重构历史

由于历史发展阶段与认识水平所限,近代旅日欧美学者普遍认为世界上所有民族都会经历相同的发展阶段,于是现在的原始部落民与现代文明人的祖先可以等同视之。人类学兴起后,由于进化论学派"遗留物"学说的提出,欧洲农民保存的口头文学被作为原始文化的遗留物,世界上那些原始民族的宗教信仰和口传历史成为可比对象,双方互相印证的一般比较方法由此兴起。

张伯伦亦有类似认识,他认为由于外来习俗与观念在一直生活于日本列岛上的阿伊努人那里基本没有发展,而被原封不动地保存了下来,成为来自遥远过去的一个遗迹或精神化石,由是对阿伊努人现实生活的调查提供了研

---

① 原文如下:If, therefore, we lose a thousand years of so-called Japanese history, it must not be forgotten that Japanese mythology remains as the oldest existing product of the Altaic mind. (B. H. Chamberlain, "Introduction to *A Translation of the 'Ko-ji-ki'*", p. lxxii.)

② "Minutes of Meetings", in *TASJ*, Vol. XVI (1889), p. x.

③ Ibid.

究古代日本的一个面向。基于这种考虑,张伯伦希望主要通过关注活在当下的民俗,以完成对过往历史的重构。

且不说外来习俗与观念在阿伊努人那里被原封不动地保存了下来这一设定缺乏论证,那种认为所有民族都会经历相同的历史发展阶段的观点已经被证明是一厢情愿的理想状态,实际情况却千差万别。如今人类学家和民俗学家不再坚持这种死板的单线进化理论,也不认同原始思维是非理性的。因此,张伯伦对阿伊努人现实情况的调查有助于理解日本社会的全貌,但这种做法对于重构历史或某一习俗的原初状态却并不具有充分的合理性。

张伯伦借助当下民俗重构日本历史的做法亦有部分原因在于他深受日本学者的影响。尽管他有意识地克服了一些不足取的成见与定规,但无形中还是采信了一些日本"国学家"颇不严密、甚至有违史实的论调。张伯伦在《<古事记>译者导言》中试图廓清《古事记》文本中表现出来的中国影响与"日本特色"之间的关系。他说:

> 在它(《古事记》)成书后不久,中国文化大举涌入日本并取得支配地位,日本民族特性遭到重压,绝大多数显著的日本特征被尘封。①

显然这是不假思索地接受了本居宣长等日本"国学家"的观点,与历史事实严重不符。其错误的根源在于将中国文化与日本文化置于二元对立的两极,无视日本借助中国文化取得的跨越式发展;该观点甚至蓄意否认古代日本在汲取中国文化过程中表现出来的自主选择的余裕。

整体而言,张伯伦的《古事记》研究不仅认真严肃,而且是全方位的,借助日本研究这一对象,不仅突破了时间、地域、学科、语言等多种界限,而且打通了包括物质层面、制度层面和精神层面在内的整个文化领域。张伯伦的《古事记》研究为既有的日本研究向内、向外都开拓了空间,日本学界从中可以学到西方近代学术鲜活的研究理路与方法,亦为他们更加理性地反观自身提供了龟鉴。张伯伦的《古事记》研究连同他的一系列关乎日本语言、历史、文学、社会的论述一道,为当时方兴未艾的"日本学"开启了诸多崭新的领域,并且持续深远地影响了后世的日本研究,部分影响持续至今。

---

① 原文如下:Soon after the date of its compilation, most of the salient features of distinctive Japanese nationality were buried under a superincumbent mass of Chinese culture. (B. H. Chamberlain, "Introduction to *A Translation of the 'Ko-ji-ki'*", p. ii.)

第二节 《日本事物志》解读

张伯伦除了在《日本亚洲学会学刊》发表的27篇著、译作之外，还有一些以单行本行世的日本研究专著，其中最著名的当推《日本事物志》①。该书系张伯伦以一己之力撰著的一卷本百科全书式著作，选取具有日本风格和日本特色的"关键词"，逐一进行细密的描述、分析、阐释与评论。《日本事物志》是近代旅日欧美学者的日本文化观具体而微的典型代表，具有较高的参考价值，为当时及后世的欧美人深入解读日本提供了绝佳的资料，也对西方人形成日本观产生了深远影响。

一、为过往的日本撰写墓志铭

《日本事物志》的编纂初衷是为了给赴日本的欧美旅行者提供便览式的指南。作为日本开国后较早赴日本定居的英国学者，张伯伦不断被问及事关日本的方方面面，他的亲友、打算赴日旅行者、不少欧洲学界同仁都对日本表现出浓厚兴趣，并频频向他请教。他试图用一种行之有效的方式予以解答，虽然不可能一劳永逸，但至少可以相对集中地对日本进行概述说明。张伯伦在《日本事物志·序章》中说：

> 我们总是不断地被问及关于日本的这样那样的问题。那么以下就是答案，以词典的形式，但不是解释词语的词典，而是描述事物的词典——或者毋宁说是一本指南，关于地点的说明较少，更多的是关于不同主题的条目。读者会发现日本旧有的成分与新生事物紧密相连。书中唯一看不到的东西是填料，填料在任何论及日本的书中都是不可原谅的，因为关于日本的主题如此丰富（根本无须填料充数），唯一的困难在于确知哪些主题可以略去不谈。②

---

① B. H. Chamberlain, *Things Japanese: Being Notes on Various Subjects Connected with Japan*, London: Kegan Paul, Trench, Trübner & Co., Ltd.; Tokyo: the Hakubunsha, Ginza; Yokohama, Shanghai, Hong Kong, Singapore: Kelly & Walsh, Ltd., 1890.

② 原文如下：We are perpetually being asked questions about Japan. Here then are the answers, put into the shape of a dictionary, not of words but of things, —or shall we rather say a guide-book, less to places than to subjects? The old and the new will be found cheek by jowl. The only thing that will not be found is padding; for padding is unpardonable in any book on Japan, where the subject-matter is so plentiful that the only difficulty is to know what to omit. (B. H. Chamberlain, "Introductory Chapter", in *Things Japanese*, p. 2.)

编纂《日本事物志》的另一个目的是为变革中的日本不断逝去的特色事物留存记录。张伯伦指出:"日本人与过去划清了界线,他们希望自己是别人或别的什么东西,反正不愿保持他们过去是而现在仍然部分是的老样子。"① 明治维新既是政治变革,也在日本的社会生活、思想意识层面引起了巨大反响,全盘西化的论调一度甚嚣尘上,比如后来出任文部大臣的森有礼就曾提出过将英语作为日本国语的意见,倾向于与传统一刀两断的日本人不在少数。

张伯伦丝毫不掩饰身居日本所感受到的时代变迁,以及这种变迁给自己带来的影响。他说:"在现代日本度过这样一个过渡阶段,令人感觉超自然的苍老。因为身处现代,周围满是谈论自行车、杆菌、势力范围(spheres of influence)的场景,而自己却可以清楚地记得中世纪。……因此出现这样一种奇特的感受,当我们1873年抵达日本的时候,感觉自己几乎已经有400岁了。"② 所幸他能够以一种平和的心态看待这种变迁,他指出,所有的原因都已发生了变化,却期待结果像以前一样保持不变,这显然是不现实的。

许多西方人面对变动中的日本,陷入了两难境地:一方面他们希望日本以西方为楷模推行改革;另一方面,他们又希望那些别具日本风格与日本特色的事物能够被保留下来。张伯伦编撰《日本事物志》的想法与上述西方人的心态适成对照:

> 为过往的日本撰写墓志铭,既记录其数量众多、特别突出的优点,当然也包括其不足之处。相较于墓志铭的一般性而言,我们对事实真相更为仔细,我们在几乎每一个题目下斗胆说出自己的全部观点,给每一个事物以恰如其分的描述。③

这一目的既保证了对所述事物特征的全面呈现,同时也确保评判以"恰如其分"为旨归,既不过誉,也不苛责。

张伯伦希望那些富有日本民族传统特色的东西能够被记录下来,而不致随着社会的变化而烟消云散。《日本事物志》收录的每个条目少则半页,多则以十余页的篇幅展开论述,字里行间显现出对日本与日本人的深刻理解与亲

---

① B. H. Chamberlain, "Introductory Chapter", in *Things Japanese*, p. 3.
② Ibid., p.1.
③ 原文如下:This little book is intended to be, as it were, the epitaph recording the many and extraordinary virtues of the deceased,—his virtues, but also his frailties. For, more careful of fact than the generality of epitaphists, we have ventured to speak out our whole mind on almost every subject, and to call things by their names, being persuaded that true appreciation is always critical as well as kindly.(B. H. Chamberlain, "Introductory Chapter", in *Things Japanese*, p. 8.)

近感，许多条目发前人所未发，显示出张伯伦对日本文化的透辟分析与真诚理解。

二、互文性与开放性编著特色

从某种意义上说，欲对外国文化达致全面、充分的理解，非一己之力所能为；面对异国文化时在心目中形成一个大致的轮廓不难，但若以一部书的篇幅呈现一国概貌，甄别取舍颇见功力，条分缕析地阐明更绝非易事。张伯伦尝试尽量忠实地呈现一个合理的日本映像，为有效地实现对日本特质的准确把握，在独立观察与实地调查的基础上参考了许多相关研究，其中有许多参考资料源自《日本亚洲学会学刊》。

（一）互文性

互文性（intertextuality）理论是当代西方后现代主义文化思潮中产生的一种文本理论。法国女性主义批评家朱丽娅·克里斯蒂娃（Julia Kristeva）在其符号学理论中首先提出"互文性"概念；意大利符号学家艾柯（Umberto Eco）在其意指作用理论中强调文本的自我指涉与含混特征；法国解构主义哲学家德里达（Jacques Derrida）则在文字学理论的基础上解释互文性；法国符号学理论代表人物罗兰·巴尔特（Roland Barthes）从意义生成过程和阅读实践角度出发，既把互文性看作一种共时性的展开，也看作一种历时性的持续；在新历史主义文化批评中，互文性理论的重心移位到文本与文化语境、文本与历史背景之关系上来。概括而言，互文性理论强调某一文本与外在于它的另一文本互为补充的关联性，也强调文本内容与形式之间的相互作用，并将文本置于广阔的文化背景中，突出文本与文化表意实践间的关系。

理论相对于实践往往是后出的，表现为一定程度的滞后性。虽然《日本事物志》成书时互文性还没有形成一种完整的理论，但其编纂过程中已经较好地进行了互文性的实践。《日本事物志》的互文性特征体现在两个方面：一是《日本事物志》与《日本亚洲学会学刊》形成互文关系，《日本事物志》充分利用《学刊》的资源，《学刊》也围绕《日本事物志》揭示的"日本性"积极开展学术探讨；二是张伯伦个人既有的成熟日本研究与他新撰写的《日本事物志》条目形成良性互动。

张伯伦在编纂《日本事物志》的过程中，特别留意运用《日本亚洲学会学刊》这一丰厚的资源，部分原因在于包括张伯伦在内的大批近代旅日欧美学者与《日本亚洲学会学刊》有着紧密的学术联系，他们的许多论文、译作都刊发在《学刊》上，日本亚洲学会及其《学刊》已然内化为他们学术生命的一个重要组成部分。同时,《学刊》作为专门刊载日本研究论著的阵地,本身具有不容忽略的学术价值。正如张伯伦在《日本事物志》中的"日本亚洲学会学刊"条目中所说:"几乎没有一个有关日本的主题在《日本亚洲学会学刊》中找不到学术探讨。"①当时任何从事严肃的日本研究的欧美学者都尽量主动利用日本亚洲学会与《学刊》这一学术平台开展自己的研究。

张伯伦在《日本事物志》几乎每一个条目后面都附有参考阅读篇目,提示论述同一主题的可信赖的著作篇目,其中许多条目下都提及《日本亚洲学会学刊》刊载的文章。比如在"艺术"条目后,作者列出的推荐篇(书)目有五个,其中之一是阿斯顿撰写的《日本艺术史》,发表在《日本亚洲学会学刊》第七卷第四部分;在"佛教"条目下列出的九个参考篇目中,有三篇刊发在《学刊》上。

张伯伦也将自己成熟的研究成果直接引入《日本事物志》中,省略了繁琐的论证过程,在简洁行文中包蕴丰富的信息,既要言不烦,又确保了撰写条目的质量。比如在《古事记》翻译过程中,他以科学的研究令人信服地将远古神话与信史区分开来;在《日本事物志》中论述天皇、武士道、历史与神话等条目时都反映并延续这一洞见,以辩驳当时日本学者有意无意地将神话视同为历史的习见做法。因而相关论述出现在《日本事物志》中时只是一些结论性的论断,它们当与张伯伦其他论著结合起来理解方显其简洁,且无突兀之感。

(二)开放性

张伯伦在《日本事物志》中处理一些不便于一概而论的日本事物时拒绝做出定论,而倾向于提供多条线索供读者参考、判断,体现出鲜明的开放性特征。开放性是相对于封闭性而言的一个哲学概念。具有开放性的文本自身提供一个信息源,允许读者、批评者与研究者进入,并留有相当大的思考与拓展空间,对意义的读解具有生长性。

张伯伦表示,为有效避免受责难的尴尬,他不阐述自己的意见,只停留于引述随意找来的别人的著述。事实上,他还是不由自主地以自己的判断为出发点进行了选择,而且论述中必然会夹杂着自己的观点。从某种意义上说,正是夹杂的这些意见、看法与论断,成就了该书的价值,避免了平面描述与观点罗列。

开放性的另一体现是《日本事物志》不同版本收录条目的增添删减。《日本事物志》1890年首次出版,之后陆续增订出版,1891、1898、1902、1905年分别推出第二、三、四、五版,1934年张伯伦完成最后一次修订,1939年在他身后作为第六版出版。1971年查尔斯·塔特尔公司(Charles E. Tuttle Company)

---

① B. H. Chamberlain, *Things Japanese*, pp. 56—57.

在第五版基础上修订参考书目后以《日本百般》(*Japanese Things*)的名字重印过一版。

在《日本事物志》出版后差不多半个世纪的重印与再版过程中，张伯伦从未间断过对该书的修订。在它初版的前一年，日本通过了帝国宪法，第一次帝国议会随之召开，加速了日本向近代化国家迈进的步伐；之后，甲午战争、日俄战争，日英同盟，大逆事件、吞并朝鲜、关东大地震、"九一八"事变、全面侵华战争等国际国内重大事件接续发生，加剧了日本国家、社会及民族心理的变化。因应日本社会发展和一系列重大事件的相继出现，《日本事物志》在初版后不断调整内容，实质性的东西虽然基本保持未加改动，修订中增加了许多条目，也删减了一批相对生僻或过时的条目。在这个意义上，《日本事物志》的不同版次还是日本近代化的见证，具有非凡的文献价值与实录意义。

日本出版机构已统计过《日本事物志》不同版本的收录情况，主要关注各版本收录的项目数量，以及相对于前一版本出现的项目增添与删减情况，援引如下：

表5-2 《日本事物志》各版本收录项目一览

版次	出版年份	收录项目数	增删项目
初版	1890年（明治二十三年）	140	
第二版	1891年（明治二十四年）	163	新增29、删减6
第三版	1898年（明治三十一年）	171	新增11、删减3
第四版	1902年（明治三十五年）	187	新增21、删减5
第五版	1905年（明治三十八年）	188	新增1、无删减
增补重印版	1927年（昭和二年）	191	新增3、无删减
第六版	1939年（昭和十四年）	190	新增3、删减4

资料来源：http://www.yushodo.co.jp/press/thingsjapanese/index.html (2009年9月10日检索)

分析各版本的增删情况能够很好地反映日本的社会发展进程与变化特征。以第一版到第二版的变化为例，新增加的条目有：考古学、生日、糠袋、青铜、猫、沙文主义、社会阶级、景泰蓝、舞蹈、石桌状墓标(dolméns)、刺绣、雇员、女天皇、日本式英语、扇子、节日、火灾、日本的外国雇员、富士/不二/不死(fuji)、艺伎、环球旅行家、仓库(godowns)、香嗅探(incense parties)、归化(naturalisation)、绘画、纸、朝山进香(pilgrimage)、管道、马球、人口、致意/招呼(salutations)、雕刻、贝塚(shell-heaps)、吸烟、祖师(soshi)、讲故事的人、纹身和植物蜡。删减的条目有：盘梯山、小笠原岛、菊花、码头、罚没（forfeits）、五子棋（gobang）、指南、(旅日)指南、采访、日光（Nikkō）、烟草、条约口岸和摔跤。新增38个条目，删减条目13个，而上表统计的数字分别是29和6，这是因为其中有些条目仅有词条而无解说，标明参见另外某个词条，上表中未将这一类统计在内。

另外，第一版中"瓷器与陶器"条目由原来的三十页篇幅缩减至三页，并在条目后新增参考书目。①第一版中只有一段四行的"条约修正"条目在第二版中则以"条约与条约修正"为题，扩展至七页的篇幅。而且第一版中作者仅表达出自己对这一主题的畏难情绪与不感兴趣，他认为条约修正的问题"在所有关乎日本的问题中是最为棘手和最令人厌烦的问题。我们将它留待他人讨论，因为人各有志（there is no accounting for taste），(该问题)将引发感兴趣者对当地政治的关注"②。显然再版时他已意识到日本与西方列强签订的一系列不平等条约以及修正条约的努力尝试在日本现化过程中的重要意义，于是适时进行增补。

需要特别指出，1902年第四版中加入"台湾"条目，由于当时台湾是日本殖民地，因此在谈论日本物产、气候、地理、人口、海运、电信、戏剧时，都曾提及台湾，其描述足以反映出一个居住在日本的外国人观看殖民地台湾的视角。相对而言，张伯伦对台湾的持论还算公允，他提到：

> 几年来日本在他们新的属地上的殖民行为是错误的。对于强制推行日本意识形态的新闻媒体以及公众人物的贪污、失政、舞弊而产生的持久抗议迅速蔓延。③

他也提及在台湾的外国人观察到的日本派驻台湾的官员生活作风无耻、军人傲慢无礼，更有来自日本本土的苦力来台湾后一跃而成为统治者的细节。有鉴于此：

---

① B. H. Chamberlain, *Things Japanese*, pp. 275—294; B. H. Chamberlain, *Things Japanese*, second ed., London: Kegan Paul, Trench, Trübner & Co., Ltd.; Yokohama, Shanghai, Hongkong, Singapore: Kelly & Walsh, Ltd., 1891, pp. 356—359.

② B. H. Chamberlain, *Things Japanese*, p. 365; *Things Japanese*, second ed., pp. 443—450.

③ 原文如下：For several years things went wrong with the Japanese attempts to colonise their new dependency. A perpetual clamour rose from the press of every shade of opinion and from public men anent the waste, the corruption, the misgovernment, and malpractices of every kind that were rampant.(B. H. Chamberlain, *Things Japanese*, sixth ed., London: Kegan Paul, Trench, Trübner & Co., Ltd.; Japan: J. L. Trübner & Co., Ltd., 1939, p. 206.)

日本政府的意图是使台湾并入日本帝国不仅仅停留在口头上，而尽可能达到征服者对被征服者实际上的同化（actual assimilation）。①

联系后来经过所谓"皇民化"的教育而让渡了主权与治权、甘愿俯首帖耳的"顺民"的表现，以及时至今日仍有中国台湾地区的个别所谓知识精英不时发出的一些是非不明、混淆黑白、为曾经的被殖民唱赞歌的谬论，不能不佩服张伯伦的远见卓识。

高梨健吉（1919~2010）根据1939年的版本将《日本事物志》译成日语，1969年交由平凡社出版。②日译本距首版发行近80年后方在日本出版，有多方面的原因。

首先，张伯伦在书中对日本事物的赞誉与批判都是旗帜鲜明的，其中不留情面的批判成分触动了部分民族主义情结较重的日本人的神经，其中不乏学者，他们从心底对该书产生一种抵触情绪。

其次，20世纪30年代直至20世纪60年代，日本的书报审查制度异常严苛，客观上也制约了该书日文版的出版发行。即令是在日本出售的第六版中，也不再包含"逊位"（Abdication）、"武士道或一种新宗教的发明"（Bushido or the Invention of a New Religion）、"天皇"（Mikado）等条目；"历史与神话"（History and Mythology）中的解释也多有删节。

第三，自19世纪末叶直至第二次世界大战结束，日本展开一系列侵略战争，国家意志以侵略扩张和军国主义为指针，也使得包括书籍翻译、出版等文化工作大大受限。但《日本事物志》的日译本一经出版，即创造了在不到三十年的时间内印刷十四次的辉煌。

三、对日本特质的把握与阐释

《日本事物志》是关于日本的小型百科全书，涉及考古学、美术、植物学、动物学、历史与神话、天文、历算、地理、地质、哲学、伦理、语言、文学、艺术、法律等诸多学科；既有关于日本神话传说与历史的细密记述，又有对日本现实生活的传神刻画；上至皇室，下至贱民、秽多，针对日本社会的不同阶级、阶层都有分类描述。

下表是《日本事物志》部分收录项目的专题分类：

---

① 原文如下：The official intention is that the incorporation of Formosa with the Japanese empire shall be no mere form of words but, so far as may be, an actual assimilation of the conquered to the conquerors.（B. H. Chamberlain, *Things Japanese*, sixth ed., p. 206.）

② バジル・ホール・チェンバレン：『日本事物誌』1—2、高梨健吉訳、東京：平凡社、1969。

表5-3 《日本事物志》部分收录项目分类统计

领域	项目
日本、日本人	阿伊努人、论述日本的书籍、首都、狂信的爱国主义、勋章、日本、日本人之特质、国家、政府、民族、虾夷人
国计民生	农业、通货、铁道、道路、人口、生计、产业主义、烟草、贸易、船舶
工艺	建筑、雕刻、七宝烧、刺绣、木版画、青铜器、漆器、绢、金属细工、印刷
社会、阶级	退位、天皇、女天皇、礼拜天皇挂像、藩、社会阶级、大名、将军、贵族、女性地位、贱民、儿童
宗教	佛教、武士道或一种新宗教的发明、儒教、教会、七福神、传教、宗教
对外关系	沙文主义、治外法权、欧亚混血儿、欧化、条约与条约修正、雇用外国人、归化
日常生活	娱乐、入浴、诞生日、汤茶、鸬鹚捕鱼、舞蹈、衣裳、烟管、酒、笑、招呼、狩猎、捕鱼、度量衡、茶
习俗	染黑牙齿、火葬、收养(养子)、葬仪、结婚、祭日、丧、孝行、超自然的动物、迷信、切腹
特色风物	樱花、刀剑、武士、神道、扇、庭园、绘画、挂物、相扑、音乐、镜、纹章、礼仪、能、茶道

资料来源:《日本事物志》各版本所载项目汇总整理而成。

张伯伦在《日本事物志·序章》中将具有日本特质(Japaneseness)、区别于其他国家民族的标志性事物(make-up of Japan)称为具有"日本性的"(Japanesey)事物。它形成于从《古事记》《日本书纪》《万叶集》到今天的日本历史演进过程中,凝结着个人和民族的全部记忆。后世论及日本必会提及的樱花、武士与茶道,在《日本事物志》中都有透辟的分析。

(一) 樱花

针对樱花在日本受推崇的地位,张伯伦形象地称:"一直以来,樱花之于日本犹如玫瑰花之于西方诸国。"①张伯伦援引本居宣长的诗句:"若有人问你真正的日本精神是什么,指给他看阳光下盛开的野樱花"(敷島の大和心を人問はば朝日に匂ふ山桜花),明确说明樱花为日本精神的象征与体现;并进而引述日本谚语:"花是樱花,人是武士"②,以凸显樱花在日本人心目中无可替代的地位,以及所享有的无以复加的尊崇。

---

① B. H. Chamberlain, *Things Japanese*, p. 65.
② Ibid., p. 66.

张伯伦较早注意到樱花对于日本人的重要性,但他却没有探究其由来,对樱花象征意义的历史变迁也语焉不详。"花是樱花,人是武士"除去显示对樱花、武士各自的推崇之外,亦强调二者之间紧密相连,且与日本的审美意识息息相关。随着平安王朝与贵族文化的衰败,人们对樱花的情感体验,逐渐由欣赏它的美丽绽放带来的愉悦感,转变为因其很快凋零而怜惜哀伤;到江户时代,因武士的思想意识受到夸大宣传与有意引导,观赏樱花的心理机制,从因樱花的很快凋零而产生惋惜伤感,转为在美的极致中死去无憾、追求以死为美。

(二) 武士

在《日本事物志》中,张伯伦没有花费笔墨去谈论所谓"武士道"①,在其他著述中也尽量避免提及这一术语,而是极其详尽地描述了武士这一社会阶层产生、走向历史前台及在明治维新后退出历史舞台的过程,以此提供了一个全景式的武士发展简史。

张伯伦从历史与现实两个向度勾勒出武士阶层形成与演变的历史,并兼及它在日本社会与日本人心理上的地位。在12世纪以前,武士用以指称天皇的宫廷卫士——侍(be on guard);当封建体制开始形成时,该称号被授予整个尚武阶层(warrior class),他们既是勇士,又是军人,还属于贵族。

1870年明治政府废止了旧有的士农工商四民身份制度,并以渐进的手段消灭武士阶级。许多武士因不习惯靠经商或工作谋生而陷入悲惨境地,另外一些更聪明也更富野心的武士,却在事实上成为新政府的管理阶层。张伯伦敏锐地注意到这种变化的局限性,不无忧心地指出:"尚有充足的贵族政治的精神残余,因而平民要升迁到任何重要的职位都要面对相当大的困难。"②在1878年日本人的改名狂热中,既有历史传统又完全是本族语的"侍"(さむらい)改名为意思正好完全一致的汉语词汇"士族"(しぞく)。在这一新名称下,武士继续作为日本三个阶层③之一而存在,身份制依旧残存,差别性的现实依然存在。

---

① 按照《日本国语大辞典》的解释,武士道是日本中世以来武士阶级中发展起来的独特伦理。它以禅宗和儒学为理据,大成于江户时代。狭义的武士道像《叶隐》所提倡的那样,不问善恶是非,誓死效忠主君;广义的武士道则像山鹿素行所提倡的,主君和家臣都应该遵守儒教伦理而行动。(日本大辞典刊行会编:『日本国语大辞典』第17卷、東京:小学館、1975。)
② B. H. Chamberlain, Things Japanese, p. 307.
③ 另外两个阶层是华族(かぞく)与平民(へいみん),华族为公卿与诸藩藩主,平民包含原来的农、工、商三民。

（三）茶道

《日本事物志》中的"茶道"条目是一篇完备的小型学术论文。张伯伦首先从茶道的历史入手，列举了茶道发展六七百年历程的三个阶段：药用—修道阶段（medico-religious stage），奢华阶段（luxurious stage）和审美阶段（esthetic stage）；① 然后论述茶道仪式的一般流程；最后以普通西方人对茶道的观感作结。

张伯伦分析说，针对茶道的作用，存在着两种针锋相对的观点：有人给茶道打上琐碎与女人气的烙印，并断言它令日本艺术混杂难解；相反的观点则认为茶道具有深远的有益影响，它使日本艺术摆脱了纯净与简朴的狭窄路径，转而走上华美的宽阔道路。② 张伯伦指出，对于欧洲人而言，茶道仪式显得冗长而又毫无意义，但他并不认同：

> 如果茶道不像某些外国渴慕者虚构的那样，是"哲学"的具体表达，那么至少在它们最新的形式中有助于推动艺术形式的净化。你可以相信它毫无意义，但绝不可以给它贴上庸俗的标签。③

这一结论非常值得关注。一方面张伯伦对茶道持同情地理解姿态，认同饮茶活动发展成为一种综合"艺能"，进而影响了日本人的整体审美情趣与艺术品位；另一方面是他对意义的追问更为重要，恰恰体现出隐晦的西方中心主义的思想。

罗兰·巴尔特在其比较文化研究著作《符号帝国》中指出："西方人使一切事物无不沉浸在意义里，就像是一种有独裁主义色彩的宗教，硬把洗礼仪式施于全体人民。"④ 对意义的追问恰恰是西方特有的逻辑，对日本人乃至范围更为广泛的东方人而言，事物存在的价值并不一定落实到对意义的追求上

---

① B. H. Chamberlain, *Things Japanese*, p. 334.
② Ibid., p. 333.
③ 原文如下：If the tea ceremonies do not go the length of embodying a "philosophy," as fabled by some of their admirers, they have, at least in their latest form, assisted the cause of purity in art. Some may deem them pointless. None can stigmatise them as vulgar. (B. H. Chamberlain, *Things Japanese*, pp. 338—339.)
④ 〔法〕罗兰·巴尔特：《符号帝国》，孙乃修译，北京：商务印书馆，1994年版，第105页。
罗兰·巴尔特指出，禅宗中蓦然出现的"悟"创造出一种无言之境，并从这种空无中产生出诸般特点，"抽光一切意义"（〔法〕罗兰·巴尔特：《符号帝国》，第5页）；他在日本木偶戏中看到"意义的那种空无（那种空无依然来自意义），对于这一点，我们西方人几乎不可理解，因为在我们看来，反对意义就是隐藏或颠倒意义，但决不是'抽空'意义"（同上书，第92页）；他认为日本的鞠躬与屈膝行礼的礼节崇尚的不是意义，而是对意义的刻写（同上书，第101页）。

面,譬如茶道,更多地体现为一种生活态度,它足以给人们带来心灵的休憩与愉悦,这种价值超越了西方人念兹在兹的所谓意义。

(四) 日本人的性格

张伯伦从历史角度出发,对各式各样的日本事物进行观照,以此展开对日本的理解。在《日本事物志》的"日本人(的性格)"条目下,张伯伦指出:

> 对我们自身来说,就像绵羊越过栅栏一样,一个接一个的作家详述某些特定的显著特征为日本的国民性(characteristic of the Japanese nation),我们不能不对这种方式感到惊奇。历史表明这些特征仅为该国正在经历的这一阶段所独有。①

正是从研究日本历史的深厚积累出发,张伯伦拒绝将日本某一特定阶段所独有的特征视同为日本的国民性;同时由于具有敏锐的历史意识,张伯伦没有忽视连续性因素在明治时代的重大变革中所起的作用。他在《日本事物志》第五版"序章"中指出:

> 对那些已经深深沉潜到现代日本巨变的表层之下的人们而言,非常明显,过去的东西被保留下来的远比被摒弃的要多。不仅变革(revolution)本身进展得极其缓慢,是一个花费了一百五十年的渐进运动,而且持续保持完整无缺(intact)正是其民族性(national character),其本质没有发生变化。只不过境况发生了偏移,进入新的路径而已。②

张伯伦认为,明治维新的变革尽管显著但是进展极其缓慢,结合历史上日本积极学习外国的吐故纳新能力,当不难理解明治维新带来的显著变化。

---

① 原文如下:For our own part, we cannot but feel surprise at the way in which, like sheep jumping over a fence, one writer after another has enlarged on certain traits as characteristic of the Japanese nation, which history shows to be characteristic merely of the stage through which the nation is now passing.(B. H. Chamberlain, *Things Japanese*, fifth ed., London: John Murray; Yokohama, Shanghai, Hong Kong, Singapore:Kelly & Waish, Ltd.,1905, p. 263.)

② 原文如下:So is it abundantly clear to those who have dived beneath the surface of the modern Japanese upheaval that more of the past has been retained than has been let go. It is not merely that the revolution itself was an extremely slow growth, a gradual movement taking a century and a half to mature. It is that the national character persists intact, manifesting no change in essentials. Circumstances have deflected it into new channels, that is all.(B. H. Chamberlain, *Things Japanese*, fifth ed., pp. 7—8.)

同时他也指出,在这样一个渐进过程中,日本人的性格没有发生本质的变化。

四、直面当下的意识及其局限

张伯伦在《日本事物志》中高度关注日本近代化转型以来的社会进程,直面当下的自觉意识值得称道。他指出"日本如果要生存,则必须实行现代化";在他看来,崭新的欧洲思想世界、欧洲人的进取心、欧洲巨大的科学成就对于日本而言"是一个奇妙的仙境",日本长期致力于追逐、效仿欧洲,并以此实现自身的现代化。①《日本事物志》的不朽价值还体现在它对明治时期的日本所进行的全方位呈现与深层次剖析。

张伯伦以亲历者的身份见证了这一重大时代变革,《日本事物志》中不乏对明治时期日本社会生活的细节描摹。在《日本事物志》初版中,张伯伦辑录了该书成书前二十年间(1871~1890)与日本相关的大事,特整理如下表:

表5-4 《日本事物志》初版所辑1871~1890年间与日本相关的大事

年份	日本大事
1871	废藩置县,中央集权制官僚机构取代封建分封制。开始废除佛教。废止贱民阶级(秽多、非人)的社会不平等地位。引进邮政与电报。在大阪开设造币厂。
1872	首条铁道(东京新桥—横滨樱墓町)开通。颁布征兵令。颁布禁止在城市裸体的法令。
1873	该年度采取的亲外国措施成果颇丰。采用欧洲历法。释放被迫害的天主教徒(撤销对基督教的禁令)。牛痘疫苗、摄影术、公务员着欧式服装等成为风尚。
1874	佐贺叛乱。远征台湾。
1875	三菱汽船公司成立。在东京召集第一届地方官会议。与俄国签订《千岛、库页岛交换条约》。确立爵位等级(Knighthood)。
1876	与朝鲜签订《日朝修好条约》(《江华条约》)。和歌山县农民起义。颁布《金禄公债发行条例》(废除家禄制)。颁布"禁止佩刀令"(1877年1月生效)。
1877	萨摩叛乱。将地租从3%降低至2.5%。在东京上野举办首届国内劝业博览会(First National Industrial Exhibition)。
1878	大久保利通遭暗杀。东京高粱兵变。通过设立东京商会与交易所促进商贸事业。

① B. H. Chamberlain, *Things Japanese*, p. 5.

续表

年份	日本大事
1879	与中国围绕琉球问题争论。琉球国王被掳至东京,琉球国改为冲绳县。美国前总统格兰特等众多外国名人访日。
1880	公布刑法、治罪法。成立县议会。确立严格的公共集会规则。
1881	因不满自由主义,天皇发布诏书决定将建立立宪政府的时间推迟至1890年。北海道开拓使出售官产事件引发明治十四年政变。
1882	政治骚动(Political Excitement)。后来发展为立宪自由党与立宪改进党(Kaishinto and Fiyuto)的政党成立。
1883	最高法院成立。
1884	崎玉县农民暴动("秩父事件")。仿照欧洲模式颁布《华族令》。英语进入普通学校课程。
1885	行政方式改革,削减官员,伊藤博文、井上馨等新人充实到最高政府机关。在日本被称作"大地震"的改革(废除太政官制度,确立内阁制度)发生。日本邮船会社(Nippon Yusen Kaisha)成立。
1885-87	第二波"外国热"猛烈冲击,其中德国影响占优势地位。欧洲的音乐、舞蹈、运动、扑克牌、脚踏两轮车等一起蜂拥而至,日本女子始着欧式服装。
1886	激进分子不满。长崎海员争吵引起中日纠纷。
1887	井上馨外相与各国公使修改条约一事失败。公布《保安条例》(Peace Preservation Act),许多激进分子,尤其土佐派被逐出首都。
1888	盘梯山火山爆发。
1889	公布宪法,迄今一直是君主专治政体的日本,成为欧洲式的立宪国家。成立有自治权的地方政府。批准与墨西哥缔结的条约。试图终止与其他西方国家签订的条约,但未获批准。
1890	依据宪法举行第一次众议院议员总选举。

资料来源:据张伯伦《日本事物志》之"历史与神话"条(B. H. Chamberlain: "History and Mythology", in *Things Japanese, Being Notes on Various Subjects Connected with Japan*, London: Kegan Paul, Trench, Trübner & C., Ltd., 1890, pp. 161—163.)整理而成。

从1871年到1890的二十年间,日本首先打破旧制度,继而全面吸收外国的政治、文化、法律制度,最后又尝试对引入的外来文化因素进行调整。针对这样一个巨大的变革过程,张伯伦在《日本事物志》中只言片语的描述显得过于单薄。或许因编辑体例所限,他没有就这二十年间的日本大事展开详细论述,但毋庸讳言,《日本事物志》尽管略古详今,但对古事有分析,有见地,对今事却仅停留在记叙层面,缺乏对事件来龙去脉的系统观照。

适成对照的是,1914年刊发在《日本亚洲学会学刊》第四十二卷上的《日本政府公文》前有一篇麦克拉伦(W. W. McLaren)撰写的长达82页的导言[①],对1867年至1889年间日本摧毁旧秩序、创建新秩序的过程进行了细密的梳理,尤其对日本传统在变革过程中所起的作用进行了丝丝入扣的分析。

张伯伦对当时的东亚国际关系缺乏一个合理的定位。或许是身在日本太久,且过多地认同日本主流学者的观点,在一定程度上让渡了以外在的"他者"眼光关注事件与事态的批评意识。如日本吞并琉球乃赤裸裸的侵略行径,将琉球国王掳掠至东京是对另一个国家主权的粗暴践踏,可惜这些都没有引起张伯伦的正视,从他对1879年事件的平静记述中读不到任何应有的震撼或反对。

所谓"长崎海员争吵引起中日纠纷"是指1886年8月(清光绪十二年,日本明治十九年)在日本长崎发生的中国水兵与当地日本警察及居民冲突的事件,中国当时称之为"长崎兵捕互斗案"或"崎案",日本有人居心叵测地称为"长崎暴动"。中日两国政府和民间都对此事件极为重视,两国舆论也持续关注,从是年8月至来年2月议结[②],上海《申报》以社论或"长崎新语""长崎琐记""崎案近闻""崎案消息"等专栏形式发表评论或追踪报道交涉的进展情况;日本方面,《东京日日新闻》《改进新闻》《时事新报》等纷纷进行报道或评论。

长崎事件是在东亚复杂的国际背景下发生的,是继甲午海战、日本侵略台湾、日本吞并琉球之后影响中日关系的又一件大事。围绕朝鲜问题,中日之间的空气本已十分紧张,长崎事件加剧了这一紧张态势。长崎事件加速了日本扩充军备的进程;以长崎事件为口实,一些别有用心的日本人乘机煽风点火,仇华情绪被煽动起来,对以后的中日关系产生了不可低估的负面影响。

虽然我们不应该苛责前人,在当时混乱的国际秩序下,"强权即公理"行世,张伯伦也很难超越时代。因他所出身的英国是一个殖民地遍布全球的殖民宗主国,张伯伦很难设身处地地体察日本的一系列侵略行径给邻国人民带来的灾难。并且由于他受日本主流观念影响至深,对长崎事件本身没有进行

---

① W. W. McLaren, "Introduction to Japanese Government Documents (1867—1889)", in *TASJ*, Vol. XLII (1914), Pt. I.

② 有关交涉长达半年,谈判中双方极力争取于己有利的结局,最终在德国公使居中调停、双方做出妥协的情况下议结。有学者称这是中国近代史上清政府唯一一次享受领事裁判权。(胡连成:《东亚国际背景下的长崎事件及其影响》,载北京大学日本研究中心编:《日本学》第12辑,北京:北京大学出版社,2004年版,第168页。)

深入的剖析,因缺乏冷静观察与独立思考而导致批判意识缺失。

五、张伯伦与赫恩日本观比较

张伯伦在《日本事物志·序章》中指出,对待日本事物,"真正的欣赏应当总是批判性的,也是善意的"①。在这一思想指导下,他并不满足于仅呈现事物的本来面貌,而是尽力做出公允、无偏颇的判断。

张伯伦一方面毫不吝惜自己对某些日本事物的赞誉,另一方面对有些日本事物也做出毫不留情的批判。在《日本事物志》的"音乐"条目下,张伯伦明确表示,相对于日本音乐,自己更喜欢西方音乐。但这种好恶并不必然意味着其中包含价值判断,也并不必然意味着对自己文化的偏爱,比如在"艺术"条目下,他指出人们能够超越各自的文化,适度自动地(voluntarily)向外国文化学习。

张伯伦秉持一定的自觉意识,摒弃了当时颇为流行的以西方文化为普遍适用,并借以裁判其他国家文化的鲁莽做法,他也没有陷入"非黑即白"的简单二元对立泥淖。即便是批判某些日本事物,也没有忽略这些事物可能具有值得赞美的方面。因而他的评判总能恰如其分,既让读者体味到事物的两面性,又避免平均着墨,而是有所侧重。

但是这些诚挚的评判却招致许多日本读者、甚至为数不少的学者不满;也正是源于张伯伦对日本事物、日本文化的批判性赞赏的姿态,导致许多日本学者放大了他与拉夫卡迪奥·赫恩(小泉八云)的日本观的分野。

张伯伦与赫恩都是在日本生活多年的英国人,并且都对日本文化充满研究的兴趣与热诚,他们对日本文化有不尽相同的认识与见解本是极正常的,但长期以来日本学界的狭隘与偏颇影响了对他们二人研究的深广度与客观性。张伯伦在日本学界被研究得很不充分,他在普通民众那里也颇受冷遇与误解;赫恩尽管在日本民众中声誉远播,但实质上遭误解的程度并不比张伯伦轻:只是张伯伦被有意无意地忽视或贬低了,而小泉八云则被蓄意抬高了。

关于张伯伦与赫恩的日本观念之差异,日本比较文学者、东京大学名誉教授平川祐弘指出:"张伯伦是用头脑理解日本,而赫恩则是用心把握日本。"②太田雄三的《巴兹尔·霍尔·张伯伦:一位日本学家的肖像》③一书通过对比张伯伦与赫恩通信的内容与行文风格,展现二者的差异:张伯伦的信件学

---

① B. H. Chamberlain, *Things Japanese*, p. 8.
② 平川祐弘:『破られた友情:ハーンとチェンバレンの日本理解』、第24頁。
③ Ota Yuzo, *Basil Hall Chamberlain: Portrait of a Japanologist*, Richmond, Surrey: Japan library, 1998.

术性非常强，显示出他的深厚学养和丰富学识，而感情色彩相对淡漠；赫恩的信件显示出他对日本与日本文学的强烈兴趣，字里行间充满浪漫的异国情调。①可以说两位学者的论断抓住了张伯伦与赫恩差异的核心，但类似区分是描述性的，且评判多依据二人的往来信件，较少涉及二人丰富的日本研究成果，而且分析不够深入，对二者区别的描摹也不够清晰、严整。

张伯伦与赫恩之所以形成不尽相同的日本观，首先在于他们观察与评判日本的出发点不同；其次，他们所采用的论述方式有较大的差异；第三，他们的研究方法亦判然有别。

（一）出发点不同

张伯伦始终与日本及日本文化刻意保持一定的距离，仅将日本视作自己的研究对象，以便审视日本文化时可以保持较为客观的立场，主要借助"异域之眼"进行冷静的观察与深入的解剖。赫恩则从自己身在日本的日常生活经验与自己的见闻观感出发，注重参与感，努力融入普通日本人的生活中，借以深入体验日本文化，强调对日本文化特质的理解，专注于彰显日本文化异于西方文化的独特之处。

张伯伦在1905年出版的《日本事物志》第五版中提到去世的赫恩时说："赫恩比其他任何一位作家都能更好地理解现代日本，也使我们可以更好地理解它。原因在于他比其他任何一位作家都爱日本。"②张伯伦的这一论断今天几乎已为日本学界与普通民众所公认，但张伯伦对赫恩"作家"身份的强调却遭到无视。日本政界、学界都有不少人士从"归化人"的角度奢谈日本文化的所谓吸引力，甚或感召力。

以权威性称名于世的《简明不列颠百科全书》中专列"小泉八云"条目，客观准确地称其作为作家、翻译家、教师，贡献在于"详细介绍日本的风俗、宗教和文学"，与日本学者视赫恩为日本文化"知音"相比，没有浓重的意识形态色彩。

张伯伦在《日本事物志》第六版中论及日本在其殖民地的移民问题时指出：

> 另一个特别呼吁需要改善的是日本移民对待开化程度稍低的种族的行为。任何一位在台湾——在朝鲜尤甚——见过日本移民的人，都会谈及日本人的傲慢态度及其经常性的野蛮残忍行径。他们处处模仿白

---

① Ota Yuzo, *Basil Hall Chamberlain: Portrait of a Japanologist*, pp. 140—147.

② B. H. Chamberlain, *Things Japanese*, fifth ed., p. 65.

种人,甚至模仿他们虐待被白种人蔑称为"土著"的原住民。①

张伯伦不仅呼吁改变日本移民在其殖民地的傲慢与经常性的野蛮、残忍行径,而且毫不留情地抨击白种人虐待殖民地原住民的行径,结合当时欧美列强的全球殖民语境,张伯伦的上述呼吁显示出一个来自殖民国家上层白种知识人的良知。

如此鞭辟入里的"揭露"与立场鲜明的"呼吁"在国家意识与民族情绪高涨的部分日本人看来,自然不如赫恩文学作品中对日本文化进行的田园牧歌式的赞誉受欢迎。

张伯伦在进行日本研究时一贯秉持批判性的欣赏(批判的な賞賛)姿态,其中不乏在日本人看来无情批判日本的成分。比如在论及日本的人口问题时,张伯伦提到:

> 这个话题很微妙,但我们可以说,不止一项人口普查显示,在这些海外港口中,年轻的日本女性居住者远比日本男性要多。政府努力避免移民有这类倾向,但移民对此机敏的躲避,常使这种倾向更为明显。②

虽然用词相当隐晦,但也清楚地传达出大批年轻的日本女性到海外港口从事"风俗业"的事实。显然在日本从官方到民间都不愿承认这一事实,于是有了政府"避免这类倾向"的努力,但往往是徒劳的,甚至适得其反。尽管在东亚范围内日本的性观念要相对开放得多,但张伯伦的此类论述无论在当时还是后世都注定不受日本人待见。

(二) 论述方式差别

赫恩在写给张伯伦的一封信中如此表述他们二者在给对方写信问题上的不同态度:"当然,我在写信给你的时候不是在写书,而只是把我当时的想

---

① 原文如下:Another particular calling for improvement is the behavior of Japanese emigrants towards less civilized races. Every one who has seen them in Formosa, and especially in Korea, tells of supercilious and often brutal conduct. They have imitated the white man in everything, even in his ill-treatment of what he contemptuously terms "natives." (London: Kegan Paul, Trench, Trubner & Co., 1934, p. 417.)

② 原文如下:The subject is a delicate one; but we shall be understood if we say that, at more than one census, it has been found that the young female Japanese residents in such ports outnumber the males. Strenuous efforts are made to prevent emigration of this particular kind; but the cunning with which they are evaded is often remarkable. (B. H. Chamberlain, *Thing Japanese*, sixth ed., p. 417.)

法与感情呈现出来。……而你却和我的想法不同(differently constituted)，当你在写信时犹如在写一部书。"① 这种差异也体现在他们对日本的观察、分析与研究方面。

张伯伦的日本论述借助理性的思考，采用学院式的研究方式，并葆有客观、冷静的笔调，通过详尽的分析与学理性的推导得出结论，丝丝入扣的论述方式令人信服。赫恩则采用感性的、文学的笔调展开论述，运用诗化的语言，将对日本文化的细腻感悟融入对之讴歌礼赞的充沛激情中去，给人以巨大的感染力。

在《日本事物志》第六版的"拉夫卡迪奥·赫恩"条目中，张伯伦一方面称赞赫恩"细节上科学的正确性"与"细致、非常华丽的文体"；另一方面，批评赫恩微观注视有余而宏观视野不足，"有一点可惜的是，拉夫卡迪奥欠缺现实的感觉。也许应该说，他对细节部分观察得非常清楚，但是却无法对事物整体进行理解。"② 比如张伯伦认为，赫恩用遗传理论解释日本的国家神道的做法过于牵强。

赫恩强调从日常生活的经验、见闻出发理解日本文化的特质，并让自己融入平常人的生活中，用日本人的思维方式"感同身受"地思考问题，多从细部而不是整体观念上描绘日本风物；而张伯伦则始终刻意与日本文化保持一定的距离，更多地从对经典文献的解读出发，以"他者"的眼光审视日本与日本文化，观察与判断较为宏观全面，且多有批判。

(三) 研究方法迥异

张伯伦的日本研究多采用实证的方法。在1890年致赫恩的一封信中张伯伦说："最能吸引我兴趣的是事物本身。对我而言，世界自身要比它的任何寓意都要有趣、神奇得多。"③ 在翌年致赫恩的另一封信中，张伯指出自己心目中真正的研究方法是：

> 事实与经验的积累，让理论(如果理论存在的话)从这些事实与经验中自然涌现出来，而不是像许多人那样从理论出发去求得证明——如此

---

① L. Hearn, *The Life and Letters of Lafcadio Hearn Including the Japanese Letters*, Elizabeth Bisland, ed., Vol. II, Folkstone: Japan Library, 1993, pp. 247—248.
② B. H.Chamberlain, *Things Japanese*, sixth ed., p. 296.
③ B. H. Chamberlain, "A Letter to Hearn of 30 Sept. 1890", in *More Letters from B. H. Chamberlain to Lafcadio Hearn and Letters from M. Toyama, Y. Tsubouchi and Others*, Kazuo Hearn Koizumi, ed., Tokyo: Hokuseido, 1937, p. 8.

一来许多事实将被迫歪曲以适应先入之见。①

从事物本身出发,而不是以寻求事物背后的寓意为出发点;强调从事实与经验的积累中自然生发出可能的理论,而不是观念先行,甚至为套用某种理论或观点而对材料进行削足适履的改造。这种对实证的强调对我们今天的治学仍有宝贵的启示价值。

张伯伦的日本研究注重对文献的运用与解读。他在论及日本与日本事物时自觉与研究对象保持一定距离,以冷静的笔调进行条分缕析的理性论述。如他在《日本事物志》的"日本"条目中指出,"日本"一词意为太阳升起的地方,系由中国人基于该国位居中国东方而作如此表达的。②日本作为国名被日本政府正式采用,最早出现于公元670年。此前的国名通常用"大和",今天的诗文中仍有用"大和"指代日本的偏好,大和实际上只是一个中央省份的名称。③且不评判结论是否准确可靠,其笔调可谓客观冷静,意在陈述自己的研究发现,字里行间丝毫读不到洋溢在赫恩文字中的激情与诗意。

赫恩的日本研究多采用生活化的体悟方式,不寻求从文献中找到论据支撑,而多采用哲学感悟式的方式呈现日本文化的某一侧面,并且在论述中体现出对日本与日本文化不遗余力的赞誉。

在赫恩论述日本的第一部著作《陌生日本一瞥》的第一章"我在东方的第一天"(My First Day in the Orient)中,袭用当时西方描述日本的套话,凸显日本的"小"与"奇特":

> 发现自己突然置身于一个一切事物都比我们的世界要小巧雅致的世界,一个全都面带微笑似在向你致意的身材纤小、看起来更加可爱的人构成的世界,一个所有动作都舒缓轻柔、所有声音都沉稳低沉的世界,一个陆地、尘世和天空都不同于其他已知地方的世界,对那些因浸淫于英国民间传说而想象力特别丰富的人们而言,他们当然会认为自己美梦

---

① 原文如下:Accumulating facts and experiences, and letting the theories (if theories there are to be) spring out of these naturally, instead of starting, as so many do, with a theory to prove, — some pre-conception to which facts must be made to bend.(B. H. Chamberlain, "A Letter to Hearn of 26 August 1891", in *More Letters from B. H. Chamberlain to Lafcadio Hearn and Letters from M. Toyama, Y. Tsubouchi and Others*, p. 25.)

② 关于"日本"的命名问题,阿斯顿亦持同样的观点,参见第四章第一节相关论述,兹不赘。

③ B. H. Chamberlain, *Things Japanese*, p. 174.

成真，相信他们所置身的世界就是长久以来魂牵梦绕的精灵世界。[①]

类似这种运用诗化语言进行感性描摹的方式成为后来赫恩书写日本的固定模式。

简单地说，张伯伦的日本论述是理性、学者式的，赫恩的则是感性、文人式的；张伯伦研究日本的方法是实证的、文献学的，而赫恩采用的方法则是生活化的、哲学的。而形成二人日本文化观方面诸多差异的原因归根结底在于二者的职业差别：张伯伦是一位学者，而赫恩是一位作家。

第三节 《芭蕉与日本俳句》分析

张伯伦的《日本古典诗》[②]是最早以欧洲语言研究日本诗歌的著作；1902年发表的《芭蕉与日本俳句》[③]专题论述俳句体裁，其中关于"连歌"的描述在欧洲语言中尚属首次；1910年在综合二者的基础上扩展而成的《日本诗歌》[④]更为系统完整。这些著述是第一次世界大战以前及一战期间欧美学生阅读、学习日本诗歌仅有的严肃文本，为欧美读者开启了一扇了解日本传统文化的窗口。以下以《芭蕉与日本俳句》一文以点带面，分析张伯伦对俳句的理解与译介，以及他的工作对西方诗歌创作和文学批评的推动与影响。

一、对俳句文体与芭蕉俳句的理解

张伯伦指出，不同时代的日本诗歌不是一个完整的体系，而是经过复杂的规则筛选留存下来的片断，这些规则类似英语中的"接尾诗（capping verse）"。短歌在中世早期深受日本文坛钟爱，经过一个以轻薄与颓废为能事的阶段后，终于在17世纪形成俳句。

[①] 原文如下：To find one's self suddenly in a world where everything is upon a smaller and daintier scale than with us—a world of lesser and seemingly kindlier beings, all smiling at you as if to wish you well—a world where all movement is slow and soft, and voices are hushed—a world where land, life, and sky are unlike all that one has known elsewhere—this is surely the realisation, for imaginations nourished with English folklore, of the old dream of a World of Elves. (L. Hearn, *Glimpses of Unfamiliar Japan*, Boston & New York: Hunghton Mifflin Company, 1894, p. 7.)

[②] B. H. Chamberlain, *The Classical Poetry of the Japanese*, London: Trübner & Co Ltd., 1880.

[③] B. H. Chamberlain, "Basho and the Japanese Poetical Epigram", in *TASJ*, Vol. XXX (1902), Pt. II, pp. 243—362.

[④] B. H. Chamberlain, *Japanese Poetry*, London: John Murray; Yokohama, Shanghai, Hong Kong, Singapore: Kelly & Walsh, Ltd., 1910.

松尾芭蕉(1644~1694)被尊为"俳圣""《万叶集》以后最伟大的诗人"(芥川龙之介语),其俳风深远地影响了日本俳坛。张伯伦在《芭蕉与日本俳句》一文中以较大篇幅描述松尾芭蕉的生平及其艺术特色,指出芭蕉重新审视具有悠久传统的众多诗语,将其与各种俗语、俚语巧妙组合,创造出一种深具时代感、自由奔放的新诗歌形态,并借助俳句改革了日本的诗歌品位。

(一) 对俳句的理解

张伯伦所用的"俳句"这一术语,"并非取其意义明确的现代含意,而是取其早期含意,用以指代任何表达精巧、有独创性思想、形式短小的诗歌。"[①]他指出,为自然风景或事件构建装饰图案是最受欢迎的俳句主题。张伯伦用类似俳句的诗化语言将日本俳句的一般共性描述为:

> 最小的装饰图案,只有轮廓的素描,对场景或环境的暗示而非描述。它是少量颜色涂在一寸见方的帆布上,画面留待观众尽最大可能去猜测。通常它较少令我们想起一幅真正的画,而更多地将我们导向画名或画上的题跋。[②]

这一描述清楚地揭示了俳句的两个特征:一是写意性,追求神似而非简单的形似;二是留白的特征,以尺幅万里的浓缩包蕴无穷,给读者留下丰富的想象空间。俳句因篇幅短小而不以具体形象为特征,它靠意象取胜,并且高度依存于人们所熟知的古典作品。

张伯伦简单梳理了俳句发展的四个阶段:第一阶段为16世纪,以俳谐祖师山崎宗鉴、"贞门"的松永贞德、"谈林"派的西山宗因为代表;第二阶段始于17世纪末(元禄时代),松尾芭蕉推翻了纤巧诙诡的俳谐句法,将俳句提升为一种闲寂趣味的诗,在文艺上确定了其位置;第三阶段始于18世纪后半叶,与谢芜村将深沉谨严的元禄俳风转变为明快奔放的天明俳风;第四阶段起于19世纪末叶(明治年间),正冈子规提倡客观描写,适值西方自然主义文学流入日本,提供了若干有用的资料,助成其"写生"的主张。

此前绝大多数论者都将俳句视作日本的本土产物,张伯伦却敏锐地注意

---

① B. H. Chamberlain, "Basho and the Japanese Poetical Epigram", p. 245.
② 原文如下: It is the tiniest of vignettes, a sketch in barest outline, the suggestion, not the description, of a scene or a circumstance. It is a little dab of colour thrown upon a canvas one inch square, where the spectator is left to guess at the picture as best he may. Often it reminds us less of an actual picture than of the title or legend attached to a picture. (B. H. Chamberlain, "Basho and the Japanese Poetical Epigram", pp. 245—246.)

到日本俳句与中国诗文的互动情况,并断定俳句并非封闭自足的产物,而是在其发展过程中与中国诗文有过关联、接触与交流;但中国、印度等外来影响并没有莽撞冒失地随处冲撞,也没有扭曲日本的本国文学品味。张伯伦亦强调,中日"两种语言在语音结构方面的巨大分野使得(俳句)采用中国的音步与韵律实际上不具备可操作性(physically impossible)"①。因而作为中国诗作金科玉律的"对仗",日本人吸收过来只是作为装点偶尔为之。

张伯伦认为,到11世纪时,一度起过建设性作用的中国影响逐渐沦为日本诗歌发展的桎梏。日本诗歌作者再次回归本国的三十一音短歌传统,短歌独立的两个半阙分别得到强调。张伯伦特别指出,日本人无论在绘画、雕刻还是诗歌创作等艺术形式中都崇尚小(the small)与写生性(the sketchy)的特质起到了导向性作用②,俳句形式最终确立。

在此张伯伦以二元对立的观点看待中国影响与日本诗歌的发展,事实远非他想象的那么简单。

首先,单纯就构成诗歌的字词而言,通常一个汉字在日语中会有四五种读音,而每一种读音分别代表一个含义,和歌、俳句中借用汉字不是限制了而是大大扩展了日本诗歌的表现力与容量。张伯伦以静态、孤立的眼光看待中国影响,认为中国诗文在一度取得压倒性的影响作用后,转而成为日本诗歌发展的桎梏。殊不知日本歌作者、俳人早已消纳吸收了中国诗文中的有益因素,并从内容到形式都加以借鉴。

其次,汉诗与和歌、俳句并非泾渭分明的对垒关系,现存最早的汉诗集《怀风藻》(751)与最早的和歌集《万叶集》中包含同一位作者创作的汉诗与和歌作品的情况就是明证。汉诗与和歌、俳句的交融与相互影响一定程度上成就了日本文学与文化的繁荣。平安初期菅原道真(845～903)的《新撰万叶集》(893)在每首和歌之后附上了一首七言汉诗,姑且不论汉诗与和歌的关系是翻译、解释还是对照③,至少显示出二者并非水火不相容的关系。

第三,中国诗文之于日本人终究是外来文化,日本文人学者可以从社会需求角度进行模仿创作,而当他们内心有感而发时,往往非得借助母语与彻底的本国方式表达不可。譬如通过创作汉诗可以给读者带来愉悦感或者教益,多少有点类似于"文章合为时而著"的意味;但若要表达创作者的内心触动,心迹的最自然流露往往要通过母语与本国文体样式呈现,此时则接近"歌

---

① B. H. Chamberlain, "Basho and the Japanese Poetical Epigram", p. 252.
② Ibid., p. 255.
③ 川口久雄、山岸德平持翻译说,小岛宪之、泉纪子持解释说,吴卫峰持对照说;转引自梁丹:「『新撰万葉集』上卷の『恋部』に関する研究」,厦门大学硕士学位论文,2009年4月。

诗合为事而作"的蕴涵。

（二）对芭蕉俳句的认识

张伯伦总结了松尾芭蕉俳句的两大特色：一是永不屈服于愤怒（Never to yield to anger）①；二是对伪装及各种琐事的轻视②。他令人信服地指出："当然芭蕉不可能完全不受他所生活的时代与国家文学惯例的影响，但他在相当高的程度上杜绝了这种影响。"③比如在芭蕉创作的几千首俳句中，没有一首是关于富士山的，也没有一首是关于吉野樱花的，而按照惯例这些主题几乎受到所有日本诗人的青睐。

松尾芭蕉在继承与发展传统的基础上探索新境界，也从中国诗文中汲取营养，确立了"不易流行"的艺术观。所谓"不易"，指万代之不易，即经越年代仍能感人；"流行"则是指一时之变化，即随着时代发展而开拓新境界。两者合而为一，即所谓风雅之诚。芭蕉希望俳句出自于心而不依赖艺术手法，他要求自己俳句中描述的事物能引起读者持久的兴趣，并把俳句发展为具有高度艺术性和鲜明个性的庶民诗。

芭蕉喜欢阅读，转益多师，遍历日本接触大自然是他的最爱。他一生漂泊，到各地旅行，深入民众、体悟自然之美成为他俳句创作的源泉。张伯伦如此看待芭蕉的旅行：

> 芭蕉在日本到处漫步，实则是在与山川、河流、森林、瀑布谈心，旨在思考古代遗物的场景，同时也意在实现自己的佛教理想，并通过自己的人格和诗篇与分散在全国各地的追随者沟通……他的目的在于佛教理性的"启蒙"（enlightenment）——表面看来与我们称作"信息"（information）的术语接近，实则有着根本的差异。因为终极期待的不是科学或智力意义上的信息，而是与道德有关的启迪。④

---

① B. H. Chamberlain, "Basho and the Japanese Poetical Epigram", p. 283.
② Ibid., p. 286.
③ Ibid.
④ 原文如下：If he wandered up and down the country, it was in order to commune with mountains, and rivers, and forests, and waterfalls, in order to ponder on scenes of antiquity, and in order to realize in himself the Buddhistic ideal and to communicate it to his followers in all parts of the empire, as much by the contact of his personality as by the example of his verse. ……his aim was "enlightenment" in the Buddhistic sense, — a thing superficially akin to, yet fundamentally differing from, what we term "information", because the end in view is not scientific, intellectual, but ethical.(Ibid., p. 281.)

张伯伦指出，芭蕉的一生几乎都在旅途中度过，亦与现实社会保持着密切联系。他真诚地改变信仰，成为一个彻底的禅宗神秘主义鼓吹者；他的目标又是实用的，他期望将人们的生命与思想导向一个更好、更高的方向；他将诗作为道德影响的媒介，"诗"这个词语本身在芭蕉口中就是道德的代表。

二、译介兼及原作精神及日本特色

《芭蕉与日本俳句》一文除了清晰的历史线索梳理与精到的俳句特征分析之外，还从前后近四个世纪的俳句作品中精心挑选了205首进行译介。张伯伦的译介既有日语原文的拉丁语标音，又有用英语进行的字面翻译，还有或详或简的注解。这些代表性的选译不仅有助于西方读者对俳句形成真实可感的印象，而且也从另一个侧面反映了俳句的内在特征与演变历程。

（一）对原作精神的保存

张伯伦在论述性的文字与俳句选译之间有一个说明：

> 为了让读者获取日本风味，本文所引的所有俳句都基于日本标准，以那些得到过日本人自己钦佩的俳句为首选。翻译的目的不仅在于提供字面意思，而且着意保存原作的精神，原本诗化之处仍作诗化处理，原本散文化之处则保持散文化不变。①

这段说明至少包含两层含义：一是选译的标准充分参考了俳句在日本的接受与受欣赏程度；二是翻译尽量贴近原文，在形式与精神方面都力求与原文保持一致。

张伯伦翻译过的一首俳句译文如下："A shower came, and so I came, — Running indoors; the blue sky came"②，将英语译文按字面意思转译成中文则是："骤雨至，急入室内避，旋即天复晴。"张伯伦的译文音韵铿锵、节奏感强，用散文化的语言展现了生活中一个习见的场景，描摹出阵雨来得快、去得也快的情境，映衬出俳句作者奔跑躲雨的匆忙，并进而可以想象得出雨过天晴给一番忙乱后的作者带来闲适与惬意。

---

① 原文如下：In order to put the reader in touch with native taste, the choice of all the epigrams quoted in the present essay has been guided by native standards, such being preferred as have gained the admiration of the Japanese themselves. The translation aims, not only at being literal, but at preserving the spirit of each original, poetical where it is poetical, prosaic where it is prosaic.(B. H. Chamberlain, "Basho and the Japanese Poetical Epigram", p. 310.)

② Ibid., p. 338.

另有一首俳句译文如下："A temple on a hill, whose bell, —— At break of day startles the rooks."①用中文大致对应为："山寺,钟敲,群鸦惊梦晨曦。"张伯伦的译文用诗化的语言勾勒出一幅曙光笼罩下的山寺写意图,令读者仿佛置身于山间静谧、舒缓的氛围之中,耳畔萦绕着悠扬的钟声,眼前不觉浮现出群鸦从酣眠中惊醒,叫着飞向天际的画面,愈发烘托出清晨山寺的静谧与安详。

张伯伦认为俳句是日本最通俗、最具民族性的诗歌形式,因而也最富有日本特色,是以通过解析典型俳句可以窥见日本国民性之一斑:

> 他们(日本人)的诀窍在于暗示而不是清楚地描述……我们发现日本艺术特征中相对较弱的色彩感在此再次出现,体现为对韵律、节奏和诗节安排的需要,尽管事实上它们起到弥补诗篇色彩的功用……他们观察自然的方式令我们想起自己的现代水彩画家,这也构成我们自身与一个久已消逝了的日本在生活方面的相似之处,同样激起我们对渐行渐远的日本世事的同情。②

张伯伦注意到日本人将暗示而不是清楚地描述变成自觉,这也是俳句致力于追求的意境之一。经过细致读解与仔细体味,张伯伦从俳句中读出日本艺术特征中相对淡薄的色彩感,并称俳句诗人观察自然的方式类似于欧洲的现代水彩画家。既较好地提炼出日本俳句的区别性特征,也方便西方读者借助身边事物进一步加深理解。

张伯伦指出,日本俳句诗人没有将自己限制在通常被称为"诗"的主题范围内,而是欣然转向家常主题。他敏锐地发现,爱情主题在日本诗的其他体裁形式中占有很高的地位,但在俳句中却意外地没有体现出来。张伯伦将一首俳句译为:"So cold I cannot sleep; and as —— I cannot sleep, I'm colder still"③,英译文用中文表达当是"夜寒难成眠,无眠愈觉寒"。他分析道,这首俳句丝毫体现不出诗意来,反倒是最具家常性的话题(the homeliest themes)。

---

① B. H. Chamberlain, "Basho and the Japanese Poetical Epigram", p. 349.
② 原文如下:We see it knack for hinting rather than describing, ...We see that comparative weakness of the feeling for colour which characterizes Japanese art reappearing here as a want of feeling for rhyme and rhythm and stanzaic arrangement, for all, in fact, that goes to make up the colour of verse. ...We find a way of looking at nature which recalls the method of our own modern water-colour artists, and which thus constitutes a point of likeness and sympathy between ourselves and a vanished Japanese world of long ago.(Ibid., p. 308.)
③ Ibid., p. 248.

张伯伦也翻译过芭蕉的隔代弟子加贺千代女（1703~1775）的一首名俳"朝颜につるべとられてもらい水（Having had well-bucket taken —— away by convolvuli, —gift-water）"①，并解释说，有品位的女诗人不忍心弄乱清晨井边盛开的秀美牵牛花，于是去邻居那里索水来用，尽管是一个寻常的家常话题，但俳句中浸透着对自然的浓浓爱意与深刻理解。

（二）日本特色的传递

日本诗歌的规则中有以五七调为基本的音数限制。张伯伦为方便西方读者理解俳句的形式结构特征，注重从技术层面规范自己的翻译。他在译文中一律添加一个破折号，因为"行文或阅读至此总是要稍作停顿，这一简短的停顿使我们意识到，前后两半部分各自成为一个半独立的实体，即便在一些并没有必要一定中断的情况下亦作如此处理"②，并且"坚持使译文尽量符合日语原作的典型特征，即在音节上采取一贯的数量限制"③。如此一来，确保俳句英译在形式上有了统一的结构样式，音节数量也倾向于大致保持同等规模。

张伯伦概括了俳句区别于其他日本诗歌形式的两大特征：一是无论主题还是措辞的选择都相当自由；二是由于俳句仅是一个完整诗节的一部分，从而总是以勾勒作者思想的轮廓为目的。④比如他分析了以杜鹃为题的下列三首俳句：

>   Nobunaga: The cuckoo, —— Kill it, if it sing not.
>   织田信长："杜鹃不鸣则杀之。"
>   Hideyoshi: The cuckoo, —— I will show it how to sing, if it sing not.
>   丰臣秀吉："杜鹃不鸣则使之鸣。"
>   Ieyasu: The cuckoo, —— I will wait till it sings, if it sing not.
>   德川家康："杜鹃不鸣则待之鸣。"⑤

张伯伦指出，这三首俳句都已进入寻常百姓的日常话语，并不是因为俳句写得特别出色，也并非作者的统治者身份在起决定性作用，而是三人借俳句彰显出各自的性格特征使然：织田信长的冲动、残忍，丰臣秀吉的聪明与德川家

---

① B. H. Chamberlain, "Basho and the Japanese Poetical Epigram", p. 264.
② Ibid., p. 254.
③ Ibid., p. 253.
④ Ibid., p. 260.
⑤ Ibid., p. 313.

康的耐心在各自的俳句作品中一览无遗。

张伯伦将"古池や蛙飛び込む水の音"这首著名俳句译作:"The old pond, aye! And the sound of a frog leaping into the water"①,并解释说,日本人"用这种姿态表达佛教徒所说的'顿悟',或者我们基督徒所说的'皈依'。"②该俳句描绘出这样一幅画面:一座破败的古寺,周围环绕着自远古以来就有的水,凝滞、寂静,偶有一只蛙跃入水中,溅起水珠,发出声响。

关于"蛙"的意象,张伯伦详细解析道:

> 以欧洲人的观点看来,提到蛙则彻底破坏了这些诗句的意境。因为我们心照不宣地将它与猴、驴归入同一范畴,认为它们同属荒谬可笑的动物,提到它们时罕有不把韵文转变成讽刺画的时候。但日本人的想法却截然不同:在他们的语言中,"蛙"除了它的普通名字"kairu"外,还有一个诗化的名字"kawazu",甚至蛙鸣声在他们听来也是某种歌曲。③

通过这种解释,令译文读者意识到"蛙"这一意象在日本俳句里与欧洲观念中截然不同,从而成功地在译文中将原作的特色保存下来,不致令读者产生误解。

一般译者在翻译过程中将对等建立在"可意译的物质内容"(paraphrasable material content)④基础上,但这样做容易丧失原文语言形式所具有的意义;反过来,片面追求译文在形式结构上与原文的字当句对,或许会在文学价值与文学意义方面相去甚远。可取的做法是找到既与原文对应,又能够被译入语读者理解与接受的方式来表达。

张伯伦将宝井其角(1661～1707)的一首俳句翻译为"A man who is disliked, and who, — Lives to old age, —a winter fly(讨人嫌,得终老,如苍蝇活到冬)",并用一句英语谚语"Disagreeable folks live longest(令人生厌的人

---

① B. H. Chamberlain, "Basho and the Japanese Poetical Epigram," p. 279.
② Ibid.
③ 原文如下:From a European point of view, the mention of the frog spoils these lines completely; for we tacitly include frogs in the same category as monkeys and donkeys, — absurd creatures scarcely to be names without turning verse into caricature. The Japanese think differently: — the frog, in their language, has even a poetical name—*kawazu*—besides its ordinary name, *kairu*, and his very croak appeals to them as a sort of song.(Ibid., p. 279. "kairu"是当时的标音方式,如今标作"kaeru"。)
④ Susan Bassnett, *Translation Studies* (Revised Edition), London & New York: Routledge, 1991, p. 115.

最长寿）"予以解释。①处理这种日语中类似于成语或谚语的诗句时，在提供字当句对的译文之外，又用英语世界的读者习见的方式进行简单解释，翻译效果较为显著。

张伯伦在俳句译介中很好地保持了日语原文中可意译的内容，并尽力在异质的英语中达致对等的效果，不仅将俳句中蕴涵的日本特质移植到英语中，而且使俳句西传并在西方产生影响成为可能。

三、俳句的西传及其在欧美的影响

从19世纪末到20世纪初，张伯伦、阿斯顿以及法国的古修（Paul-Louis Couchoud）等最早向西方译介日本俳句。张伯伦等人的译介与研究促进了欧美世界的读者全面细致地理解日本古典诗歌与日本文化。此后欧美世界的俳句译介持续开展，并产生广泛影响，波及诗歌创作与文学批评等多个领域。

在英国与美国，诗人和普通读者最初为俳句的异国情调所吸引，后来把它当作一种自由诗体进行模仿创作。1910年前后，英国诗人休姆（Thomas Ernest Hulme，1883～1917）等把一些俳句作品译成英文；1912年哈佛大学也开始介绍俳句。著名的俳体诗理论家有庞德（Ezra Pound，1885～1972）、弗林特（Frank Stuart Flint，1885～1960）、洛厄尔（Amy Lawrence Lowell，1874～1925）和弗莱彻（John Gould Fletcher，1886～1950）等。

有研究指出，在弗莱彻、奥丁尔顿（Richard Aldington，1892～1962）、弗雷斯特（Robert Frost，1874～1963）、艾肯（Conrad Aiken，1889～1973）、史蒂文斯（Wallace Stevens，1879～1955）、叶芝（William Butler Yeats，1865～1939）、麦克利什（Archibald MacLeish，1892～1982）和其他一些诗人的作品中有俳体诗的尝试。②上述学者和诗人的思索与实践对西方现代诗歌的发展起到了重要的推动作用。经由他们的努力，欧美读者关于诗歌的长短与构成方面的认知发生了深刻变化，在阅读诗歌时所产生的反应也不同于以前。

张伯伦的俳句译介为英语世界意象派诗歌的产生与发展做出了助推。研究指出，庞德对汉诗与和歌的了解大都是通过居住在日本的汉学家厄内斯特·范诺罗莎（Ernest Fenollosa）获得的；斯多普斯（Stopes）在作品中引述过张伯伦，而庞德和叶芝都承认自己关于能剧的知识来源于斯多普斯。③哈默（J. B. Harmer）提供了引人注目的证据，表明张伯伦是庞德获取俳句知识的主要

---

① B. H. Chamberlain, "Basho and the Japanese Poetical Epigram", p. 327.
② 彭恩华：《日本俳句史》，上海：学林出版社，2004年版，第139页。
③ Ezra Pound, "The Classical Drama of Japan", edited from Ernest Fenollosa's manuscripts by Ezra Pound, *Quarterly Review*, October 1914, pp. 450—477.

来源之一,并称系弗莱彻将张伯伦的著作推荐给庞德的。①赵毅衡指出,庞德1913年左右仿照俳句创作了一些诗,大多取材于翟理斯(Herbert Allen Giles, 1845～1935)成书于1901年的《中国文学史》(*A History of Chinese Literature*)。②综合以上研究,保守地推断,庞德和叶芝至少间接读过张伯伦的俳句译介与相关研究的片段。

庞德曾翻译过16世纪日本僧侣诗人荒木田守武(1472～1549)的一首俳句"落花枝に/かへねと見ねば/胡蝶かな",译文如下:

    The fallen blossom flies back to its branch:
    A butterfly③

在庞德之前,张伯伦和弗林特分别翻译过该俳句:

    张伯伦译:Fall'n flow'r returning to the branch,
          ——Behold! It is a butterfly.④
    弗林特译:A fallen petal
          Flies back to its branch:
          Ah! a butterfly!⑤

尽管无法断言庞德是否参考了张伯伦或弗林特的译文,但合理的情况应当是,庞德作为诗人与批评家,在自己的创作中亦尽力融入俳句的精神与形式,理应对张伯伦等人的俳句翻译与研究成果进行过潜心研究。

当然也不能过分夸大俳句西传所带来的影响。比如《普林斯顿诗与诗学百科全书》如此评价俳句在西方的传播与接受:

    在英语、法语、德语、西班牙语、意大利语及其他欧洲语言中,都曾进行过大量模仿俳句创作的情况,可是一般都出于猎奇的动机,因此收效

---

① 参见 http://themargins.net/bib/A/51.html(2009年9月1日检索)。
② 赵毅衡:《诗神远游——中国如何改变了美国现代诗》,上海:上海译文出版社,2003年版,第84页。
③ Akira Kawano, "Haiku and American Poetry: The Influence of Haiku upon American Poetry", in *Neohelicon*, Volume 10, Number 1 (March 1983), p. 117.
④ B. H. Chamberlain, "Basho and the Japanese Poetical Epigram", p. 312.
⑤ 转引自 Akira Kawano, "Haiku and American Poetry: The Influence of Haiku upon American Poetry", p. 117.

甚微。俳句的形式过于简练，而且与日本的文化背景有着千丝万缕的联系，因此无法作为一个整体被移植到西方语言里。艾米·洛厄尔和其他不少译者竭力想把俳句变成一种西方诗体或诗节体，但是都没有成功。①

事实确实如此，由于东西方文化的巨大差异，在西方语言中再造俳句的尝试大多是不成功的。但不容否认的是，英语世界的诗歌创作与文学批评都从俳句西传中得到启发与推动却是实际存在的。

美国诗人阿德莱德·克瑞普斯(Adelaide Crapsey, 1878~1914)受日本诗歌的启发，创造了一种无韵的简单五行诗体(cinquain)，全诗22个音节按照2—4—6—8—2的形式分作五节。川野晃分析说，尽管该诗体形式类似于日本短歌，但它受日本俳句的影响甚于短歌。②也有一些当代美国诗人采纳日本俳句形式创作出5—7—5音节的三行体英语俳句。

庞德从前引的荒木田守武的这首俳句中获得启示，将从中学到的技巧用于1912年创作的《在地铁车站》(In a Station of the Metro)中：

> The apparition of these faces in the crowd;
> Petals on a wet, black bough.③

根据川野晃(Akira Kawano)的说法，庞德因在协和广场(La Concorde)看到许多女性白生生的面孔而留下深刻印象，创作了一首31行的诗，但他认为该诗的紧张度不够(work of the second intensity)，于是撕毁另作，半年后诗行删削一半，仍不满意，一年以后再创作出上面形式的诗句。④除却川野晃提供的一重证据之外，参照前引张伯伦的众多俳句英译，认为庞德此作已然具备了俳句的形式、结构、意境与蕴涵，应该是不过分的。

俳句西传最大的影响在于它对英语世界"意象主义"(Imagism)的产生与发展做出的启迪和推动。庞德有意把俳句的形式与精神融入自己的创作中，他认为"意象本身是诗的语言"，而日本俳句的独特表现手法正是他理想中的"意象并置"(Juxtaposition of Images)形式。庞德曾为俳句诗体设计了一种生

---

① Alex Preminger, ed., *Princeton Encyclopedia of Poetry and Poetics*, Princeton: Princeton University Press, 1974, p. 334.
② Akira Kawano, "Haiku and American Poetry: the Influence of Haiku upon American Poetry", p. 120; 122.
③ Ibid., p. 117.
④ Ibid.

动的想象与灵活紧凑的语言相结合的"复式模式",许多诗人按照这种模式创作俳体诗。

赵毅衡在研究中还指出:"日本成了中国影响进入美国新诗运动的向导和桥梁。"[①]由于日本诗的影响使美国诗人觉察到日本背后的中国,而且日本诗人和学者的中国文学修养也有助于美国诗人接触中国诗。这虽然只是包括俳句在内的日本文学作品向西方译介过程中的一个副产品,但的确在不经意间发挥了这样一种有益的关联作用。

---

① 赵毅衡:《诗神远游——中国如何改变了美国现代诗》,第87页。

卷三：日本学之习俗考

  近代旅日欧美学者针对日本的婚丧嫁娶、世系延续、生老病死等习俗着墨不少，既有从文献出发的案头研究，也有深入社会田野调查的结果，还有从法律法规中搜寻到的佐证。他们的基督教文化背景亦有助于对日本习俗部分特征的凸显。但由于他们过多依赖日本学者的定见与成说，没有将习俗与日本人的思想意识、行为方式及社会观念结合起来解读分析，他们的"异域之眼"在解读日本习俗时创见捉襟见肘，视域盲点却多有展现。

  本卷以近代旅日欧美学者100～150年前的相关论述为进阶路径，透过他们对日本习俗的言说，勉力探究他们尚未有意识触及的一个层面：将近代及近代以前日本社会的婚嫁产育习俗、收养养子习俗及丧葬祭祀习俗与日本民众的女性观、伦理观和生死观分别对应起来，予以有限的阐释，并侧重探究习俗与社会观念互为表里、相互影响、相辅相成的关系。

第六章　婚育习俗与日本女性观

旅日欧美学者对日本婚嫁、离婚、再婚与产育情况进行了详尽描述,他们也试图对日本婚嫁产育习俗的形成、演变以及这些习俗所反映的深层次文化进行解读,并敏锐地注意到古代日本社会经历了一个从"长幼有序"到"男尊女卑"的意识转向过程。但他们未能进一步探讨婚嫁产育习俗背后所承载的日本社会的女性观。本研究希望在旅日欧美学者的研究基础上,借助日本的婚育习俗勾勒日本女性观的外在轮廓,进而探寻其得以形成的内在机理。

第一节　比较视界下的日本婚育习俗

不同时代、不同地域的自然风土与社会因素合力造就了多样的婚嫁与产育习俗。婚姻是人类最重要的活动之一,因婚姻而结成的关系是人类各种亲缘关系与社会关系的起点。产育不仅关乎新生命的诞生,而且关乎整个世系的延续。

一、旅日欧美学者论日本婚育习俗

《日本亚洲学会学刊》第十三卷刊发了库奇勒(L. W. Küchler)题为《日本的婚姻——含对婚礼、已婚女性地位及离婚的几点评论》[①]的文章,较为详细地梳理了古代日本的婚恋习俗。巴彻勒(John Batchelor)发表在《日本亚洲学会学刊》第二十四卷的《作为习俗、病理、心理及宗教事务之例证的阿伊努语词汇》[②]一文专门有一节论述阿伊努人的婚姻情况。此外尚有不少旅日欧美学者在研究中对日本婚育习俗偶有涉及。

（一）库奇勒的《日本的婚姻》

库奇勒在《日本的婚姻》一文中指出,日本婚姻是松散的结合,并且较易

---

① L. W. Küchler, "Marriage in Japan—Including a Few Remarks on the Marriage Ceremony, the Position of Married Women, and Divorce", in *TASJ*, Vol. XIII (1885), pp. 114—138;

② John Batchelor, "Ainu Words as Illustrative of Customs and Matters Pathological, Psychological and Religious", in *TASJ*, Vol. XXIV (1896), pp. 42—111.

解体。如《律令·令卷第四·户令第八》第二十六条规定:"凡结婚已定,无故三月不成,及逃亡一月不还,若没落外藩一年不还,及犯徒罪以上,女家欲离者听之。"①由此可见日本女性在正式婚礼之前的任何时候都有权取消婚约。

日本已婚者离婚的条件要比婚前解除婚约严苛得多。同一条法律接下来规定妻子有权离开丈夫,其条件为:"虽已成,其夫没落外藩,有子五年、无子三年不归;及逃亡,有子三年,无子二年不出者,并听改嫁。"②难解之处在于,何以丈夫拒不归家,妻子事实上已遭丈夫抛弃,还要规定以三年、五年为期,在这期间妻子还要承担抚养子女、侍奉公婆的责任。所谓允许她们离开丈夫,恐怕也不是基于女性权益的考虑,而是如果不允许她们另嫁,不仅其子女的生存成问题,甚至连她们自身的生计都难以维持。

库奇勒指出,日本民众普遍持有一种观点,认为父母与子女的关系被限定于现世,随着死亡的到来,亲子关系不复存在,而夫妻关系在死后仍会继续存在。③库奇勒猜测,或许基于该原因,当丈夫去世后妻子改嫁被看作不适宜,她应当剪短头发,保持独身。

其实这种看法是不准确的,至少是片面的。日本女性或许也会考虑死后在另一个世界维持与丈夫的关系,并长期存续下去,但这绝不会是她们拒绝再嫁的根本原因。男尊女卑的婚姻制度下,女性苦于爱情不自由、婚姻不自主,失去丈夫只能使她无论在夫家还是父家,乃至社会中的地位进一步降低。对女性而言,丧夫或是被丈夫抛弃本是不幸的,改嫁系出无奈,无论是社会舆论还是女性自身,都不是站在女性的立场上予以同情地理解;再嫁问题甚至被上升到道德层面,世俗观念的打压使女性更多地选择隐忍与克制。

另外,根据《日本亚洲学会学刊》1916年刊载的日本《民法典》相关规定,女性再嫁需要距上一次婚姻解体或废止至少六个月时间。④虽未明言,但解读者普遍认为这是一项预防性的规定,旨在防止女性因过早再嫁而可能使怀孕发生在有争议的时间段内,从而造成新生子的归属与随之而来的财产继承权方面的纠纷。是以该规定并不适用于男性。

(二)阿伊努人的婚姻形态

巴彻勒的《作为习俗、病理、心理及宗教事务之例证的阿伊努语词汇》一

---

① L. W. Küchler, "Marriage in Japan", p. 131;『日本思想大系 3 律令』,井上光贞、関晃校注、東京:岩波書店、1977、"令卷第四·戸令第八·第二十六条"、第233頁。

② L. W. Küchler, "Marriage in Japan", p. 131;『日本思想大系 3 律令』、"令卷第四·戸令第八·第二十六条"、第233頁。

③ L. W. Küchler, "Marriage in Japan", p. 129.

④ "The Civil Code", Art. 767, in *TASJ*, Vol. XLIV (1916), Pt. II, p. 247.

文说,对阿伊努人而言,婚姻是社会与家庭的安排或契约,它会立即对婚姻涉及的双方产生影响;女性在婚姻中有自主决定权;阿伊努人的婚姻中允许一夫多妻,实行蓄妾制。① 事实上,古代日本神话传说中一夫多妻的情况也屡见不鲜。如《古事记》与《日本书纪》都有详细记载,天孙迩迩艺命欲娶木花之佐久夜毗卖,大山津见神把长女石长比卖一并嫁给他,因石长比卖过于丑陋而被送还。该故事给出了从天神到天皇寿命由永恒变为短暂的一种解释。

巴彻勒的文章也提到,阿伊努人与自己的堂姐妹结婚的情况非常普遍,有时甚至和自己的侄女(外甥女)结婚,却严禁与嫂子(弟媳)的姐妹结合。因为人们认为两姐妹嫁给两兄弟的结合方式会令神不高兴,两姐妹中的一个会在婚后一年内受到神的惩罚而死,或者出现没有子嗣的情况。② 可以与堂姐妹或侄女、外甥女结婚,足见血亲婚姻尚未成为普遍的禁忌观念。综合起来判断,该项规定不是出于伦常或血缘关系考虑,而是基于另一种约定俗成的社会禁忌。

相对而言,阿伊努人的男女平等体现得要比日本本土明显得多。例证之一是在阿伊努人的婚姻中,女性主动离婚是很容易的事情。③ 巴彻勒的文章指出,"妻子有权与丈夫离婚,手续非常简单,并且被视为同丈夫提出与妻子离婚一样正当。"④ 全然没有普通男权社会加诸女子身上的种种限制。

巴彻勒还注意到阿伊努人结婚后妻子不会从夫姓,而是继续沿用自己娘家的姓。⑤ 向以敏锐与细腻著称的张伯伦曾到阿伊努人聚居区实地考察过几个月,并编纂了一部阿伊努语词典,却始终未论及该问题,在《日本事物志》的几个版本中也都没有涉及。部分的可能性是按照日本习俗,新娘嫁到新郎家后,并不以娘家的姓氏指称她。⑥ 并且当张伯伦到达日本时,明治日本已开始仿照西方习俗规定妻子从夫姓,使他误以为情况向来如此,所以没有特别关注。

(三)产育习俗:传统与现实

张伯伦在《〈古事记〉译者导言》中指出,古代日本女性临产前需要搭建专

---

① J. Batchelor, "Ainu Words as Illustrative of Customs and Matters Pathological, Psychological and Religious", p. 96.
② Ibid.
③ Ibid.
④ Ibid., p. 87.
⑤ Ibid.
⑥ R.J. Kirby, trans., "An Essay by Dazai Jun, Relating to Adoption and Marriage", in *TSAJ*, Vol. XXII (1804), p. 44.

门的产屋。《古事记》与《日本书纪》都提到的产屋是"一座没有窗子的单间棚屋,专为妇女生产时躲进去防止被别人看见而建造的"①。《古事记》中有女神生产前现出原形的传说,如丰玉毗卖生产时,山幸彦偷看到她的巨鳄原型,丰玉毗卖感到非常羞耻,心生怨恨,于是在产子后回到海神之国,但仍令她的妹妹玉依毗卖前来抚养她的婴儿。也有女性赤身裸体被窥而蒙羞的情节,如《古事记》开头部分提到,伊邪那美因生火神而受烧伤死去,饱受相思之苦的伊邪那岐前往阴间找她,伊邪那岐违背伊邪那美的意愿而窥视她,伊邪那美深感受辱,夫妻反目,伊邪那美令丑女、雷神、黄泉兵追杀伊邪那岐。远古神话中的类似传说大概是临产禁忌的源头之一。

　　产屋大都是生产前临时构筑的,有的地方只用一次就烧掉,生第二胎时再重新建造。《日本书纪》载,用明天皇的皇后穴穗部间人皇女在宫中视察时,不慎撞在马厩的门上,当即生下一个男孩,取名厩户,即后来著名的圣德太子。后人为讨吉利,多在马厩近旁筑产屋。

　　英国学者迪肯斯与萨道义曾于1878年访问八丈岛,记下了当时在日本的偏僻角落里仍在奉行的产育习俗细节:

> 在八丈,以前将要成为母亲的女性都被从家里赶出来,到山坡的屋子去住。据当地资料记载,新生儿往往不能成活,或者即便在如此恶劣的环境中侥幸存活下来,也会留下贻害终生的病根。与外界隔绝交往的规则得以严格执行,甚至不允许产妇临死前离开棚屋见一下自己的父母。②

作者评论说,这种单独禁闭除了给临产的妇女带来伤害外,她们较长时期不在家对家人而言也是很大的损失,因为稍大点的孩子需要她们照料,还有大堆的家务要她们承担。随着时代的推移,该风俗的严厉之处大为舒缓,表现之一是棚屋不再建在山上,而是建在家里。作者相信,这些仪式化的古代信

---

① B. H. Chamberlain, "Introduction to *A Translation of the 'Ko-ji-ki'*", p.xxviii.
② 原文如下:In Hachijô women, when about to become mothers, were formerly driven out to the huts on the mountain-side, and according to the accounts of native writers, left to shift for themselves, the result not unfrequently being the death of the newborn infant, or if it survived the rude circumstances under which it first saw the light, the seeds of disease were sown which clung to it throughout its after life. The rule of non-intercourse was so strictly enforced, that the woman was not allowed to leave the hut even to visit her own parents at the point of death.(F. V. Dickins & E. M. Satow, "Notes of a Visit to Hichijo in 1878", in *TASJ*, Vol. VI (1878), Pt. III, pp. 455—456.)

仰遗风很可能不久以后就会消失。诚然，随着人们对产育理解的科学化，以往那些说不清道不明的事情已趋于明朗；而且人们生活方式的变迁也不断对古老的习俗产生消解作用。

巴彻勒留意到，在阿伊努人聚居区，决定分娩场所是一个颇费思量的问题。因为按照他们的习俗，孩子不得在父母日常使用的床上生产。[①]巴彻勒提到，当一个阿伊努孕妇有确定的临产征兆时，她的丈夫会被要求离开家到朋友那里寄住六天，因为人们相信婴儿的肉体来自母亲，灵魂却来自父亲。[②]即便第七天早上回到自己家中，丈夫仍面临种种禁忌。这种针对男性的临产禁忌，在日本本土未见相关的文献记载。

二、东西方婚育习俗的对比与差异

基督教[③]世界与日本在婚姻习俗方面的不同明显表现在以下几点：婚娶和夫妻关系在《圣经》里经常被比喻为人类和上帝的结合，如忠心、虔诚的路得跟随波阿斯，与他结合并受他保护，堪与亚伯拉罕效忠上帝相比；路得在《旧约》中也与亚伯拉罕具有同等地位，即以色列女族长。[④]在日本婚嫁习俗中没有这种层次分明的效忠与被保护关系，而更强调家族世系的延续与家业的传承，所以传统日本的婚姻是由双方父母或族长确定的，之后才会产生相应的权利和义务。

（一）两性关系与女性地位

在《圣经·旧约·创世记》中，上帝创造的第一个男人亚当的一根肋骨被取出来，制造出了第一女人夏娃。英国语言学家、西方宗教学创始人缪勒（Friedrich Max Muller, 1823～1900）解释说，古代希伯来语中用某物的骨头表达某个事物与另一事物完全一样的意思，阿拉伯人则用某物的眼睛表达该含义。[⑤]准此，则亚当与夏娃的传说无非意在表达男女完全一样的理念。随

[①] J. Batchelor, "Ainu Words as Illustrative of Customs and Matters Pathological, Psychological and Religious", p. 71.

[②] Ibid., p. 78.

[③] 从历史上说，西方的基督教（Christianity），指一切相信救世主耶稣·基督的信仰，先是天主教（Catholicism），尔后分化为南部的天主教、北部的新教（Protestantism）和东部的正教（Orthodox Christianity）。基督教是西方文化区别于其他文化的标志性特征之一。当代中文语境中的"基督教"一词有时单纯用以指代新教，有时则用以统称新教和天主教。也有学者用"基督宗教"这一术语表示统称。本书所用的"基督教"是一个统称，包括以前的天主教及当下的天主教、新教和东正教。

[④] 《圣经·旧约·路得记》第1～3章。

[⑤] 〔英〕弗雷德里赫·麦克斯·缪勒：《宗教的起源与发展》，金泽译，上海：上海人民出版社，1989年版，第192页。

着历史的推移,女性与男性完全一样的意思演变成女性为男性附庸的解读。《圣经》作为家长或族长统治的社会记载,字里行间充满了对女性的压迫和歧视,它开篇就把人类犯罪和堕落的根源确定为因夏娃经不起撒旦的诱惑而起,将女性置于主要罪人的地位,称女人造成了人类所有的不幸。

日本习俗所表达的信仰中没有原罪意识,并且其家族伦理意识相对于中国而言也远为淡薄[①],但男尊女卑的情况却十分突出,并且在传统社会里随着历史的发展有日渐加强的趋势。镰仓时代(1185~1333)的《贞永式目》有对犯通奸罪的女性处以没收领地的处罚;到了室町时代(1338~1573)后期甚至允许动用私刑处罚惩治;江户前期的《元禄御法式》规定,和主人的女儿私通者要判死罪,也可以根据主人的意愿把他流放到远方的岛屿。[②]随着时代的发展,针对通奸者的惩罚逐渐加重,客观上有保护女性的作用,但本质而言却缘于统治者将女性视作私有财产的思想意识。

(二)日本古代的"访妻婚"

《圣经·旧约》中亚伯拉罕交代老仆人回到家乡去给儿子以撒找一房媳妇,他让老仆人发誓一定要把姑娘从娘家带到迦南来。亚伯拉罕最大的担心是儿子最终会回到家乡生活。因为他同上帝签了约,答应要去上帝赐给的福地并在那里世世代代生活下去;而上帝则保证特别护佑亚伯拉罕的子孙后代,让他们繁衍、昌盛、强大。深受这种观念熏陶的欧美学者会惊奇地发现日本婚姻习俗中"访妻婚"的独特之处,因而在解读日本婚嫁习俗时每每会论及这一点。

日本在很长一段时期都实行"访妻婚"(日语为"妻問"[つまどい])。[③]访妻婚是在日本流行了1000多年的招婿婚的最初形式,与一般意义上的入赘情形有别。一方面访妻婚的双方关系并不固定,另一方面它也并非以传承家

---

① 比如在《源氏物语》中,光源氏与父皇桐壶帝的妃子藤壶宫私通并生下了后来成为冷泉帝的皇子。有分析指出,虽说光源氏侵犯了王权,但找不到适用的法律条文。如果不考虑与王权有关的话,似乎相当于法律上"奸父祖妾"的规定,这包含在"八虐"里的"七曰不孝"一条中,其处治是"徒三年"。作为日本律之基础的唐律"十恶"中有"十曰内乱"一条,按律当受"绞"刑。在中国被视为重罪的乱伦、通奸在日本的处治相对较轻。(参见〔日〕田中隆昭:《<源氏物语>里的孝与不孝——从与<史记>的关系谈起》,王晓平译,载《天津师范大学学报》1994年第6期,第62页。)

② 到江户后期,世人逐渐感到以通奸定死罪的不妥,于是出现了以相应的罚金来惩罚的制度。参见王晓平:《远传的衣钵——日本传衍的敦煌佛教文学》,银川:宁夏人民出版社,2005年版,第49页。

③ 按照日本古代贵族风俗,如女方不是正妻,男女双方结婚后并不同居一处,而是各居父母家,通过男方造访女家过婚姻生活,或短期居住,或暮合朝离,称为"往来",写作"通",正妻有的被迎到男家去,一般也仍住在娘家。

业为目的。访妻婚盛行于大和时代(250～538)并延续到平安时代(794～1192)。初时访妻婚的婚俗很简单,既无父母之命,也无媒妁之言。到平安时代末期,婚俗有所改变,《律令·令卷第四·户令第八》第二十四条规定男满十五岁、女满十三岁"听婚嫁",第二十五条规定嫁女由家长"为婚主"。因为律令制随同中国的儒家礼制一起传入日本,因而此时访妻婚作为一种习俗可能仍然残存,但已经不再是婚嫁的主流方式了。

访妻婚的婚姻形态对日本社会产生了深远影响,造就了古代日本女性相对较高的社会地位。因为没有太多礼教成规的限制,女性享受到自主的爱,未婚男女的交往也比较自由。8世纪的《万叶集》、11世纪的《源氏物语》、平安时代的物语文学中,都有访妻婚制度下男女自由交往的描写。

张伯伦在《〈古事记〉译者导言》中指出,在访妻婚制度下妻、妾无别。他提到《古事记》中仅有少数几个篇章涉及主要妻子与次要妻子的差别,不过是根据出身好些或差些而做出的界定,但这种差别化没有贯彻始终。事实上直到中世,同居构成了日本唯一的婚姻形式,"情妇""妻子"和"妾"是不加区分的术语。①张伯伦解释说,因男子很容易与多个女子同时保持婚姻关系,若干女子分居异处,互不往来,都是丈夫地位平等的妻,自然无区别嫡妻、次妻或妻、妾的必要。

自武家政权形成后,访妻婚习俗逐渐没落。从室町时代开始,访妻婚制度首先在武士阶层中被打破。长期的武力征伐提高了男子的地位,女性的经济、社会地位相应地变得低下,男尊女卑的不平等关系逐步确立起来。日本的婚姻形式由"访妻婚"发展为"嫁入婚",女子出嫁后到男方家生活,家庭也由以女性为中心转化为男性占主导地位。到江户时代,随着封建父权家长制的确立,"嫁入婚"成为普遍的嫁娶方式。

(三) 产秽信仰与女性不洁论

古代日本从政府律令到民间信仰中都有关于产秽期的说法,如967年开始实施的律令《延喜式》规定产秽期为七天,以生为始。产秽期信仰在世界范围内普遍存在,譬如圣经中规定"若有妇人怀孕生男孩,她就不洁净七天,像在月经污秽的日子不洁净一样……她若生女孩,就不洁净两个七天"②。与世界其他地方基本相同,日本的产秽信仰最初很可能源自对生育的不理解和恐惧,一开始未必一定受到过外来影响。但室町时代佛教血盆经信仰从中国传入日本,产秽期大大延长却是事实。中世时期日本的佛教观点甚至认为女性

---

① B. H. Chamberlain, "Introduction to *A Translation of the 'Ko-ji-ki'*", p. xxxviii.
② 《圣经·旧约·利未记》第十二章第二节;第五节。

罪孽深重，不能超度成佛。

在日本的产育习俗中，产妇要经历一个类似于中国产妇坐月子的过程，不过不同地域这一阶段的时间长短不一。没有文献表明这段时间与产妇恢复身体相关，而多阐发她们利用这一阶段去除产褥期的"不洁"。劳埃德在《日本乡村生活》一文中指出，如果生的是男孩，产妇要在家待20天，若生女孩，则待21天，之后母亲带新生儿一起到村落的神社参拜。①在此前差不多3周的期间里她们是被视作不洁的。而阿伊努产妇休养的时间只有6天，第七天一早她要离家去河或泉汲水回家，但取回来的水不得用于做饭。②产妇取回来的水不得用于做饭这一点，印证了在阿伊努人的信仰体系中，产育同样与不洁相联系。

女性月事不洁也是日本传统信仰的一部分。迪肯斯与萨道义在八丈岛进行田野调查时发现，当地尚残存一个特定风俗，即每个成年女性每个月都要离开家人单独居住7天，称作"他火"（たひ）③。之所以称作"他火"，是指处于隔离状态的女性不与家人共用一处炉火做饭，而是另行生火单独做饭。这是为规避不洁的经期给家人带来不利影响而采取的措施。作者考证说，直至19世纪这一习俗在熊野及伊势神宫的周边地区依然存在。

第二节 婚育习俗对日本女性观的折射

女性观是一定社会阶段人们对女性在社会中的地位与存在价值的基本估价。由于社会发展状况必然会对人们的思想意识产生重要影响，所以一定历史时期会形成一个相对占主流的、为当时绝大数人所认可的女性身份定位，它既反映当时社会存在的思想意识，也反映社会对女性的思想观念、价值取向、行为规范与审美标准的要求。

一、从长幼有序到男尊女卑的变迁

近代旅日欧美学者留意到，日本社会男女不平等的情况在日语中有很好的体现。日语中不仅有"女性语"与"男性语"的区分，而且古代称谓语的命名法则也存在一个巨大的转向。张伯伦在《<古事记>译者导言》中，不加删节地引用本居宣长在《古事记传》(『古事记伝』)中对古代亲属称谓用法的阐释。

---

① A. Lloyd, "Notes on Japanese Village Life", in *TASJ*, Vol. XXXIII, Pt. II, p. 155.
② J. Batchelor, "Ainu Words as Illustrative of Customs and Matters Pathological, Psychological and Religious", p. 78.
③ 目前日语中通常用"别火"（べつび）一词。

难能可贵的是,张伯伦敏锐地指出,古日语中兄、弟、姐、妹命名法的构成基础发生了重大而明显的转向,由弟弟、妹妹从属于哥哥、姐姐,调整为姐姐、妹妹从属于哥哥、弟弟。也就是说,日语中起初"哥哥""姐姐"是基准词,"弟弟""妹妹"分别由前者派生而成;后来则发生了变化,"哥哥""弟弟"成为基准词,"姐姐""妹妹"系派生而成。

　　基于这一点,张伯伦论断说"东方,尤其远古时期的东方,不是一个男尊女卑的地方,而是一个长幼有序的地方。"①这一推断富有洞见,而且对于我们理解古代日本社会女性地位的变迁极具启迪价值。是以日本社会在某个特定的历史阶段,发生了一个从"长幼有序"到"男尊女卑"的转向,张伯伦的语言学发现,无疑为该论断又增加了一个强有力的佐证。

　　就整个人类进化历程而言,家庭内部男性与女性地位的确立是由经济发展水平、生产模式与一般社会分工形态决定的。在远古时代,社会分工还没有十分突出性别差异的时候,年长者的经验、智慧和劳动能力是家庭、家族乃至部落生存与发展的保证,是以非常强调长幼有序。随着生产的发展,社会分工趋于细密,性别方面的差异大为彰显,男性逐渐占据了主导地位,女性则慢慢回归家庭,这一过程一直持续很长一段历史时期,期间日渐形成男尊女卑的社会意识。

　　在日本漫长的封建社会,盛行父权家长制,在家庭范围内赋予两性不同的活动领域和双重道德标准。男女差别意识使得日本女孩不仅要服从长辈,而且还必须服从家中所有成年男性,成年结婚后只是转移到夫家,处于另外一个相似的服从状态,而未发生本质改变。

　　库奇勒在《日本的婚姻》一文中指出,依照日本古代习俗,当女孩子出生时,要被放置在地板以下的低洼处三天,原因在于女性被视为属于尘世、世俗的,以区别于属于神的、神圣的男性。②在《古事记》中伊邪那歧与伊邪那美产生国土的传说中,因为女神先呼唤男神,导致生出怪胎,所以依照天神指示,再次开始时男神占据主动,先呼唤女神,结果顺利生成国土与诸神。虽系创世神话传说,但仍体现出神话编纂者或修订者浓重的男尊女卑意识。

　　日本古代婚姻习俗中亦体现出鲜明的男尊女卑现象,如《古事记》的神代传说中女神须势理比卖在致丈夫八千矛神的歌中无奈地写道:

　　　　你到底是男子,
　　　　可以到各岛的角落,

---

① B. H. Chamberlain, "Introduction to *A Translation of the 'Ko-ji-ki'*", p.xxxviii.
② L. W. Küchler, "Marriage in Japan", p. 127.

可以到海岸的各处，
娶到嫩草似的妻子。
我因为是女人，
在你之外没有男人，
在你之外没有丈夫。①

显然该诗表达的是古代日本女性的愤懑和不平：人们期待女子保持贞节，但却并没有要求男子亦保持忠诚的对等义务；男子有外出活动的便利，因而可以轻易地移情、另娶，女子则随时都可能被抛弃。

贯穿整个日本封建时代的的男尊女卑观念，既是日本社会发展状况在社会意识层面的反映，又有从大陆传来的儒家思想为该观念的理论化与体系化建构推波助澜。日本一整套男尊女卑观念在具体解释方面较之中国儒家观念有过之而无不及。②日本强调男尊女卑，旨在加强男性的专制地位，将夫妻关系纳入到主—从关系的框架模式，并不惜以恫吓威逼的言辞警告女性"逆夫而行，将受天罚"③。从思想上对女性的平等追求予以钳制，肆无忌惮地为男尊女卑张目。

二、女性以家庭为中心的身份定位

1905年劳埃德在《日本亚洲学会学刊》发表了《日本乡村生活记录》④一文，文章指出，女性在农田里像男性一样辛苦劳作，分担农业劳动；在农田劳动间隙还要承担哺育子女、做饭、洒扫、持家、纺织、养蚕、采茶等一系列家务活动与家庭副业工作。依照劳埃德的实录性记载，女性的终日劳作在客观上规定了乡村劳动阶级女性以家庭为中心以维持家庭运作的身份定位。

日本历代统治者从制定法律到具体行政，都强调妻子以家庭为中心，做丈夫的贤内助。婚姻内丈夫拥有支配妻子的权利，意即妻子的行为能力受到丈夫限制，在某些特定行为方面，妻子的行动必须获得丈夫的首肯后方可进行。如《日本亚洲学会学刊》1915年刊载的《商法典》(Commercial Code)规

---

① 汉语译文参见〔日〕安万侣：《古事记》，周启明译，北京：人民文学出版社，1963年版，第27页。
② "The Catechism of the Great Way", in *TASJ*, Vol. XLI (1913), Pt. IV, p. 648.
③ 日本最具代表性的女训《女大学》强调："女属阴性，阴则暗如黑夜。故而较之男子，妇人不明是非、不辨毁誉、不分祸福"；又说："妇人愚昧不堪，故万事须谦卑顺服，遵从夫君……男子象征天，女子象征地，故万事以夫为先，谦谨恭顺"。（石川松太郎编：『女大学集』、東京：平凡社、1977、第29-59頁。）
④ A. Lloyd, "Notes on Japanese Village Life", in *TASJ*, Vol. XXXIII (1905), Pt. II, pp. 133—158.

定,已婚女性从事商业或参加专门职业时,须获得丈夫的许可。① 法律规定夫妻双方有权拥有各自的财产,而丈夫却有权决定、使用妻子的全部财产,并获取其利润。

传统日本女性处于依附于男性的劣势地位,最初系由经济因素决定的,后来以家庭为中心的观念逐渐内化为传统日本女性的一种自觉。如《源氏物语》第二回"帚木"中写道:"主妇职务之中,最重要者乃忠实勤勉,为丈夫作贤内助"②;作者还多次表白"作者女流之辈,不敢侈谈天下大事",反映了即便在当时的贵族社会,女性也被限制在家庭生活的狭窄空间里,活在男性的阴影下,完全不会考虑自我,她们无法关注人情世态,不了解权势倾轧,饱受压制也无从表达男女平等的诉求,遑论表达独立的政治见解。

许多时候日本政府也强调女性以家庭为中心,并以此作为制定方针政策的出发点与落脚点。比如1872年明治政府公布的《学制施行计划书》中提到:

> 人之道男女无差,男子已有学而女子不可无学。且欲开人子学问之端绪以辨物理者,其母教育之力甚大。故一般而言,其子才与不才端赖其母贤与不贤,此既已谓之定论。今日之女子乃为来日之人母。女子不可不学之义斯诚大矣。故应兴小学之教,洗从来女子不学之弊。③

虽然确立了女性教育的必要性,较之前近代信奉"女子无才便是德"有一定的进步意义,但本质而言,提出学制施行计划,要求对女子加以教育,"洗从来女子不学之弊"的根本目的,不在提升女性自身的社会地位,甚或改善她们在家庭内部的境遇,而是为了培养未来的贤母,以便婚后能够担负培养子女的教育责任,其负面影响在于对男女的性别差异与社会分工强调得过了头。

---

① "The Civil Code", Art. 813; Arts. 14—18; Arts. 793,799, 801; Art. 15, in *TASJ*, Vol. XLIV (1915), Pt. II, p. 252; p. 360.
② 〔日〕紫式部:《源氏物语》,丰子恺译,北京:人民文学出版社,1980年版,第22页。
③ 三井為友編:『日本婦女問題資料集成・第4巻・教育』,東京:ドメス出版、1976,第144頁;转引自王慧荣:《试论明治初期的"贤母论"教育思想》,载南开大学日本研究院编:《日本研究论集·2006》,天津:天津人民出版社,2006年版,第425页。

第七章　收养养子习俗与日本伦理观

在日本，无子女或子女不能很好地传承家业的家庭，会选择从同一家族别支或其他家族收养一个养子，以弥补血缘方面的缺陷，维持世系的延续。近代旅日欧美学者对日本收养养子习俗的普遍性、多样化及其成因进行了卓有成效的探讨，但遗憾的是他们没有追索收养养子习俗在日本社会层面的印痕，针对该习俗对日本伦理观念产生的深刻影响，相关论述尚嫌单薄。本研究尝试在近代旅日欧美学者相关论述的基础上，结合当下国内外学界在该领域的代表性研究成果，针对上述两方面的缺憾做一些研讨。

第一节　收养习俗的规定、变迁与功用

近代旅日欧美学者关于日本收养养子习俗的论述几乎悉数翻译自日本人的相关论著。他们注意到收养养子是日本社会生活中具有普遍性与规律性的重要社会现象，它既与人们的现实生活密切相关，又与日本民族的历史和文化传统息息相通；该习俗不仅体现了血缘亲族内部结构的变通乃至社会集团的质变，而且还深刻反映了日本民族的价值观与伦理观特征。

一、收养养子的诸种规定

《日本亚洲学会学刊》第十五卷刊载了沃尔特·丹宁（Walter Dening）翻译的《让位、世袭与收养的弊病》[①]一文。该文详细阐述了让位、世袭与收养养子的产生原因，尤其关注其弊端所在。文章指出，"收养"一词最早出现于《古事记》"神代卷"。收养养子有多种不同的形式：一般收养的儿子被称为"养子"；若有女儿而收养一个儿子并让他和女儿结合，被收养的继承人称"婿养子"（如平田铁胤原系平田笃胤的养子，后成为女婿）；也有先收养一个儿子，再养一个女儿嫁给养子的，这种情况下被收养的一对称作"夫妇养子"。此外还有"同姓养子""异姓养子""官职养子""艺道养子""财产分配养子""强夺养

---

① Shigeno An-eki, "The Evils of Abdication, Heirship, and Adoption", Walter Dening trans., in *TASJ*, Vol. XV (1887), pp. 72—82.

子""恢复本姓的养子"等更详细的类型划分。

《让位、世袭与收养的弊病》论及有关收养养子的种种法律规定，诸如不得收养辈分高于自己的人，如叔、舅、姑、姨等，即便年龄小于自己亦不被允许；已收养一个养子者不得再行收养另一个男性，除非后者将成为女婿；皇室成员不得收养，亦不得为皇室以外的人所收养；养子女与婚生子女具有相同的权利与义务；①养子女须住进养父母家中。但收养的多种限制往往被打破，如收养人必须年届50岁、收养人与被收养人必须属于同一家族等规定在实际操作中逐渐失去严格的约束效力。

其实日本皇室在历史上亦有收养养子的情况出现，比如平安初期廷臣源融（822~895）原系第52代天皇嵯峨（786~842）的第12子，后来成为第54代天皇仁明（810~850）的养子。《让位、世袭与收养的弊病》一文中亦提到，起初帝王收养养子的情况与宫廷贵族一样普遍，他们收养养子以发展自己的兴趣。②但后来出于维护天皇所谓"万世一系"血统的考虑，才有禁止皇室成员收养养子或被收养的法律规定出台。

幕府将军、大名、武士、庶民百姓中都不乏收养养子的实例。如以推行享保改革而创造江户幕府中兴局面的第八代将军德川吉宗（1684~1751），是在第七代将军死后以养子身份继替的。③有研究指出，14世纪中叶以来，养子占到日本男子总数的四分之一④，各家各户长子以外的诸子都毫无怨言地以养子的方式重新进入新家庭，再加上他们的养父，全部男子的半数都被卷入到收养关系中。

约翰·霍尔（John Carey Hall）在《日本亚洲学会学刊》第三十四卷撰文分析日本古代的司法准则⑤时指出，日本古代法律不许寡居妇女收养养子。按照惯例，继承了已故丈夫封地的寡妇，如果选择再嫁则无权继续领有封地。

---

① 养子自被收养之日起即获得与合法婚生子女相同的身份。然而须注意，他们却并未完全丧失原来家庭中的权利与义务，因而有时出现养父母家的权利和义务与生父母家中的权力和义务相冲突的情况。因而产生了补救性的日本《民法典》第956条，规定若多人处于同一层级，则其义务与各自的收入成比例；但若有人属于某个家庭而另有其他不属于该家庭的成员，则在继承方面属于该家庭者拥有优先权。
② Shigeno An-eki, "The Evils of Abdication, Heirship, and Adoption", p. 77.
③ 德川吉宗系纪伊藩（今和歌山县）藩主德川光贞的第四子，曾任越前国（今福井县）丹生3万石藩主，长兄去世后，回归自己的本家纪伊藩继承藩主。1716年，七代将军德川家继早逝，本家无嗣，遵从选御三家（水户藩、尾张藩、纪伊藩）藩主为后继的祖训，因吉宗是德川家康曾孙，血缘关系最近，遂以贤侯身份继任第八代将军。
④ 参见官文娜：《日本前近代社会的养子与社会变迁》，载唐力行编：《国家、地方、民众的互动与社会变迁》，北京：商务印书馆，2004年版，第450页。
⑤ J. C. Hall, "The Hojo Code of Judicature", in *TASJ*, Vol. XXXIV (1906), p.31.

封地理所当然归亡夫的儿子所有;若亡夫无子,则以另外的方式处理封地,比如专门确立一个继承人,或者将封地赠予某一寺庙。直到源赖朝(1147~1199)①做出改变,允许女性收养养子以继承遗产,此后无亲生子女的寡居女性才开始有权收养继承人并传给他封地。

二、收养养子与家业继承

(一)收养养子制度的两个阶段

日本历史上的收养养子制度以平安时代(794~1192)后期律令制解体和镰仓幕府武士政权创立为转折点,分为前后两个阶段。前一阶段收养制度主要是为解决子嗣问题而存在的。但在进入平安时代以后,出现了不分辈分收养养子②的情况,养父子虽然仍以同血缘为主,公卿(中央贵族)中祖父、外祖父以孙辈为养子(第一顺位继承人),或兄长以弟弟为养子的情况大大增加。

后一阶段收养养子的形式呈现多样化的特征。中世以来武家的养子逐渐形成以异姓养子——主要是婿养子——为主的格局,甚至还有不管有无子嗣都争相收养养子的情况,一些武士家族尤甚。除无子嗣者从同姓近亲中认领养子外,尚有"顺养子""婿养子""临时养子""心当养子""临终养子""持参金养子"等多种其他形式。

中世以来武家养子大多系因亲生子年幼,养父一时患病或需较长时期外出而临时结成的养父子关系,一旦情况变化不再需要收养,这种养父子关系即可以解除,只需退回提交的"愿书"(申请书)即可,称为养父子"离缘"。庶民社会没有针对养父子离缘的限制,但在日本社会严格的主从制度之下,解除收养关系有可能在不公平的基础上进行,一般是身份地位较高的养父占上风,甚至拥有绝对的话语权。

(二)长子继承与收养养子

不同于中国一般民众普遍实行的诸子平等、分户析产的"均分继承制",日本自律令时代起实行"不等份分产继承"制。③平安末期以后,特别在镰仓

---

① 源赖朝为日本平安时代末期武将源义朝(1123~1160)之子,是镰仓幕府(1185~1333)第一代将军,武家政治的创始人。
② 比如德川时代前期著名的思想家、政治家、儒学家、兵学家熊泽蕃山(1619~1691)原姓野尻,后成为外祖父的养子,承其姓为熊泽。有关日本平安时代收养习俗的更详细研究,可参阅官文娜:《日本历史上的养子制度及其文化特征》,载《历史研究》2003年第2期,第44~65页。
③ 遗产继承的标准计有三个类别:一、嫡母、继母、嫡子,各两份;二、庶子,各一份;三、妾,女儿,各半份。参见 C. J. Tarring, "Land Provisions of the Taiho Rio", in *TASJ*, Vol. VIII (1880), p. 154.

时期,长子的地位得到大幅度提升,权威也大增,不仅总领各庶子对主君和幕府负责,而且有权没收庶子土地,因而迟早会发生长子单独继承的情况,并最终得以制度化确立下来。

在传统日本社会,为了家族利益强调家产集中,无论统治阶级还是被统治阶级悉由长子继承父业,袭用父名,次子以下都无继承权。继承家业的长子代表的家叫"本家"(ほんけ),次子及以下的其他孩子都要离开家长的家,或者以嫁娶方式设立"别家"(べっけ),或者去别人家作养子,本家与别家按谱系形成主从关系。

日本语言中也明显地体现出"本家"与"别家"社会地位的不平等。日本有的地方称长子为"兄",称长子以外的诸子为"叔父",这种站在长子子女立场上的称呼显然认定长子以外皆为旁系。很多地方称长子为"亲方"(おやかた),意即代替父母照顾家庭者。①在财产由长子单独继承的制度确立后,日本社会上流行着次子只有"住房子的资格"(部屋住みの身分),三子以下更只有"吃冷饭的份"(冷や飯),长子以外的诸子为此不得不寻找新的生路。可以放弃平等继承原则的客观条件是不继承父母财富的儿子同样可以得到生活机会,成为其他人家的养子便是其中的一条便捷途径。

长子单独继承在一定时期内促进了日本经济的发展,表现在土地和财富长期集中,有利于家庭财富的积累,进而使投资扩大再生产成为可能。同时那些无缘继承家业的人较容易接受雇佣劳动者的身份定位,有利于培养人们的独立意识与竞争意识,为资本主义的发展奠定了思想基础与劳动力基础。

当然也存在长子不能继承家庭财产或权利的情况,他可能被弟弟取代;也有虽有亲生儿子,仍另行收养养子的情况发生。一般只有在合法继承人不胜任传承家业,而同时又有具备非凡才干的被收养者存在,才做出这样的必要调换。②有亲生儿子仍然收养养子,是为维持家业经营和保障家系延续而做出的变通抉择。

明治维新后,次子及次子以下的子女也获得了部分继承权,但家长仍由长子承担,"别家"仍有义务帮助"本家"。按照法律规定,次子以下诸子无论嫡出还是庶出,也不管从家族分享到的份额大小,一届成年则需割让五分之

---

① 尚会鹏:《中国人与日本人:社会集团、行为方式和文化心理的比较研究》,北京:北京大学出版社,1998年版,第36页。
② 如被誉为"日本近代妇产科学之父"的贺川玄悦(1700~1777)因自己的两个儿子不喜欢行医,故"以不中意绝之",而选择自己的得意弟子冈本义迪作婿养子,改名贺川玄迪,令其继承了贺川家的家业。(转引自李卓:《家的父权家长制——论日本父权家长制的特征》,载南开大学日本研究院编:《日本研究论集·2006》,天津:天津人民出版社,2006年版,第355页。)

一的财产给没有足够收入的兄长。①法律却没有兄长让渡财产给弟弟的规定。

近代旅日欧美学者在专题论述日本的收养养子习俗之外,也在其他场合频频提及与该习俗相关的内容。劳埃德在翻译《一部现代日本问题剧》时指出,日本家庭在其法律意义上有一点独特的地方,在西方没有类似之处,即"一群人共有一个姓氏,并服从家长的权威,而家长可以是也可以不是这一群人共同的父亲或祖先。"②格宾斯在《民法典》第二卷的译者导言中指出,家庭可以由一户组成,也可以包含若干户,从理论上说是相同父母的不同后裔,也是拥有共同祖先的一个谱系。③但这仅限于理论层面,因为在现实中,"亲属关系并非决定成员资格的必要条件"(kinship is not essential to membership)。④通过收养养子,原本不具备血缘或亲缘关系的人照样可以成为家庭成员,甚至更多时候成为家业的继承人。

有时收养养子甚至跨越了通常封闭的等级藩篱,表现为因家业经营的需要,会把没有血缘关系的家仆、佣人等也吸纳为家族成员。只要他们全身心地投入主人家族的事业,并为主人家业的兴旺发达做出了卓越贡献,都会被视为亲人,并且在死后可以获准葬入主人家族的墓地,享受主人后代的祭祀。如此一来,通过模拟血缘关系,吸收、补充劳动力或核心成员,可以维持家业经营,并保障家族的延续。更极端的例子是仆人收养主人的后代⑤,当然这种情况亦有义仆报恩的含义。

第二节 收养习俗对日本伦理观的影响

张伯伦在《日本事物志》的"收养"词条中指出,收养养子在日本太普遍了,已经彻底成为日本"国民生活中不可分割的重要部分"(part and parcel of

---

① J. C. Hall, "The Hojo Code of Judicature", p. 14, pp. 30—31.
② A. Lloyd, trans., "A Modern Japanese Problem Play" (Kokoro, A Drama in 4 Acts), in *TASJ*, Vol. XXXIII (1905), Pt. I, pp. 15—16.
③ 日本《民法典》第725条规定,六种关系统称血缘关系,由此形成本家与围绕在它周围的别家共同组成大家族组织的局面。每一户都有内部自由与各自的家长,然而他们都居于本家的家长之下,后者作为整个家族的族长,在事关家族繁荣方面得到家族会议的协助。
④ A. Lloyd, trans., "A Modern Japanese Problem Play", p. 15.
⑤ 如新井白石(1657~1725)的父亲新井正济四岁丧母,九岁建父,后成为自己家仆人的养子。([日]新井白石:《折焚柴记》,周一良译,北京:北京大学出版社,1998年版,第24页。)

the national life)①。张伯伦分析称,日本收养养子常见于两种情况:一是艺术界、手工艺界、演艺界等艺人为传承技艺而选择最得意的弟子收为养子;二是防止家族断绝,以及避免对逝者灵魂的忽视(死后无人祭祀)而进行的收养。

一、作为家庭法基石的收养制

本质而言,日本的收养养子习俗是以维持家业经营和保障家系延续为出发点的,长子与次子及以下诸子自觉接受自己的身份造成的区隔,因而使收养养子制度成为日本家庭法的基石。

张伯伦提到的第一种情况即所谓"家元"制度。家元是指那些在传统技艺领域里负责传承正统技艺、处于本家地位的家长。一个艺术流派只有一个家元,且家元具有最高权威,对所属流派具有绝对的控制权,并有权将其位置世袭。家元制度大约产生于江户时代(1603~1867)前期,广泛存在于日本花道、茶道、舞蹈、能剧表演等艺能界,是以师徒的主从关系为纽带构成的模拟家族制度,借以传授艺能,并以艺能为媒介构建经济组织。②家元组织是传统日本社会重要的非亲属集团。家元制度与日本人对家业发展与传承的重视结合在一起,自然和收养养子制度产生密不可分的联系。

张伯伦所说的第二种情况,巴彻勒在《作为习俗、病理、心理与宗教事务之例证的阿伊努语词汇》一文有更详细的说明。巴彻勒指出,日本人普遍希望有个儿子,主要基于以下三个方面的考虑:一是儿子在父亲死后可以继续家族祭祀、供奉祖先;二是儿子可以继承、保护并向子孙后代传承祖传遗物和家中的贵重物品;三是儿子可以接替父亲成为家长,对家中其他年轻成员履行父亲的职责,这种职责甚至终其一生都不会改变。③尽管母亲也希望生个女儿,一来可以帮助持家,二来自己老年有人照顾,但这种观念始终没有成为日本社会意识的主流。

作为日本传统信仰的神道将祖先作为崇拜对象,整个家族在此基础上凝聚成一个整体;倘若没有子嗣,祖先崇拜就会成为无源之水。出于继续祭祀

---

① B. H. Chamberlain, *Things Japanese, Being Notes on Various Subjects Connected with Japan*, London: Kegan Paul, Trench, Trübner & Co., Ltd.; Tokyo: the Hakubunsha, Ginza; Yokohama, Shanghai, Hong Kong, Singapore: Kelly & Walsh, Ltd., 1890, p. 16.

② 有关家元制度更详尽的研究,参见:中根千枝:『タテ社会の人間関係』(東京:講談社、現代新書,1967);Francis L. K. Hsu, *Iemoto: The Heart of Japan* (New York: Halsted Press, 1975);尚会鹏:《中国人与日本人:社会集团、行为方式和文化心理的比较研究》(北京:北京大学出版社,1998年版)。

③ J. Batchelor, "Ainu Words as Illustrative of Customs and Matters Pathological, Psychological and Religious", in *TASJ*, Vol. XXIV (1896), p. 85.

祖先和自己死后有人祭祀的考虑，收养养子、招收赘婿都可以弥补无嗣的缺陷，甚至完全没有血缘关系的人也可以被收养为继承人。日本中世以来养子制的重要意义在于，非血缘养子从理论上突破了基于自然血缘的身份制，产生了拟血缘、超辈分的异姓养子、孙养子、弟养子、婿养子。劳埃德在翻译《一部现代日本问题剧》时，称收养养子制度是"热爱家庭的日本人的一个上佳策略"①，借助该制度，避免了没有继承人的缺憾，家族的姓氏得以传承，家族的墓地得到很好地看护，对祖先的祭祀也得以继续开展。

尽管历史上出于保持家族世系连续性的考虑而收养养子的情况也存在于中国和朝鲜，但收养一个无亲缘关系的成年男子以承续宗嗣的情形却极为少见。中国和朝鲜的无子家庭更乐于收养同宗族或亲戚家的未成年男孩。《日本亚洲学会学刊》第三十六卷载柯比（R. J. Kirby）翻译的太宰春台（1680～1747）②论收养与婚姻的文章③指出，在中国收养来自其他家庭的孩子作养子以延续家系被视作野蛮人的做法，为圣人所不取。因为无论供奉的食物多么美好、供奉的心情多么虔诚，对不同血脉的人进行礼拜都不为神灵所接受。

与中国和朝鲜相比，日本人表现为宁愿收养成年人，因为他们要确保被收养者具备管理家事、承传宗祀的才能与意愿。这说明，中国与朝鲜收养养子最为注重的是宗祀延续；这只是收养养子制度在日本盛行的原因之一，甚至称不上主要原因，日本人更为注重的是家业的经营与发展。

与中国家业传子不传女、传媳不传婿的传统完全不同，在日本，收养婿养子的目的就是为了继承家业。婿养子要报答所承受的恩义，并负起对姻亲家属应负的一切义务。日本的婿养子也不会背负儒家理念中"倒插门"背叛祖先、不体面等道德包袱，因为无论婿养子个人还是一般社会观念都以继承与发展家业为荣。

日本家庭法中有一个重要因素为婿养子的广为适用创造了可能。即法律并不禁止亲生子女与收养的养子女之间通婚，收养婿养子并没有增加关于乱伦的社会限定。但同时日本《民法典》第771款规定，养子、养女的直系后代与其养父母或养父母的直系后代之间不得联姻，即便收养关系已经解除亦

---

① A. Lloyd, trans., "A Modern Japanese Problem Play", p. 15.
② 太宰春台继承了荻生徂徕（1666～1728）的经学与政治思想方面的内容（服部南郭继承了徂徕的文学方面），致仕后潜心研究和教学，认为古文辞派的拟古主义不自然，并对之多有批判。著有《经济录》《六经略说》《辨道书》《盛学问答》《论语古训》《诗书古训》等，其中《经济录》对后世产生了深远影响。太宰春台在政治和经济方面均强调功利实用。
③ R. J. Kirby, trans., "An Essay by Dazai Jun, Relating to Adoption and Marriage", in *TASJ*, Vol. XXXVI (1908), pp. 97—136.

当受此限约束。① 这从一个侧面反映出日本人对收养养子的重视,一旦收养,养子女与养父母之间一律被视作与亲生子女无差别的亲子关系。

收养养子的情况在日本广泛存在的深层原因在于日本人普遍信奉实用主义的价值观。古代日本人广泛采用非正式收养养子的方式以满足劳动需要;也有出于照顾儿童、病人和老人的考虑而对家庭结构做临时替补而收养养子的情况。按照规定,有职衔者的继承人必须到达一定年龄才获准从政府获得俸禄或封地,于是他们在儿子年幼时会收养一个年龄合乎朝廷规定的人作养子,借以向朝廷申请俸禄或封地;之后他会安排自己的儿子成为自己养子的养子,一俟自己的儿子成年,又可以申请另一份俸禄或封地。

后来这种方式也被商人取用,他们收养最得力的雇员为养子,使被收养者的个人利益与雇主的利益更加紧密地联系在一起,被收养者继而会收养自己养父的儿子作为自己的养子,并且在养父的儿子达到合适的年龄后自己退休让位。如果被收养的雇员有儿子,雇主的儿子会适时再对之予以收养。如此通过负责人交替从对方那里收养养子的方式,可以保持同一姓氏不变,维持家业与商号的延续。

二、家的扩大与效忠团体意识

日本自中世以降,收养养子习俗在广泛存在和普遍流行以后,又反过来影响人们对家的看法,并进而影响伦理观。从社会结构看,日本的"家"是以家业为核心的,是具有社会性的集团,血缘关系相对淡化。日本社会形成家族中心主义和重视群体的文化传统,收养养子习俗所起的作用不容低估。

通过与基督教文化背景下的西方相对比,可以更加清楚地凸显日本收养养子习俗对"家"与伦理观念的影响。千百年来,基督教文化浸润下的西方人养成一种注重订立契约②的意识。以契约精神为基础,1625年荷兰法学家格劳修斯(Hugo Grotius,1583~1645)的《战争与和平法》确立了国际法的标准。1635~1659年欧洲多个国家为终结三十年战争(1618~1648)而签订了

---

① "The Civil Code", Art. 771, in *TASJ*, Vol. XLIV (1916), Pt. II, p. 247.
② 作为基督教教义的《圣经》包括《旧约》和《新约》两部分(16世纪欧洲宗教改革前还包括《次经》)。《旧约》原为犹太教的主要经典,包括律法书、先知书和圣录三部分,是上帝同犹太人订立的契约,《新约》形成于1世纪下半叶至2世纪,到4世纪时成为基督教的经典,包括福音书、使徒行传、使徒书信和启示录三部分,是耶稣代表上帝同基督徒订立的契约。在《旧约》的"创世记"神话中基督教的上帝完全是封建家长的形象,以对自己忠诚与否为基本准则制定法律,并且严惩违法子民。《新约》用以信取义改变了《旧约》中上帝用律法制约和惩罚教民的做法,而且由于耶稣代表上帝的圣恩,他超越了《旧约》中几乎等同于上帝的经文的位置,成为教民信仰的核心本体。

一系列合约,形成"韦斯特伐利亚体系"(Westphalian System)①,确定了以平等、主权为基础的国际关系准则,并在以后长达数百年的时间里一直是解决各国间矛盾与冲突的基本原则。举例来说,西方列强对近代中国的入侵与掠夺,即是"以条约体系巩固其非正式控制,同时寄希望于以文化渗透来为以后实质上的经济利益铺路"②。条约体系被视为处理国际关系必须遵守的准则。

日本是一个非常强调等级的国家,倡导忠于主上,追求归属感,契约精神相对不发达。在等级森严的日本社会,每个人都隶属于自己所在的团体,并将它看作自己的"家",于是"家"的观念被推广、扩大到社会范围。个人应隶属于某一团体,团体成员由共同的命运与攸切相关的利益联系在一起;团体要给予其成员归属感和安全感,同时要求所有成员对所属团体忠诚和献身。人际关系、社会组织形式不是靠契约进行规范的,而是通过团体内上下之间的共识和感情因素来维系。传统日本社会强调家族利益和家产的集中,与基督教世界相比,个人意识淡薄得多。

在传统日本社会,不仅主要官位是世袭的,士农工商各个阶层也相当稳定。职业和社会地位依据人的出身而固定,并在通婚、交往、居住等方面实行严格的隔离。每个人一出生就被固定在家族及群体的某个特定位置上,并且被要求必须严格遵守一定的等级秩序,以维护自身、家族与群体的利益。丹宁在翻译《让位、世袭与收养的弊病》一文时指出,收养养子制在日本起到类似于出售社会等级或贿赂的作用,在一定程度上抑制了潜在的社会对抗者的反抗精神。③科尔曼(H. E. Coleman)撰文指出,收养养子制度起到了好的作用,它在某种程度上可以防止过度的不平等,封建社会将人的社会地位与实际才能的位置颠倒了,通过收养养子在一定意义上恢复了一种平衡。④特别是异姓养子的大量增加为社会阶层的流动提供了极大的机会。但是幕藩体制下一层又一层的上下主从关系又将社会的流动限制在同一个阶层的有限范围内。

---

① 威斯特伐利亚体系是由象征三十年战争结束而签订的一系列合约构成的,签约双方分别是统治西班牙、神圣罗马帝国和奥地利的哈布斯堡王室和法国、瑞典以及神圣罗马帝国内勃兰登堡、萨克森、巴伐利亚等诸侯邦国。该体系在欧洲大陆建立了一个相对均势状态的格局。
② 罗志田:《西潮与近代中国思想演变再思》,原载《近代史研究》,1995年第3期;亦见罗志田:《变动时代的文化履迹》,第5页。罗志田解释造成这种局面的原因在于"中国的幅员辽阔、人口众多、文化悠久、中国朝野对外国入侵的持续抵抗,以及帝国主义列强之间相互竞争造成的均势等因素,使得全面的领土掠夺对列强来说既不合算也不可能。"(罗志田:《变动时代的文化履迹》,第5页。)
③ Shigeno An-eki, "The Evils of Abdication, Heirship, and Adoption", p.87.
④ H. E. Coleman, "Life of Yoshida Shoin", in *TASJ*, Vol. XLV (1917), Pt. I, p. 134.

由于人的某些自然特性与后天形成的社会差别共同构建出一种纵式的等级,在团体中上下级关系近似于亲子关系,下级对上级有忠诚和服从的义务,上级也要对下级给予温情和保护,团体的目标和利益要优先考虑,个人尊严与成就必须经由团体才能获得。团体内的所有人达成"效忠团体"的共识,并以此作为自律与约束他人的准则,进而扩展到更加广泛的社会层面。

效忠团体意识在日本的不同时代有不同的表现形态,并对当时的社会及以后的历史产生影响:近代表现为将民族国家视为效忠的团体,该意识成为巩固近代天皇制的重要工具;二战时则被军国主义操纵利用,表现为"一亿玉碎",成为对外侵略的帮凶;战后主要表现为致力于家族式经营,对日本经济的高速发展产生了积极的促进作用。

日本的收养养子习俗在当代虽然仍有一定程度的传承,但无论在规模、形制还是与伦理观念的关联方面,都已经与传统意义上的收养制有很大差别。早在明治维新以后,在产权与收益的分配方面,大都不再强调长子单独继承,而是规定次子及以下子女也有部分继承权,如今平权思想进一步深入人心,继承权过度集中的局面大为舒缓。与传统日本手工业父子相继的传承方式不同,如今具有一定规模的日本家族企业一般采用职业经理人制度,极少数固守传统的收养养子以维持家业运转与承传者,也对传统收养制做出种种变通。

近年来关于日本皇室第二顺位继承人的人选问题不断引发民众的热烈讨论,说明在现代思想影响下当代日本,无论是学者还是普通民众,都对作为传统应对策略的收养养子习俗存在着多样化的理解,尤其是涉及皇室继承人时分歧更大。

不管是出于无奈还是主动选择,在当代日本选择不要婚姻的人一直在持续增加,婚姻形态从一种普世的价值逐渐演变为纯粹个体的选择,收养养子更不在个人主义至上的不婚主义者的思考范围之内。在或隐或显的多种因素合力影响下,收养养子习俗在当代日本社会的印痕逐渐淡化,该习俗与日本的伦理观念之间曾经的紧密关联也处在解体过程中。

第八章　丧祭习俗与日本生死观

　　日本的丧葬仪规是历史积淀下来的仪式化了的殡葬程式与规则，涉及建造丧屋、停尸吊唁、陪葬殉葬、亲人服丧等；而祭祀礼俗是在神灵信仰与祖先崇拜的基础上发展起来的，主要指在固定时间举行礼拜逝者灵魂的仪式。
　　近代旅日欧美学者对日本丧葬祭祀习俗的表现形态及其历史成因进行了详细描述。本研究期望进一步研讨日本的丧葬祭祀习俗在形成和演变过程中逐渐渗入的不同的外来影响及若干宗教性因素，分析它们在日本社会的生死观方面的反映、体现与思想影响，尤其通过与近代旅日欧美学者的基督教文化背景相参照，彰显日本生死观的独特之处。

第一节　日本丧祭习俗的区别性特征

　　亚瑟·海德·莱伊（Arthur Hyde Lay）刊发于《日本亚洲学会学刊》第十九卷上的《日本葬仪》[①]一文较为全面地展现了日本丧葬仪规的情况。劳埃德的《日本乡村生活》、张伯伦的《<古事记>译者导言》、萨道义的《日本书纪》英译、巴彻勒的《阐释习俗与病理、心理及宗教内容的阿伊努语词汇》以及施瓦茨（W. L. Schwartz）翻译的《丧礼要点》[②]等近代旅日欧美学者的论、译著述中都有针对日本丧祭习俗的论述。

一、日本的丧葬习俗

　　张伯伦在《<古事记>译者导言》中指出，远古时代日本有建造特定房屋用作丧屋的习俗，"死者生前居住的房屋遭废弃"，并认为"新任君王开始统治时都要迁都"[③]为这一习俗的佐证。按照《古事记》"神代卷"的说法，天照大神派往苇原中国的天若日子（天稚彦）被自己射出去的箭杀死了，他的父亲和妻子

---

① A. H. Lay, "Japanese Funeral Rites", in *TASJ*, Vol. XIX (1891), pp.507—544.
② Suzuki Tetsusaburo & Kumashiro Meishin, "Essential Points of the Burial Service", W. L. Schwartz trans., Appendix H to "The Great Shrine of Idzumo: Some Notes of Shintō, Ancient and Modern", in *TASJ*, Vol. XLI (1913), pp. 673—681.
③ B. H. Chamberlain, "Introduction to *A Translation of the 'Ko-ji-ki'*", p. xl.

立即在他死去的地方建造了一座丧屋。

古时服丧期间死者亲属必须进入丧屋，另起炉灶生活。由于对葬礼的追求精益求精，遗体在丧屋存放的时间逐渐增长，对于那些身份地位较高的死者，要花费数年时间才能使安葬前的准备工作就绪。据《日本书纪》记载，神武天皇死后停尸19个月，推古天皇死后停尸18个月，还有死后停尸三年方下葬的记载。

（一）丧葬仪规

按照日本学者的说法，"日本人像对待活人一样看待死者"[①]。出席丧事的人会在逝者身边放上食物，并向其问候致意，他们不时为死者翻身，以为如此可以让死者得到更好的休息。在平常吃饭的时间向逝者供奉米饭，也供奉各种水果。

日本古代丧仪中常伴有歌舞。莱伊指出，在暂时葬礼与最终葬礼之间，音乐滔滔不绝。[②]死者被装殓在内棺外椁中，亲属与来宾靠近棺椁载歌载舞。《古事记》中有天若日子死后"日八日夜八夜游也"的描述[③]，即连续八日八夜作乐送葬。莱伊提及景行天皇四十三年（113）倭建命[④]去世，他的妻子和子女在悲痛中创作了四首歌，并在河内（かわち）举行的葬礼上高声吟唱，这些歌后来被用于皇室葬礼。[⑤]日本闻名于世的三种戏剧形式（能、人形净琉璃与歌舞伎）之一的能，就是由祭祀演出而逐渐发展兴起的。

当棺材准备好后，死者被洗净，然后以祈祷的方式而非睡眠的姿势被放入棺材。莱伊援引佛教说法指出，死者的灵魂要在地狱待49天，期间要忍饥挨饿，之后他们的命运将由"业"（Karma/Karman）来决定，或者到世间投胎转世，或者进入天堂。[⑥]死后的去处要由生前的善恶程度决定。

服丧期一般为30天。按照服丧令等规定，逝者为父母、祖父母、父系直系亲属者，则服丧期更长，这说明古代日本非常重视家族的承继关系。服丧又称为"黑不净"，与女性月经的"赤不净"、产褥期的"白不净"一起被视为代表性的"气枯竭"（秽气）。虽称黑不净，死者的妻子、子女与兄弟要穿白色丧

---

① Suzuki Tetsusaburo & Kumashiro Meishin, "Essential Points of the Burial Service", p. 673.
② A. H. Lay, "Japanese Funeral Rites", p. 510.
③ 『日本古典文学大系·古事记·祝詞』，第116頁。
④ 倭建命，日本神话人物，本名小碓尊，《古事记》作倭建命，《风土记》作倭武天皇，另有日本武、大和武、日本武尊等称号。传说他力大无穷，善用智谋，于景行天皇在位期间东征西讨，为大和王权开疆扩土。最后虽英年早逝，未继承皇位，但其子嗣为后世天皇的直系祖先。
⑤ A. H. Lay, "Japanese Funeral Rites", p. 509.
⑥ A. Lloyd, "Notes on Japanese Village Life", p. 157.

服。①过去日本武士在参加葬礼时,佩刀的刀把要用白纸包裹缠绕②,以示哀悼。

巴彻勒在《阐释习俗与病理、心理及宗教内容的阿伊努语词汇》一文中有专节论述阿伊努人的丧葬习俗,并探讨了阿伊努人在生死问题上的宗教意识,以及人死后灵魂往何处去的问题。巴彻勒指出:"从他们的丧葬习俗中我们发现,阿伊努人将生命视作个体的、私人的、不朽的。"③在阿伊努人的观念中,去世的人在被埋葬进坟墓前其灵魂不会与肉体分离。

巴彻勒还提到阿伊努人认为死亡与不洁相关联。按照阿伊努习俗,在葬礼结束后,所有直接参与埋葬的人都要在墓地洗手。洗手用的木盆要敲碎,并把敲下来的木盆底放到墓碑上面。④目的可能是防止死者的灵魂随亲友回到家中,同时也有将沾染死者而带来的不洁在此洗净的含义。

(二) 陪葬与人垣

根据莱伊的分析,日本历史的最初阶段并没有通行的丧葬体系,追溯至公元前700年尚未发现坟墓。⑤不同性质的丧葬习俗是因应社会发展并在占统治地位的思想意识指导下产生的;不同时期、不同性质的丧葬习俗反过来又对社会起到判然有别甚至完全相反的作用。比如古坟时代流行的厚葬之风既是奢侈的社会风尚的反映,反过来又进一步助长了奢靡之风;佛教介入后盛行薄葬,则既是社会历史发展新阶段的思想意识、社会观念合力促成的,亦在一定程度上引领社会走向崇尚节俭的道路。

日本历史上曾长期存在用"人牲"殉葬的习俗,即在主人的坟墓周围活埋一些他们生前的仆人,在皇室的埋葬习俗中尤甚。《三国志·魏志·倭人传》关于日本殉葬的记载中提到:"卑弥呼死,大作冢,径百余步,殉葬者奴婢百余人。"那些不幸的被活埋殉葬者称为"人垣",意为环绕着陵墓的人墙。

《古事记》本身并没有关于"人牲"殉葬的记录,张伯伦在英译《古事记》的注释中提及,倭彦命死后,其生前的侍从环其坟墓一周被活埋,张伯伦认为这是该习俗首次被引入日本,并相信在这之后不久日本因受佛教影响而废弃了

---

① Suzuki Tetsusaburo & Kumashiro Meishin, "Essential Points of the Burial Service", p. 673; A. Lloyd, "Notes on Japanese Village Life", p. 157.
② "Minutes of Meetings", in *TASJ*, Vol. V (1877), p. 39.
③ J. Batchelor, "Ainu Words as Illustrative of Customs and Matters Pathological, Psychological and Religious", p. 93.
④ Ibid., p. 88.
⑤ A. H. Lay, "Japanese Funeral Rites", in *TASJ*, Vol. XIX (1891), p. 507.

该做法。①而按照《日本书纪》的记载,残杀生前的随从作人牲的习俗起源于上古时代,大和彦命(倭彦命)死后,殉葬者的哭声令其兄垂仁天皇心生怜悯,殉葬制在这次埋葬之后即被取消。

本居宣长为了调和《古事记》与《日本书纪》中的上述两种说法,指出殉葬是一项古老的习俗,只是这一次活埋的人数达到空前的规模而被载入史书。②萨道义在《日本书纪》英译本中作注指出,垂仁天皇时代的宫廷贵绅野见宿祢提出用陶俑——人偶埴轮(はにわ)③代替活人陪葬,受到天皇的高度赞誉,自此以降,用陶俑代替活人殉葬成为制度。④从世界范围看,殉葬的采用是私有制发展的产物。而且日本也不可能凭空出现唯一一次殉葬就能达到如此大的规模,然后又被立即取消。

陪葬与"人垣"的采用,在于日本人有着像对待活人一样看待死者的观念,尤其是统治阶级幻想死后继续奴役人民的心理使然。人们认为往生者在阴间继续过着类似于人间的生活,因而给他们丰厚的陪葬,满足其物质需要,同时提供由他们生前的仆人构成的"人垣",以供他们差遣。随着人类文明的发展,人们逐渐意识到殉葬制度的残忍性,于是限制其规模,进而出现陶俑等替代品,最终殉葬这一陋习退出历史舞台,这样一个脉络大致是符合历史逻辑的。

二、日本的祭祀礼俗

古代日本人的神祇观认为,大自然中存在着万物的神灵,平时安住于深山、大海彼岸等清净神圣的地方,只有祭祀时才降临人的聚居处,接受祭祀之后再返回原居处。祭祀时人们通过向神灵祈祷,供献食物,颂扬神德,向神灵表达崇敬之情,以祈念神灵的荫护。

远古时期日本的祭仪已不可考,文献记载下来的日本祭祀仪礼,其思想基础是佛教的轮回转生观念和忠孝节义的儒家礼教思想共同作用的结果。祭祀的对象主要是信仰中的"鬼神"和"祖灵",即天神、地祇以及人死后变成

---

① B. H. Chamberlain, *A Translation of the "Ko-ji-ki" or "Records of Ancient Matters"*, Section LXXV, Note 4, p. 200.
② Ibid., Section LXIII, Note 23, pp. 174—175.
③ 日本出土的3至7世纪的古墓中有人偶埴轮,类似于中国的兵马俑。
④ W. G. Aston, trans., *Nihongi: Chronicles of Japan from the Earliest Times to A.D. 697*, pp. 329—330.
关于陶俑的情况,参阅萨道义刊发在《日本亚洲学会学刊》第八卷的《古代上野国的高塚坟墓》(E. M. Satow, "Ancient Sepulchral Mounds in Kaudzuke", in *TASJ*, Vol. VIII (1880), Pt. III, pp. 313—332.)一文。

的鬼。在日本的民俗宗教中,人们最大的心愿就是成为神灵,而这种心愿则是通过子孙的祭祀来达成的。这也可以部分地解释整个中世以来日本社会大举收养养子的习俗流行开来的原因,其中必然包含着通过子孙的祭祀而让自身死后成为神灵的愿望。建立在这种思想基础上的氏神祭是向某位特定祖先表达敬意的典礼仪式,它与"报本反始"的思想一起,对于家族共同体的统合具有积极意义。

拉夫卡迪奥·赫恩曾如此描述近代日本人的观念中逝者与其活着的家人之间的关系:

> 他们相信逝者需要关爱,忽视他们是残忍的,这种信仰几乎完全摒弃了担心他们会动怒的原初畏惧。逝者并不被当作已死的人看待,人们相信他们仍然存在于那些爱他们的人中间。虽然看不见逝者对家的守护和对家人福祉的关照,然而他们夜复一夜地出现在闪耀的灯火光辉里,出现在晃动的灯火摇曳中。①

在日本人的理解中,死亡并不是阴森可怖的事情,生命消逝者的灵魂从来没有真正离开过家,不仅如此,逝者可以成佛,上升为全家人的"守护者",关注家人并庇佑生者的幸福。由于日本人普遍信奉人死后会化仙成佛,因此出殡又叫"送佛走"。

日本家家户户的佛龛都设有祖先的牌位,各地宗族的神社也祭祀本族的氏神,村落的神社则公祭本地出身的功臣名将。日本的祖灵祭祀活动在最初阶段仅是一种十分朴素的礼仪,随着佛教的东传,中国的盂兰盆会以及忌辰等祖灵化礼仪亦得以传入,日本佛教徒随之开始礼拜佛像、举行祖灵化的礼仪,"佛"(ほとけ)的称呼最终也用以直接指称亡灵及祖灵本身。

依据日本学者的说法,日本的祭祀礼俗规定在固定日期为死者举行灵祭(たままつり)。死者去世后的50天(相当于中国的"七七")内被视为特别的阶段,需要每天向其供奉饭并进行礼拜;除父母以外的其他亲属亡故,一般在

---

① 原文如下:The belief that the dead need affection, that to neglect them is a cruelty, that their happiness depends upon duty, is a belief that has almost cast out the primitive fear of their displeasure. They are not thought of as dead: they are believed to remain among those who loved them. Unseen they guard the home, and watch over the welfare of its inmates: they hover nightly in the glow of the shrine-lamp; and the stirring of its flame is the motion of them. (Lafcadio Hearn, *Japan: An Attempt at Interpretation*, Boston and New York: Houghton Mifflin Company, 1922, p. 45.)

满30天以后结束仪礼。①供奉鲜花与食物以向死者的灵魂表达敬仰的习俗，发展成为年度仪式惯例。

很多人认为日本人崇拜祖先的意识一直很强，但他们并不像中国人一样热衷于修家谱、族谱。按照巴彻勒的说法，在阿伊努人的意识中，孩子出生的根源在于父母，他们并不往前追溯祖先。②事实上对绝大多数普通日本人而言，称得上祖先的一般可以上溯三代，再往上追溯则基本上知道的人就不多了。

第二节　宗教视域中的日本生死观

在世界范围内人们普遍倾向于用文化来界定自己的认同，而宗教是文化的一个重要方面，正如克里斯托弗·道森（Christopher Dawson）所言："伟大的宗教是伟大的文明赖以建立的基础。"③基督教在西方文化④中占据重要地位并一直发挥着或隐或显的影响作用，作为基督教教义的《圣经》是欧美社会精神文化的教科书，对欧美文化各个领域的发展都产生了巨大的作用，尤其是它所宣扬的道德伦理成为检验教徒思想和行为的标尺。

近代旅日欧美学者在解读日本文化时，特别在关注日本习俗时，会自觉地从基督教的教义出发，展开对照比较，有时也会无意识地取基督教的标准对日本习俗进行评判。换言之，旅日欧美学者在关注日本习俗时，基督教成为一种或隐或显的文化底色，日本习俗的部分特征会在该底色的映衬下得到凸显与强调，而另外一些特征却又不可避免地遭到遮蔽或掩盖。

一、宗教与日本葬仪的关系

日本自绳纹时代（前14500～前300）、弥生时代（前300～300）以来就形成了不同于大陆习俗的丧葬形式与仪礼。在传统宗教神道的影响下，古代日本人大多信神，对死的观念比较淡泊，普遍相信人有灵魂。认为人死后灵魂

---

① Suzuki Tetsusaburo & Kumashiro Meishin, "Essential Points of the Burial Service", p. 677.
② J. Batchelor, "Ainu Words as Illustrative of Customs and Matters Pathological, Psychological and Religious", p. 93.
③ Christopher Dawson, *The Dynamics of World History*, John J. Mulloy ed., New York: Sheed and Ward, 1956, p. 128.
④ "西方"一词被普遍用以指称以前被称为西方基督教世界的那一部分，包括欧洲、北美和主要以欧洲移民为主体的澳大利亚和新西兰。欧洲和北美都深受宗教改革的影响，并且把天主教和新教文化结合在一起。可以说基督教是西方文化的重要来源和不可分割的组成部分。

或进入天国,或被打入地狱,死亡并不是终结,而是另一段旅程的开端,因而对葬礼非常重视。

古坟时代(300～600)的日本人深受现世政治的影响,强调等级制度,修筑巍峨的坟墓作为死后的居处,希望在另一个世界继续进行统治。从8世纪初开始,受佛教思想影响,火葬流行,古坟逐渐式微,并开启了丧葬中的佛教建筑时代。

直至目前日本几乎没有无宗教参与的葬礼。一般按照死者生前的信仰情况选择佛教葬仪、神道葬仪或基督教葬仪。亚瑟·莱伊运用细致的统计学方法,在可获知的范围内,关注近代日本全国某一年内选择各式葬仪的比例。他给出的数字如下:所统计的一年内日本的死亡人数为754,000,选择神道葬仪的为224,500,选择佛教葬仪的为526,500,选择基督教葬仪的为3,000。[1]足见当时佛式葬仪在日本有占近七成的绝对优势,神道式葬仪大致有三成比重,基督教式葬仪只有为数不多的教徒选用,比重最小。

宗教参与,特别是佛教的参与被认为是对死者的安慰,使之带着再生的期望进入另一个世界。佛教葬仪的程式仪规主要包括通夜、纳棺、葬礼、告别式、入炉式、纳骨、埋葬等仪式。神道葬仪比佛教葬仪简单。神道和佛教的丧葬习俗中都有亲属服丧的规定,服丧期间一般不出门,也不参加公共活动。

劳埃德指出,孩子出生后被带往神社,而当一个人死去后他的葬礼要由佛教僧侣操办,因为按照常规,神道是欢乐与生命的宗教,而佛教则是悲伤和死亡的宗教。[2]石田一良(1913～2006)在《日本文化》一书中更明确地指出:"神道一直到后来和佛教及基督教等来世教相互折衷为止,从不涉及人的死、灵魂的救济之事。神道是'生'的宗教,而不是'死'的宗教。"[3]这一观察颇具洞察力,也可以部分地解释日本人在丧葬方式的选择方面,外来的佛教葬仪何以会超越本土原生的神道葬仪。

佛教本来与葬礼无涉,僧侣的安葬仪式亦十分简朴。但在中国禅宗兴盛的唐代中、后期,世俗信徒增加,他们希望死后有佛教式的葬礼,于是在几乎全面吸收儒学仪礼的基础上,产生了佛式葬礼的原型。6世纪中叶佛教从中国经百济传入日本,佛式葬礼一并传入;7世纪末到8世纪初,在僧侣和贵族中开始流行火葬,日本人的丧葬礼法开始成形;8到9世纪天皇和贵族的丧葬与墓制方面发生了很大变化,由于律令制的导入和薄葬思想的影响,古时的丧葬习俗逐渐被新的习俗取代。到了醍醐、宇多、村上天皇时代,佛教的丧葬

---

[1] A. H. Lay, "Japanese Funeral Rites", p. 542.
[2] A. Lloyd, "Notes on Japanese Village Life", p. 157.
[3] 〔日〕石田一良:《日本文化》,许极燉译,上海:上海外语教育出版社,1989年版,第22页。

礼仪已经固定下来。此后佛式葬礼与先祖供养融为一体,在普及和大众化的基础上在日本习俗中扎下了根,并在后世一直占据着主导地位。

二、灵魂信仰与日本生死观

笼统地论说日本人的生死观有欠妥当。因为在不同的历史发展阶段,日本人的生死观必然是变化着的,并且不同阶级、不同阶层、持不同宗教信仰的人很可能会产生不同的生死观,即便同一个人,在生命的不同时期,因身体与精神状况的不同或身处的外部环境的变化,其生死观也未必一成不变。在此仅关注在一个相对较长的时段内,传统日本社会的普通民众对待生死问题的一般意识与态度。

记纪神话中关于高天原、现世与黄泉国的划分是人们根据社会现实想象出来的。伊邪那歧探访死去的伊邪那美的传说显示出远古时代日本人将死看作肮脏污秽的。灵魂信仰与祖先崇拜慢慢结合到一起,在佛教思想传入日本后深刻影响了日本人的生死观念。人们对死亡的恐惧逐渐减少,转而相信来生与灵魂转世。到德川幕府时代,武士道关于秩序和阶级的观点已经渗透到日本社会各个阶层。尽管武士关于死和名誉的认识,是统治阶层为维护自身利益和统治秩序而不断塑造和改造的结果,但是展示武士道的忠诚和视死如归的意识,却逐渐影响到不同阶级和阶层的民众。

对死亡的不理解和恐惧导致日本信仰史上出现了影响甚巨的灵魂作祟(たたり)[①]的迷信思想。作祟是灵魂对生者的激烈惩罚与报复,且最终总是与死亡联系在一起。日本传统信仰认为作祟的怨灵具有强大的破坏力量,足以引起疾病、自然灾害、死亡等恶性结果,因而对其充满了恐惧。作祟行为不仅惩罚仇人,有时也会祸及无辜。对灵魂作祟的过度恐惧相对淡化了批判怨灵的生前品格与行为的意识,而重在关心如何取悦、抚慰作祟的灵魂。通常的做法是将怨灵尊为神,为其修建神社寺庙并定期祭祀,使之停止作祟,是为"镇魂"。一旦将作祟的灵魂尊为神,民众又进而向其谋求为现实生活带来益处。

日本的灵魂信仰与生死观全然没有体现出劝善惩恶的思想意识,他们认为无论人生前表现如何,也不管他是为何而死,以及怎样死的,死去后就与生

---

① 最著名的当属菅原道真灵魂作祟传说。菅原道真(845~903)是日本平安时代著名的文学家、政治家,因在政治上一帆风顺而遭到政敌藤原时平(871~909)的排挤,被听信谗言的醍醐天皇(885~930)贬斥,最后于失意中死去。藤原家族的人不久相继死去,更由于雷击殿柱,醍醐天皇受惊吓而病死。当时舆论普遍认为菅原道真无辜被害,其悲愤之气郁结为怨灵所致。

前一切功过是非完全了断。在这种观念支配下,日本人一般只愿赞颂前人的业绩,而不想触及先民的污点,他们甚至对敢于自杀者报以好感。这从一个侧面表现出日本传统信仰惯于为逝者讳、反省与批判意识缺失的特点。

三、佛教对生死观念的影响

在基督教的创世神话中,亚当和夏娃的犯戒、堕落与受罚使人类开始有了善恶之分,并且必须通过恶和犯罪才能认识到善,进而弃恶从善。其中体现出的二元对立的认知方式深深地植入到西方的文学、文化和社会行为中[①],其中最为突出的是"原罪"与"救赎"[②]这一对矛盾。日本人的生死观中不存在这种原罪与救赎意识,而突出表现为"无常"观念的影响和"逝去成佛"的信仰。

日本人心灵深处的"世事无常"观念与日本古代产生的"消亡美学"意识有着千丝万缕的联系。在日本人的远古信仰中,生产礼仪、自然崇拜与祖先崇拜三者有机地联系在一起,人们对死亡的认识不外乎从生产经验中获得的草木荣枯、长辈过世等"消亡"现象。

平安时代中期以后,日本人苦于战乱和饥馑,对人生产生怀疑,并对死后感到不安,于是转向佛教寻求帮助,佛教因而受到崇奉。这一点与中国的东晋时代相类似。在佛教"无常观"与轮回思想的影响下,日本人普遍相信生的暂时性与死的永恒性,将尘世视为秽土,寄希望于死后到达极乐世界的彼岸。

在佛教东传日本的过程中,"六道轮回"观念与火葬的形式深刻影响并改变了日本人的生死观。"六道轮回"宣扬人若陷身世间生活不自拔,则永受生死轮回之苦。深受禅宗影响的日本人认为世间一切事物都处在生起、变异、毁灭的过程中,生命处于生死搏斗中。在佛教的死亡哲学影响下,人们淡泊生死界线,甚至产生厌世心理,转而追求死后进入极乐世界。

当代中国学者贺嘉、陈晖研究指出,佛教影响日本丧葬祭祀习俗的一大标志是树立木制纪念碑,祭祀礼俗由以坟墓为供养对象逐渐转移到以记有戒

---

① 参见 Northrop Frye, *The Great Code: The Bible and Literature*, New York: Harcourt Brace Jovanovich, 1982, pp. 106—114.
② "原罪"来自基督教的传说,是人类始祖亚当和夏娃违背上帝的命令、偷吃禁果所犯的罪行累及后世子孙,成为人类与生俱来、洗脱不掉的罪行,也是人类一切罪恶和灾祸的根源。"救赎"指人类因有原罪而无法自救,上帝差遣他的儿子耶稣来到世间,耶稣后被钉死在十字架上,在上帝面前替人类赎了罪。按照基督教的教义,凡是信仰上帝、跟随耶稣的人都能得救,死后将进入天堂获得永生。

名的牌位为供养对象。①木制纪念碑上面雕刻着信徒死后由佛教僧侣授予的名号,其中官阶较高者称"谥",其余称"法名"或"戒名"。到8世纪时,树立墓志(ぼし)或纪念碑以标注坟墓位置的做法几乎已经成为日本普遍的习俗,后来进一步发展为在家中摆放已去世长辈的牌位以供日常祭奠的情况。

佛教影响的另一标志是土葬这一旧有的殡葬方式被火葬、水葬和野葬等新的殡葬方式取代。《续日本纪》中提到曾入唐求佛法的日本学问僧死后实行火葬,"时年七十有二,弟子等奉遗教,火葬于栗原,天下火葬从此而始也",是为日本有文字记载的最初的火葬。②笃信佛教的信徒纷纷采用火葬方式,以期获得新生,最终走向"涅槃",入于不生不死的西方极乐世界。火葬方式的流行无形中促使人们窒灭一切欲望与现世的人生追求,而将希望寄托在来生。作为一种殡葬方式,火葬给日本人带来强烈的震撼,在某种意义上可以说相当于对"灵魂"的重新发现。

---

① 参见贺嘉、陈晖:《道昭与日本火葬》,马兴国、宫田登主编:《中日文化交流史大系5·民俗卷》,杭州:浙江人民出版社,1996年版,第289页。
② 『新訂增補國史大系 續日本紀』,東京:吉川弘文館,1989,第6頁;转引自贺嘉、陈晖:《道昭与日本火葬》,马兴国、宫田登主编:《中日文化交流史大系5·民俗卷》,第289页。

余 论

以日本亚洲学会与《日本亚洲学会学刊》为中心聚拢起来一批近代旅日欧美学者,他们在历史上第一次将自己的西学背景、西方新兴学术方法与日本本土的学问结合了起来。他们广泛使用语言学、考古学、人类学等学科的方法研究日本,形成了新的研究范式。近代旅日欧美学者以外在的"他者"视角观照日本与日本文化时,自身的西方文化背景与异质的日本文化现象之间天然地存在某种冲突与对抗。正是这种跨文化的差异,使得他们较为切实地感受到日本文化与西方文化的不同之处,亦即日本文化的独特之处,或者说"日本特色"与"日本风味"。

近代旅日欧美学者从研讨日本古代的典籍文献出发,着力寻找日本文化的源头,也有直面日本现实的观察与思考,细密地梳理了日本哲学思想的发展脉络,精心描摹出日本社会习俗及其变迁历程,开拓了日本学全面广阔的研究领域,形成了百科全书式的研究理路,亦促进了日本学的学科化发展。但也应当看到,部分学者在分析日本古事时缺乏明确的历史意识,表现出一种迷信线性进化的唯心史观;他们从外部资源着手研究历史问题的方法亦呼唤从内部资源中寻求确证。

第一节 文学比较与跨文化传通

文学借助语言、文字遵照一定的体裁样式表情达意,或者通过塑造形象反映社会生活,几乎可以反映所有与人类生活密切相关的人、事、物,并因想象与虚构的运用而比现实更具典型性,是文化中最具有代表性和独特性的部分。近代旅日欧美学者尝试汇通日本文学与西方文学,他们将日本民间故事与西方的童话、民间传说捉置并处,加以对照;他们也将日本诗人、作家与西方同类进行比较。他们的类比是否具备合法性,所谓一种文学"影响"了另一种文学的论断是否经得起严格的实证辩难,以及在跨文化理解与传通的过程中"比较"如何作为方法,都值得深入思考。

一、东西方民间故事对照

民间故事是指在历史上由民众集体创作、依靠口头流传并一直保留到现代的虚构性非韵文口头文学作品。民间故事往往与古老的神话世界有着某种关联，常常借助奇异的语言和象征的形式展开情节，题材广泛而又充满幻想，大都表现人们的良好愿望。古德温（C. W. Goodwin）1875年在《日本亚洲学会学刊》第三卷发表了一篇题为《日本传说数种》[①]的文章，概述了一些日本民间故事，并与《格林童话》、爱尔兰民间传说等进行了一些有趣的对比。

（一）《鬼取瘤事》及其西方比照

古德温从《宇治拾遗物语》[②]中一个名为《鬼取瘤事》（The Story of the Man with the Wen）的日本故事谈起。故事的大意是：一个斫柴翁因风雨大作无法回家，不得不在山上过夜，因无处容身而钻进树洞。遇见群鬼饮酒跳舞，受感染而加入到他们的歌舞行列，群鬼很开心，临别时要他日后再来，并取下他右颊上的瘤以为质。邻翁左颊上也有个瘤，想让群鬼帮他拿掉，于是进山过夜。但因他舞跳得太拙劣，群鬼很生气，就把上次留下的那个瘤掷还到邻翁颊上，翁饮恨而归。故事结尾点明寓意：不应嫉妒他人。

古德温将《鬼取瘤事》与爱尔兰民间故事《诺克格拉夫顿传说》（The Legend of Knockgrafton）进行对比。后者讲的是在一个名为诺克格拉夫顿的村庄，住着一个善良的驼背小个子拉斯莫尔（Lusmore），他于一个夏日的夜晚在护城河边听到水下有精灵在唱歌，因不满对方歌声的单调，遂在歌声间隙插入自己的吟唱，对方立即把他捉到水下，并与他一起唱歌跳舞。之后为答谢他，精灵用黄油做的锯把他的驼背锯掉，他直起腰来，立即变得很高大。村中另一个驼背杰克·麦登（Jack Madden）在母亲怂恿下做同样的尝试。杰克急不可耐地用毫无韵律的吼叫一次次打断精灵的歌唱。被激怒的精灵为了惩罚他，将上次从拉斯莫尔身上取下的驼背加到他身上。故事结尾揭示寓意：这就是嫉妒和不好的品味造成的后果。

古德温评述道："毫无疑问这两个故事是同一的。难道我们能够认为同样的主旨会'独立地'进入两个不同的讲故事人的头脑吗？说其中一方的故

[①] C. W. Goodwin, "On Some Japanese Legends", in *TASJ*, Vol. III (1875), Part II, pp. 50—70.

[②] 《宇治拾遗物语》，日本古典故事集，全书15卷，197篇故事，约成书于13世纪前叶，作者不详。故事的舞台大多以中国、印度、日本为主。一般认为是与有"宇治大纳言"之称的贵族隆国所撰写的《宇治大纳言物语》成书于同一年代，《宇治拾遗物语》可能是前者的增补或者拾遗。

事不是从另一方借鉴的可信吗?"①他相信近代(recent epoch)日本与爱尔兰两国之间不可能存在直接交往,并且没有办法追查该故事的迁徙流传情况,很可能同一个故事几乎走遍了全世界。他猜测存在两种可能,一是日本人在相对晚近的时候通过中国,抑或通过阿拉伯或印度的商人接受外来故事;二是这类故事属于都兰语族圈最古老的传说,远在信史黎明阶段以前就广泛存在于整个亚洲与欧洲。②按照古德温前一种猜测,故事是从西方传到东方的;若后一种猜测属实,则该故事当系从东方传到西方的。

古德温认为一方的故事可能是从另一方那里借鉴的,这一猜测缺乏令人信服的证据。至少在《宇治拾遗物语》成书的13世纪初叶之前,日本与爱尔兰之间并不存在人员往来的通道,也没有足够证据表明中间存在一个过渡或中转。古德温确信《诺克格拉夫顿传说》"在爱尔兰以外的欧洲其他地方不为人知"③,因而该故事向外流传的可能性也非常小。

日本的《鬼取瘤事》故事中蕴含着明显的佛教因果报应因素。自中世以来,日本文学尤其是小说中一直贯穿着浓厚的佛教思想,如生死轮回、无常观及因果报应等。佛教的这类题材在近世得到延续,小说中对地狱冥府、妖魔鬼怪等的描写颇为常见。《宇治拾遗物语》中除《鬼取瘤事》以外,《鼻长僧事》④《雀报恩事》⑤等许多民间故事都包含类似的佛教思想。其中《雀报恩事》宣扬善恶有报、否弃嫉妒的论调与《鬼取瘤事》如出一辙。

(二)《日本采石工》之东西方对照

古德温继而转向另一个日本故事——《日本采石工》(The Japanese Stone-cutter)。故事说的是采石工工作非常辛苦,但是收入微薄,有一次他仰天长叹,天使现身帮他实现愿望。他先是希望变得富有;变富有后又想成为

---

① C. W. Goodwin, "On Some Japanese Legends", p. 58.
② 古德温还提到,"最近的发现倾向于表明,以前通过闪族与亚利安人流传的大洪水的故事及其他一些传说,在流传于闪族与亚利安人之前事实上起源于都兰语族的部落间。"(C. W. Goodwin, "On Some Japanese Legends", p. 69.)
③ C. W. Goodwin, "On Some Japanese Legends", p. 54.
④ 《今昔物语集》第二十八卷中亦有与《宇治拾遗物语》中的《鼻长僧事》类似的故事。《今昔物语》很可能是后者的来源。后来芥川龙之介(1892~1927)以此二者为蓝本,创作出短篇小说《鼻子》。大意是和尚禅智内供长着与常人不同的长鼻子,因受众人的议论和嘲讽而自尊心受伤害,后用偏方去掉长鼻子,结果发现周围的人非但没有停止议论与嘲讽,反而变本加厉。后来他的长鼻子又恢复原样,烦恼亦随之退去。
⑤ 《宇治拾遗物语》卷二第十六段《雀报恩事》讲的是一老妪拾得一只伤雀,雀伤愈复元后飞去。后衔一瓢实来,妪种后结一巨瓢,从中涌出无数白米,因而致富。邻妪羡妒,故意取石击雀,再收治伤雀,待雀伤好后放飞。雀也衔一瓢实来,后结一巨瓢,从中飞出无数毒虫,将邻妪蛰死。

国王；变为国王后又想成为力量更强大的太阳；成为太阳后被云遮住，又想成为云；变成云后却发现被岩石挡住，又想成为岩石；一旦变为岩石，见一个采石工从岩石上采下许多石块，心生羡慕，最终又变回采石工。他继续辛苦劳作，收入一如既往地微薄，却心满意足了。

古德温称自己第一次读到这个故事时即联想起格林童话中《渔夫和妻子》①的故事，其寓意是"满足于你现在的状态"（Be content with your station）。古德温指出，因为该故事收录在一本荷兰书中②，显然其中包含若干非日本因素的色彩。他调查后却发现当时在任何日本书籍中都找不到类似故事，但是有一个正在日本民众中口头流传的《野心老鼠的故事》（The Story of the Ambitious Mice），主要情节与此十分相似。

《野心老鼠的故事》是关于野心勃勃的老鼠选女婿的一则寓言故事。野心老鼠要把女儿嫁给世界上最强大者，最初选择了太阳；但发现太阳可以被云遮住，于是改选云；发现云可以被风吹走，又改选风；发现风可以被墙挡住，再改选墙；最终发现墙可以被老鼠穿透，它确信还是老鼠最强大，于是把女儿嫁给了老鼠。

古德温指出，尽管采石工的故事与野心老鼠的故事具有明显的共同基础，但二者在若干重要之处存在差异。他给出的解释是可能由于荷兰作家在整理时头脑中早已存在的德国传说在起作用。③又说，德国渔夫的故事与日本野心老鼠的故事虽存在一般的相似性，但它们是否有一个共同的起源却相当令人怀疑。因为日本采石工的故事出现在荷兰小说中，从而在两者之间构筑了某种联系，古德温据此认为，这三个传说一起提供了一个富有启发性的观点，即一种想法可能会有多种表现形式。

二、东西方作家间的类比

近代旅日欧美学者在某些日本与西方作家间切实进行过一些比较，深化了欧美读者对所述日本作家的理解。比如迪克逊（J. M. Dixon）曾就鸭长明

---

① 故事的梗概是：从前有一个渔夫和妻子住在海边的小房子里，他感到非常满足，而他的妻子却很贪婪。一天，渔夫钓到一条大比目鱼，得知比目鱼是王子假扮的，就将它放了回去。渔夫的妻子得知后要他向比目鱼提出要求，渔夫虽不情愿，但为取悦妻子还是去了。渔夫的妻子贪心不足，先是想要一所小房子，继而渴望一座大城堡，接着要求成为女王，然后要求成为教皇，最后要求与造物主平起平坐，结果最终又回复到起初海边肮脏的小屋生活。故事的寓意是谴责邪恶的贪心。

② 《日本采石工》出现于一部荷兰小说《麦克斯·哈夫纳》（Max Havelaar），并且明确标明该故事取自一篇名为《荷属印度》（"Dutch India"）的期刊论文。

③ C. W. Goodwin, "On Some Japanese Legends", p. 62.

与华兹华斯的文学相似性展开过研究,霍拉(Karel Jan Hora)曾就鸭长明与华兹华斯的生平进行过异同比较,张伯伦在《芭蕉与日本俳句》中也提示过松尾芭蕉与华兹华斯之间的类比。

(一)迪克逊论鸭长明与华兹华斯的文学相似性

镰仓时代初期著名歌人、随笔作家鸭长明(1155～1216,一说1153～1216)是近代旅日欧美学者关注最多的日本作家之一。《学刊》第二十卷刊载了迪克逊的两篇文章,分别是《鸭长明与华兹华斯:文学相似性》[①]和鸭长明《方丈记》开头部分的英译[②]。译作在此姑置不议,前一篇文章采用平行研究的方法,探讨鸭长明与华兹华斯在文学创作与生活态度方面的相似性与差异之处。

迪克逊称鸭长明与华兹华斯都能够在研究大自然的不同面向时找到自己最大的快乐。虽然都喜欢亲近自然,但他们对待花草树木的态度有所不同:鸭长明对待花草树木的方式与现代美学的方式有类似之处,即倾心于树枝或花朵的曲线或色调;而华兹华斯则相信"生物之美在于它本身"[③],而且当他在诗中言及花草或无生命的事物时,从来没有将它们与周围的环境相剥离。

迪克逊还分析指出二人的山居生活存在着分歧:华兹华斯以一种逐年延展的方式生活;而鸭长明则明白无疑地以一种收缩的方式生活,并最终陷入虚无,以致整个人生只是在期待着一个被动的幸福。华兹华斯对社会的态度表现为无尽的同情和更多的善意,他拒绝鸭长明那种冷漠无情,对人类的苦难与抗争也不会无动于衷。而鸭长明的相关论断表达出浅薄的情绪,在他身上厌世思想是一个短暂时期内负气的产物。针对鸭长明"生命有如蝉蜕"的说法,迪克逊指出其口吻不像哲学家的人生感悟,而像一个"现世中失意的人在表达懊悔"[④];有着类似经历与爱好的华兹华斯在与鸭长明差不多的年龄却发出了截然相反的声音。

在迪克逊看来,尽管鸭长明是一个真诚的佛教徒,却"绝不是一个皈依

---

① J. M. Dixon, "Chōmei and Wordworth: A Literary Parallel", in *TASJ*, Vol. XX (1892), Pt. II, pp. 193—204.

② J. M. Dixon, trans., "*A Description of My Hut*", in *TASJ*, Vol. XX (1892), Pt. II, pp. 205—215. 译者詹姆斯·迪克逊是当时东京帝国大学英语系的教师,他让学生夏目漱石(本名夏目金之助,1867～1916)翻译,然后对此进行修改,迪克逊在开头的"按语"(ノート)中对漱石的帮助表示感谢,但没有把漱石当作译者(漱石翻译的原作收录在其全集中)。

③ J. M. Dixon, "Chōmei and Wordworth: A Literary Parallel", p. 198.

④ Ibid., p. 196.

者"①,他只是适度地遵循佛教的要求,并且佛教教义无疑和他意气相投。迪克逊解释说,依照佛教信条,罪孽因虔信、祈祷和行善而被荡涤掉,鸭长明坦然承认自己在参加宗教仪式时不够严格;当然华兹华斯在面对这些事情时也无意于那些繁琐的仪规。

(二) 霍拉比较鸭长明与华兹华斯生平

1907年《日本亚洲学会学刊》第三十四卷上刊发了霍拉的《论鸭长明的生平与著作》②和鸭长明《无名抄》的英译③。译文前有一篇简短的序言,虽然没有明言,但字里行间却透露出他所理解的优秀日本诗歌的标准。标准之一是对主题表现出更明朗的见解,和歌创作者必须注意不要离开和歌所规定的主题,但是与主题结合得过紧也不好,对"度"的把握颇见艺术功力。④标准之二是应避免在某些词语的左近使用与之相类似的词语⑤,他解释说因为重复用汉字表达同一个意思或许不能达意,解决之道是适时引入假名。

在《论鸭长明的生平与著作》一文中,霍拉从鸭长明与华兹华斯的身世与生平出发进行比较,探寻二者在精神形态与个性方面的差异及其形成原因:

首先是二人的家庭背景与遭际有可比之处。出身于世代神官之家的鸭长明,本想继承父祖事业,却遭到阻挠,雪上加霜的是父亲早逝,妻离子散。华兹华斯生于律师之家,父亲早逝似乎并没有对他的生活造成太大的恶劣影响,因为他仍有机会接受良好的教育;虽然舅父对他参与政治活动不满,不肯接济他以作限制,他却获得了同学的遗赠,足以保证生活无忧。

其次,他们在各自时代诗坛的地位也有可比之处。1187年鸭长明因一首恋歌入选《千载和歌集》而跻身于"敕撰歌人"行列,后以宫廷歌人身份步入文坛,其思想和文学对于日本的歌道乃至后世日本文化的发展都产生了重大影

---

① J. M. Dixon, "Chōmei and Wordworth: A Literary Parallel", p. 195.
② K. J. Hora, "Notes on Kamo Chōmei's Life and Work", in *TASJ*, Vol. XXXIV (1907), Pt. IV, pp. 45—48.
③ K. J. Hora, "*Nameless Selections* of Kamo Chōmei", in *TASJ*, Vol. XXXIV (1907), Pt. IV, pp. 81—98.
1907年《方丈记》全文由弗雷德里克·迪肯斯(Frederick Dickens)和南方熊楠(1867~1941)合作英译出版。(Kamo Chōmei, *Hō-jōki*, Frederick Dickens & Minakata Kumagus trans., London: Gowans & Gray, 1907.)
当代日本学者秋山勇造指出:"不幸的是,这个译本当时在日本几乎不为人知(如今也可能是这样),但是它比漱石、迪克逊的翻译正规得多,与其说是翻译,不如说更像是关于《方丈记》的学术研究。令人遗憾的是,这个译本仅留下了完成稿,所以不能对熊楠和漱石的翻译原稿进行比较了。"(参见秋山勇造:「日本アジア協会と協会の紀要について」,第78頁。)
④ K. J. Hora, "*Nameless Selections* of Kamo Chōmei", p. 83.
⑤ Ibid., p. 85.

响。但霍拉认为鸭长明"作为诗人的声誉要高于作为作家的"①,依据是《新古今和歌集》收录了他12首和歌,且被视为上乘之作。华兹华斯1843年被授予"桂冠诗人"称号,成为继莎士比亚与弥尔顿之后的一代大家,其诗歌理论动摇了英国古典主义诗学的统治地位,有力地推动了英国诗歌的革新和浪漫主义运动的发展。

最后,他们的人生阅历也有可比之处。除了都是幼年丧父以外,鸭长明经历过大火、飓风、大饥馑、大地震等天灾人祸,这些都极大地刺激了他,使他深感人世无常、生灵多磨,于是出家隐居,过着与世隔绝的清贫生活。华兹华斯亦经历过思想上的大起大落,对法国革命从拥护变为反对,最终寄情山水,在大自然里寻找慰藉。

(三) 张伯伦眼中的松尾芭蕉与华兹华斯

面对松尾芭蕉这样一位和蔼可亲的师长、多才多艺的俳句诗人,深受其著作与人格影响的仰慕者纷纷把他比作"日本的华兹华斯"。张伯伦在《芭蕉与日本俳句》中并不认同这种比附。他认为,首先芭蕉不如华兹华斯幸运;其次,芭蕉继承的语言——日语——作为诗歌创作的媒介是无比低劣的;最后,芭蕉不幸被限定在俳句这种唯一的诗歌形式、也是诗歌中最贫乏的(the poorest)形式中。②

张伯伦无意贬低芭蕉的地位,相反,他给予芭蕉相当高的评价。张伯伦称:"芭蕉成功地令他生活时代的诗歌品位得以重建;他对自然的了解与同情至少与华兹华斯一样密切;他对不同境况下人们的同情甚至超过华兹华斯;他从未与自己的同类人相隔绝,而是非常高兴地生活在世界上(in the world),尽管并不是入世地(of the world)生活;他的同时代人从他那里获得的道德教义并不比文学影响小。"③将芭蕉比作华兹华斯的确多有不妥,但张伯伦给出的解释却是很成问题的。

首先,芭蕉生活的环境、氛围不如华兹华斯确属事实,但环境的不利有时还是令诗作出彩的一个外部原因,中国就有"国家不幸诗家幸"的说法。鸭长

---

① K. J. Hora, "Notes on Kamo Chōmei's Life and Work", p. 46.
霍拉列举的鸭长明的著作:《莹玉集》(Keigyoku Shū)、《无名抄》(Mumei Shō)、《发心集》(Hoshin Shū)、《文字抄》(Monji Sō)、《四季物语》(Shiki Monnogatari)、《方丈记》(Hōjōki);还提到一部《海道记》(Kaido Ki),但霍拉表示不确定它是上述某部著作的抄本还是另一部著作。(K. J. Hora, "Notes on Kamo Chōmei's Life and Work", p. 48.)

② B. H. Chamberlain, "Basho and the Japanese Epigram", in *TASJ*, Vol. XXX (1902), Pt. II, p. 291.

③ Ibid., p. 291.

明与华兹华斯都将一生历练的不幸遭遇与多舛的命运化为写作的素材与动力,并成为各自时代领风骚的大家。

其次,说日语作为诗歌创作的媒介无比低劣,带有明显的英语优越论,显示出作为语言学家的张伯伦心存偏颇。假如说作为一个民族,日本人整体诗性思维欠发达,似乎与他们所使用的语言没有本质的联系。像张伯伦这样抱持狭隘日语观的人在近代旅日欧美学者中非常普遍,影响所及甚至如森鸥外等一大批近代知名日本学者都曾一度鼓吹日语罗马化,认同所谓的日语低劣论。

第三,将俳句定位为诗歌最贫乏的形式也欠斟酌。虽然俳句形式短小并且定规颇多,无形中限制了它的表现力,但单纯依据篇幅长短来评判诗作优劣,在文学批评中实不足取。判定诗歌是否贫乏,标准应侧重于其内容与表现力方面,譬如看它是否给人以美的享受,或带来愉悦感,或给读者以心灵震撼等。俳句在日本流行逾千年而能够长盛不衰,说明它具有旺盛的生命力,篇幅短小并不必然意味着它在内容、表现力与价值方面贫乏。

三、文学"类比"的合法性

近代旅日欧美学者的论著中经常出现诸如和庄兵卫——日本的格列佛[①]、中国儒家的马丁·路德——朱熹[②]之类的说法,这种比附在当时是一种惯例常态。张伯伦在《芭蕉和日本俳句》中提到,现代日本批评家为了使他们的民族文学能够与莎士比亚、司各特、雨果、卢梭等人的作品对话,往往"借助欧洲艺术批评的学术性,如'主观的'(subjective)、'客观的'(objective)及其他一系列行话(jargon),忙于将家鹅转变为天鹅"[③]。无论欧美学者还是日本批评家,如果将此类"类比"只是用作一种修辞倒无大碍,但若片面地认定二者的对等,甚至为了证明这种对等而不惜在材料取舍与论证过程中做出有倾向性的选择,则易产生严重的误导。

在异质文化接触、交流的最初阶段,为了便于理解,或者尽快接受外来思想并加以本土化改造,大致都要经过一个比附的阶段。比如中国魏晋时期以玄学解释佛教的"格义","以经中事数,拟配外书,为生解之例",[④]即通过比附

---

① B. H. Chamberlain, "Wasaubiyauwe, the Japanese Gulliver", in *TASJ*, Vol. VII (1979), pp. 285—308.
② G. M. Fisher, "The Life and Teaching of Nakae Toju, the Sage of Omi", in *TASJ*, Vol. XXXVI (1908), p. 26.
③ B. H. Chamberlain, "Basho and the Japanese Poetical Epigram", p. 302.
④ 释慧皎撰、汤用彤校注:《高僧传》,北京:中华书局,1992年版,第152页。

老子、庄子解释说明佛经所言；后世出现以儒家思想比附佛法的，也一并被视为"格义"佛教的另一种表现形式。汤用彤在《汉魏两晋南北朝佛教史》中指出：

> 大凡世界各民族之思想，各自辟途径。名辞多独有含义，往往为他族人民所不易了解。而此族文化输入彼邦，最初均抵牾不相入。及交通稍久，了解渐深。于是恍然于二族思想，固有相同处。因乃以本国之义理，拟配外来思想。此晋初所以有格义方法之兴起也。①

迨至19世纪末20世纪初，中国近代思想家再次援用"格义"的方法，不同之处在于以佛教之说解释西洋之学，比如谭嗣同《以太说》借助佛教思想解释西洋哲理②，宋恕《印欧学证》用佛经印证欧洲新说。③平安时代末期的日本为促进佛教与神道的融合，出现了佛教的本土化表现——"本地垂迹"④，也在一定程度上体现为比附。

文化相对论者弗朗兹·博厄斯（Franz Boas, 1858~1942）在1896年发表的《人类学比较方法的局限》一文中明确反对盲目比附：

> 把世界不同地区的相似文化现象加以比较的人类学研究，为了发现这些现象发展的统一历史而做出假定，认定相同的民族学现象到处都以同样的方式得以发展。这种新方法论证中的毛病就在这里，因为并不能给出这样的证据。即使是最粗略的评论也会表明，同样的现象可以以多种方式发展。⑤

---

① 汤用彤：《汉魏两晋南北朝佛教史》上册，北京：昆仑出版社，2006年版，第212页。
关于"格义"的解释，亦可参见汤用彤：《论"格义"》，《汤用彤全集》第五卷，石家庄：河北人民出版社，2000年版，第231~242页；陈寅恪：《支愍度学说考》，《金明馆丛稿初编》，北京：生活·读书·新知三联书店，2001年版，第159~187页。
② 谭嗣同：《以太说》，《谭嗣同全集》（增订本），蔡尚思、方行编，北京：中华书局，1981年版，第433~434页。
③ 宋恕：《宋恕集》上册，胡珠生编，北京：中华书局，1993年版，第85页。
④ 本地垂迹系指神道中的神成了佛的垂迹身（替身、化身）。本地垂迹是神佛同体说，称佛是神的本体，神是佛的权现。每一种神均有一佛、菩萨与之搭配，其神祇皆为佛、菩萨之垂迹。
⑤ 原文如下：Anthropological research which compares similar cultural phenomena from various parts of the world, in order to discover the uniform history of their development, makes the assumption that the same ethnological phenomenon has everywhere developed in the same manner. Here lies the flaw in the argument of the new method, for no such proof can be given. Even the most cursory review shows that the same phenomena may develop in a multitude of ways.（Franz Boas, "The Limitation of the Comparative Method of Anthropology", in *Science*, N. S. 4 (1896), p. 903.）

上述人类学研究的所谓比较,不过是把"相等"或"相似"的成分放置在一起,牵强地迫使现象就范于理论。博厄斯坚信有关个别文化的历史研究和深度的专题研究应该先于比较研究;在进行广泛的比较之前,材料的可比性必须得到证明。

博厄斯的论断同样适用于异质文化间的文学比较。文学比较要规避以偏概全的"比附"。比附省略了原本极其重要的比较平台的构建,不仅颠覆了原有概念的内涵和外延,而且有削足适履之嫌。研究视角的确立具备选择性优势的同时,也不期然间会产生排他性的不足,一种视角的选取必然意味着其余视角的放弃,或者对其他视角重要性的认同度降低,随之不可避免地产生一定的视域局限,出现盲点,甚至立论舛错之处。是以,若非必要,当慎用"拉郎配"式的比较。

1907年在讨论霍拉翻译的《鸭长明的<无名抄>》时,劳埃德提及十五年前迪克逊对鸭长明与华兹华斯的比较,认为那并不是一个好的比较。[1]劳埃德指出,虽然华兹华斯与鸭长明都长于描写自然,但华兹华斯是一个漫不经心的作家,充沛的思想令他行文冗长;而鸭长明因深受日本文学追求简短与清晰的定规限制,将自己的思想压缩到最简洁的文字中。[2]劳埃德倾向于在鸭长明与坦尼森(Alfred Tennyson,1809~1892)之间进行比较,因为他们选择简练的用语,表明创作细致用心。张伯伦的《芭蕉与日本俳句》也多次指出坦尼森的诗作非常接近日本俳句浓缩的美。

格宾斯却认同迪克逊所作的比较。[3]他认为在日本与英国的诗歌间进行细密的对比很困难,比较并不单纯建立在相似性的基础上,因为在几乎所有日本诗歌中都可以找到与坦尼森作品的相似之处。华兹华斯与鸭长明都是以描写自然见长的诗人,因而就他们二者进行类比是恰当的。

可见对不同国家的作家或诗人的比较是一个见仁见智的问题,争论的焦点其实不在是否可比,而是比较什么的问题。劳埃德承认他们都以描写自然见长,但在行文风格方面存在差异。至于在华兹华斯与坦尼森之间选择哪一个与鸭长明比较更为恰当,关键问题是如何找准双方诗作的可比性。

迪克逊对比鸭长明与华兹华斯的诗句后发现,当鸭长明提及杜鹃时,总是遵循中国传统,突出它悲哀的鸣叫;而在英语世界里杜鹃却是友好的象征。从文化深层探究同一事物在不同文化中营造出的不同意象,不仅使比较显得必要,而且对附着于意象之上的象征意义的思索极具启发价值。作者接

---

[1] "Minutes of meetings", in *TASJ*, Vol. XXXIV (1907), Pt. IV, p. 149.

[2] Ibid.

[3] Ibid.

下来暂时游离了鸭长明与华兹华斯的比较,以较长的篇幅探讨日语与英语诗歌中的杜鹃意象,指出两者的区别相当明显。迪克逊的比较除了寻找常规的文学相似性以外,还隐约显示出作者的宗教情怀。

首先,迪克逊指出鸭长明不是一个虔诚的佛教皈依者,这其实是在以一个宗教意识浓厚的基督教信徒的目光关注日本作家。张伯伦在研究松尾芭蕉与日本俳句时也有过类似的表达。[①]就迪克逊与张伯伦这种在西方基督教文化氛围中成长起来的学者而言,宗教已经内化为他们的思想意识的一部分,深刻影响到他们的言行举止与价值判断。

在日本无论学者还是民众,多出于实用目的而有限地援用宗教信条或宗教仪式,并且不同宗教的教义可以在同一个人身上得到调和。或许迪克逊与张伯伦难以理解日本人对待宗教的这种态度,所以在比较东西方文学的相似性时,会拈出对宗教的虔信与皈依与否,作为一重标准进行论说。

其次,迪克逊在观照鸭长明与华兹华斯对待社会的不同态度时,也将宗教情怀作为评判的一重标准。在迪克逊看来,鸭长明的态度是出世的,面对社会表现得冷漠无情,对人类的苦难及其抗争无动于衷;而华兹华斯的态度则是入世的,面对社会表现出无尽的同情和更多的善意。迪克逊同样将这一差异归结为是否具有悲悯的宗教情怀使然。

第三,迪克逊还从二者心灵的宗教结构入手,区分鸭长明与华兹华斯的不同。他的核心观点是当面对外部世界时,华兹华斯有意地忽略所有原罪与救赎的问题,在其作品中体现出对愉悦的追求和给人以教导的旨趣;而鸭长明则时刻体现出一种事不关己的冷淡态度(indifferentism)。[②]迪克逊将鸭长明的冷淡态度视作日本人的国民性,他说这种冷淡态度给人的第一印象不错,但最终会令人不快。并解释说鸭长明是日本宗教结构影响下的一个作家,其言说方式缺乏道德光芒、缺乏力量和温暖感,给人带来不快。

且不说迪克逊将冷淡态度定位为日本的国民性是否合适,他称许华兹华斯作品中对愉悦的追求相对有说服力,并且也符合文学的审美性特征,但他推崇华兹华斯作品中带有的"给人以教导的旨趣",该标准的设定是成问题的,因为说教肯定不能作为优秀文学作品的标准,甚至会令作品价值大打折扣,古今中西概莫能外。

结合迪克逊对鸭长明与华兹华斯文学相似性的比较来看,霍拉对二人

---

① 张伯伦认为,许多日本人只是在形式上成为佛教徒,虽然也有一些真正的皈依者,但多数都是处在神秘的热情与艺术、文学的修养之间。(参见 B. H. Chamberlain, "Basho and the Japanese Epigram", in *TASJ*, Vol. XXX (1902), Pt. II, p. 275.)

② J. M. Dixon, "Chōmei and Wordworth: A Literary Parallel", p. 197.

生平的比较基本上是站得住脚的，也达到了通过比较区分异同的目的。鸭长明与华兹华斯家庭出身的相似使他们都有机会获得优秀教育，这为他们日后走上文坛并引领文学大潮奠定了基础。不尽相同的不幸遭遇对他们的影响程度亦不同。一系列的打击接踵而至，直接影响了鸭长明的人生轨迹与价值观念，于是他选择与世隔绝的隐遁生活，实是出于对现世人生的厌倦；相对而言，华兹华斯所受的打击并非致命性的，结果尽管也寄情山水，但并不妨碍他继续以入世的姿态写作、生活，并在诗中给人以教导。

四、西方中心主义的阴影

钱锺书提到苏曼殊曾在中国诗人与英国诗人之间进行过类比，说他"数以拜伦比太白仙才，雪莱比长吉鬼才"①。但钱锺书认为英国诗人中"鬼才"别有所属，贝多士（T. L. Beddoes）堪当此称号；并进而指出拜伦的风格为"入世践实"，与"仙"相去甚远；而雪莱"凌虚蹈空"的诗风也不可谓之"鬼"，是以这种类比是不恰当的。不同于苏曼殊借助读者熟知的本国诗人介绍他国诗人的做法，早期旅日欧美学者在做类似比附时，有意无意地显示出强烈的"西方中心主义"思想。

迪克逊在《鸭长明与华兹华斯：文学相似性》一文中明确指出，在艺术领域自然之美被日本艺术家以一种令全世界都喜欢的方式再现出来，并且对西方观念带来革命性的影响，影响了人们对在装饰中什么构成美的本质看法，但在文学领域日本人表现出的影响力与独创性却比较少。②这种从整体高度对日本文学做出的相对较低的评价难脱以偏概全之嫌，并且显然是以西方的所谓文学标准来衡量日本文学，不加掩饰地流露出认定西方文学与文化优越的论调。

（一）西方中心主义的表现

因西方中心主义在近代日本学中涉及较广且影响甚深，故而在此需要宕开一点笔墨，梳理西方中心主义的种种表现以作背景勾勒，论述包含却不局限于文学研究领域，但仍收束于近代旅日欧美学者对日本文学的比较研究与跨文化理解。

西方中心主义在18世纪中后期的西欧思想家那里已有显现，在19世纪的西方社会更得以发展。西方中心主义表现为西方对于东方以及世界的理解与认识，西方主要指欧洲，他们以世界的中心自居，以欧洲作为文明和进步

---

① 钱锺书：《谈艺录》（补订本），北京：中华书局，1984年版，第50页。
② J. M. Dixon, "Chōmei and Wordsworth: A Literary Parallel", p. 193.

的代表,同时还是世界精神的体现者,而东方则落后、停滞,没有发展且外在于世界历史。西方中心主义抱持居高临下的傲慢心态,对东方充满了误读与遮蔽。

在民族国家为主体构建世界格局的时代,人们总是从自己民族的历史文化出发,审视异民族与异国文化。当西方将自己的思想观念与社会发展看作是正常的、具有普遍性的历史进程时,其中包含着明显的欧洲优越论的价值取向。西方与东方被安排在高低不同的概念等级中,西方文化被视作优越、高等的,人类历史围绕西方文化展开,西方文化的特征、价值或理想带有某种普遍性,从而也就代表了非西方未来发展的方向。

萨义德在《东方学》一书中指出的:"对一个欧洲人来说","东方几乎是被欧洲人凭空创造出来的地方","东方学"则"带有19世纪和20世纪早期欧洲殖民主义强烈而专横的政治色彩"。[①]萨义德对东方学的批判揭露了以西方标准来认识和评价东方,将思维截然划分为东、西方两种对立存在的西方中心主义认识论。

西方学界的有识之士对西方中心主义的错误与危害有着清醒的认识。斯宾格勒(Oswald Spengler,1880~1936)谴责西方流行的狭隘历史观,将历史简单地划分为古代、中世纪和现代阶段,认为它仅适用于西方。[②]汤因比(Arnold J. Toynbee)严厉批评了表现在"自我中心的错觉"中的西方的狭隘和傲慢,即认为世界环绕着西方旋转,存在着"不变的东西",以及"进步"是不可避免的。[③]杜赞奇(Prasenjit Duara)在《从民族国家拯救历史》中"强调动态和多元,与历史单一性构分庭抗礼"[④],倡导对分叉的历史分别进行追踪寻迹,从而摒弃线性、透明的历史观。

近代旅日欧美学者不时发出抱持西方中心主义文化观念的论述。19世纪后半叶至20世纪初年,西方急剧对外侵略扩张,旅日学者大多是来自是西方殖民主义国家的上层白人,他们基于历史局限性,或者出于维护自身既得利益的功利考虑,误认为经济发达等同于政治正确,进而意味着文化先进。有些学者言行中不加掩饰地透露出西方中心主义思想,当然更多情况下这种

---

① 〔美〕爱德华·W.萨义德:《东方学》,王宇根译,北京:生活·读书·新知三联书店,1999年版,"绪论"第1页、第3页。

② Oswald Spengler, *The Decline of the West*, 2 vols., Charles Francis Atkinson trans., New York: Alfred A. Knopf, 1922, Vol. I, pp. 93—94.

③ Arnold J. Toynbee, *A Study of History*, 10 vols., New York: Oxford University Press, 1954, Vol. I, pp. 149—157.

④ Prasenjit Dura, *Rescuing History from the Nation: Questioning Narratives of Modern China*, Chicago: The University of Chicago Press, 1995, p.54.

思想只是隐晦地出现他们的论断中。

如张伯伦的《日本事物志》"琉球"条，开始尚能够以较为客观的笔触陈述，称尽管琉球在人种和语言方面与日本相近，但数世纪以来两国人民没有交往；史载琉球于1451年首次向日本的幕府将军贡方物，17世纪初停止进贡。后来提到日本吞并琉球时说"1879年琉球王被带至东京并遭囚禁（was brought captive），整个琉球群岛也被置于冲绳县的管辖之下"，用语相当含混。张伯伦接下来对该事件的评述颇堪玩味：

> 这一变化，尽管招致这个小孤岛的宫廷与贵族强烈不满，因为他们丧失了大部分特权，据说却对一般民众是有利的。①

尽管小心翼翼地加上"据说"，以示该观念并非出于自己的观感，但以丧失主权的方式来获得可能会有的利益，恐怕一般民众也不见得乐意接受。并且当时与后来的历史都证明，日本强行将琉球并入版图，无论在思想上还是行动上都未有意识地做出努力，以改善琉球民众的生产与生活条件。

《日本亚洲学会学刊》第六卷有一篇论述日本建筑的文章，尽管作者宣称自己的评判只限于技术层面，而非出于民族偏见，却分明指出西洋建筑在方方面面优于日本的木建筑，称前者"在品位、设计规划、耐用度及舒适性等方面"都能满足日本人的预期目的（intended purpose）。② 原本各具优缺点的两类建筑在此却出现严重的一边倒局面，并称日本建筑只有全面采用西洋样式才能符合预期目的，全然无视传统与现实层面日本建筑应有的价值。

丹宁（Walter Dening）刊发于《日本亚洲学会学刊》第四十一卷的长文《日本现代文献》（"Japanese Modern Literature"）论述范围相当广泛，除文学问题外还涉及制定宪法和成立议会的政治问题，借助报纸与杂志鼓励民众参政的问题，反对女性染黑牙齿等习俗问题，（宗教）信仰的有效性问题，政策层面保守主义与自由主义的分野趋势，社会主义等问题。其中亦有露骨地宣扬东西方对立、西方为进步代表的观点：

---

① 原文如下：The change, though intensively disagreeable to the little insular court and aristocracy, who forfeited most of their privileges, is said to have been beneficial to the people at large.（B. H. Chamberlain, *Things Japanese, Being Notes on Various Subjects Connected with Japan*, London: Kegan Paul, Trench, Trübner & Co., Ltd; Tokyo: The Hakubunsha, Ginza; Yokohama, Shanghai, Hong Kong, Singapore: Kelly & Walsh, Ltd, 1890, p. 218.）

② George Cawley, "Some Remarks on the Construction in Brick and Wood and Their Relative Suitablity for Japan", in *TASJ*, Vol. VI (1878), Pt. II, pp. 316—317.

论述日本的外国作家大都倾向于接受这种观点:认为明治时代见证的日本变化不仅仅是表面的,更表现在日本民众的内在思想、感情、习俗、爱好和抱负等方面。这些作家中的大多数都认为,被称作西方文明的东西要优于东方文明,他们必然地支持日本全面西化(thoroughly Occidentalized)。[1]

明白无误地指称,论述日本的外国作家大都认为西方文明优于东方文明,并认为日本全面西化才是其前景光明的出路所在。

丹宁还说,在整个日本财政金融领域,旧有的日本观念与行为方式和新式的西方观念及行为方式存在许多冲突,这正是日本在工业与商业领域比西方国家进展缓慢的原因所在。作者认为绝大多数中年以上的日本人天性保守,由这种政客组成的政府当然是保守的;神道与儒学都强烈地支持保守主义,然而其对立面的"产业阶层无疑是亲欧的、也是进步的(pro-European and progressive)。"[2]几近露骨地宣扬东西方对立、西方为进步代表的观点。

(二)影响传播,抑或会心不远

1887年12月艾约瑟(J. Edkins)在日本亚洲学会的会员大会上宣读了《日本传说中的波斯因素》[3]一文,列举了日本神话与波斯传说及口传历史间的六点相似之处,试图以此说明波斯信仰在古代东亚得到了广泛传播。[4]据《日本亚洲学会学刊》第十六卷的会议纪要记载,在艾约瑟宣读完论文之后,会员围绕文化因素影响传播的问题展开过讨论。[5]讨论者普遍认为,艾约瑟在论文中提供的证据尚不足以支撑"波斯因素影响了日本神话传说"这一论断。文章提到的相似之处,在与同样存在的相异之处相比时,显得不那么重要。

《日本亚洲学会学刊》第二十四卷刊发的《希腊—波斯艺术对日本艺术的

---

[1] 原文如下:Foreign writers on Japan have for the most part been inclined to adopt the view that the changes which the Meiji era witnessed were not mere surface changes, but changes in the innermost thoughts, in the feelings, the customs, the taste and aspirations of the mass of the Japanese people. Most of these writers hold the opinion that what is known as Western civilisation is in every way superior to what is known as Eastern civilisation, and that the leading men in Japan today all recognize this, and that consequently these men are in favour of Japan being thoroughly Occidentalized. (Walter Dening, "Japanese Modern Literature", in *TASJ*, Vol. XLI (1913), Pt. I, p. 40.)

[2] Walter Dening, "Japanese Modern Literature", p. 45.

[3] J. Edkins, "Persian Elements in Japanese Legends", in *TASJ*, Vol. XVI (1889), pp. 1—9.

[4] Ibid., p. 6.

[5] "Minutes of meetings", in *TASJ*, Vol. XVI (1888), p. v.

影响》①，认为欧美思想与文化对日本产生了积极的推动作用。文章指出："亚利安人种的智慧与思想最初被引入日本时，刺激了日本民族的审美品位，并给日本艺术与文化以很大推动。"②作者也承认，日本原有的文化基础起到非常重要的作用，而且日本吸收西方影响后在某些方面的发展远胜于欧美本身的发展。

《日本亚洲学会学刊》第三十八卷刊发了劳埃德的《希腊箴言集》("A Sutra in Greek")一文，其中提到佛教与基督教的关联。学会会员对此展开讨论时，时任英国驻日本总领事的霍尔（John Carey Hall）认为，劳埃德文中提到的基督教与佛教的早期关联不过是推测而已。③霍尔坚持认为，倘若东方的调查能够确立这样一个事实，即基督教能在何种程度上影响到相隔如此遥远的佛教，那么反之亦然，也可以说佛教亦影响过基督教，或者至少基督教与佛教从共同或类似的资源中引发了神话思考。

谈到文学的影响问题，首先需要明确影响源、受影响者以及影响的授受双方有迹可循的联系。比较文学学者佛克马（Douwe W. Fokkema）指出："由于影响源所在不明或者影响授受双方的区别与联系不能明确区分……谈论'影响'会妨碍对新事实的识辨。"④因为历史上不同因素的不断混和会创造出前所未有的新现象，忽略多重因素的共同作用而突出强调某一方面有简单化之嫌。

再次回到上文提到的古德温就日本故事《鬼取瘤事》与爱尔兰民间故事《诺克格拉夫顿传说》所进行的比较，古德温认为，像日本这样一个如此封闭且与欧洲相隔遥远的国家，人们不会有先验的观念认为欧洲传说会出现在那里，然而日本与遥远的西方在传说方面的确存在着某种亲缘关系。⑤在不能提供影响传播的有效途径的情况下，所谓"亲缘关系"的论断说服力不强。从世界范围看，民间故事是具有共性的存在，一般都能够超越时代、地域与文化的差异。东西方出现类似的民间故事，既合理又可以接受的推断是爱尔兰与日本分别形成了各自的故事形态；至于两个故事在内容与寓意方面非常接近，则是基于人类共同的惩恶扬善心理而产生的。

在探讨不同文化间偶然出现的类似现象时，最好限制使用"影响"这一术

---

① Isaac Dooman, "The Influence of Greco-Persian Art on Japanese Art", in *TASJ*, Vol. XXIV (1896), pp. 137—175.
② Isaac Dooman, "The Influence of Greco-Persian Art on Japanese Art", p.156.
③ "Minutes of meetings", in *TASJ*, Vol. XXXVIII (1910), p. 83.
④ 〔荷兰〕杜威·W.佛克马：《清规戒律与苏联影响——1956～1960年中国文学概观》，聂友军、季进译，《当代作家评论》2007年第1期，第139页。
⑤ C. W. Goodwin, "On Some Japanese Legends", p. 51.

语,因为两种类似现象并不一定存在事实联系,偶然的相似通常是有着共同本质属性的不同文化平行发展的结果。而且在处理存在着事实联系的文化传递与接受时,也应当关注接受一方有意识地吸收外来观念的情况,接受程度的不同与接受者的主体性决定了"影响"一词的使用易形成误导。

五、"比较"如何作为方法

在跨文化理解与沟通的过程中,常常需要以"比较"作为方法。需要强调指出的是,作为研究方法的比较不是唯一的,因而并不具备排他性,甚至在应用过程中也不是首选项。应始终坚持历史的、个别文化的深层研究必须先于比较研究,准此,方不至于落入文化本质主义的圈套,也不会被限制在既定的西方或东方一隅。

比较旨在引入一种外在的"他者"视角,以"他者"视角观照异质文学时已然包含了比较的视野在其中。比较视野并不强调两个国家或民族间文学的对照,那种生拉硬扯的"比附"先在性地丧失了比较的立场。作为方法的比较规避盲目比附造成的一方对另一方的"影响",而意味着从甄别异同出发寻求理解与沟通。比较本身也可以是自我否定的,从根本上说它拒绝对他者全部或持久的占有。

(一) 比较的前提

承认不同文化间的差异性是使跨文化比较具有方法论意义的前提。分属异质文化的文学既有相同点,又有差异处,共性是相对的、广泛的,差异是本质的、深刻的,同与异一体两面,二者相反相成。不同类型的文化、不同风格的学术所具有的共通性使比较成为可能,差异之处令比较的开展成为必要。正是在明辨异同的过程中,对不同文学与文化的体认才会更深入。

正如一国法律不配裁判异国国民一样,那种不加区分地以一种文化范畴内的文学理论评判另一国文学,甚至试图去改造对方的做法势必不具备合法性。比如以西方文艺理论的标准去评判日本文学"是"什么、"有"什么、"缺"什么和哪方面"不够好",这种看待问题的方式本身就值得商榷。类似地,拘泥于探求异质文化中部分因素的相似性,则容易淡化甚至忽略不同文化体系和语言体系所特有的思维方式和理论框架。事实上,基于特定文化背景与思维模式而建立起来的文艺理论中,概念术语必定受制于它们的产生场域,也各自有其有限的适用范围,并不能不加甄别地直接套用到异质文化的文学研究与批评中。

(二) 比较的关键

寻求异质文化之间的可比性是比较的关键。每种文化都有自己的独特精神,每一个人都只能从自己的文化背景出发,相当主观地去接近并了解另一种文化。比较则要求尽可能压缩这种主观因素的成分,而以一种相对客观的立场,与研究对象之间适当地保持一定距离,俾使研究结果公允持平。因研究者与研究路径各不相同,不可能也没有必要强求结果一致,而应致力于求同存异、相互借鉴,促进不同的文化共同发展。

在比较扩展之前,必须证明材料的可比性。确定为什么比较,比较什么,如何比较,以及通过比较要达到什么效果。需要明确,比较的要旨不在异同区别与高下判断。同理,比较文学不局限于实施文学样态、作家、作品、影响等方面的比较,而在于以较为客观的立场和外在的视角关注"异域之眼"所见是什么(what);分析其所见怎么样,并评判其效果或者价值如何(how);并进而探究为何如此(why)。通过文本细读,靠原典材料说话,辨章学术,考镜源流,强调对双重或多重证据的征用,达到原典实证的目的,以"还他一个本来面目"为追求的要义。通过比较,达致更加接近事实真相或接近研究对象本来面目的目的。

(三) 比较的理念

首先,从研究对象本身出发。由于历史发展、地理的区隔以及不同文化产生的自然风土与社会语境方面的差异,也由于语言本身固有的不可译性,不同文化体系间客观存在着不可通约的差异性,有人甚至断言这种文化的差异会导致文明的冲突。[①]正确地面对这种差异,一方面要承认其存在的可能性与合理性,另一方面也不应将它过分夸大,而应当将差异看作文化多样性的现实基础。尊重异文化的独特性,从研究对象自身出发去寻求认识,而不应单纯依据某种理论构架予以片面的统括,或者以观念先行的方式任意取舍材料,甚至为图解所谓理论而不惜削足适履。

其次,在具体的历史语境中把握研究对象。不能认为世界各地的文化是沿着相同的道路向前发展的,更不能在这一错误观点的基础上提出问题和分析问题。要将研究对象置放在原有的历史脉络中进行有限的比较,打通古今界限、区域界线,把来源于不同历史阶段、不同文化语境的文明成果捉置并处,在辩证的思维中究明历时性的发展序列与为共时性的构成图谱,为研究对象精准定位。在此基础上方能做出定性判断与定量分析相结合的研究。

---

① 〔美〕塞缪尔·亨廷顿:《文明的冲突与世界秩序的重建》,周琪等译,北京:新华出版社,2002年版。

最后,以动态与多元的视野关注研究对象。从长时段与大历史的角度着眼,研究对象不是一成不变的,故应始终以一种动态发展与多元因素合力造就结果的立场对待研究对象。克服事物一成不变的僵化思维,避免材料取舍时的畸轻畸重,警惕分析阐释过程中的有意误读。在推究研究对象的历时性演进过程中把握其一贯性的主线,抓住中心点;梳理研究对象在并时性序列中的升降起伏时注意多歧性,突出各自的侧重点;注重在部分中见整体,在繁多中见统一,在变中见常。

(四)比较的落脚点

要将比较的结果落实到不同文化彼此借鉴、相互补足、共同发展的轨道上来。通过比较,一方面要摆脱本土文化阐释的有限空间与封闭框架,本着"同情地理解"心理审视异质文化,肯定他者文化的价值;另一方面也要利用他者文化作为反观自身的镜鉴,反思和解构本土文化,将单纯在本土文化的阐释框架内不成问题的元素问题化,从而为自身文化的改造与发展寻求助推的动力。比较作为一种理念,要求在了解对方的同时加深对自身的认识,倡导不同的文学与文化实现双向互动的良性交流,目的在于以异质文化的精义来补足、改造自身文化中的缺陷。

文化交流中最具价值的是开放性和主体性兼备的综合思维。作为方法的比较要求取全球化的视野,采用平视的姿态,既注重对"客体性"的了解,又强调"主体性"的能动发挥,落实到"主体间性"的价值取向,构建跨文化对话的平台,谋求异质文化的交汇,取得多元文化共存下的视界融合,进而借鉴吸收对方的可取之处,在互动中实现动态的并存,推动双方文化的共同发展。

概括而言,比较作为方法要求研究者既有丰富的知识储备,又有恢宏的视野,还要有一种纯正的比较理念。应摒弃褊狭与极端,努力打通横亘在不同文化之间、古今历史之间以及不同学科之间的界限;通过比较搭建跨文化理解与沟通的平台,以对话作为有效的手段,一贯万殊、和而不同是对话得以开展的前提;通过比较,即异求同、因同见异,深化对研究对象的理解和认识,取异质文化的精义补足自身,实现双向互动与共同发展。

第二节　日本文化再思考

不同国家、不同民族的文化会沿着各自特定的轨迹发展,并不存在放之四海而皆准的所谓标准,是以不同样态的文化也未必一定经由相同的步骤演进,而且一般各具独特的发展重心或侧重点。近代旅日欧美学者的日本研究涉及日本文化的诸多面向,但日本文化的区别性特征却始终未曾被有意识地专题研讨过。本研究拟在近代日本学相关成果的基础上,审视并叩问日本文化何以会既不同于中国文化,又与西方文化存在显著差异。

一、自主取舍的余裕

日本文化在面临外来影响时往往具备自主选择的余裕,由此造成日本文化多元混成、错综杂糅与变动不居的特征。日本学者在论及日本文化时往往有一种刻意强调自身文化独立发展与纯粹自足的偏颇。[①]旅日欧美学者研究中对此虽偶有触及,但未形成明确的观点,亦缺少系统论述。

文化传播的一般规律是从拥有先进文化的地域向文化发展相对低势位的地域传递;而接受者一方,在其社会发展状况、对外来文化的期待程度乃至接受影响的能力等多种因素的综合作用下,对外来文化并不一定兼收并蓄,而更倾向于按需索取,并且为适应接受方的文化发展程度,对引进的先进文化多进行融汇改造。

前近代的中国文化相对于日本文化处于高势位,因此尽管在历史长河中中日两国间的文化交流是双向互动的,但主要表现为日本对中国文化的汲取。日本在丰富、充实自身固有文化的基础上融汇外来文化因子,并最终形成独特的文化样式。明治维新后日本转而全面吸收西方文化,促进了自身文化的再次转型和迅速发展。

(一)自主选择的内外部环境

地理环境的封闭性造成日本列岛缓慢迈入文明进程。博厄斯令人信服地指出:"任何一个民族的文化只能理解为历史阶段的产物,其特性决定于各民族的社会环境和地理环境,也决定于这个民族如何发展自己的文化材料,无论这种文化是外来的还是本民族自己创造的。"[②]处于文化发展后进阶段的古代日本有学习外国文化的必要,在大陆文明的冲击与影响下,日本社会从氏族制度迅速跨入阶级社会。圣德太子(574~622)在国际局势紧张的情况下派遣遣隋使,引进中国的先进文化,特别是先进制度,制定冠位十二阶和十七条宪法,意图建立以天皇为中心的中央集权国家体制。

圣德太子604年制定的十七条宪法中第一条为儒家思想,第二条为佛家

---

① 近代旅日欧美学者着力分析的本居宣长、平田笃胤等日本"国学者"近乎偏执地刻意凸显日本文化的自主性与独立性;幕末时期日本一方面大量吸收西方先进的科技文化,另一方面知识阶层在发展自身文化样式的意识驱动下提出"和魂洋才"主张;时至今日,部分日本学者还不时宣扬"万世一系",鼓吹日本民族的单一性与日本文化的纯粹性。

② 〔美〕弗朗兹·博厄斯:《原始艺术》,金辉译,上海:上海文艺出版社,1989年版,第242页。

思想,第三条为法家思想,第十条为道家思想。①如此兼收并蓄并非出自圣德太子个人特别的喜好或博学,这种以阳儒阴法为核心的诸家思想杂糅,实乃中国自汉武帝罢黜百家、独尊儒术以来历代王朝相继奉行的政治思想,归根结底与中国的思想状况有着深层联系。

任何变化都不可能一蹴而就,日本社会文化中所遗留的原始文化因素内容丰富且根深蒂固。本身的文化传统必然会让摄取外来文化时有所取舍,既而发生变形,造就一种既不同于自身既往的文化样态、又不照搬外来文化模式的新形式。经过大化改新,日本文化在百余年的唐风化之后进入国风化——民族化阶段。在日本文化发展史上,从弥生文化的异军突起,到大化革新、明治维新直至战后改革,面对外来文化的冲击与影响,这种选择与调整的主动性与自觉性表现得特别突出。

随着中国与日本各自国内情况的变化,两国直接交往的客观条件受到限制②,尽管文化交流仍在继续,但中日文化主要沿着各自的轨道分别向前发展。在其后几个世纪相对孤立于大陆影响的时期,日本文化并未体现为隔绝与封闭,而是对已经学习到的思想与文化成果进行盘点消纳,从中吸收并大力发展于自身有用的东西。

外来文化是一种资源,在形式与内容方面都可供文化输入国参考借鉴。儒学与佛教传入日本后,许多观念嬗变为适应日本政治和社会需要的文化因子,并深深渗透进日本人的思维方式中,成为塑造人生观、道德观和价值观的基础。儒家哲学还在国家层面上作为日本行政、法制的指引与楷模,传统日本社会从律令制国家的政治原则,到知识阶层的伦理道德,几乎都是对它的全面践行。

---

① 第一条:"以和为贵,无忤为宗。人皆有党,亦少达者。是以或不顺君父,乍违于邻里。然上和下睦,谐于论事,则事理自通,何事不成。"第二条:"笃敬三宝,三宝者佛法僧也。则四生终归,万国之极宗。何世何人,非贵是法。人鲜尤恶,能教从之。其不归三宝,何以直枉。"第三条:"承诏必谨。君则天之,臣则地之。天覆地载,四时顺行,万气得通。地欲覆天,则致坏耳。是以君言臣承,上行下靡,故承诏必谨,不谨自败。"第十条:"绝忿弃瞋,不怒人违。人皆有心,心各有执,彼是则我非,我是则彼非,我必非圣,彼必非愚,共是凡夫耳。是非之理,讵能定可。相共贤愚,如环无端。是以彼人虽瞋,还恐我失,我独虽得,从众同举。"
② 周建高在《从航海技术论日本废止遣唐使的原因》一文中指出,日本航海技术幼稚是废止遣唐使的主因。(周建高:《从航海技术论日本废止遣唐使的原因》,载南开大学日本研究院编:《日本研究论集·2008》,天津:天津人民出版社,2008年版,第258~274页。)这一论断不能令人信服,因为在二百余年遣隋使、遣唐使的历史中有许多次成功的经历,航海技术不应是废止遣唐使的主因,充其量是原因之一罢了。755年安史之乱爆发,唐帝国由盛而衰,陷入藩镇割据、宦官专权、朋党之争中,自顾不暇,无力提供款待遣唐使的优厚条件,唐朝的内乱也令日本的平安贵族视遣唐为畏途。这从777年至838年共派遣三次遣唐使,且间隔时间逐渐增大可见一斑。

外来文化历时性发展的成果并时性传入,在客观上造就了一种余裕,令日本在面对丰富的外来文化资源时很大程度上可以自主选择。日本对中国文化的学习与模仿不可能与中国的发展同步,而是存在一个时间落差。严绍璗指出,江户时代以前,日本接获中国典籍文献的速度很慢,因而日本文化与中国文化的会合,始终存在着一百几十年至二百年左右的时间差距。[①]反过来讲,这样一来避免了日本跟在中国文化之后亦步亦趋地邯郸学步,通过与中国文化样态拉开一定的时空距离,从而造就一种客观审视的机缘,为日本文化独立发展增强了自主性。来自不同学派与宗教的思想在中国历时发展、演变、融合、扬弃的过程得以大大简化甚至省略,而以发展到相对成熟圆融阶段的结果状态并时性传入日本,并与日本固有的思想、信仰、传统相碰撞、融汇,继而进一步整合、创新,发展为新的文化样式。

　　外来文化也是一种触媒,对输入国文化的发展起到推动或反拨作用,影响文化发展的方向与力度。陈寅恪和汤用彤在分析格义佛教时都指出过,大凡异质文化的引入并不立即表现为融合,相反,往往先表现为对抗;也很少取以外来文化径直代替本国文化的路径,而是大致要经过选择、吸收、模仿等几个阶段。[②]在这个过程中结合本国的社会现实与需求,分解外来文化的诸因素,并与本国文化融合。继之,伴随着民族意识抬头,当对外来文化吸收与模仿达到一定程度后,会转而强调并推重本国传统,最后对吸收进来的外国文化加以改造与创新。外来文化的冲击在一定意义上造就本位文化的自主意识从无到有,由弱到强并日渐清晰。

　　日本文化在发展历程中不间断地汲取外来影响,但又总会因应国内、国际环境与时局的变化而适时做出调整。成长、成熟中的日本文化逐渐萌生出自主意识,这是中日文化分野的一大原因。

　　(二)自主选择的有限性

　　梁容若提到:"日本模仿盛唐制度,而不取道教;抄袭我国典章,而不用宦官;效法宋明社会礼俗,而不学缠足;殊不失为明智。"[③]周作人也有类似表达:"日本文化古来又取资中土,然而其结果乃或同或异,唐时不取太监,宋时不取缠足,明时不取八股,清时不取鸦片,又何以嗜好迥殊耶……我固深钦日本

---

① 严绍璗:《日本中国学史稿》,北京:学苑出版社,2009年版,第515页。
② 参阅陈寅恪:《支愍度学说考》;汤用彤:《汉魏两晋南北朝佛教史》;汤用彤:《论"格义"》等著述。
③ 梁容若:《中日文化交流史论》,北京:商务印书馆,1985年版,第22页。

之善于别择。"①两种说法都旨在强调日本文化面对外来影响时具有自主性的一面。

以往中外都有论者强调日本面对外来文化影响时发挥自主选择的作用，但无形中夸大了自主的能力与效果。历史的发展是必然性与偶然性共谋的结果，除了国内因素可以影响选择的策略以外，国际环境也是不可或缺的重要一环。在日本接受大陆文化的整个过程中，始终没有政治、军事与经济方面的外部压力，从而确保了其自主甄别、独立摄取的余裕。即便幕府末年日本面临内忧外患，它仍不像中国那样面临严重的鸦片贸易问题与列强环伺、濒临亡国灭种的边缘，这在客观上使它有足够的余裕去筛选、扬弃外来影响。

日本江户时代对中国文化的吸收和消化也为后来西学在日本的兴起奠定了基础。幕府末期随着西方学术文化大举进入日本，作为对这种前所未有的大变局的反拨，日本萌发了找回纯粹日本文化并使日本成为一个独立存在的意识。在明治维新以前，日本从中国文化中不断受益，中国文化不仅成为普通日本人的价值标准、道德准则与行为方式，而且还在国家层面上作为日本行政、法制的指引与楷模。

在西方列强坚船利炮的强大压力下，日本被迫开国，旋即以四十年的时间走完了西方数百年的发展进程。短期内大量引进外国文化较长时段的发展成果，可以吸收别国发展的经验教训，省略论证、试探的过程，少走弯路，并以跨越式的发展追赶先进文化。但该过程是一把双刃剑，在省时省力的同时，必然意味着异质文化的交融既是跨越了空间的，也是跨越了不同历史阶段的，势必会形成跳跃和无法接续的文化断层，引起强烈的文化冲突。

在日本迅速欧化、文明开化、富国强兵的过程中，传统的中国观被逐渐打破。他们提出"脱亚论"，背弃和批判中国；鼓吹"兴亚论"，以居高临下的傲慢侈谈拯救中国。"脱亚论"是挣脱古典中国文化笼罩这一强烈诉求的理论化表述；近代学术分科的影响也使得日本逐渐以理性主义、实证主义的方法将中国视为外国——与"西洋"一样的"东洋"——并加以研究，在此基础上全面重估儒学的价值。

与中国文化在日本受到轻慢适成对照，迅速强盛起来的日本转而成为中国近代学习西方、谋求富强的一个重要参照。近代以来日本在面对外来文化时缺乏一个能够审视自我的时空距离，未能仔细辨别并合理取舍，易堕入畸轻畸重的境地，甚至违背了快速发展以迎头赶上世界先进的初衷。日本近代由"民主开化"至"国家主义"的社会主流意识形态蜕变，早在急功近利、贪求

---

① 周作人：《日本管窥之二》，原载1935年6月刊《国闻周报》12卷24期，署名知堂；参见周作人：《日本的衣食住》，载《周作人文类编7·日本管窥》，第35页。

速度的维新变革之初即播下了远因。

二、变异复合的权宜

日本无论古代学习中国还是近代学习西方,都善于吸收,敏于借鉴,在充分借鉴异质文化因素后整合创新,充实具有日本特色的事物,体现出多元混成与错综杂糅的特征。随着外来文化进入日本,"受容"与"变容"亦随之展开,即有意识地对外来文化予以接纳、扬弃与改造。以固守自身既有的道德原则为前提,以实用主义为出发点,结合自身实际与内外环境主动选择、自主取舍,从外来文化中汲取于己有用的成分加以融合混成是日本最典型的文化哲学。

(一)多元混成与错综杂糅

日本文化的多元混成特征,首先体现在对大陆文化的广泛吸收与敏于借鉴方面。在儒学东传日本的过程中,原有的繁琐礼制几乎未被采用,但儒学的内在精神和思维方式确实传到了日本,并作为一种普遍的价值体系扎下根来,这给日本社会以相当深远的影响。比较中日两国儒学的不同样态,通常认为中国儒学以孝为先,并认可易姓革命[①]思想;而在日本儒学中忠孝一体,革命思想受到排斥。但这种观念尚不能视作定论。

道教是中国的传统宗教,尽管日本没有正式引入道士和道观,但道家思想与道教信仰却随着书籍的输入和人员的往来而传入日本。严绍璗《日本古代文化中的道家思想》[②]一文从神道观、"尊"的称号、"天皇"称号、神器与紫色、宫廷祝词以及文学作品中的道家思想几个方面进行了详论,表明道家思想与道教信仰对日本文化的形成和发展产生了很大影响。李圭之认为,如果说日本的政治制度是借由儒学而丰富发展起来的,那么道家对于日本文化的丰富,则在于"更深层的建国神话与天神帝王意识"[③]。虽然不像中国文化中的三教融合表现得那么明显,道家思想与道教信仰切实传入日本并产生影响;道教在中国与底层民众信仰结合较为紧密,传至日本却参与到建国神话

---

① 近代以来中文语境中的"革命"是一个极其复杂的概念,相信系统梳理其发展变迁的脉络是一个有趣的话题。尝试性的探讨参见聂友军:《"革命"概念在中国的文化适应》,载《粤海风》2010年第2期,第62~66页;中国人民大学复印报刊资料《文化研究》2010年第8期全文转载,第86~91页。

② 严绍璗:《日本古代文化中的道家思想》,载北京大学日本研究中心编:《日本学》第七辑,北京:北京大学出版社,1996年版,第278~290页。

③ 李圭之:《近代日本的东洋化概念——以中国与欧美为经纬》,台北:台湾大学政治学系中国大陆暨两岸关系教学研究中心,2008年版,第93页。

与皇室定规的建构中。倘沿此思路梳理,或将有更多有趣的发现,在此不再枝蔓。

6世纪佛教自中国传入日本①,在传播大陆先进文化和促进日本建立封建制国家的过程中发挥了重大作用。②"神佛习合"在日语中几乎是一个惯用语,表示日本原生的神灵信仰与佛教融汇复合的宗教形态。由于佛教具有成形的理论体系、多样性的社会功能和严密的组织,因而长期占据日本的主导意识形态地位,而神道与传自中国的儒学则长期处于依附与从属地位。

日本文化的多元混成特征,不仅体现在文化整体风貌方面,亦深刻影响到个体的日本人。有研究指出,被誉为"国民作家"的夏目漱石,其小说《我是猫》之所以取得独特的艺术成就,一方面在于作者深厚的文化教养,对文学传统成功地接续与创新;另一方面他也从西方文化中吸收了理性的思维方法,并从中国文化中汲取了狷介自守、愤世嫉俗的文人气质。③所有这些文化因素经他摄取和消化,终于混合在一起,结晶在他的文学创作上,造就突出的成就。

(二)"变异复合"特征

表面看来,日本思想传统具有生长方面的包容性和构成方面的杂糅性;究其深层特性,日本文化充满"变异"的活力;本质而言,日本文化是一个"变异复合体"④。日本文化的这种"变异复合"特征古而有之,比如720年成书的《日本书纪》,不单纯是一部官修史书,实际上也已经超越了儒家学说的范围,涉及更广阔的领域,以儒法为内核、诸家杂糅的政治思想处处可见。

川端康成曾指出:"日本吸收了中国唐代的文化,而后很好地融汇成日本

---

① 佛教最初传入日本的时间,有宣化三年(538)和钦明十三年(552)两说。
② 圣德太子主政时加快引入佛法的步伐。随遣隋使西渡的留学僧学成归国后,将高水平的佛法传入日本,逐渐将主佛与天皇的形象融为一体,王权在无形中得到强化。
③ 参见刘振瀛:《〈我是猫〉笑的剖析》,载北京大学日本研究中心编:《日本学》第二辑,北京:北京大学出版社,1990年版,第217页。
④ "变异复合体"系严绍璗先生提出的一个学术概念,它与原典实证、发生学研究构成一个系统整体,原典实证是方法论基础;发生学研究不仅关注文学、文化交流的全过程,更着意追溯它的源头;"变异体"理论关注影响—接受的双方,特别是接受主体的选择、过滤、吸纳与重组、改造的主体意识与主观能动性,强调动态与多元。(参见严绍璗:《双边文化关系研究与"原典性的实证"的方法论问题》,载《中国比较文学》1996年第1期,第1~21页;《"文化语境"与"变异体"以及文学的发生学》,载《中国比较文学》2000年第3期,第1~14页;严绍璗:《关于在比较文学中进行文学发生学研究的思考》,载《跨文化语境中的比较文学》,南京:译林出版社,2004年版等相关论著。)

的风采,大约在一千年前,就产生了灿烂的平安朝文化,形成了日本的美。"①又说:"同外国进行文化交流,自然会产生本国文化的自觉和反省,接着就必须加以创造。"②他在《我在美丽的日本》《不灭的美》《美的存在与发现》《日本文学之美》《日本美之展现》等一系列散文中,都回顾了日本古代引进和模仿中国文化的历史,并且一再强调,古代日本对中国文化的接受是成功的,如今也必须从传统出发,将外来文化融合为本民族的东西。

周作人却对日本师法外国的结果持相反观点:"日本维新前诸事多师法中国,养成了一种'礼教'的国,在家庭社会上留下种种祸害,维新以来诸事师法德国,便又养成了那一种'强权'的国,又在国内国外种下许多别的祸害。"③因为关注的侧重点不同,所以需要将川端康成与周作人的观点结合起来看才会全面准确。两种观点无疑说明一个共同的问题:即引进文化、师法外国模式时必然会结合自身实际与内外环境主动遴选,有取有舍,进而加以过滤、吸纳与重组、改造,最终形成一个"变异复合体"。

三、变动不居的无奈

当日本人学习外国学问时,能够挑选出其中的有用成分,并且令它们为本国文化所用,当然这种文化态度在世界范围内具有某种程度的共性,但日本的独特之处在于,他们一旦将外来文化元素吸纳进自己的文化系统,辄一律视同己出。从这个观点出发,已经消纳吸收的中国学问、印度学问甚至荷兰学问都可以视作无差别的日本学问。如他们提出"和魂洋才"时,将先期吸收进来的中国儒家文化和佛教文化理所当然地视作"和魂"部分。因此即便是日本人宣称的所谓固有文化,也未必纯粹源自日本本土与自身文化传统。

(一) 多面的神道

戴季陶在《日本论》中指出:"就表面上看来,日本最盛的宗教是佛教,其实日本统治者阶级的宗教,却是神教。"④周作人认为:"日本固有宗教的'神道教'的精神,我们想了解日本古事以至历史的人所不可不知道,然而也就是极

---

① 〔日〕川端康成:《我在美丽的日本》,见《川端康成文集·美的存在与发现》,叶渭渠译,北京:中国社会科学出版社,1996年版,第212页。
② 〔日〕川端康成:《东西方文化的桥梁》,见《川端康成文集·美的存在与发现》,第176页。
③ 周作人:《游日本杂感》,原载《新青年》6卷6号,1919年11月刊;见《周作人文类编7·日本管窥》,长沙:湖南文艺出版社,1998年版,第8页。
④ 戴季陶:《日本论》,上海:民智书局,1928年版,第6页。

难得了解清楚的事情"①;并明确表示,"要了解日本,我想须要去理解日本人的感情,而其方法应当是从宗教信仰入门"②。因而要研讨日本文化,神道是绕不过去的内容;借助分析神道,至少可以从一个侧面理解日本文化的某些重要特征。

石田一良将神道善于吸纳与融合外来思想文化的特性比作"频繁换装的偶人(着替え頻繁な人形)"。这一说法其实不尽准确,因为神道替换的不仅仅是装扮,而是从内容到形式,从"汤"到"药"都一直在不停地变换。外来宗教思想与文化观念在日本越来越理论化,影响到日本知识阶层的思想与行动,并必然广泛渗透到社会生活与风俗习惯中,对日本民众的思想产生不可轻忽的支配力量。统治阶级适时地将神道纳入到国家的意识形态层面,武士阶层大张旗鼓地张扬并发展神道精神,并将其塑造为政治行动的精神支柱。日本民间底层、知识阶层与统治阶级对神道的信仰、阐释与利用情况各不相同,是以神道呈现出作为民众信仰、哲学基础与政治架构核心的不同侧面。

1. 作为底层民众信仰依托的神道

在外国文化思想进入日本并产生重要影响之前,日本已然存在自己固有的民族传统信仰——原始神道。外来文化与宗教思想传入日本后,人的信仰并没有固守一元,也不是排他性的,而是具有混合、包容的特点。《土佐日记》中多次提到,当海上航行遭遇风暴时,作者向神、佛祈祷。《源氏物语》第九回"葵姬"中提及,在祈愿、安产、病愈时,佛教的加持、祈祷、法会和神道的祭祀、祓禊、参诣一起举行;第十三回"明石"中多次出现源氏乘舟途中遭遇暴风雨,源氏携左右及渔夫向海龙王与诸神佛许愿;③第十三回也提到源氏返京前道经难波浦时举行祓禊,而复官后第一件急务是举办法华八讲佛事,以追荐桐壶上皇。④不仅文学作品中多有类似体现,现实生活中亦然。佛教、氏神、民俗信仰相互交织,寺院中供奉镇守神、神社中以佛像为神体的现象到江户时代仍极为普遍。

神道的发展变迁也从一个侧面反映出日本文化的来源多样性与变动不居的特点。神道植根于日本民族文化,起源于社会下层,是由神祇信仰和外来宗教复杂交织而形成的一种复合信仰,并直接在社会底层民众中广为传

---

① 周作人:《<古事记>引言》,载〔日〕安万侣:《古事记》,周启明(周作人)译,北京:人民文学出版社,1963年版,第4页。

② 周作人:《日本之再认识》,原载1942年1月刊《中和月刊》3卷1期;见《周作人文类编7·日本管窥》,第95页。

③ 〔日〕紫式部:《源氏物语》,丰子恺译,北京:人民文学出版社,1980年版,第156～171;246～247页。

④ 同上书,第265、267页。

播，担负起人们的信仰依托功能。神道同时又主动吸收外来宗教信仰与思想观念，儒学、佛教与道教等启发了日本神道积极谋求自身理论化、体系化的意识，为它提供了教义、教理等方面的参考与借鉴。神道对日本民众的思想产生了一种重要的支配力量，甚至成为日本民族的主要精神支柱，至今仍在日本人的思想、行动与日常生活中打上深刻的烙印。

2. 作为知识阶层哲学基础的神道

神道作为日本独特文化形成与发展的基础，规定着日本民族的生活态度和理念。具有神秘主义特点的神道对日本伦理思想的发展产生决定性影响，形成了日本人最初的道德观念。在人与自然的关系方面，在万物有灵论的基础上强调对自然的敬畏；在人与社会的关系中，将神、天皇、国民三者联系起来，强调国家统一、民族主义的价值观；在人与人的关系上，强调人的感情、情绪方面的道德行为方式和人际交往准则。

神道深深植根于日本民族文化，同时又对外来文化主动吸收、积极消纳，这些观念在日本历史发展过程中越来越理论化，并必然广泛渗透到人们的日常生活与风俗习惯中，进而影响日本知识阶层的思想与行动。日本著名思想史家、政治学者丸山真男的"古层论"认为，日本思想的个性是"外来文化的绝对影响和加之所谓'日本的东西'的执拗性生存的矛盾统一"①。日本在充分吸收外来文化影响的基础上，整合创新，使神道得到充实发展，最终成为指导日本人思想意识的哲学基础。

3. 作为统治阶级政治架构核心的神道

神道不完全是宗教，但即令以宗教目之，或者强调其中的宗教成分，探究它与政治的共谋关系，也是理解神道全貌的题中应有之意。自古以来宗教与政治关系密切，二者同源异流。宗教比任何社会意识形态同政治的关系都更为直接，也更为紧密，宗教与政治的关系甚至直接影响社会的治乱。不同的宗教派别意欲影响社会，诉诸政治是最便捷、最有力的方式；统治阶级亦可借助政治力量施加影响，对宗教做出适合自身需求的调整。

一方面神道具有自己的政治哲学，另一方面统治阶级也适时地将神道纳入到国家的意识形态层面。政治统治从神道中寻求合法性依据与神秘性的程序来源，神道教亦从政治权力中获得长足发展的保障与助推，二者彼此倚重、相辅相成，于是神道成为政治架构的核心。明治末期到大正初期，日本在极短的时间内从封建割据的传统社会转变成近代社会，这一阶段同时也是近

---

① 丸山真男：『丸山真男集·第12卷』，東京：岩波書店、1996年、第138頁；转引自徐水生：《丸山真男的日本思想古层论初探》，载《武汉大学学报（人文社会科学版）》2000年第3期，第327页。

代天皇制及其思想基础与精神支柱——国家神道正式确立的时期。

《古事记》与《日本书纪》原本不过是日本古代社会统治阶级中的胜利者书写的，日本神话讲述的是皇室以及国家的起源，可以说是贵族的家谱，随着明治维新后日本对于天皇制国家体制的强化，"记纪"与国民的距离逐渐缩短，进而将家族扩大到以国家为单位，将日本视为以皇室为宗家的一个大家族，目的在于建立起一个内部精神联系牢不可破的现代日本。

处在国家神道体制下的日本，国家权力把《古事记》与《日本书纪》中的神话奉为正统神话，把天孙降临开始的一系列政治神话作为学校教育的重要课题。神话原封不动地成为意识形态的基础，政府通过这种方式使天皇名义上的政治统治合理化，神人共同的国体信仰与守护成为日本国民的最高道德。伴随着侵占台湾（1895）、日俄战争（1904）及并吞朝鲜（1910），国家神道的军国主义性质逐步加强，沦为对内禁锢人民思想、对外侵略扩张并奴化被占领地民众的工具。

（二）以实用主义为出发点

儒学自传入日本之时即开始其本土化过程，到德川幕府时代达到鼎盛状态。日本封建等级秩序初起建立，需要强有力的思想为统治服务，17世纪日本内乱频仍，处于统治地位的武士阶级强烈感到"文治"的需要，幕府实行锁国、严防基督教传播、禁止与西方进行文化交流，而此时儒学脱离佛教，以朱子学为代表的伦理纲常思想恰好适应了日本封建统治者的需要，作为治国平天下之术受到统治者的青睐。

随着社会经济、政治的发展，日本儒学中的阳明学派和古学派以及后来的折衷学派也相继发展起来。一般武士，特别是下层武士，由于文化修养不高，且有随时准备赴死捐躯的身份特点，很容易接受阳明学那样强调实践的学说，就像他们容易接受讲求顿悟的禅宗一样。于是儒学更广泛、更通俗地作为武士、商人、农民的处世哲学和人生知识，融入人们的日常生活。此时儒学思想并不限于作为学问的儒学，必然要向日本社会各阶层扩散，势必会走向通俗化与普及化。在这个意义上，可以说儒学甚至发展成为"儒教"。

但儒学毕竟还是一种异文化，没有完全被纳入日本文化的框架中，也就很难达致统治者所期望的稳定社会秩序、主导人们价值取向的功效。山崎闇斋从实用主义出发，提出神、儒融合[①]的主张，并最终创立垂加神道。他将儒家伦理引入神道，发展了神道伦理，完成朱子学日本化的过程；又通过对神

---

① 当时只有林罗山、山崎闇斋等少数学者致力于神、儒结合，而主流和多数学者都不主张儒学与神道融合。

篙、磐境、三种神器的解释,形成了"神皇一体""祭政一致"的理论,从政治哲学的高度为权力和思想的正统性作出了神学上的辩护,为日本的神国国体理论奠定了基础。

在某种程度上类似于中国格义佛教的变通方式,日本为促进佛教与神道的融合,出现了"本地垂迹"的佛教本土化表现。镰仓、室町时代,武家把持政权,统治者鼓吹神国思想,促进了"反本地垂迹"思想的发展,前期创立了"神本佛从"的"伊势神道",后期创立了"吉田神道"。

到江户时代,神道与佛教的纠缠让位于神道与儒学的结合与分割。先是为了否定历来的神佛调和的神道说,出现了排除佛教、主张神儒合一、汲取朱子学精神的神道理论,后来发展为儒教、佛教一概摒弃,而独宗国学的复古神道论。随着历史的发展,日本终于产生了一种历史化、相对化地对待神道、儒学与佛教的新思想。

明治以来虽然经历了神佛分离的制度大变革,然而民间的思想依然是神佛混合。虽然在思想意识领域曾一度出现过"佛儒对峙"的局面,但处于印度佛教与中国佛教延长线上的日本佛教,因受王权时代的公家制度和封建时代的武家制度两重影响,再加上神权的民族思想陶融,通过佛教民俗化与民俗佛教化的双重进程,实现了佛教的本土化。在这一过程中佛教对于日本传统文化亦产生了深刻的影响。

(三)变动不居的策略性与局限性

事实上,中国的儒学也具有来源多样性的特征,并对中国的政治哲学、文人阶层的思想领域以及普通民众的行为规范都产生了直接与深刻的影响。从春秋战国时期的百家争鸣算起,儒学吸收了许多折衷主义元素,融汇了不同的思想、制度与风俗而逐渐成为一种道德哲学。特别是经过宋代知识人的内向"沉思",加上统治阶层出于统治便利与权力集中的考虑,儒学逐渐奠定了在意识形态领域的权威地位,并以渐进的方式向社会不同阶级与阶层辐射、扩散其影响力,成为全社会价值观念、伦理观念与生活方式的决定性因素。

中国儒学具有明确的规定性(prescriptive)特征,尤其以道德价值观为正当性标尺的规范要求,以及以"正心诚意"为达致规范目标的途径,一起确保儒学在中国不会得到变动不居的策略性解读。日本民众信仰多元化的现实状况、统治者与御用知识人出于维护统治与确保既得利益的需要,一直倾向于对神道作出描述性(descriptive)理解,而非规定性的教义要求,于是神道表现出一种变动不居的特征。

日本神道理论变动不居的根本原因在于统治阶级的功利性目的。历代日本统治者都倾向于保持神道的神秘性，从不轻易就神道理论做出详细的规定性表述，而更倾向于进行描述性解读。因为解读的模棱两可甚至自相矛盾可以给自己留有余地，从而在瞬息万变的政治形势与社会境况下做到随机应变。神道发展史上经常出现理论转向新的侧重点，甚至发生彻底逆转的情况。

其实不惟儒学与神道，日本文化的若干层面都体现出含混其辞、模糊不清的阐释策略。周一良曾分析过日本明治维新时期集中表达维新政府内政外交主要纲领的"五条誓文"的制定过程，并详细论述各条誓文的具体意义，其中提到：

> 五条誓文最初由由利公正起草，第一条是"使庶民遂志，人心不倦"，第五条为"万机决于公论，勿得私论"，暗示着较多的政治上的民主。后经福冈孝弟修改，第一条改为"兴列侯会议，万机决于公论"，实际是主张只征询大名意见，"庶民"被排除在外。最后木户孝允定稿，第一条改为"广兴会议，万机决于公论"，含糊其辞。①

五条誓文作为维新政府的纲领，理应具备明确的导向性和便捷的可操作性，然而在几易其稿的过程中其措辞却越来越含混，正是这种含混性确保了五条誓文在后来的操作过程中决策的主体大为收缩，庶民被无情地排除在外。

日本文化在体系上一直都是模糊不清、貌似简单的。一方面，由于日本文化是在传承、发展日本固有的传统文化因素的基础上，积极吸收融合外来思想、宗教信仰、律令制度与科学技术而发展起来的，但来源于不同历史阶段、不同地域与不同民族的外来文化成分，短时间内与本国固有的成分不易融合贯通为一个有机整体，其吸收与改造有时未免会显得机械生硬。另一方面，历代日本统治者出于钳制人民的便利与维护自己统治考量，从不轻易对神道教义、律令规章等做出明确具体的规定性表述，而更倾向于进行模棱两可的描述性解读，且每每随着时势的发展做出有利于自身的解读。

由于日本人的思想意识与精神信仰存在变动不居与错综杂糅的特性，他们显得灵活有余而原则性严重不足，从而较易沦于难以驾驭的境地。近代以来，日本大举学习西方，毋庸置疑，学到了许多好的东西，但在急功近利的欲望驱使下，自我反省的意识日趋萎缩，所以学到的许多好东西都被当权者践

---

① 周一良：《〈日本维新史〉引言》，见〔加拿大〕诺曼：《日本维新史》，姚曾廙译，北京：商务印书馆，1992年版，第4页。

踏了，而那些服务于侵略目的的意识形态和乖戾的外交手腕得到扶植并进一步发展。国家神道确立之初，旨在形成统一国家，追赶西方列强；后不幸被军国主义绑架，甲午战争、日俄战争、第一次世界大战的连续胜利，在军部与政治官僚那里得到过度解读，并引发自我膨胀，日本民众因对天皇绝对尊崇而受裹挟，一起煽动起战争狂热。陷入穷兵黩武深渊的日本，不仅背离了富国强兵的初衷，而且严重阻碍了中国、朝鲜及东南亚诸国追求独立自主、走向现代化强国的进程。

参考文献

一、中文文献

(一) 著作

日本论、日本人论

1. 黄遵宪:《日本国志》(上、下卷),天津:天津人民出版社,2005。
2. 戴季陶:《日本论》,上海:民智书局,1928。
3. 周作人:《周作人文类编7·日本管窥》,钟叔河编,长沙:湖南文艺出版社,1998。
4. 〔日〕源了圆:《日本文化与日本人性格的形成》,郭连友、漆红译,北京:北京出版社,1992。

日本文学、历史与文化

5. 彭恩华:《日本俳句史》,上海:学林出版社,2004。
6. 〔日〕安万侣:《古事记》,周启明译,北京:人民文学出版社,1963。
7. 〔日〕近代日本思想史研究会编:《近代日本思想史》(1~3卷),马采、那庚辰等译,北京:商务印书馆,1983,1991,1992。
8. 〔日〕井上清:《日本历史》,天津市历史研究所译,天津:天津人民出版社,1974。
9. 〔日〕内藤湖南:《日本文化史研究》,储元熹、卞铁坚译,北京:商务印书馆,1997。
10. 〔日〕丸山真男:《日本政治思想史研究》,王中江译,北京:生活·读书·新知三联书店,2000。
11. 〔日〕西乡信纲等:《日本文学史——日本文学的传统和再创造》,佩珊译,北京:人民文学出版社,1978。
12. 〔日〕中西进:《<万叶集>与中国文化》,刘雨珍、勾艳军译,北京:中华书局,2007。
13. 〔日〕紫式部:《源氏物语》,丰子恺译,北京:人民文学出版社,1980。

中日文学与文化关系

14. 北京日本学研究中心编:《中国日本学文献总目录》,北京:中国人事出版社,1995。
15. 梁容若:《中日文化交流史论》,北京:商务印书馆,1985。
16. 刘岳兵:《中日近代思想与儒学》,北京:生活·读书·新知三联书店,2007。
17. 马兴国、宫田登主编:《中日文化交流史大系·民俗卷》,杭州:浙江人民出版社,1996。
18. 牟学苑:《拉夫卡迪奥·赫恩文学的发生学研究》,北京:北京大学出版社,2010。
19. 钱婉约:《从汉学到中国学:近代日本的中国研究》,北京:中华书局,2007。
20. 谭汝谦:《近代中日文化关系研究》,香港:香港日本研究所,1988。

21. 王家骅:《儒家思想与日本文化》,杭州:浙江人民出版社,1990。
22. 王晓平:《近代中日文学交流史稿》,长沙:湖南文艺出版社,1987。
23. 王晓秋、大庭修主编:《中日文化交流史大系·历史卷》,杭州:浙江人民出版社,1996。
24. 严绍璗:《中日古代文学关系史稿》,长沙:湖南文艺出版社,1987。
25. 严绍璗、中西进主编:《中日文化交流史大系·文学卷》,杭州:浙江人民出版社,1996。
26. 严绍璗、源了圆主编:《中日文化交流史大系·思想卷》,杭州:浙江人民出版社,1996。
27. 严绍璗:《比较文学视野中的日本文化》,北京:北京大学出版社,2004。
28. 严绍璗:《日本中国学史稿》,北京:学苑出版社,2009。
29. 杨曾文、源了圆主编:《中日文化交流史大系·宗教卷》,杭州:浙江人民出版社,1996。
30. 乐黛云、张辉主编:《文化传递与文学形象》,北京:北京大学出版社,1999。
31. 周一良:《中日文化关系史论》,南昌:江西人民出版社,1990。
32. 周一良:《周一良集·第四卷·日本史与中外文化交流史》,沈阳:辽宁教育出版社,1998。
33. 周阅:《川端康成文学的文化学研究——以东方文化为中心》,北京:北京大学出版社,2008。
34. 〔日〕尾藤正英:《日中文化比较论》,王家骅译,杭州:浙江人民出版社,1992。

哲学、宗教

35. 汤用彤:《汉魏两晋南北朝佛教史》(增订本),北京:北京大学出版社,2011。
36. 王金林:《日本神道研究》,上海:上海辞书出版社,2007。
37. 王青:《日本近世思想概论》,北京:世界知识出版社,2006。
38. 杨曾文:《日本佛教史》,杭州:浙江人民出版社,1995。
39. 朱谦之:《日本哲学史》,北京:生活·读书·新知三联书店,1964。
40. 〔日〕梅原猛:《诸神流窜——论日本〈古事记〉》,卞立强等译,北京:经济日报出版社,1999。
41. 〔日〕永田广志:《日本哲学思想史》,陈应年、姜晚成、尚永清等译,北京:商务印书馆,1992。

日本习俗

42. 贾蕙萱:《日本风土人情》,北京:北京大学出版社,1987。
43. 马兴国:《千里同风录:中日习俗交流》,沈阳:辽宁人民出版社,1988。
44. 〔日〕宫家准:《日本的民俗宗教》,赵仲明译,南京:南京大学出版社,2008。
45. 〔美〕许烺光:《宗族·种姓·俱乐部》,薛刚译,北京:华夏出版社,1990。

跨文化论

46. 刘禾:《跨语际实践——文学、民族文化与被译介的现代性》,宋伟杰等译,北京:生活·读书·新知三联书店,2002。
47. 钱锺书:《管锥编》(1~5册),北京:中华书局,1986(第二版)。
48. 赵毅衡:《诗神远游——中国如何改变了美国现代诗》,上海:上海译文出版社,2003。
49. 〔美〕爱德华·萨义德:《东方学》,王宇根译,北京:生活·读书·新知三联书店,1999。

50.〔德〕姚斯:《接受美学与接受理论》,周宁等译,沈阳:辽宁人民出版社,1987。

其他

51.〔美〕本尼迪克特·安德森:《想象的共同体:民族主义的起源与散布》,吴叡人译,上海:上海人民出版社,2005。
52.〔法〕雅克·德里达:《书写与差异》,张宁译,北京:生活·读书·新知三联书店,2001。
53.〔英〕爱德华·泰勒:《人类学——人及其文化研究》,连树声译,上海:上海文艺出版社,1992。
54.〔德〕马克斯·韦伯:《社会科学方法论》,韩水法、莫茜译,北京:中央编译出版社,2002。

(二) 集与刊

55. 北京大学日本研究中心编:《日本学》,第1—8辑,北京:北京大学出版社,1989~1997;第9—11辑,北京:国际文化出版公司,2000~2002;第12辑,北京:北京大学出版社,2003;第13~15辑,北京:世界知识出版社,2006~2009。
56. 南开大学日本研究院编:《日本研究论集》(2001—2008),总第6~13集,天津:天津人民出版社,2001~2008。
57. 北京市中日文化交流史研究会编:《中日文化交流史论文集》,北京:人民出版社,1982。
58. 蔡毅编译:《中国传统文化在日本》,北京:中华书局,2002。
59. 张哲俊主编:《严绍璗学术研究:严绍璗先生七十华诞纪念集》,北京:北京大学出版社,2010。

(三) 论文

60. 官文娜:《日本前近代社会的养子与社会变迁》,载唐力行编:《国家、地方、民众的互动与社会变迁》,北京:商务印书馆,2004。
61. 黄秋生:《中日传统"家"的形成原理与封建家族法的差异》,载《深圳大学学报》(人文社会科学版)2003年第6期。
62. 李卓、周志国:《隐居制度论》,载《东北亚论坛》2006年第5期。
63. 尚会鹏:《中日传统家庭制度的比较研究》,载《日本学刊》1991年第4期。
64. 王晓平:《<诗经>的异文化变奏》,载《河北师范大学学报》(哲学社会科学版)2000年第1期。
65. 王晓平:《<万叶集>研究中的中国话语》,载《外国文学研究》2005年第6期。
66. 严绍璗:《双边文化关系研究与"原典性的实证"的方法问题》,载《中国比较文学》1996年第1期。
67. 严绍璗:《文化的传递与不正确理解的形态——十八世纪中国儒学与欧洲文化关系的解析》,载《中国比较文学》1998年第4期。
68. 严绍璗:《"文化语境"与"变异体"以及文学的发生学》,载《中国比较文学》2000年第3期。

69. 严绍璗:《战后60年日本人的中国观》,载《日本研究》2005年第3期。
70. 周振鹤:《日本文化的幸与不幸》,载《复旦大学学报》(社科版)1997年第3期。

二、英文文献

(一)原典

71. The Asiatic Society of Japan, *Transactions of the Asiatic Society of Japan*, Volume I—Volume L, 1872—1922.
72. Aston, William George, trans., *Nihongi, Chronicles of Japan from the Earliest Time to A. D. 697*, London: Tuttle Co., 1896.
73. Aston, William George, *A History of Japanese Literature*, London: William Heinemann, 1898.
74. Aston, William George, *Shinto, the Way of the Gods*, London: Longmans, Green, and Co., 1905.
75. Chamberlain, Basil Hall, *The Classical Poetry of Japanese*, London: Trübner & Co., 1880.
76. Chamberlain, Basil Hall, *A Translation of the "Ko-ji-ki" or "Records of Ancient Matters"*, in *Transactions of the Asiatic Society of Japan*, Supplement to Vol. X, 1882.
77. Chamberlain, Basil Hall, *Things Japanese, Being Notes on Various Subjects Connected with Japan*, London: Kegan Paul, Trench, Trübner & Co., 1890.
78. Satow, Ernest Mason, *A Diplomat in Japan: The Inner History of the Critical Years in the Evolution of Japan When the Ports Were Opened and the Monarchy Restored*, London: Seeley, Service, & Co., 1921.
79. *Early Japanology, Aston, Satow, Chamberlain*, Volumes 1—4, with an Introduction by George A Sioris, reprinted from *Transactions of the Asiatic Society of Japan*, anniversary edition for the 125th year of the Asiatic Society of Japan, Westport, Connecticut: Greenwood Press, 1998.

(二)著作

80. Bellah, Robert N., *Tokugawa Religion: The Cultural Roots of Modern Japan*, New York: Free Press, 1985.
81. Benedict, Ruth, *The Chrysanthemum and the Sword: Patterns of Japanese Culture*, Boston: Houghton Mifflin Co., 1946.
82. Burks, Ardath W., ed., *The Modernizers: Overseas Students, Foreign Employees and Meiji Japan*, Boulder & London: Westview Press, 1985.
83. Cobbold, George A., *Religion in Japan: Shintoism, Buddhism, Christianity*, London: Society for Promoting Christian Knowledge, 1905.
84. Hearn, Lafcadio, *Japan: An Attempt at Interpretation*, New York: Grosset & Dunlap, 1906.

85. Hearn, Lafcadio, *Glimpses of Unfamiliar Japan*, Boston, New York: Hunghton Mifflin Co., 1894.
86. Hildreth, Richard, *Japan and the Japanese*, Boston: Bradly, Dayton & Co., 1860.
87. Holtom, Daniel Clarence, *The Political Philosophy of Modern Shinto: A Study of the State Religion of Japan*, a Private Edition Distributed by The University of Chicago Libraries, 1922.
88. Hsu, Francis L. K., *Iemoto: The Heart of Japan*, New York: Halsted Press, 1975.
89. Kenrick, Douglas Moore, *A Century of Western Studies of Japan: The First Hundred Years of the Asiatic Society of Japan, 1872-1972*, in *Transactions of the Asiatic Society of Japan*, Series 3, Vol. 14, 1978.
90. Koizumi, Kazuo, ed., *Letters from Basil Hall Chamberlain to Lafcadio Hearn*, Tokyo: Hokuseido Press, 1936.
91. Koizumi, Kazuo, ed., *More Letters from Basil Hall Chamberlain to Lafcadio Hearn and Letters from M. Toyama, Y. Tsubouchi and Others*, Tokyo: Hokuseido Press, 1937.
92. Lowell, Percival, *Occult Japan*, Boston, New York: Houghton Mifflin Company, 1894.
93. Ochiai, T. ed., *Japan and the Japanese*, Tokyo: Hokuseido, 1933.
94. Ota, Yuzo, *Basil Hall Chamberlain: Portrait of a Japanologist*, Surrey: Curzon Press, 1998.
95. Ponsonby-Fane, R.A.B., *Studies in Shinto and Shrines*, Kyoto: Ponsonby Kinenkai, 1943.
96. Reischauer, Edwin O., *Japan: Past and Present*, New York: Alfred A. Knopf, 1946.
97. Reischauer, Edwin O., *The Japanese Today: Change and Continuity*, Cambridge, Mass.: Belknap Press, 1988.
98. Siebold, Fr. Von, *Manners and Customs of the Japanese in the Nineteenth Century*, London: John Murray, 1841.
99. Thompson, Richard Austin, *The Yellow Peril: 1890-1924*, New York: Arno Press Inc., 1978.
100. *The Cambridge History of Japan*, Vols. 1-6, Cambridge: Cambridge University Press, 1988.

(三) 论文

101. Ashikaga, Ensho, "The Festival for the Spirits of the Dead in Japan", in *Western Folklore*, Vol. 9, No. 3, 1950.
102. Bowring, Richard, "An Amused Guest in All: Basil Hall Chamberlain (1850—1935)", in Cortazzi, Hugh & Gordon Daniels, ed., *Britain and Japan, 1859—1991: Themes and Personalities*, London: Routledge, 1991.
103. Chamberlain, Basil Hall, "Introduction to *A Translation of the 'Ko-ji-ki', or Records of Ancient Matters*", in *Transactions of the Asiatic Society of Japan*, Supplement to Vol. X, Yokohama: R. Meiklejohn and Co., 1882.

104. Chamberlain, Basil Hall, "Basho and the Japanese Poetical Epigram", in *Transactions of the Asiatic Society of Japan*, Vol. XXX (1902), Pt. II.

105. David, Uva, "The Transactions of the Asiatic Society of Japan 1872-1912: a Development of Japanology in the Meiji Period", a thesis for the degree of Master of Arts, Osaka University of Foreign Studies, July 2002.

106. David, Uva, "The ASJ and International Conflicts in the Meiji Period: A New Dimension in Early Japanology", in *Japanese Laguage and Culture*, No. 29 (2003).

107. Kawano, Akira, "Haiku and American Poetry: the Influence of Haiku upon American Poetry", in *Neohelicon*, Vol. 10, No. 1 (March, 1983).

108. Tay, William, "The Poetics of Juxtapositition: Haiku, Chinese Poetry, and Ezra Pound", in *Essays in Commemoration of the Golden Jubilee of the Fung Ping Shan Library (1932—1982)*, Hong Kong University Press, 1982.

109. Wingmore, John H., "Notes on Land Tenure and Local Institutions in Old Japan", Edited from Posthumous Papers of Dr. D.B. Simmons, in *Transactions of the Asiatic Society of Japan*, Vol. XIX (1891).

110. Yoshitake, S., "Review of 'Translation of Ko-ji-ki'", in *Bulletin of the School of Oriental Studies*, University of London, Vol. 7, No. 1 (1933). (Accessed: http://www.jstor.org/stable/607622?origin=JSTOR-pdf, 02/07/2009).

三、日文文献

（一）原典

111.『日本古典文学大系 古事記 祝詞』(新装版)、倉野憲司 武田吉校注、東京：岩波書店、1993。

112.『日本古典文学大系 日本書紀』(上、下)、阪本太郎 家永三郎 井上光貞 大野晋校注、東京：岩波書店、1967、1965。

113.『日本古典文学大系 古今和歌集』、佐伯梅友校注、東京：岩波書店、1958。

114.『日本古典文学大系 芭蕉句集』、大谷篤蔵 中村俊定校注、東京：岩波書店、1962。

115.『日本古典文学大系 近世思想家文集』、家永三郎 清水茂 大久保正 小高敏郎 石浜純太郎 尾原正英校注、東京：岩波書店、1966。

116.『日本古典文学大系 神皇正統記』(新装版)、東京：岩波書店、1993。

117.『日本思想大系 律令』、井上光貞 関晃校注、東京：岩波書店、1977。

（二）著作

118.〔日〕村上重良：『国家神道』、東京：岩波書店、1970。

119.〔日〕宮地直一：『神道講座 第1 神道史』、東京：四海書房、1943。

120.〔日〕加藤周一：『雑種文化』、東京：講談社、1956。

121.〔日〕津田左右吉:『シナ思想と日本』、東京:岩波書店、1974。
122.〔日〕梅田義彦:『神道の思想』(全三卷)、東京:雄山閣、1974。
123.〔日〕内藤湖南:『日本文化史研究』、東京:講談社、1976。
124.〔日〕楠家重敏:『ネジみはまだ生きている—チェンバレンの伝記—』、東京:雄松堂、1986。
125.〔日〕楠家重敏:『日本アジア協会の研究—ジヤパノロジーことはじめ—』、東京:日本図書刊行会／近代文芸社、1997。
126.〔日〕山折哲雄:『死の民俗学—日本人の死生観と葬送儀礼—』、東京:岩波書店、1990。
127.〔日〕石田一良:『神道思想集』、東京:筑摩書房、1970。
128.〔日〕松沢弘陽:『近代日本の形成と西洋経験』、東京:岩波書店、1993。
129.〔日〕新谷尚紀:『日本人の葬儀』、東京:紀伊國屋書店、1992。
130.〔日〕真弓常忠:『神道祭祀』、大阪:朱鷺書房、1994(第4版)。
131.〔日〕中根千枝:『タテ社会の人間関係』、東京:講談社、1967。
132.〔日〕諏訪春雄:『日本の祭り芸能』、東京:吉川弘文館、1998。

(三) 论文

133.〔日〕楳垣実:「初期『日本アジア協会紀要』にみえる日本語方言研究」、『研究論集』、関西外国語大学、Vol.13、1968(04)。
134.〔日〕秋山勇造:「日本アジア協会と協会の紀要について」、『人文研究:神奈川大学人文学会誌』、神奈川大学、Vol.152、2004(03)。
135.〔日〕楠家重敏:「日本アジア協会の研究」(1-7)、武蔵野女子大学紀要編集委員会編『武蔵野女子大学紀要』、通号 23-29、1988-1994。
136.〔日〕楠家重敏:「日本アジア協会関係年譜」(1874—1875;1877;1878—1879;1879—1880;1881—1882;1882—1883)、武蔵野大学英文学会編『武蔵野英米文学』、通号 22-27、1989-1994。
137.〔日〕楠家重敏:「日本アジア協会の知的波紋」、杏林大学外国語学部編『杏林大学外国語学部紀要』、通号 7、1995。
138.斎藤多喜夫:「初期の日本アジア協会とその周辺」、『横浜の本と文化-横浜市中央図書館開館記念誌』、横浜市中央図書館、1994(03)。
139.〔日〕河野哲郎:「日本アジア協会とその周辺」、東京国立博物館編『Museum』(570)、2001(02)。
140.〔日〕八木正自:「『日本アジア協会』と日英関係」、日本古書通信社編『日本古書通信』、67(7) (通号 876)、2002(07)。

附录一 《日本亚洲学会学刊》(第一辑)目录*
(1872~1922年)

第一卷 VOL. I (1872~1873)
琉球札记(Notes on Loochoo)E. Satow
(The Hyalonema Mirabilis)Henry Hadlow
江户的街道与街名(The Streets and Street-Names of Yedo)W. E. Griffis
日本地理(The Geography of Japan)E. Satow
1872年9、10月间的台风(The Typhoons of September and October, 1872) Lt.-Com. Nelson
1806~1807年俄罗斯对库页岛与择捉岛的侵袭(Russian Descents in Saghalien and Itorup in the Years 1806 and 1807)W. G. Aston
日语的本质及其改进可能性(The Nature of the Japanese Language, and Its Possible Improvements) J. Edkins

第二卷 Vol. II (1874)
恩格尔伯特·坎普法著(德语版)《日本帝国史》摘要(Abstract of "Historian Imperii Japonici Germanicé Scripta ab Engelbert Kaempfer, Londini, 1727.") R. G. Watson
从江户到草津的旅行路线,兼记草津水系(Itinerary of a Journey from Yedo to Kusatsu, with Notes upon the Waters of Kusatsu)Léon Descharmes
日本刀:历史与传统(The Sword of Japan: Its History and Traditions)Thos. H. R. McClatchie
日本的建筑艺术(Constructive Art in Japan)R. Henry Brunton
江户旅行记(A Journey in Yeto)Captain Bridgford

---

* 将目录中的文章标题译成汉语时,尽可能保存标题的本意,并兼顾文章涉及的内容,要做到这一点,有时不得不跨越遵照字面翻译的界限。对于通晓原文的读者,相信这种方法不致起到误导作用,因为该附录中亦保留了原文;对于无暇阅读原文的读者而言,此处个别地方所采用的释义性或说明性的翻译方式,或将证明是有效的。

伊势神宫(The Shinto Temples of Isé)E. Satow

日本儿童的游戏与体育运动(The Games and Sports of Japanese Children)W. E Griffis

日本列岛附近的风与气流(Winds and Currents in the Vicinity of the Japanese Islands)A. R. Brow

日立、下总旅行记(Notes of a Journey in Hitachi and Shimosa)C.W. Lawrence

关于深海探测(Concerning Deep Sea Sounding)Captain Belkinap

日本东北部之旅(A Journey in North-East Japan)Captain Blakiston

日语与雅利安语有密切关系吗(Has Japanese an Affinity with Aryan Language) W. G. Aston

日本植物群系的增长(On the Increase of the Flora of Japan) Dr. Savatier

气象观测(Meteorological Observations)J. C. Hepburn

第三卷 Vol. III (1875)

第一部分 Part I

有用矿物与日本冶金学(Useful Minerals and Metallurgy of the Japanese)Dr. Geerts

仙台海湾观测(Observations on the Bay of Sendai)Captain St. John

有用矿物与日本冶金学(Useful Minerals and Metallurgy of the Japanese)Dr. Geerts

新潟游记(Description of a Trip to Niigata, along the Shinshiu-road and Back by the Mikuni Pass)J. A. Lindo

有用矿物与日本冶金学(Useful Minerals and Metallurgy of the Japanese)Dr. Geerts

植物蜡的制作(The Preparation of Vegetable Wax) Henry Gribble

附录:纯神道的复兴(Appendix: The Revival of Pure Shin-Tau)E. M. Satow

第二部分 Part II

江户至新潟两条路线的旅行记(Itinerary of Two Routes between Yedo and Niigata)Captain Descharmes

日本的建筑艺术(Constructive Art in Japan)Captain St. John

大和域内远足(An Excursion into the Interior Parts of Yamato Province)

日本传说数种(On Some Japanese Legends)C. W. Goodwin

1872年长崎气候观测(Observations on the Climate at Nagasaki during the Year

1872)Dr. Geerts

从青森到新潟游记,兼游佐田岬的矿井(Notes of a Journey from Awomori to Niigata, and of a Visit to the Mines of Sada)J. H. Gubbins

收集自隐崎郡的信息——附路线图(Notes Collected in the Okitama Ken, with an Itinerary of the Road Leading to It)Charles H. Dallas

一部古老的日本名著(《土佐日记》)(An Ancient Japanese Classic [the Tosa Nikki, or Tosa Diary])W. G. Aston

德川家康遗赠(The Legacy of Iyeyas)W. E. Grigsby

米泽方言(The Yonezawa Dialect)C. H. Dallas

附录:纯神道的复兴(Appendix: The Revival of Pure Shin-Tau)E. M. Satow

第四卷 Vol. IV (1876)

日本木材种类初级目录(Preliminary Catalogue of the Japanese Kinds of Woods)Dr. Geers

日本木材强度实验(Experiments upon the Strength of Japanese Woods)R.H. Smith

论铜铎(On Some Copper Bells)Kanda Takahira

有用矿物与日本冶金学——汞(Useful Minerals and Metallurgy of the Japanese—Quicksilver)Dr. Geerts

论日本木材(On Some Japanese Wood)J. A. Lindo

日本的风与气流(On the Winds and Currents of Japan)Captain Scott

日本水体的温度(On the Temperature of the Japanese Waters)J. H. Dupen

冲绳岛(琉球岛)访问记(Notes Taken during a Visit to Okinawa Shima—Loochoo Island)R. H. Brunton

日本阿伊努人所用的箭头淬毒研究(On the Arrow Poison in Use among the Ainos of Japan)Stuart Eldridge

有用矿物与日本冶金学——金(Useful Minerals and Metallurgy of the Japanese—Gold)Dr. Geerts

小笠原群岛(The Bonin Islands)Russell Robertson

关于日本的棉花(On Cotton in Japan)T. B. Poate

江户至京都旅行记,取道浅间山、大须观音与琵琶湖(Notes of a Trip from Yedo to Kioto Via Asama-yama, the Hokurokudo, and Lake Biwa)D. H. Marshall

含有铁质的泉(Chalybeate Springs)

第五卷 Vol. V (1877)

第一部分 Part I

日本的家徽(Japanese Heraldry)Thomas R. H. McClatchie

有用矿物与日本冶金学——砷(Useful Minerals and Metallurgy of the Japanese—Arsenic)Dr. Geerts

加罗林群岛(The Caroline Islands)Russell Robertson

1872年7月弗里斯岛之旅(Notes of a Trip to Vries Island in July 1872)J. L. Hodges

日本新年庆典(Japanese New Year Celebrations)Mrs. Chaplin-Ayrton

"枕词"的使用及日本诗中的文字游戏(On the Use of "Pillow-words" and Plays upon Words in Japanese Poetry)Basil Hall Chamberlain

日本渔业(Japanese Fisheries)George Elliott Gregory

气体的介电常数(The Specific Inductive Capacity of Gases)John Perry and W. E. Ayrton

通用大气电同步观测系统的重要性(The Importance of a General System of Simultaneous Observations of Atmospheric Electricity) W. E. Ayrton and John Perry

日本气象学观测(Some Meteorological Observations in Japan)Dr. Veedeer

含有铁质的泉(Chalybeate Spring)B. W. Dwars

台湾牡丹人种的颅骨札记(Notes on the Crania of the Botans of Formosa)Stuart Eldridge

原始音乐——尤其是日本的原始音乐(On Primitive Music: Especially That of Japan)Dr. Syle

论一条被忽视的度量地震的原理(On a Neglected Principle That May be Employed in Earthquake Measurements.)John Perry and W. E. Ayton

关于在日荷兰人的早期研究(The Early Study of Dutch in Japan)K. Mitsukuri

第二部分 Part II

日本刑法典概观(A Summary of the Japanese Penal Codes)Joseph H. Longford

第六卷 Vol. VI (1878)

第一部分 Part I

基督教传入中国与日本之回顾(Review of the Introduction of Christianity into China and Japan)John H. Gubbins

论基督教会在日本衰落的原因（Observations upon the Causes Which Led to the Downfall of the Christian Mission in Japan）E. Satow

数种日本食物分析（An Analysis of Certain Articles of Japanese Food）B. W. Dwars

烟草之引入日本（The Introduction of Tobacco into Japan）Ernest M. Satow

东京的供水系统（The Water Supply of Tokio）R. W. Atkinson

菟原处女（The Maiden of Unahi）Basil Hall Chamberlain

江户城（The Castle of Yedo）Thomas R.H. McClatchie

脚气病（Kak'ke）William Anderson

道场评论（Remarks on the Dojo）Dr. H. Faulds

第二部分 Part II

萨摩的朝鲜陶工（The Korean Potters in Satsuma）E. Satow

生物学笔记（Biological Notes）H. Faulds

日本的消防演练（The Use of the Fire-drill in Japan）E. Satow

丰臣秀吉入侵朝鲜（Hideyoshi's Invasion of Korea）W. G. Aston

日本的破坏性地震（Destructive Earthquakes in Japan）I. Hattori

白铅的加工（Notes on the Manufacture of Oshiroi [White-lead]）R. W. Atkinson

砖木建筑评论,及其在日本的相对适用性（Some Remarks on Constructions in Brick and Wood, and Their Relative Suitability for Japan）George Cawley

记日本的一些火山（Notes on Some of the Volcanic Mountains in Japan）D. H. Marshall

草津温泉中的硫化氢含量（Notes on the Amount of Sulphuretted Hydrogen in the Hot Springs of Kusatsu）Edward Divers

甘薯分析（Analysis of the Sweet Potato）B. W. Dwars

气象观测中的地震记录分析（An Examination of the Earthquakes Recorded at the Meteorological Observatory）W. S. Chaplin

第三部分 Part III

喜剧中的中古口语语调（On the Mediaeval Colloquial Dialect of the Comedies）B.H. Chamberlain

日本新旧都城间的景观（Some Scenes between the Ancient and the Modern Capitals of Japan）W. G. Dixon

1878年八丈岛旅行记（Notes of a Visit to Hachijo in 1878）F. V. Dickins and Ernest Satow

附录一：比齐船长的《小笠原群岛》摘录（Appendix I. Extract from Captain Beechey's Narrative, the Bonin Island）

附录二：《日日新闻》中的《八丈岛记录》摘录（Appendix II. Extract from the *Nichi Nichi Shimbun*, Account of Hachijo）

日本的气候（The Climate of Japan）Dr. J. J. Rein

日本亚洲学会图书馆藏书目录（Catalogue of Books in the Society's Library）

第七卷 Vol. VII (1879)

横贯欧亚（Across Europe and Asia）John Milne

竹笋分析（Analyses of the Take-no-ko）D. W. Dwars

日本音程数种（Some Japanese Musical Intervals）P. V. Veeder

东京视域内的群山（Visibility of Mountains from Tokiyo）P. V. Veeder

人类遗迹发现（Discovery of Human Remains）T. R. H. McClatchie

古代日本礼仪（一）（Ancient Japanese Rituals—Part I）Ernest Satow

克伦碑铭记（On A Karen Inscription）N. Brown

1550~1586年间山口的教会（The Church at Yamaguchi from 1550 to 1586）Ernest Satow

江户的封建官邸（The Feudal Mansions of Yedo）T. R. H. McClatchi

岛原与天草的碑铭（Inscriptions in Shimabara and Amakusa）H. Stout

现代日本人的外国冒险之旅（Foreign Travel of Modern Japanese Adventures）J. M. James

横滨的饮用水（On the Drinking Water in Yokohama）A. J. C. Geerts

日语假名的音译（Transliteration of the Japanese Syllabary）Ernest Satow

无穷视界论（A Discourse on Infinite Vision）J. M. James

和庄兵卫——日本的格列佛（Wasaubiyauwe, the Japanese Gulliver）B. H. Chamberlain

东京地表水分析（Analyses of Surface Waters in Tokiyo）R. W. Atkinson

日本的化工业（The Chemical Industries of Japan）R. W. Atkinson

1808年停驻长崎的英国皇家海军舰艇"辉腾"号（H. M. S. "Phaeton" at Nagasaki in 1808）W. G. Aston

日本艺术史（A History of Japanese Art）W. G. Aston

大阪随记（Notes on Osaka）Rev. J. Summers

古代日本礼仪（二）（Ancient Japanese Rituals—Part II）Ernest Satow

会员大会报告（Reports of General Meetings）

年度会议报告（Report of Annual Meeting）
理事会报告（Report of Council）
会员名录（List of Members）

第八卷 Vol. VIII (1880)

八岳、白山与立山（Yatsu-ga-take, Haku-san and Tate-yama）R. W. Atkinson
朝鲜语字母表排列建议（Proposed Arrangement of the Korean Alphabet）W. G. Aston
小樽与函馆发现的石器（Notes on Stone Implements from Otaru and Hakodate）John Milne
丰臣秀吉与16世纪萨摩武士（Hideyoshi and the Satsuma Clan in the Sixteenth Century）J. H. Gubbins
《大保律令》有关土地的规定（Land Provisions of Taiho Rio）C. T. Tarring
论日语中的"ち"与"つ"（On the Japanese Letters "Chi" and "Tsu"）J. Edkins
答艾约瑟博士"ち""つ"论（Reply to the Dr. Edkins on "Chi" and "Tsu"）Ernest Satow
日本鸟类名录（Catalogue of the Birds of Japan）T. Blakiston and H. Pryer
"假名"音译体系（The "Kana" Transliteration System）F. V. Dichins
日本的制磁业（Notes on the Porcelain Industry of Japan）R. W. Atkinson
来自17世纪的简短回忆录（A Short Memoir from the Seventeenth Century）Basil Hall Chamberlain
日语圣歌翻译之我见（Suggestions for a Japanese Rendering of the Psalms）B. H. Chamberlain
古代上野国的高塚坟墓（Ancient Sepulchral Mounds in Kaudzuke）Ernest Satow
日本服饰史（The History of Japanese Costume）Josiah Conder
日本农业化学的作用（Contributions to the Agricultural Chemistry of Japan）Edward Kinch
论鼬的系统位置（On the Systematic Position of the Itachi）D. Brauns
七福神[①]（The Seven Gods of Happiness）By C. Puini, translated by F. V. Dickins
日本制糖业（Manufacture of Sugar in Japan）K. Ota

---

① "七福神"指日本神话中主持人间福德的七位神，包括慧比须、大黑天、多闻天（毘沙门天）、辩财天、布袋和尚、福禄寿、寿老人，此外有福禄寿和寿老人是同神异名之说，故把吉祥天也放入七福神之列。从室町时代日本人开始广泛信仰七福神，时至今日仍作为信仰对象。

汉语方言对日语汉字发音的影响（Influence of Chinese Dialects on the Japanese Pronunciation of the Chinese Part of the Japanese Language）J. Edkins

会议纪要（Minutes of Meetings）

理事会报告（Report of Council）

会员名录（List of Members）

第九卷 Vol. IX (1881)

日本漆器业（The Lacquer Industry of Japan）J. J. Quin

会津方言评论（Notes on the Dialect Spoken in Ahidzu）Basil Hall Chamberlain

（On "Kaki-no-shibu"）I. Ishikawa

论新近几次地震（Notes on Some Recent Earthquakes）J. A. Ewing

箱根山的芦之汤温泉（The Mineral Springs of Ashi-no-yu in the Hakone Mountains）A. J. C. Geerts

日本冰河期证据（Evidences of the Glacial Period in Japan）J. Milne

丰臣秀吉入侵朝鲜：第二章——撤退（Hideyoshi's Invasion of Korea: Chapter II. The Retreat.）W. G. Aston

日本十处泉水分析（Analyses of Ten Japanese Spring Waters）A. J. C. Geerts

日语转录汉字音节的历史贡献（Contributions to the History of the Japanese Transcription of Chinese Sounds）Joseph Edkins

长崎历史记录（Historical Notes on Nagasaki）W. A. Wooley

鞘翅类甲虫笔记，兼记其中的六个部类（A Memorandum on the Coleopterous Genus Damaster, with Notes on Six Species of Forms in It）George Lewis

1709～1715年日本对乔凡·巴蒂斯塔·西多蒂神甫的抓捕与囚禁（The Capture and Captivity of Père Giovan Batista Sidotti in Japan from 1709 to 1715）W. B. Wright

日本佛教不同宗派对数珠的使用（Descriptive Notes on the Rosaries (Jiu-dzu) as Used by the Different Sects of Buddhists in Japan）J. M. James

古代日本礼仪（三）（Ancient Japanese Rituals—Part III）Ernest Satow

丰臣秀吉入侵朝鲜：第三章、交涉（Hideyoshi's Invasion of Korea: Chapter III. Negotiation）W. G. Aston

《童子教》翻译（A Translation of the "Dou-zhi-keu"——Teaching for the Young）Basil Hall Chamberlain

一种新矿物——方钨铁矿（On the New Mineral, Reinite）By Dr. Otto Luedecke:

Translated by M. Yokoyama

日本服饰史之二——盔甲(The History of Japanese Costume: II—Armour) J. Conder

会议纪要(Minutes of Meetings)

理事会报告(Report of Council)

会员名录(List of Members)

第十卷 Vol. X (1882)

十五世纪中日词汇汇编,附解说,主要关于发音方面(A Chinese and Japanese Vocabulary of the Fifteenth Century, with Notes, Chiefly on Pronunciation) Joseph Edkins

艾约瑟博士《十五世纪中日词汇汇编》评议(Notes on Dr. Edkins' Paper "A Chinese-Japanese Vocabulary of the Fifteenth Century") Ernst Satow

国府台及其名胜(Konodai and Its Spots of Interest) J. M. Dixon

日本早期印刷史(On the Early History of Printing in Japan) Ernest Satow

日本的鸟类(1882年1月修订)(Birds of Japan [Revised to January, 1882]) T. W. Blakiston and H. Pryer

日本江户与九留里岛低地居民(Notes on the Koro-pok-guru or Pit-Dwellers of Yedo and Kurile Islands.) J. Milne

论日本的两块陨石(On Two Japanese Meteorites) Edward Divers

草津的温泉(Note on the Hot Spring of Kusatsu) Edward Divers

阿伊努人随记(Notes on the Ainu) J. Batchelor

阿伊努语词汇表(An Ainu Vocabulary) J. Batchelor

朝鲜活字与早期日本印刷书籍详解(Further Notes on Movable Types in Korea and Early Japanese Printed Books) Ernest Satow

《古事记》翻译(A Translation of the "*Ko-ji-ki,*" or *Records of Ancient Matters*) Basil Hall Chamberlain

会议纪要(Minutes of Meetings)

理事会报告(Report of Council)

会员名录(List of Members)

第十一卷 Vol. XI (1883)

在日本食用或作为食物来源的植物名录(List of Plants Used for Food or from Which Food are Obtained in Japan) Edward Kinch

论肯奇的食用植物名录(Observations on Kinch's List of Plants Used for Food)Dr. Greerts

石狩湾的阿伊努人(The Tsuishikari Ainos)By J. M. Dixon

有马起义与护卫的操守(The Arima Rebellion and the Conduct of Koeckebacker) Dr. Geerts

丰臣秀吉入侵朝鲜(Hideyoshi's Invasion of Korea)W. G. Aston

远古时代日本列岛与大陆联系的动物学迹象(Zoological Indications of Ancient Connection of the Japan Islands with the Continent) T. W. Blackiston

朝鲜内陆秘行记(Account of a Secret Trip in the Interior of Korea)W. J. Kenny

朝鲜西海岸与首都之旅(A Visit to West Coast and Capital of Korea) J. C. Hall

大伊豆岛今昔(Vries Island Past and Present)Basil Hall Chamberlain

荷兰船"格鲁"号:平户到东京之行(Voyage of the Dutch Ship "Grol" from Hirado to Tongking)(Translated from the French) J. M. Dixon

日本鳞翅类动物名录(A Catalogue of the Lepidoptera of Japan)H. Pryer

记朝鲜首都(Notes on the Capital of Korea) H. A. C. Bonar

马神(Equine Deities) F. Warrington Eastlake

会议纪要(Minutes of Meetings)

理事会报告(Report of Council)

会员名录(List of Members)

第一至十一卷目录(Contents of Vol. I To XI)

第十二卷 Vol. XII (1884)

日本茶的准备过程(附插图)(The Preparation of Japan Tea [Illustrated]) Henry Gribble

日本鳞翅类动物目录(A Catalogue of the Lepidoptera of Japan) H. Pryer

现代训读(Modern Translation into Sinico-Japanese) W. Dening

东京的供水系统(The Water Supply of Tokio) O. Korschelt

关于汉语词典编纂,附汉字排列建议(On Chinese Lexicography, with Proposals for a New Arrangement of the Characters of That Language) J. Summers

日本漆器化学(The Chemistry of Japanese Lacquer) O. Korschelt and H. Yoshida

本居宣长论中日艺术(Notes by Motoori on Chinese and Japanese Art) Translated by Basil Hall Chamberlain

日本医学进展史（On the History of Medical Progress in Japan）Willis Norton Whitney

日本占卜中的天谴制［节选］（On the Tenken System of Japanese Fortune Telling [abstract]）O. Korschelt

会议纪要（Minutes of Meetings）

理事会报告（Report of Council）

会员名录（List of Members）

综合索引——第一至十二卷（General Index—Vols.I—XII）

第十三卷 Vol. XIII (1885)

日本礼仪（Japanese Etiquette）J. M. Dixon

日本鳞翅类动物目录增补与修正（Additions and Corrections to a Catalogue of Lepidoptera of Japan）H. Pryer

日本蝮蛇（The Mamushi）W. C. de Lano Eastlake

日本的合法复仇（The Vendetta or Legal Revenge in Japan）J. Dautremer

论日本文学中的多种文体（On the Various Styles Used in Japanese Literature）Basil Hall Chamberlain

论"鼬"与"科维斯丹顶鹤"（Notes on the "Itachi" and "Corvus Japonensis"）H. Pryer

日本的婚姻——含对婚礼、已婚女性地位及离婚的几点评论（Marriage in Japan: Including a Few Remarks on the Marriage Ceremony, the Position of Married Women, and Divorce）L. W. Küchler

17世纪日本与暹罗的交往（Notes on the Intercourse between Japan and Siam in the Seventeenth Century）E. W. Satow

麒麟（The Kirin）F. Warrington Eastlake

日语动词的所谓"词根"（The So-called "Root" in Japanese Verbs）Basil Hall Chamberlain

日本与英国相同的鳞翅目动物（Lepidoptera Identical Japan and Great Britain）

会议纪要（Minutes of Meetings）

理事会报告（Report of Council）

会员名录（List of Members）

第十四卷 Vol. XIV (1886)

佛教真宗教义研究（On the Tenets of the Shinshiu or "True Sect" of Buddhists）

James Troup

算盘——其历史与科学方面(The Abacus, in Its Historic and Scientific Aspects) Cargill G. Knott

佛教,及其传入日本的经外传说(Buddhism, and Traditions Concerning Its Introduction into Japan) James Summers

过去分词还是动名词?——一个语法术语(Past Participle or Gerund?——A Point of Grammatical Terminology) Basil Hall Chamberlain

关于日本的著作、论文一览(A List of Works, Essays, etc., Relating to Japan) Compiled by Carlo Giussani

日本的景观庭园艺术(The Art of Landscape Gardening in Japan) J. Dautremer, (Interpréte de 2e class à la Légation de la République au Japon)

阿伊努语—英语词汇表(An Aino-English Vocabulary) Compiled by the Rev. J. Summers

《佛教真宗研究》勘误表(Tables of Errata, in Paper on the Tenets of the Shinshiu)

会议纪要(Minutes of Meetings)

理事会报告(Report of Council)

会员名录(List of members)

第十五卷 Vol. XV (1887)

日语(Japanese) Edward Harper Parker

"黄色"的语言(The "Yellow" Languages) Edward Harper Parker

被称作"矢印"的准字(On the Quasi-Characters called "ya-jiushi") Basil Hall Chamberlain

学士会院(The Gakushi-Kai-in) Walter Dening

满族人(The Manchus) Edward Harper Parker

满洲与朝鲜的关系(The Manchu Relations with Corea) Edward Harper Parker

日语与毗邻的大陆语言之关联(Connection of Japanese with the Adjacent Continental Languages) J. Edkins

日本海运业研究(On the Maritime Enterprise in Japan) H. A. C. Bonar

阿伊努人猎熊记(An Aino Bear Hunt) Basil Hall Chamberlain

德川幕府统治下的日本封建制度(The Feudal System in Japan under the Tokugawa Shōguns) J. H. Gubbins

会议纪要(Minutes of Meetings)

理事会报告（Report of Council）
会员名录（List of Members）

第十六卷 Vol. XVI (1889)

日本传说中的波斯因素（Persian Elements in Japanese Legends） J. Edkins
罗德里格斯音译系统（Rodriguez' System of Transliteration） B. H. Chamberlain
论阿伊努术语"神"（On the Ainu Term "Kamui"） J. Batchelor
关于巴彻勒先生"神"与"阿伊努"两词之论述的答复（Reply to Mr. Batchelor on the Words "Kamui" and "Aino"） B. H. Chamberlain
早期日本历史（Early Japanese History） W. G. Aston
日本教育学会（The Japanese Education Society） W. Dening
阿伊努民间传说范例（Specimens of Ainu Folk-Lore） J. Batchelor
北海道一带（Around the Hokkaido） C. S. Meik
伊能忠敬：日本测量员兼地图制作师（Inō Chūkei, the Japanese Surveyor and Cartographer） Cargill G. Knott
汉语与安南语（Chinese and Annamese） E. H. Parker
柔术（Jiujutsu） T. Lindsay and J. Kanō
基督徒谷（Christian Valley） J. M. Dixon
古代日本的一位女文学家（A Literary Lady of Old Japan） T. A. Purcell and W. G. Aston
最古老的日语词汇（A Vocabulary of the Most Ancient Words of the Japanese Language） B. H. Chamberlain
会议纪要（Minutes of Meetings）
理事会报告（Report of Council）
会员名录（List of Members）

第十七卷 Vol. XVII (1889)

日本制盐业（Salt Manufacture in Japan） A. E. Wileman
印度支那语语调（Indo-Chinese Tones） E. H. Parker
小品词"ね"（The Particle *Ne*） W. G. Aston
萨道义先生《耶稣会在日本的传教出版事业（1591—1610）》评论（A Review of Mr. Satow's Monograph on the *Jesuit Mission Press in Japan*, 1591—1610） B. H. Chamberlain

莲如上人御文(The Gobunsho or Ofumi of Rennyo Shōnin) James Troup

日本插花理论(The Theory of Japanese Flower Arrangements) Josiah Conder

巴达维亚墓碑——纪念一位17世纪日本基督徒(The Grave-Stone in Batavia to the Memory of a Japanese Christian of the XVII Century) A. F. King

日本的法人印鉴(The Japanese Legal Seal) R. Masujima

会议纪要(Minutes of Meetings)

理事会报告(Report of Council)

日本卫生设施讲演摘要(Abstract of a Lecture on Sanitation in Japan) W. K. Burton

日本的住宅卫生讲演摘要(Abstract of a Lecture on the Hygienic Aspects of Japanese Dwelling-Houses) J. N. Seymour.

会员名录(List of Members)

第十八卷 Vol. XVIII (1890)

德川幕府水户黄门(The Tokugawa Princes of Mito) E. W. Clement

阿伊努民间传说样本:八、爱情与战争传说(Specimens of Ainu Folk-Lore: VIII, A Legend of Love and War) John Batchelor

古日本词汇研究(On the Old Japanese Vocabulary) Joseph Edkins

朝鲜通俗文学(Corean Popular Literature) W. G. Aston

何为日本动词"词根"最恰当的名称?(What Are the Best Names for the "Bases" of Japanese Verbs?) Basil Hall Chamberlain

关于张伯伦先生论日语词根的答复(Reply to Mr. Chamberlain on Japanese "Bases') Wm. Imbrie

西班牙与葡萄牙在日本竞争的缘起(The Origin of Spanish and Potuguese Rivalry in Japan) E. M. Satow.

论朝鲜的民族抗争(On Race Struggles in Corea) E. H. Parker

现代日本法律制度(Modern Japanese Legal Institutions) R. Masujima.

会议纪要(Minutes of Meetings)

理事会报告(Report of the Council)

会员名录(List of Members)

第十九卷 Vol. XIX (1891)

日本东海岸太平洋的深度,兼与其他海洋深度对比(附地图)(The Depth of the Pacific off the East Coast of Japan, with a Comparison of Other Oceanic

Depths [With Map]）George E. Belknap

日本人的心理特征（Mental Characteristics of the Japanese）Walter Dening

古日本土地所有制及地方机构（Notes on Land Tenure and Local Institutions in Old Japan） Edited from Posthumous Papers of Dr. D.B. Simmons. John H. Wingmore

日本音乐（The Music of the Japanese）F. T. Piggott

月琴音阶（The Gekkin Musical Scales） F. Du Bois

论日本音阶（Remarks on Japanese Musical Scales）C. G. Knott

水户内战（The Mito Civil War）E. W. Clement

日本铜币简史（Abridged History of the Copper Coins of Japan）Léon van de Polder

关于永乐钱（Notes on the Eirakusen）J. H. Wigmore

答帕克先生（Notes in Reply to Mr. E. H. Parker）W. G. Aston

日本葬礼（Japanese Funeral Rites）Arthur Hyde Lay

花合花札（Hana-awase）H. Spencer Palmer

轻井泽的夏季气候（Notes on the Summer Climate of Karuizawa） Cargill G. Knott

日本盲人习惯（The Habits of the Blind in Japan）J. M. Dixon

日语与缅甸语对照（A Comparison of the Japanese and Burmese Language）Percival Lowell

会议纪要（Minutes of Meetings）

理事会报告（Report of the Council）

会员名录（List of members）

章程与规章制度（Constitution and By-Laws）

第二十卷 Vol. XX (1892～1893)

第一部分 Part I (1892)

一位日本哲学家（A Japanese Philosopher）George Wm. Knox

论日本哲学学派（Notes on Japanese Schools of Philosophy）T. Haga

论朱子学（A Comment upon Shushi's Philosophy） George Wm. Knox

评论（Remarks）T. Inoue

气、理与天（"Ki, Ri, and Ten"）George Wm. Knox

再论朱子学 (Something More about Shushi's Philosophy) T. Haga

第二部分 Part II (1893)

鸭长明与华兹华斯：文学相似性（Chōmei and Wordsworth: A Literary Parallel）J. M. Dixon

《方丈记》（"A Description of My Hut"）J. M. Dixon

阿伊努民间传说样本（Specimens of Ainu Folk-Lore）John Batchelor

土佐的封建土地所有制（Feudal Land Tenure in Tosa）R. B. Grinnan

五十年前的须磨村（Suma Mura Fifty Years Ago）Hannah M. Birkenhead

会议纪要（Minutes of Meetings）

理事会报告（Report of the Council）

会员名录（List of members）

章程与规章制度（Constitution and By-Laws.）

第二十卷附录 Vol. XX Supplement (1893)

古日本私法研究资料（Materials for the Study of Private Law in Old Japan）Edited, with Notes and Introduction, John Henry Wigmore

第二十一卷 Vol. XXI (1893)

伊达政宗生平（Life of Date Masamune）C. Meriwether

深奥的神道（Esoteric Shintō）Percival Lowell

关于缅甸语、日语、汉语与朝鲜语（Touching Burmese, Japanese, Chinese and Korean）E. H. Parker

深奥的神道（二）（Esoteric Shintō, Part II）Percival Lowell

阿伊努经济作物（Ainu Economic Plants）J. Batchelor and K. Miyabe

琉球人的风尚习俗（On the Manners and Customs of the Loochooans）Basil Hall Chamberlain

会议纪要（Minutes of Meetings）

理事会报告（Report of the Council）

会员名录（List of Members）

章程与规章制度（Constitution and By-Laws）

第二十二卷 Vol. XXII (1894)

深奥的神道（Esoteric Shintō）Percival Lowell

"日之丸"——日本国旗（The "Hi no Maro," or National Flag of Japan）W. G. Aston

马端临截至1200年的日本记录——含公元1000年日本人为中国人写的日本历代记(Ma Twan-Lin's Account of Japan up to A.D. 1200——Including the Japanese Chronicles as Written Down for the Chinese by the Japanese in A.D. 1000)E. H. Parker

日本信用联合会及其创始人(A Japanese Credit Association and Its Founder) Garrett Droppers

二宫尊德记(Note on Ninomiya Santiku) Joseph H. Longford

日本铁路系统的历史与发展(The History and Development of the Railway System in Japan) Francis Trevithick

德川时代日本的人口(The Population of Japan in the Tokugawa Period) Garrett Droppers

通俗谣曲三首(Three Popular Ballads) Lafcadio Hearn

日本佛教之发展(Developments of Japanese Buddhism) A. Lloyd

第二十三卷 Vol. XXIII (1895)

训民正音——何时发明(The Onmun—When Invented?) W. G. Aston

天理教(Tenrikyō, or the Teaching of the Heavenly Reason) D. C. Greene

长冈的石油工业(The Petroleum Industries at Nagaoka) Horatio B. Newell

日本风景(The Japanese Landscape) Clay MacCauley

日本的白银(Silver in Japan) Garrett Droppers

会议纪要(Minutes of Meetings)

日语与琉球语比较(Comparison of the Japanese and the Luchuan Language) Basil Hall Chaberlain

理事会报告(Report of the Council)

会员名录(List of Members)

章程与规章制度(Constitution and By-Laws)

第二十三卷附录 Supplement to Vol. XXIII

琉球语语法及词典编纂辅助研究(Essay in Aid of a Grammar and Dictionary of the Luchuan Language)Basil Hall Chamberlain

第二十四卷 Vol. XXIV (1896)

琉球参考书目增补(Contributions to a Bibliography of Luchu) Basil Hall Chamberlain

十七世纪赴水户的中国难民（Chinese Refugees of the Seventeenth Century in Mito）Ernest W. Clement

作为风俗、病理、心理与宗教事务之例证的阿伊努语词汇（Ainu Words as Illustrative of Customs and Matters Pathological, Psychological and Religious）John Batchelor

台湾历史回顾及首任台湾王国姓爷生平概说（A Review of the History of Formosa, and a Sketch of the Life of Koxinga, the First King of Formosa）Jas. W. Davidson.

希腊—波斯艺术对日本艺术的影响（The Influence of Greco-Persian Art on Japanese Arts）Isaac Dooman.

那须汤本（Nasu no Yumoto）Arthur Lloyd.

古日本经济理论（Economic Theories of Old Japan）Garrett Droppers

会议纪要（Minutes of Meetings）

理事会报告（Report of the Council）

会员名录（List of Members）

章程与规章制度（Constitution and By-Laws）

附录：台湾植物名录，附对该岛地理、植物区系性质及经济植物学的初步评论（Appendix: A List of Plants from Formosa. With Some Preliminary Remarks on the Geography, Nature of the Flora and Economic Botany of the Island） By Augustine Henry

第二十五卷 Vol. XXV (1897)

日本种族的起源（The Origin of the Japanese Race）I. Dooman

日本历史、文明与艺术的开端（The Beginning of Japanese History, Civilization and Art）I. Dooman

会议纪要（Minutes of Meetings）

理事会报告（Report of the Council）

会员名录（List of Members）

章程与规章制度（Constitution and By-Laws）

第二十六卷 Vol. XXVI (1898)

平户的英国工厂史（History of the English Factory at Hirado）Ludwig Riess

一位水户黄门对其家臣的训戒（Instructions of a Mito Prince to His Retainers）Ernest W. Clement

德川幕府时代的法律（Laws of Tokugawa Period） J. H. Gubbins
穿越北部缅甸与西部中国（Through Upper Burma and Western China）John Foster
会议纪要（Minutes of Meetings）
理事会报告（Report of the Council）
会员名录（List of Members）
章程与规章制度（Constitution and By-Laws）

第二十七卷 Vol. XXVII (1899)

第一部分 Part I
古代日本礼仪（四）（Ancient Japanese Rituals, Part IV） Karl Florenz
土佐长尾鸡（Note on a Long-tailed Breed of Fowls in Tosa） Basil Hall Chamberlain

第二部分 Part II
耶稣会在日本的传教出版事业（The Jesuit Mission Press in Japan） Ernest Satow

第三部分 Part III
日本竹子的培育（The Cultivation of Bamboos in Japan） Ernest Satow

第四部分 Part IV
百人一首（Hyakunin-Isshu [Single Songs of a Hundred Poets]） Clay MacCauley
鸟居——它的语源（Tori-wi—Its Derivation） W. G. Aston

附录 Supplement
会议纪要（Minutes of Meetings）
理事会报告（Report of the Council）
会员名录（List of Members）
章程与规章制度（Constitution and By-Laws）

第二十八卷 Vol. XXVIII (1900)
崔冲传（Chhoi Chhung） W. G. Aston
宇治拾遗物语（Some Tales from the Uji Shui Monogatari） S. Ballard
太宰春台论日本音乐（Dazai on Japanese Music） R. J. Kirby

会议纪要（Minutes of Meetings）

理事会报告（Report of the Council）

会员名录（List of Members）

章程与规章制度（Constitution and By-Laws）

第二十九卷 Vol. XXIX (1901)

（The Remmon Kyō）A. Lloyd

（The Remmon Kyō）D. C. Greene

住吉物语（The Sumiyoshi Monogatari）H. Parlett

第三十卷 Vol. XXX (1902)

第一部分 Part I

日本历法 （Japanese Calendars） E. W. Clement

一位十七世纪中国流亡者（A Chinese Refugee of the Seventeenth Century）E. W. Clement

第二部分 Part II

《折焚柴记》翻译（A Translation of the "Hyo-chu-ori,"）G. W. Knox

新井白石的《折焚柴记》：其生平记录（Arai Kakuseki: *Hyo-chu-ori-taku-shiba-noki*, an Account of His Life）

芭蕉与日本俳句（Basho and the Japanese Poetical Epigram）B. H. Chamberlain

第三部分 Part III

日本政党兴起史（History of the Rise of Political Parties in Japan）A. H. Lay

新近日文书录（Catalogue of Recent Books in Japanese） A. Lloyd.

会议纪要等（Minutes of Meetings, etc.）

第三十一卷 Vol. XXXI (1904)

会员名录（List of Members）

会议纪要（Minutes of Meetings）

东京（越南）之旅报告（A Report on a Visit to Tonkin）

横滨会议（纪要）（Meeting at Yokohama）

年度会员大会（Annual General Meeting）

东京会议（纪要）（Meeting in Tokyo）

第三十二卷 Vol. XXXII (1905)

渡边昇生平（The Life of Watanabe Noboru）Miss Ballard.
太宰春台论武备（Dazai on Bubi）R. J. Kirby
会议纪要（Minutes of Meetings）
会员名录（List of Members）

第三十三卷 Vol. XXXIII (1905)

第一部分 Part I

一部现代日本戏剧（A Modern Japanese Play）A. Lloyd
1824年英国海员与水户武士（British Seamen and Mito Samurai in 1824）E. W. Clement

第二部分 Part II

日本乡村生活（Village Life in Japan）A. Lloyd
日本大众佛教（Japanese Popular Buddhism）J. L Atkinson
章程与规章制度（The Constitution and By-Laws. [Revised December 14th, 1903]）
会员名录（List of Members）
附录一、学会1905年度论文与演讲名录（Appendix A. List of Papers and Lectures during the Session of 1905）
附录二、日本亚洲学会交流名录（Appendix B. List of Exchanges of the Asiatic Society of Japan）
附录三、三十年订户（Appendix C. Thirty Year Subscribers）
第一至三十三卷目录

第三十四卷 Vol. XXXIV (1906～1907)

第一部分 Part I (1906)

日本封建法律：司法机构（Japanese Feudal Law: The Institutes of Judicature）John Carey Hall
论鸭长明的生平与著作（Notes on Kamo Chōmei's Life and Work）Karel Jan Hora
以日本学习者立场进行的朝鲜语学习（The Study of Korean from the Standpoint of a Student of Japanese）Arthur Hyde

第二部分 Part II (1906)

日本原始文化（Primitive Culture in Japan） N. Gordon Munro

皇家亚洲学会会员名录（Member of the Royal Asiatic Society）

第三部分 Part III (1906)

I. 日本邮票汇总目录（A Summarized Catalogue of the Postage Stamps of Japan） A. M. Tracey Woodward

第四部分 Part IV (1907)

1. 日本朱子学的历史发展（Historical Development of the Shushi Philosophy in Japan），Arthur Lloyd
2. 鸭长明的《无名抄》（"Nameless Selections" of Kamo Chōmei）Karel Jan Hora
3. 1844年荷兰威廉二世与日本幕府将军的通信（Correspondence between William II of Holland and the Shugun of Japan, A.D.1844）D. C. Greene
4. 太宰春台论学政(Dazai Jun on Gakusei) Kirby
5. 会议纪要（Minutes of Meetings）
6. 章程与规章制度（Constitution and By-Laws）
7. 会员名录（List of Members）
8. 交流名单（List of Exchanges）
9. 三十年订户名单（List of Thirty-year Subscribers）

第三十五卷 Vol. XXXV (1907～1908)

第一部分 Part I (1907)

1. 日本中成药（Japanese Patent Medicines） W. M. Royds.
2. 有关日本医药的民间传说（Japanese Medical Folk-Lore） Ernest W. Clement
3. 佛教十戒（The Ten Buddhistic Virtues） John Laidlaw Atkinson

第二部分 Part II (1908)

关于日本佛教手稿文本问题（Some Problems of the Textual History of the Buddhist Scriptures） M. Anesaki

论日本戏剧（Notes on the Japanese Drama） Arthur Lloyd

太宰春台的《食货志》(Dazai on Food and Wealth) R. J. Kirby

日本佛教的构成因素（The Formative Elements of Japanese Buddhism） Arthur Lloyd

第三部分 Part III (1908)

四部汉语佛经（The Four Buddhist Agamas in Chinese）M. Anesaki

第四部分 Part IV (1908)

日本原始韵文中的枕词（The Makura-Kotoba of Primitive Japanese Verse）F. Victtor Dickins

第三十六卷 Vol. XXXVI (1908)

第一部分 Part I

1. 新中国的一些生活问题（Some of the Problems of Life in New China）Timothy Richard
2. 十戒之三——不奸淫戒（The Ten Buddhistic Virtues, The Third Precept and Virtues—Fa-ja-in, or Not Committing Adultery）John Laidlaw Atkinson.
3. 近江圣人中江藤树的生平与教导（The Life and Teaching of Nakae Toju, the Sage of Qmi）Galen M. Fisher
4. 太宰春台论收养与婚姻（An Essay by Dazai Jun, Relating to Adoption and Marriage）Translated by R. J. Kirby
5. 依今日标准看远古神道中的天御中主神（The Ancient Shinto God, Ame-no-naka-nushi-no-kami, Seen in the Light of Today.）G. Kato

第二部分 Part II

1. 日本封建法律之二——足利法典（Japanese Feudal Laws: II—The Ashikaga Code）J. C. Hall
2. 天狗（The Tengu）M.W. de Visser
3. 儒家哲学在日本（Confucian Philosophy in Japan）W. Dening

第三部分 Part III

日本民间传说中的狐狸与獾（The Fox and Badger in Japanese Folklore）M.W. de Visser

第三十七卷 Vol. XXXVII (1909～1910)

第一部分 Part I (1909)

日语中的狗与猫（The Dog and Cat in Japanese）M. W. de Visser
日本的火山（The Volcanoes of Japan）C. E. Bruce-Mitford.

日本风物研究（The Study of Things Japanese） A. Lloyd.

关于史前陈迹的思考（Reflections on Prehistoric Survivals） N. Gordon Munro.

第二部分 Part II (1910)

佩里来航日志（1853—1854）（A Journal of the Perry Expedition to Japan [1853—1854]）

附录 Supplement of Vol. XXXVII

导言（Introduction）Ernest W. Clement

日本年表（Japanese Chronology and Tables）William Bramsen

比较年表（Comparative Chronological Tables）Ernest W. Clement

注释（Note）C. F. Sweet

索引（Indexes）

第三十八卷 Vol. XXXVIII (1910～1911)

第一部分 Part I

日本谜语（Japanese Riddles）Fredric Starr

（Blind Calendar） E. W. Clememt

第二部分 Part II

农夫圣人二宫尊德（Ninomiya Sontoku, the Peasant Sage） R. C. Armstrong.

太宰春台论佛教（Dazai on Buddhism）J. C. Hall

日本神道中的司食女神受持之神（Ukemochi no Kami, the Shinto Goddess of Food）R. J. Kirby

第三部分 Part III

高天原（Takamagahara）W. G. Aston

起源与遗迹（Some Origins and Survivals） N. Gordon Munro

希腊箴言集（A Sutra in Greek） Arthur Lloyd

论长崎地区的方言用语（Notes on Dialectical Usage in the Nagasaki District）

能剧翻译 (Translations from the "Nō") G. B. Sansom

日本亚洲学会章程（1908年10月修订）(The Constitution of the Asiatic Society of Japan [As Revised to October, 1908]）

规章制度（By-Laws）

会员名录（List of Members）

交流名单（List of Exchanges）
三十年订户（Thirty-year Subscribers）
第一至三十八卷目录

第四部分 Part IV

日本的祖先崇拜（Ancestral Worship in Japan）Hirata Atsutane

日本的封建法律之三——德川幕府时期的法律制度（第一部分）（Japanese Feudal Laws: III. The Tokugawa Legislation. Part I） J. Carey Hall

佛教信义宗问答集（A Catechism of the Shin Sect [Buddhism]） A. K. Reischauer (From the Japanese Shinshu Hyakuwa, by R. Nishimoto)

第三十九卷 Vol. XXXIX (1911)

英国国王陛下驻日本领事服务（The Tsuredzure Gusa of Yoshida No Kaneyoshi.) Translated, with Notes, by G. B. Sansom, with an Appendix by Professor M. Anezaki on Religious Conditions in Japan in the XIV Century

第四十卷 Vol. XL (1912)

佛教金言（Buddhist Gold Nuggets）A. K. Reischauer

在日本天皇陛下面前发表的讲演（Lectures Delivered in the Presence of His Imperial Majesty the Emperor of Japan） By Baron Motoda（Extracts from a Translation by N. Asaji & J.C. Pringle）

佛教伦理道德（Buddhist Ethics and Morality）M. Anesaki

东西方宗教的平行发展（Parallelisms in the Development of Religion East and West）Rudolf Otto

第四十一卷 Vol. XLI (1913)

第一部分 Part I

日本现代文献（Japanese Modern Literature） Walter Dening

书讯（Notices of Books）

会议录(Proceedings)

第二部分 Part II

太宰春台经济论文翻译——《按兵不动》和《预测》（Translations of Dazai Jun's Economic Essays, "Doing Nothing", and "Divination"） R. J. Kibby

佛教十戒（Ten Buddhistic Virtues.） G. W. Bouldin

日本农业研究（一）（Studies in Japanese Agriculture [Part I]） J. Struthers

第三部分 Part III

长田著《高野长英传》（Osada's Life of Takano Nagahide） Translated and Edited with an Introduction, D. C. Grreene

第四部分 Part IV (1913)

出云的大神殿——论远古神道与现代神道（The Great Shrine of Idzumo: Some Notes of Shintō, Ancient and Modern） W. L. Schwartz

第五部分 Part V (1913)

德川幕府时代的法律制度（四）（The Tokugawa Legislation, IV） J. C. Hall

书评书讯（《草书的要素》）

学会章程与规章制度等（Constitution, By-Laws, etc.）

第四十一卷索引（Index of Volume XLI）

第四十二卷 Vol. XLII (1914)

第一部分 Part I

日本政府公文（Japanese Government Documents） W. W. McLaren

第二部分 Part II

日本在菲律宾群岛的贸易（Japanese Trade in Philippines） M. T. Paske-Smith

甘薯的引入（Introduction of the Sweet Potato） Edmund Simon-Nagasaki

功过自知录（Kokwa Jichiroku） Translated by S. H. Wainwright

日本的政治发展（The Political Development of Japan） W. W. McLaren

讣告（Obituary）

报告（Reports）

附录（Supplement）

第四十三卷 Vol. XLIII (1915)

第一部分 Part I

西班牙—日本关系参考书目（Bibliography of Spanish Japanese Relations） James A. Robertson

第二部分 Part II

萨摩方言概观（A Survey of the Satsuma Dialect） W. M. L. Schwartz
第一部分、方言特征（Part I. Characteristics of the Dialect）
第二部分、方言词汇比较（Part II. Lexical Comparison of the Dialect）
第三部分、词汇表（Part III. Vocabulary）
报告（Reports）
讣告（Obituary）

第四十四卷 Vol. XLIV (1916)

第一部分 Part I

老地理学家——松浦武四郎（The Old Geographer——Matsuura Takeshiro） Frederick Starr
1597 年施于 26 名教徒的刑罚（The Crucifixion of the Twenty-six in 1597） Charles F. Sweet
1915 年理事会报告（Report of Council for the Year 1915）

第二部分 Part II

日本法律要素（Elements of Japanese Law） J. E. de Becker

第四十五卷 Vol. XLV (1917)

第一部分 Part I

纳扎（The Nosatsu-Kwai） Fred. Starr.
保元物语（Hogen Monogatari） E. R. Kellogg.
吉田松阴生平（Life of Yoshida Shoin） H. E. Coleman.
报告等（Reports, etc.）

第二部分 Part II

和论语（The Warongo or Japanese Analects） Senchi Katō
熊泽蕃山（Kumazawa Banzan） Galen M. Fisher
纪念珀西瓦尔·洛厄尔（Percival Lowell: A Memorial） Clay Macauley

第四十六卷 Vol. XLVI (1918)

第一部分 Part I

日本的春秋社火（Spring and Autumn Fires in Japan） E. R. Kellogg

江户与东京（Yedo and Tokyo） Ernest W. Clement
上文注释（Note on the Above）S. H. Wainwright.
日本封建制度的一些方面（Some Aspects of Japanese Feudal Institutions） K. Asakawa
欧洲的封建制度（The Feudal System of Europe） Charles F. Sweet.
1917年理事会报告（Report of Council for 1917）

第二部分 Part II
平家物语（The Heike Monogatari） A. L. Sadler

第四十七卷 Vol. XLVII (1919)
日本的船舶制造（Ship Construction in Japan）F. P. Purvis
佛教十戒（The Ten Buddhistic Virtues）G. W. Bouldin
日本从人治到法治的转型（Japan's Transition from the Rule of Persons to the Rule of Law）S. H. Wainright
1918年理事会报告（Report of Council for 1918）
学会图书馆藏书目录（Catalogue of the Society's library）

第四十八卷 Vol. XLVIII (1920)
日本还愿画绘马 (The Votive Pictures of Japan) Frederick Starr
樱田事件 （Sakurada Affair）E. W. Clement
刻有避邪符文的玉石（Abraxas）James Troup
1919年理事会报告（Report of Council for 1919）

第四十九卷 Vol. XLIX (1921～1922)

第一部分 Part I (1921)
平家物语（续）（The Heike Monogatari [continued]）A. L. Sadler

第二部分 Part II (1922)
现代神道的政治哲学——日本国教研究（The Political Philosophy of Modern Shintō: A Study of the State Religion of Japan） D. C. Holtom

第五十卷 Vol. L (1922)
佛经手稿及其产生（Manuscript of Buddhist Scriptures and How They Were Made）N. Tsuda

佐贺与萨摩起义(The Saga and the Satsuma Rebellions) Ernest W. Clement
德川行政体系的特征（Some Features of Tokugawa Administration）J. H Gubbins
惜别——《源氏物语》片段（Parting—A Passage from the Genji Monogatari）Oswald White
日本亚洲学会50年庆（Jubilee of the Asiatic Society of Japan）
1921年理事会报告（Report of Council for the Year 1921）

附录二　日本亚洲学会《章程》

1874 年 7 月召开的日本亚洲学会第二届年会上制定出学会《规则》（Rules），并刊载在《学刊》第 2 卷卷首，1874 年 5 月 13 日学会会员大会的会议记录（*TASJ*, Vol. II, p. 195）中始用"章程"（Constitution）一词，此后多次刊载在学刊上的修订版亦全部用的"章程"。章程后经多次修订，修订版也刊载在《学刊》上面。现选择 1872—1922 年这一时段的早期、中期与后期三个阶段的章程中译并予以对照比较。

《规则》 （1874 年 7 月制定）	《章程》 （1891 年 6 月修订）	《章程》 （1914 年 12 月修订）
第一条、学会名称为日本亚洲学会。	第一条、学会名称为日本亚洲学会。	第一条、学会名称为日本亚洲学会。
第二条、学会的目标为： 1. 收集并研究有关日本或其他亚洲国家题材的资料信息。 2. 设立适合上述目的的图书馆和博物馆各一座。 3. 出版一份定期刊物，刊发原创论文、在学会宣读的论文或学会收集的资料信息。	第二条、学会的目标为收集并出版有关日本和其他亚洲国家题材的资料信息。	第二条、学会的目标为收集并出版有关日本和其他亚洲国家题材的资料信息。
	第三条、关于其他题材的信息，经理事会判定，学会亦可接收，但不作为学刊录用的论文予以刊发。	第三条、关于其他题材的信息，经理事会判定，学会亦可接收，但不作为学刊录用的论文予以刊发。
第三条、学会由荣誉会员、普通会员与通讯会员组成。	第四条、学会由荣誉会员与普通会员组成。	第四条、学会由荣誉会员与会员组成。

续表

《规则》 （1874年7月制定）	《章程》 （1891年6月修订）	《章程》 （1914年12月修订）
第四条、荣誉会员与通讯会员的吸纳要有特定的根据，每一个均需理事会视情况决定。荣誉会员须为非日本境内居住者，无需缴纳入会费和年费。	第五条、荣誉会员的吸纳要有特定的根据，每一个均需理事会视情况决定。荣誉会员须为不在日本境内居住者，无需缴纳入会费和年费。	第五条、荣誉会员的吸纳要有特定的根据，每一个均需理事会视情况决定。荣誉会员须为不在日本境内居住者，无需缴纳入会费和年费。
第五条、普通会员若在上半年当选，一经当选即需缴纳当年度的年费五美元。	第六条、普通会员需缴纳费用，一经当选即需缴纳五美元入会费和当年度的年费。居住在日本境内者每年缴纳三美元年费，亦可缴纳60美元作为终生会员费用。 任何在6月30日以后当选的会员无需缴纳当年度年费，除非希望收到学会已出版的前几期学刊。	第六条、会员一经当选即需缴纳5日元入会费和当年度的年费。年费金额为5日元。 任何在9月30日以后当选的会员无需缴纳当年度年费，除非希望收到当年度的学刊。 会员无论是否在日本定居皆可成为终身会员： 1. 经选举成为会员，同时缴纳入会费，另加60日元； 2. 成为会员后25年内的任何时候，缴纳60日元，减去每年会费费2.5日元； 3. 入会期满25年，向财务员提出申请，无需缴纳额外费用。 学术团体、教育机构和公共图书馆缴纳5日元年费可获得学会《学刊》。它们也可选择将30年的年费一次性现金缴讫，《学刊》则以刊印价格的半价向它们提供。

续表

《规则》 （1874年7月制定）	《章程》 （1891年6月修订）	《章程》 （1914年12月修订）
第六条、年费应提前缴纳，以每年的1月1日为限。	第七条、年费应提前缴纳，以每年的1月1日为限。任何在6月30日之前未缴纳当年度年费的会员，财务员都会予以提醒。至12月31日仍未缴纳当年会费者，视为放弃会员资格。	第七条、年费应提前缴纳，以每年的1月1日为限。任何在4月30日之前未缴纳当年度年费的会员，财务员都会予以提醒。若年费拖欠两年，视为放弃会员资格。
第七条、每年3月21日前后财务员将提醒尚未缴纳年费的会员；提醒后三个月仍未缴纳年费的，视为放弃会员资格。		
第八条、在任何特殊情况下，经过理事会投票决定，该项规则可暂缓实施。		
第九条、所有会员均由理事会选拔产生。荣誉会员与通讯会员先在理事会会议上提名，然后在下一次理事会会议上选举产生。		
	第八条、每一位会员在会员资格期限内均有权接收学会的出版物。	第八条、每一位会员在会员资格期限内均有权接收学会的出版物。
		第九条、理事会可以委任学会会员为东京以外各地的通讯记者。
第十条、学会的行政人员包括： 会长一名； 年长的与年轻的副会长各一名； 五名理事会成员； 通讯秘书一名； 书记员一名；	第九条、学会的行政人员包括： 会长一名； 副会长两名； 通讯秘书一名； 书记员两名； 财务员一名； 图书馆员一名。	第十条、学会的行政人员包括： 会长一名； 副会长两名； 通讯秘书一名； 书记员一名； 财务员一名； 图书馆员一名； 编辑一名。

续表

《规则》 （1874年7月制定）	《章程》 （1891年6月修订）	《章程》 （1914年12月修订）
财务员一名。 　他们在每年的年会上选出。		
第十一条、上述行政人员出现空缺时，由剩余的行政人员当年度投票选举补充。如会长去世或辞职，其职责将由年长的副会长代行，直至下届年会。		
第十二条、理事会由当年度选出的行政人员组成，其职责是： 　1. 管理学会事务与财产； 　2. 推选入会成员； 　3. 决定适合在会员大会上宣读的论文； 　4. 挑选出供出版用的论文，指导学会定期刊物的印刷与分送； 　5. 为图书馆和博物馆挑选并购买书籍、标本等； 　6. 代表学会接受捐赠； 　7. 在届满时向年度会议提交报告，汇报工作进展与学会运行状况。	第十条、学会事务交由理事会处理。理事会由当年度的行政人员和十名普通会员组成。	第十一条、学会事务交由理事会处理。理事会由当年度的行政人员和十名会员组成。
第十三条、理事会应每月召集一次会议办理公务，如有必要可更频繁。理事会应成立一个由五位行政人员组成的执行委员会。		
第十四条、为引导学会事务随时都顺畅进展，理事会有权制定与执行一些规章制度，规章制度须服从于会员大会做出的制度建设。		

续表

《规则》 （1874年7月制定）	《章程》 （1891年6月修订）	《章程》 （1914年12月修订）
	第十一条、理事会一经任命和公布，即召开会员大会和理事会会议。	第十二条、理事会一经任命和公布，即召开会员大会和理事会会议。
第十五条、书记员有权批准支付25美元以内的学会资金，需在随后的理事会上予以汇报，未经理事会投票批准，财务员不应支付高于这一数额的资金。		
第十六条、学会每年7月举行年会。	第十二条、学会每年6月举行年会，届时理事会作年度报告，财务员的年度总决算表由会长提名的两位会员进行审核。	第十三条、学会每年1月举行年会，届时理事会作年度报告，财务员的年度总决算表由会长提名的两位会员（非理事会成员）进行审核。
第十七条、如果可行，会员大会应每月举行一次，若有必要也可更频繁，会议的日期与具体时间由理事会确定。		
第十八条、学会召开会员大会时由11名会员组成一个组织委员会，负责处理会议事务。	第十三条、年会组织委员会的法定人数为九人，理事会执行委员会的法定人数为五人。在学会与理事会举行会议时，若会长与副会长缺席，应选举一名会议主持人。会议主持人不参加投票，除非出现双方票数相等的情况。	第十四条、年会组织委员会的法定人数为九人，理事会执行委员会的法定人数为五人。在学会与理事会举行会议时，若会长与副会长缺席，应选举一名会议主持人。会议主持人不参加投票，除非出现双方票数相等的情况。
第十九条、在年度会议上，理事会应提交报告，汇报前一年度工作，财务员应呈递一份年度总决算表，反映学会的财务状况，会议应为下一年度选举行政人员。		

续表

《规则》 （1874年7月制定）	《章程》 （1891年6月修订）	《章程》 （1914年12月修订）
第二十条、会员大会的职责是处理常规事务（选出组委会）；宣读由理事会核准的论文；针对论文进行讨论，并就一般性话题展开交流。		
第二十一条、处理任何与学会有关的事务；有意加入学会成为会员者须在会前一周将报告递交给书记员。		
第二十二条、在会员同意的情况下，允许来宾列席学会的会员大会，但未获会议主持人邀请不得作会议发言，亦不得投票或参与学会公务。	第十四条、在会员同意的情况下，允许来宾（包括新闻媒体的代表）列席学会的会员大会，但未获会议主持人邀请不得作会议发言。	第十五条、在会员同意的情况下，允许来宾（包括新闻媒体的代表）列席学会的会员大会，但未获会议主持人邀请不得作会议发言。
	第十五条、学会会员全部由理事会选拔产生。先在某一次理事会会议上获得提名，然后在下一次理事会会议时投票表决。五票中有一票反对，则拒绝接纳；当选的会员在接下来的会员大会上宣布。	第十六条、学会会员全部由理事会选举产生。先在某一次理事会会议上获得提名，然后在下一次理事会会议时投票表决。五票中有一票反对，则拒绝接纳；若理事会认为可行，也可在同一次会议上提名并投票表决，候选人名单需至少提前两周周知理事会成员。当选的会员在接下来的会员大会上宣布。
	第十六条、行政人员与理事会其他组成人员在年会召开时经投票选拔产生，任期一年。	第十七条、行政人员与理事会其他组成人员在年会召开时经投票选举产生，任期一年。

续表

《规则》 （1874年7月制定）	《章程》 （1891年6月修订）	《章程》 （1914年12月修订）
第二十三条、举行所有会议时，会长，或会长缺席情况下由理事会的资深行政人员主持会议。在出现双方票数相等的情况下，会议主持人有资格在自己投票的基础上再增加决定性的一票。		
	第十七条、在两次年会之间理事会有权补足其组成人员空缺。	第十八条、在两次年会之间理事会有权补足其组成人员空缺。
第二十四条、若可行，每年应在理事会指导下出版一份定期刊物。它应包含由理事会挑选出来并在会员大会上宣读的论文，理事会报告与财务员年度总决算表，以及理事会认为应当予以发表的其他材料。	第十八条、学会发行的《学刊》包含以下内容： （1）由理事会挑选出来并在学会宣读的论文，及就宣读论文展开的讨论概要； （2）会员大会纪要； （3）在每一年度卷本的末尾刊载向上一年度年会提交的报告和年度总决算表、学会章程与规章制度及会员名录。	第十九条、学会发行的《学刊》包含以下内容： （1）由理事会挑选出来并在学会宣读的论文及记录，及就宣读论文展开的讨论概要； （2）在每一年度卷本的末尾刊载向上一年度年会提交的报告和年度总决算表、学会章程与规章制度及会员名录。
第二十五条、每位学会会员都有资格获得一份定期刊物。理事会有权决定向其他学会与著名人士寄赠定期刊物。并以理事会结合实际定出的指导价格销售剩余定期刊物。		
第二十六条、向每位发表论文的作者提供10本定期刊物供其支配。	第十九条、向每位发表论文的作者提供25本《学刊》供其支配，理事会保留同等数量的《学刊》以便宜行事。	第二十条、向每位发表论文的作者提供25本《学刊》供其支配。
	第二十条、理事会有权据其判断分送《学刊》。	第二十一条、理事会有权根据其判断分送《学刊》。

续表

《规则》 （1874年7月制定）	《章程》 （1891年6月修订）	《章程》 （1914年12月修订）
第二十七条、若理事会认为可行或有利，则有权以单行本的形式出版论文或文献。	第二十一条、理事会认为有足够趣味或重要性的论文或文献，有权以单行本形式出版发行。	第二十二条、理事会认为有足够趣味或重要性的论文或文献，有权以单行本形式出版发行。
	第二十二条、理事会接受的论文，其所有权归学会，未经理事会许可不得在其他任何地方发表。 在学会的会员大会上宣读论文，并不必然意味着随后即行出版；理事会一经决定对某论文虽然接受宣读但不予出版，应将论文交还作者，并对论文的后续使用不做任何限制。	第二十二条、理事会接受的论文，其所有权归学会，未经理事会许可不得在其他任何地方发表。 在学会的会员大会上宣读论文，并不必然意味着随后即行出版；理事会一经决定对某论文虽然接受宣读但不予出版，应将论文交还作者，并对论文的后续使用不做任何限制。
	第二十三条、理事会有权制定和修正规章制度作为自身和学会的行动指导，前提是所定规章制度不得与学会章程相抵触；会员大会过半数的表决可以暂缓任何规章制度的实施。	第二十四条、理事会有权制定和修正规章制度作为自身和学会的行动指导，前提是所定规章制度不得与学会章程相抵触；会员大会过半数的表决可以暂缓任何规章制度的实施。
第二十八条、举办不定期的有关文学或科学的通俗演讲，经理事会批准，可在学会会员大会举办时间以外的晚间进行。届时由出席演讲的理事会资深成员主持演讲。		

续表

《规则》 （1874年7月制定）	《章程》 （1891年6月修订）	《章程》 （1914年12月修订）
第二十九条、对这些规则的修正须以书面形式向理事会提议，理事会应将接到的提议送交学会会员大会。指定一个由普通会员组成的委员会，与理事会联合，在随后的会员大会上报告提议的修正案，须经超过出席会员大会人数三分之二的表决通过，方可做出决定。	第二十四条、上述章程中的所有条款不得擅自修订。修订须经超过出席会员大会人数三分之二的表决通过，并且只有在上一次会员大会上预先通知建议修正案的情况下方获致允许。	第二十五条、上述章程中的所有条款不得擅自修订。修订须经超过出席会员大会人数三分之二的表决通过，并且只有在上一次会员大会上预先通知建议修正案的情况下方获致允许。

附录三 日本亚洲学会《规章制度》*

会员大会

第一条，从每年十月到来年六月，包括这两个月份在内，连续九个月算作学会的会期。

第二条，一般说来会期内应召集九次会员大会，但若理事会认为有必要调整，也可适当增加会议次数。

第三条，会议举办的地点与时间由理事会指定，若会议在东京举行，当优先选择每月第二个星期三的下午四点。若时机恰当，会议地点也可选择横滨。

第四条，每次会议的召开都要以邮件的方式及时通知居住在东京与横滨两地的所有会员。

会员大会公务议程

第五条，会员大会的公务议程为：
(1) 审议通过上次会议的记录；
(2) 听取学会理事会报告；
(3) 公务中的各种杂务；
(4) 宣读论文并展开讨论。
应遵循上述规则，除非大会主席以别的方式安排。
年度会议上，除上述事务以外，还包括下列公务议程：
(5) 听取理事会年度报告与财务员年度总决算表，并予以审议通过。
(6) 根据《章程》第十六条规定选举行政人员与理事会。

---

* 日本亚洲学会《规章制度》也有过多次调整、修改，此据1914年12月的修订版译出。

理事会会议

第六条,理事会应自行确定会议召集时间,优先选择每个月第一个星期三的下午四点。

第七条,每次理事会会议前,需通过信件的形式通知理事会每一位成员,信件还需包含对任何需要特别处理的事项的说明。

理事会会议公务议程

第八条,理事会会议的公务议程为:
(1) 审议通过上次会议的会议纪要;
(2) 听取通讯秘书、出版委员会、财务员、图书馆员及其他专门委员会的报告;
(3) 若理事会出现空缺,则予以补选;
(4) 选拔新会员入会;
(5) 公务中的各种杂务;
(6) 接受在会员大会上宣读的论文;
(7) 安排下次会员大会事宜。

出版委员会

第九条,成立一个名为"出版委员会"的常务委员会,由通讯秘书、书记员、图书馆员及任何理事会任命的会员组成。其日常工作由通讯秘书主持。

出版委员会负责学会《学刊》的出版运行工作,同时负责《学刊》已售罄卷次的重新发行工作。

出版委员会定期向理事会汇报,并受理事会领导。

出版委员会负责审核《学刊》印制所需费用。

出版委员会应妥善保管作者手稿与印刷校样,防止出现有违学会意图的移作他用。

通讯秘书职责

第十条,通讯秘书职责为:

（1）管理学会的通信；

（2）安排并发布理事会会议日程，确保每次会议召开前适时、有序地将公务呈现给理事会；

（3）参加每一次理事会会议与会员大会，若因事缺席，需提前向书记员报告；

（4）通知新任行政人员与理事会成员的当选情况，并向他们提供一份学会《规章制度》；

（5）通知新当选的学会会员，并向他们提供学会《章程》与图书馆馆藏书目；

（6）与书记员、财务员、图书馆员一起起草理事会年度报告，并依照《章程》第十八条规定准备出版事宜；

（7）负责出版委员会工作，对提供会议需要的作者手稿与校样负总责。

书记员

第十一条，两个书记员，一个应居住在东京，另一个居住在横滨，每一个人的日常职责仅与在自己居住地召开的学会会员大会或理事会有关。

书记员职责

第十二条，书记员职责为：

（1）为会员大会与理事会会议作记录；

（2）安排、筹备理事会确定下来的会员大会，并通知东京与横滨两地的会员；

（3）通知通讯秘书与财务员关于新会员当选的情况；

（4）参加每一次会员大会与理事会会议，若因故缺席，应委托通讯秘书或其他理事会成员代行其职责，并向后者移交会议记录簿；

（5）在通讯秘书缺席时代行其职责；

（6）参与编辑委员会；

（7）帮助起草理事会年度报告，并协助准备刊发在《学刊》上的会员大会纪要与学会《规章制度》；

（8）在理事会指导下向报纸等公共出版物提供会员大会的会议录摘要。

财务员职责

第十三条,财务员职责为:
(1) 依照理事会指示负责管理学会的资金;
(2) 向会长任命的审计员负责,年度会议前适时向理事会提交年终决算表供稽核;
(3) 参加每一次理事会会议,如遇要求需向学会汇报财务状况,当因故缺席时应委托理事会其他成员代行其职责,若有必要需向后者提供这方面的信息与档案;
(4) 通知新进会员缴纳入会费与应付的年费;
(5) 收缴订阅刊物的欠款,并于一月与六月前后通知未付年费的会员,向日本国内外销售学会《学刊》的代理商收缴拖欠学会的款项;
(6) 应学会行政人员的申请支付各种开支,未经理事会票决,单笔支出不得超过10美元;
(7) 新进会员缴纳入会费与首笔年费后通知图书馆员;
(8) 在理事会一月份的会议上提交未缴纳上一年度年费的会员名单,在理事会采取措施后,向图书馆员提供名单,暂缓或停止向未及时缴纳年费的会员寄送《学刊》;
(9) 为刊载学会会员名录做好准备工作。

图书馆员职责

第十四条,图书馆员:
(1) 负责学会图书馆与《学刊》库存,令书籍与期刊摆放有序,为图书馆所有新增图书编目,负责图书的装订与保存;
(2) 执行理事会制定的学会所藏图书的使用与借阅规则;
(3) 向所有荣誉会员寄送《学刊》,根据财务员提供的名单,向所有不欠款的普通会员寄送《学刊》,向所有列在期刊交换名单上的学会与定期刊物社寄送《学刊》;
(4) 在理事会指导下与书商及其他人协商,向指定代理商按规定数量分送每一期《学刊》,并记录所有这类交易;
(5) 在理事会指导下,与学会或期刊社协商新的互换期刊事宜;
(6) 拟定一个交换期刊与图书馆新增图书的书目,作为理事会年度报告的一部分；

(7) 在理事会指导下为图书馆购置图书；

(8) 在理事会六月份的会议上提交一份学会的《学刊》库存陈述；

(9) 参与出版委员会；

(10) 参加每一次理事会会议并汇报图书馆事宜，若因故缺席，任何急需办理的重要事情，需以声明的形式向通讯秘书递交。

图书馆与会议室

第十五条，学会的机关与图书馆设在东京市筑地17号，信件与包裹可以寄往该处，请勿寄往通讯秘书、财务员或图书馆员的私人地址。

第十六条，图书馆白天应向会员开放，供其阅览，书架的钥匙应保存在图书馆员或住在附近的学会理事会成员处；所藏图书可以向图书馆员借阅。

学刊的销售

第十七条，会员可以以半价获得其入会以前刊印的《学刊》的任何卷次；

第十八条，《学刊》由理事会确定的经销商代理经销，以理事会确定的折扣价供给经销商。

附录四　阿斯顿生平及主要著作年表*

1841年
　　4月9日,出生于北爱尔兰德里(Derry)附近。
1859年　18岁
　　入贝尔法斯特女王学院(Queen's College Belfast,今贝尔法斯特女王大学 [Queen's University Belfast])。
　　大学期间通过学习拉丁语、希腊语、法语、德语和现代历史接受系统语言与文献学训练。
1963年　22岁
　　从贝尔法斯特女王学院毕业。
1864年　23岁
　　以英国领事服务部(British Consular Service)实习译员(student interpreter)身份抵达日本。
1869年　28岁
　　《日语口语简明语法》(*A Short Grammar of the Japanese Spoken Language*, Nagasaki: F. Walsh, 1869)出版。
1872年　31岁
　　《日语书面语法,附简短读本》(*A Grammar of the Japanese Written Language, with a short chrestomathy*, London: Phoenix, 1872)出版。
1873年　32岁
　　阿斯顿加入日本亚洲学会。
　　6月7日,在日本亚洲学会宣读论文《1806～1807年俄罗斯对库页岛和择捉岛的侵袭》(Russian Descents in Sahalien and Itorup in the Years 1806 and 1807),后刊发于翌年出版的《日本亚洲学会学刊》第一卷。
1874年　33岁
　　6月17日,在日本亚洲学会宣读论文《日语与印欧语系有密切关系吗》

---

* 年表的主要资源来自《日本亚洲学会学刊》,以阿斯顿历年在日本亚洲学会开展的学术活动与在《日本亚洲学会学刊》上发表的论著为主线。

(Has Japanese an Affinity with Aryan Languages)，后刊发于同年出版的《日本亚洲学会学刊》第二卷。

1875 年   34 岁

6月30日，在日本亚洲学会宣读论文《一部古老的日本名著<土佐日记>》(An Ancient Japanese Classic [the *Tosa Nikki*, or *Tosa Diary*])，后刊发于同年出版的《日本亚洲学会学刊》第三卷。

1877 年   36 岁

《日语书面语语法》第二版(*A Grammar of the Japanese Written Language*, 2nd ed., London: Trübner & Co., 1877)出版。

1878 年   37 岁

3月9日，在日本亚洲学会宣读论文《丰臣秀吉入侵朝鲜(第一章)》(Hideyoshi's Invasion of Korea)，后刊发于同年出版的《日本亚洲学会学刊》第六卷。

1879 年   38 岁

5月13日，在日本亚洲学会宣读论文《1808年停驻长崎的英国皇家海军舰艇"辉腾"号》(H.M.S. "Phaeton" at Nagasaki)，后刊发于同年出版的《日本亚洲学会学刊》第七卷。

论文《日本艺术史》(A History of Japanese Art)刊发于《日本亚洲学会学刊》第七卷。

11月11日，在日本亚洲学会宣读论文论文《朝鲜语字母表排列建议》(Proposed Arrangement of the Korean Alphabet)。

1880 年   39 岁

论文《朝鲜语字母表排列建议》刊发于《日本亚洲学会学刊》第八卷。

1881 年   40 岁

1月11日，在日本亚洲学会宣读论文《丰臣秀吉入侵朝鲜(第二章)》，后刊发于同年出版的《日本亚洲学会学刊》第九卷。

6月14日，在日本亚洲学会宣读论文《丰臣秀吉入侵朝鲜(第三章)》，后刊发于同年出版的《日本亚洲学会学刊》第九卷。

1882 年   41 岁

3月，与萨道义、张伯伦一起赴朝鲜。

1883 年   42 岁

1月10日，在日本亚洲学会宣读论文《丰臣秀吉入侵朝鲜(第四章)》，后刊发于同年出版的《日本亚洲学会学刊》第十一卷。

1884年　43岁

通过进入领事服务的考试。

任英国驻朝鲜总领事（consul-general），为欧洲派驻朝鲜外交官的第一人。

1885年　44岁

卸任英国驻朝鲜总领事，返回日本，就任英国驻日本公使馆秘书（Secretary of British Legation）。

在东京随金在国（Kim Chae-guk）继续学习朝鲜语，直至1887年。期间金在国编写了相当数量的朝鲜民间故事供阿斯顿练习，后阿斯顿将这些手稿捐赠给俄国圣彼得堡亚洲博物馆（the Asiatic Museum in St. Petersberg, Russia），手稿于2004年出版，原稿现藏于圣彼得堡科学院（Academy of Sciences in St Petersburg）。

1886—1889年　45~48岁

任英国驻日本公使馆日语秘书。

1887年　46岁

12月14日，在日本亚洲学会宣读论文《早期日本历史》（Early Japanese History）。

1888年　47岁

当选为日本亚洲学会会长。

论文《早期日本历史》刊发于《日本亚洲学会学刊》第十六卷。

6月20日，在日本亚洲学会宣读与珀塞尔（T. A. Purcell）博士合著论文《古代日本的一位女文学家（清少纳言）》（A Literary Lady of Old Japan）。

《日语口语语法》（*A Grammar of the Japanese Spoken Language*, Yokohama: Lane, Crawford & co., 1888）出版。

12月12日，在日本亚洲学会会员大会宣读论文《小品词"ね"》（The Particle *Ne*）。

1889年　48岁

论文《古代日本的一位女文学家》刊发于《日本亚洲学会学刊》第十六卷。

论文《小品词"ね"》刊发于《日本亚洲学会学刊》第十七卷。

因健康原因结束英国外交服务工作，退休后定居英格兰。

卸任日本亚洲学会会长。

1890年　49岁

1月22日，委托他人在日本亚洲学会代为宣读论文《朝鲜通俗文学》（Corean Popular Literature），后刊发于同年出版的《日本亚洲学会学刊》第十八卷。

1891年　50岁

6月10日，委托他人在日本亚洲学会代为宣读论文《答帕克先生》(Notes in Reply to Mr. E. H. Parker)，后刊发于同年出版的《日本亚洲学会学刊》第十九卷。

1893年　52岁

11月8日，委托他人在日本亚洲学会代为宣读论文《"日之丸"——日本国旗》(The "Hi no Maro," or National Flag of Japan)。

1894年　53岁

论文《"日之丸"——日本国旗》刊发于《日本亚洲学会学刊》第二十二卷。

1895年　54岁

1月23日，委托他人在日本亚洲学会代为宣读论文《训民正音及其发明年代》(The Onmun—When Invented?)，后刊发于同年出版的《日本亚洲学会学刊》第二十三卷。

1896 年　55岁

英译《日本书纪》(*Nihongi; Chronicles of Japan from the Earliest Times to A.D. 697*, London: Tuttle Co., 1896)出版。

1898年　57岁

《日本文学史》(*A History of Japanese Literature*, London: William Heinemann, 1898)出版。

1899 年　58岁

论文《鸟居——它的语源》(Toriwi—its derivation)刊发于《日本亚洲学会学刊》第二十七卷。

1900年　59岁

根据朝鲜民间故事翻译的《崔冲传》(Chhoi Chhung)刊发于《日本亚洲学会学刊》第二十八卷。

1902年　61岁

法语版《日本文学史》(*Littérature japonaise*, Paris : A. Colin, 1902)出版。

1905年　64岁

《神道——众神之道》(*Shinto, the Way of the Gods*, London: Longmans, Green, and Co., 1905)出版。

1907 年　66岁

《神道——古老的日本宗教》(*Shinto, the Ancient Religion of Japan*, London: Constable & Company, Ltd., 1907)出版。

1911年　70岁

词条"高天原"(Takamagahara)刊发于《日本亚洲学会学刊》第三十八卷。11月22日,在英国德文郡比尔(Beer, Devon)去世。

****

1912年

阿斯顿生前所藏10000余册珍贵日本图书及大量中国、朝鲜图书为剑桥大学图书馆收藏,是为该馆收藏同类图书的开端。

附录五 萨道义生平及主要著作年表*

1843年
　　6月30日,出生于伦敦北部的克拉普顿(Clapton),父亲为出生于瑞典治下维斯马(Wismar)的德裔,1846年入英国籍,母亲为英国人。
1861年　18岁
　　读到哥哥从图书馆借阅的有关中国与日本见闻的书(书名未详,内容为Lord Elgin's Mission to China and Japan,作者Lawrence Oliphant),对未知的东方产生憧憬,认为那是"现实中的仙境"(a realised fairyland),为以后走上外交官道路播下远因的种子。
　　从伦敦大学学院(University College London, UCL)毕业。
　　8月,以公开选拔考试第一名的成绩被英国外交部录用为赴日本实习译员,报名的当天年龄刚刚达标。
　　11月,离开英国。因学习日语必需中文基础,到中国北京学习中文。
1962年　19岁
　　以英国领事服务部实习译员身份取道中国前往日本,拟赴英国驻日使馆译员之任。在北京停留,学习中文。
1863年　20岁
　　8月6日,离开北京,此时已掌握了数百个汉字,并开始学习满语(the study of Manchu)。
　　8月7日,抵达天津,乘船去大沽。几天后从那里去往上海。
　　9月2日,从上海乘坐"兰斯菲尔德"(Lancefield)号船去往日本。
　　9月8日,抵达日本江户。
　　鹿儿岛炮击事件(Bombardment of Kagoshima)发生后前往萨摩藩要求大名赔偿。

---

　　* 年表的主要资源来自《日本亚洲学会学刊》和萨道义的《外交官在日本》(A Diplomat in Japan)一书,重点选取萨道义历年在日本亚洲学会开展的学术活动与在《日本亚洲学会学刊》上发表的论著。

1864年　21岁

参与英、法、荷、美联军攻打下关,以获取外国船只在本州与九州之间的关门海峡的通行权。

开始翻译并撰写有关日本主题的报刊文章。

1869年　26岁

因事返回英国。

1870年　27岁

重回日本。

1871年　28岁

与18岁的日本女子武田兼组织家庭,但未登记结婚,法律意义上萨道义终生单身。育有二子一女,女少亡故;长子武田荣太郎;次子武田久吉,后成为植物学家。

1872年　29岁

萨道义作为创始会员加入日本亚洲学会。

10月30日,在日本亚洲学会宣读《琉球札记》(Notes on Loochoo)。

1873年　30岁

3月22日,在日本亚洲学会宣读论文《日本地理》(The Geography of Japan)。

1874年　31岁

《琉球札记》《日本地理》刊发于《日本亚洲学会学刊》第一卷。

2月18日,在日本亚洲学会宣读论文《伊势神宫》(The Shinto Temples of Isé)。

1875年　32岁

《伊势神宫》刊发于《日本亚洲学会学刊》第二卷。

论文《纯神道的复兴》(The Revival of Pure Shin-Tau)刊发于《日本亚洲学会学刊》第三卷(值《学刊》重印,1882年本文加以修订)。

11月10日,在日本亚洲学会宣读论文《烟草之引入日本》(The Introduction of Tobacco into Japan)。

1878年　35岁

论文《基督教会在日本衰落原因评论》(Observations upon the Causes Which Led to the Downfall of the Christian Mission in Japan)刊发于《日本亚洲学会学刊》第六卷;

《烟草之引入日本》刊发于《日本亚洲学会学刊》第六卷;

2月23日,在日本亚洲学会宣读论文《萨摩的朝鲜陶工》(The Korean

Potters in Satsuma），后刊发于同年出版的《日本亚洲学会学刊》第六卷；

3月9日，在日本亚洲学会宣读论文《日本消防梯的应用》（The Use of the Fire-drill in Japan），后刊发于同年出版的《日本亚洲学会学刊》第六卷；

6月22日，在日本亚洲学会宣读论文《1878年八丈岛旅行记》（Notes of a Visit to Hachijo in 1878），后刊发于同年出版的《日本亚洲学会学刊》第六卷。

11月12日，在日本亚洲学会宣读论文《古代日本礼仪（一）》（Ancient Japanese Rituals—Part I）。

11月27日，在日本亚洲学会宣读论文《1550～1586年间山口的教会》（The Church at Yamaguchi from 1550 to 1586）。

1879年　36岁

6月30日，在日本亚洲学会宣读论文《古代日本礼仪（二）》（Ancient Japanese Rituals—Part II）；

《古代日本礼仪（一）》《古代日本礼仪（二）》刊发于《日本亚洲学会学刊》第七卷；

《1550—1586年间山口的教会》（The Church at Yamaguchi from 1550 to 1586）刊发《日本亚洲学会学刊》第七卷；

论文《日语假名的音译》（Transliteration of the Japanese Syllabary）刊发于《日本亚洲学会学刊》第七卷。

1880年　37岁

1月13日，在日本亚洲学会宣读论文《答艾约瑟博士"ち""つ"论》（Reply to the Dr. Edkins on "Chi" and "Tsu"），后刊发于同年出版的《日本亚洲学会学刊》第八卷。

4月13日，在日本亚洲学会宣读论文《古代上野国的高塚坟墓》（Ancient Sepulchral Mounds in Kaudzuke），后刊发于同年出版的《日本亚洲学会学刊》第八卷。

1881年　38岁

5月10日，在日本亚洲学会宣读论文《古代日本礼仪（三）》（Ancient Japanese Rituals—Part III），后刊发于同年出版的《日本亚洲学会学刊》第九卷。

10月，与张伯伦一起学习朝鲜语。

11月17日，在日本亚洲学会宣读论文《艾约瑟博士＜十五世纪中日词汇汇编＞评议》（Notes on Dr. Edkins' Paper "A Chinese-Japanese Vocabulary of the Fifteenth Century"）。

12月15日，在日本亚洲学会宣读论文《早期日本印刷史》（On the Early

History of Printing in Japan)。

1882 年　39 岁

3 月 与阿斯顿、张伯伦一起赴朝鲜；

《艾约瑟博士＜十五世纪中日词汇汇编＞评议》刊发于《日本亚洲学会学刊》第十卷；

《早期日本印刷史》刊发于《日本亚洲学会学刊》第十卷；

6 月 21 日，在日本亚洲学会宣读论文《朝鲜活字与早期日本印刷书籍详解》(Further Notes on Movable Types in Korea and Early Japanese Printed Books)，后刊发于同年出版的《日本亚洲学会学刊》第十卷。

1883 年　40 岁

卸任英国驻日公使馆译员。

1884—1887 年　41~44 岁

任英国驻暹罗（今泰国）总领事。

1884 年　41 岁

11 月 19 日，在日本亚洲学会宣读论文《17 世纪日本与暹罗交往》(Notes on the Intercourse between Japan and Siam in the Seventeenth Century)。

1885 年　42 岁

《17 世纪日本与暹罗交往》刊发于《日本亚洲学会学刊》第十三卷；

开始撰写《外交官在日本》(A Diplomat in Japan)。

1887—1888 年　44~45 岁

在英国与欧洲大陆，着手收集有关耶稣会在日本的传教出版事业的资料，1899 年整理成文后发表在《日本亚洲学会学刊》第二十七卷。

1889—1893 年　46~50 岁

任英国驻乌拉圭总领事。

1890 年　47 岁

3 月 12 日，在日本亚洲学会宣读论文《西班牙与葡萄牙在日本竞争的缘起》(The Origin of Spanish and Potuguese Rivalry in Japan)，后刊发于同年出版的《日本亚洲学会学刊》第十八卷。

1893—1895 年　50~52 岁

任英国驻摩洛哥总领事。

1895 年　52 岁

7 月 28 日，被任命为驻日特命全权公使(Envoy Extraordinary and Minister Plenipotentiary)。

1896 年　53 岁

当选为日本亚洲学会会长；

在中禅寺湖（Lake Chuzenji）建房作为休闲去处。

1897 年　54 岁

返回英国参加维多利亚女王登基 60 周年纪念（Diamond Jubilee）；

8 月在怀特岛奥斯本宫（Osborne House, Isle of Wight）受到女王接见。

1899 年　56 岁

《耶稣会在日本的传教出版事业（1591～1610）》（The Jesuit Mission Press in Japan）刊发于《日本亚洲学会学刊》第二十七卷；

《日本竹子的培育》（The Cultivation of Bamboos in Japan）刊发于《日本亚洲学会学刊》第二十七卷。

1900 年　57 岁

卸任日本亚洲学会会长；

9 月　任英国高级专员（British High Commissioner），至 1902 年 1 月。

10 月下旬，任英国驻华公使，并代表英国政府全程参与《辛丑条约》的谈判。

《1613 年约翰·萨雷斯船长航海赴日》（*The Voyage of Captain John Saris to Japan, 1613*, London: Hakluyt Society, 1900）出版。

1901 年　58 岁

9 月 7 日，代表英国与中国签署《辛丑条约》。

1906 年　63 岁

4 月 27 日，代表英国签署《中英续订藏印条约》；

卸任驻华公使；

被委任为英国枢密院委员（Privy Councillor）。

1907 年　64 岁

以英国第二全权代表（second plenipotentiary）身份参加第二次海牙和平会议（the Second Hague Peace Conference）。

1908 年　65 岁

在剑桥大学的瑞德讲座（The Rede Lecture）讲约瑟夫·亚历山大（Count Joseph Alexander Hübner，1811～1892，奥地利外交官）的职业生涯。

1917 年　74 岁

《外交实践指南》（*A Guide to Diplomatic Practice*, London & New York: Longmans, Green & Co., 1917）出版。

1921年　78岁

《外交官在日本》(*A Diplomat in Japan*, London: Seeley, Service & Co., 1921)出版。

1925年　82岁

《英国萨托家族纪事》(*The Family Chronicle of the English Satows*, Oxford：Fox, Jones & Co., Kemp Hall Press, 1925)自费出版(privately printed)。

1929年　86岁

8月26日,于英格兰德文郡去世。

附录六　张伯伦生平及主要著作年表*

1850年
　　10月18日,出生于朴茨茅斯(Portsmouth)附近的南海(Southsea),父亲为海军上将威廉·查尔斯·张伯伦(William Charles Chamberlain),外祖父为行旅作家巴兹尔·霍尔(Basil Hall)。

1856年　6岁
　　母亲埃利萨·霍尔(Eliza Hall)去世,张伯伦移居法国凡尔赛与祖母一起生活。

1868年　18岁
　　在西班牙居住一年,将养身体。

1869年　19岁
　　入英国巴林银行(Barrings Bank)就职。旋即因健康原因辞职,赴意大利、希腊、德国、荷兰等多地旅行疗养。

1873年　23岁
　　5月29日,抵达日本横滨。

1874年　24岁
　　始在东京的皇家海军学校(海軍兵学寮)任教,讲授英国绅士礼仪、英文、几何学等。
　　开始到东京帝国大学(Tokyo Imperial University)学习日语与日本文学。
　　10月14日,加入日本亚洲学会,成为普通会员。

1877年　27岁
　　1月24日,在日本亚洲学会宣读论文《"枕词"的使用及日本诗中的文字游戏》(On the Use of "Pillow-Words" and Play Words in Japanese Poetry),后刊发于《日本亚洲学会学刊》第五卷。
　　12月8日,在日本亚洲学会宣读论文《菟原处女》(The Maiden of Unahi)。

---

* 年表的主要资源来自《日本亚洲学会学刊》,重点选取张伯伦历年在日本亚洲学会开展的学术活动与在《日本亚洲学会学刊》上发表的论著。
　谨以此年表向著有《张伯伦传》(『ネジみはまだ生きているーチェンバレンの伝記一』、東京:雄松堂、1986)的日本学者楠家重敏先生致敬。

1878 年　28 岁

《莵原处女》刊发于《日本亚洲学会学刊》第六卷。

5 月 25 日，在日本亚洲学会宣读论文《喜剧中的中古口语语调》(On the Mediaeval Colloquial Dialect of the Comedies)，后刊发于《日本亚洲学会学刊》第六卷。

父亲威廉·查尔斯·张伯伦(William Charles Chamberlain)去世。

1879 年　29 岁

4 月 10 日，在日本亚洲学会宣读论文《和庄兵卫——日本的格列佛》(Wasaubiyauwe, the Japanese Gulliver)，后刊发于《日本亚洲学会学刊》第七卷。

4 月，日文版《英语变格一览》(『英語変格一覧』、チャムブレン編、東京：一貫堂、1879)出版。

1880 年　30 岁

3 月 9 日，在日本亚洲学会宣读论文《来自 17 世纪的简短回忆录(安女士的故事)》(A Short Memoir from the Seventeenth Century ["Mistress An's Narrative"])，后刊发于《日本亚洲学会学刊》第八卷。

4 月 13 日，在日本亚洲学会宣读论文《日语圣歌翻译之我见》(Suggestions for a Japanese Rendering of the Psalms)，后刊发于《日本亚洲学会学刊》第八卷。

11 月 9 日，在日本亚洲学会宣读论文《会津方言论》(Notes on the Dialect Spoken in Ahidzu)。

11 月，《日本古典诗》(*The Classical Poetry of the Japanese*, London: Trübner & Co. Ltd., 1880)出版。

1881 年　31 岁

1 月，着手进行《古事记》英译工作。

《会津方言论》刊发于《日本亚洲学会学刊》第九卷。

6 月 14 日，在日本亚洲学会宣读论文《"教子歌"译文一种》(A Translation of the "Dou-Zhi Keu")，后刊发于《日本亚洲学会学刊》第九卷。

10 月，与萨道义一起学习朝鲜语。

1882 年　32 岁

3 月，与萨道义、阿斯顿一起赴朝鲜。

4 月 12 日，在日本亚洲学会宣读论文《英译古事记导言》(Introduction to *A Translation of the "Ko-ji-ki" or "Records of Ancient Matters"*)前半部分。

5 月 10 日，在日本亚洲学会宣读论文《英译古事记导言》后半部分。

6月12日,在日本亚洲学会宣读《英译古事记》(*A Translation of the "Ko-ji-ki" or "Records of Ancient Matters"*)的部分译文。

《英译古事记》(*A Translation of the "Ko-ji-ki" or "Records of Ancient Matters"*)刊载于《日本亚洲学会学刊》第十卷增刊。

11月,被增选为日本亚洲学会副会长,接替因离开日本而辞职的阿莫曼(J. L. Amerman),担任副会长一职直至1887年。(楠家重敏《张伯伦传》一书中称翌年6月20日当选,有误。)

1883年　33岁

4月11日,在日本亚洲学会宣读论文《大伊豆岛今昔》(Vries Island Past and Present),后刊发于《日本亚洲学会学刊》第十一卷。

4月16日,《古事记》英译单行本(*"Ko-ji-ki" or "Records of Ancient Matters"*, London: Lane, Crawford, 1883)出版。

1884年　34岁

4月16日,在日本亚洲学会宣读译文《本居宣长论中日艺术》(Notes by Motoori on Japanese and Chinese Art),后刊发于《日本亚洲学会学刊》第十二卷。

1885年　35岁

3月18日,在日本亚洲学会宣读论文《日语文学使用的多种文体》(On the Various Styles Used in Japanese Literature),后刊发于《日本亚洲学会学刊》第十三卷。

6月17日,在日本亚洲学会宣读论文《日语动词的所谓"词根"(一个语法术语)》(The So-called "Roots" in Japanese Verbs [A Point of Grammatical Terminology]),后刊发于《日本亚洲学会学刊》第十三卷。

12月31日,离开海军兵学校(曾先后六次签约在该校工作)。

1886年　36岁

1月27日,在日本亚洲学会宣读论文《过去分词还是动名词?——一个语法术语》(Past Participle or Gerund?——A Point of Grammatical Terminology),后刊发于《日本亚洲学会学刊》第十四卷。

4月,受聘为帝国大学教授,讲授日语与语言学。

被任命为文部省顾问,参与文部省编辑局的教科书编纂工作。

6—7月,前往北海道,进行阿伊努语与阿伊努社会研究。

英语译述本《浦岛》(*Urashima*, Japanese Fairy Tale Series (『日本昔噺』), No. 8, B. H. Chamberlain trans., Tokyo: Kobunsha, 1886)出版。

英语译述本《八头大蛇》(*The Serpent with Eight Heads*, Japanese Fairy

Tale Series(『日本昔噺』), No. 9, B. H. Chamberlain trans., Tokyo: Kobunsha, 1886)出版。

10月13日,在日本亚洲学会宣读论文《被称作"矢印"的准汉字》(On the Quasi-Characters Called "Ya-Jirushi")。

1887年　37岁

3月16日,《阿伊努人猎熊记》(An Aino Bear Hunt)刊发于《日本亚洲学会学刊》第十五卷。

4月,《从阿伊努研究看日本语言、神话与地理术语》(The Language, Mythology, and Geographical Nomenclature of Japan Viewed in the Light of Aino Studies, Tokyo Imperial University, 1887)出版。

10月12日,在日本亚洲学会宣读论文《罗德里格斯音译系统》(Rodriguez System of Translation)。

11月9日,在日本亚洲学会宣读《就"神"与"阿伊努"两词复巴彻勒先生》(Reply to Mr. Bachelor on the Words "Kamui" and "Aino")一文。

《被称作"矢印"的准汉字》刊发于《日本亚洲学会学刊》第十五卷。

当选为日本亚洲学会通讯秘书,担任该职务直至1891年。

英语译述本《海月》(The Silly Jelly Fish, Japanese Fairy Tale Series(『日本昔噺』), No. 13, B. H. Chamberlain trans., Tokyo: Kobunsha, 1887)出版。

英语译述本《俵藤太》(My Lord Bag o' Rice, Japanese Fairy Tale Series(『日本昔噺』), No. 15, B.H. Chamberlain trans., Tokyo: Kobunsha, 1887)出版。

英语译述本《不可思议国度的狩猎者》(The Hunter in Fairy Land, Aino Fairy Tale Series, No.1, B.H. Chamberlain trans., Tokyo: Kobunsha, 1887)出版。

英语译述本《鸟之宴》(The Bird's Party, Aino Fairy Tale Series, No. 2, B.H. Chamberlain trans., Tokyo: Kobunsha, 1887)出版。

1888年　38岁

4月25日,张伯伦《<古事记>译者导言》日译作为单行本(Basil Hall Chamberlain:『日本上古史評論』、飯田永夫訳、東京:史学協会出版局、1888)出版。

论文《罗德里格斯音译系统》刊发于《日本亚洲学会学刊》第十六卷。

《就"神"与"阿伊努"两词复巴彻勒先生》刊发于《日本亚洲学会学刊》第十六卷。

5月16日,在日本亚洲学会宣读论文《最古老的日语词汇》(A Vocabulary of the Most Ancient Words of the Japanese Language),后刊发于《日本亚洲学会学刊》第十六卷。

10月22日,《日语口语手册》(*A Handbook of Colloquial Japanese*, London: Trübner, 1888)出版。

《阿伊努民间故事》(*Aino Folk-Tales*, London: Folk-lore Society, 1888)出版。

1889年　39岁

5月20日,《日语口语手册》第二版(*A Handbook of Colloquial Japanese*, London: Trübner & Co., 1889)出版。

10月16日,在日本亚洲学会宣读论文《萨道义先生<耶稣会在日本的传教出版事业(1591～1610)>评论》(A Review of Mr. Satow's Monograph on "The Jesuit Mission Press in Japan, 1591～1600"),后刊发于《日本亚洲学会学刊》第十七卷。

英语译述本《失妻男》(*The Man Who Lost His Wife*, Aino Fairy Tale Series, No. 3, B. H. Chamberlain trans., Tokyo: Kobunsha, 1889)出版。

1890年　40岁

1月,《译入英语的日本故事》(Japanese Story Translated into English)发表。

2月12日,在日本亚洲学会宣读论文《何为日本动词"词根"最适宜的名称?》(What are the Best Names for the "Bases" of Japanese Verbs?),后刊发于《日本亚洲学会学刊》第十八卷。

5月17日,《日本事物志》(*Things Japanese: Being Notes on Various Subjects Connected with Japan*, London: Kegan Paul, Trench, Trübner & Co., Ltd.; Tokyo: the Hakubunsha, Ginza; Yokohama, Shanghai, Hong Kong, Singapore: Kelly & Walsh, Ltd., 1890)初版。

9月,因健康原因辞去帝国大学教授职位。

1891年　41岁

3月,获得帝国大学名誉教授称号。

6月,当选为日本亚洲学会会长(至1893年)。

7月,《赴日旅行者便览》第三版(*A Handbook for Travellers in Japan*, London: J. Murray, 1891)(与梅森[W. B. Mason]合著,此前两版张伯伦未参与)出版。

11月7日,《日本事物志》(*Things Japanese: Being Notes on Various Subjects Connected with Japan for the Use of Travellers and Others*, 2nd ed. London: Keagan Paul, Trench, Trübner; Kelly & Ltd, Yokohama, Shanghai, Hong Kong, Singapore: Kelly & Walsh, Limited, 1891)第二版出版。

1892年　42岁

因事返回欧洲一年。

6月,缺席当选连任日本亚洲学会会长。

9月,在伦敦参加第九届国际东方学家大会(The Ninth International Congress of Orientalists)。

1893年　43岁

3月,访问琉球。

6月14日,在日本亚洲学会宣读论文《琉球人的风尚习俗》(On the Manners and Customs of the Loochooans),后刊发于《日本亚洲学会学刊》第二十一卷。

6月,因病缺席年度会议,第三次当选为日本亚洲学会会长。

9月,日本版《英文典》(『英文典』、バシル・ホール・チャムブレム 著、東京:共益商社、1893)出版。

11月,辞去日本亚洲学会会长职务,同时当选为学会理事会成员,直至1908年。

1894年　44岁

5月14日,《赴日旅行者便览》第四版(A Handbook for Travellers in Japan, 4th edition, London: Murray, 1894)出版。

1895年　45岁

6月11日,在日本亚洲学会宣读论文《琉球语语法及词典编纂辅助研究》(Essay in Aid of a Grammar and Dictionary of the Luchuan Language),后刊发于《日本亚洲学会学刊》第二十三卷;

同年作为单行本(Essay in Aid of a Grammar and Dictionary of the Luchuan Language, Yokohama: Kelly and Walsh, 1895)出版。

6月12日,在日本亚洲学会宣读论文《日语与琉球语比较》(A Comparison of the Japanese and the Luchuan Languages),后刊发于《日本亚洲学会学刊》第二十三卷。

1896年　46岁

2月26日,在日本亚洲学会宣读论文《琉球参考书目增补》(Contributions to a Bibliography of Luchu),后刊发于《日本亚洲学会学刊》第二十三卷。

1898年　48岁

1月1日,《日本事物志》第三版(Things Japanese: Being Notes on Various Subjects Connected with Japan for the Use of Travellers and Others, 3rd ed. London: John Murray, Albemarle Street; Yokohama, Shanghai, Hong Kong, Singapore:

Kelly & Walsh, Limited; Tokyo: Shueisha, 1898)出版。

同日,《日语口语手册》第三版(*A Handbook of Colloquial Japanese*, London : Sampson Low, Marston, 1898)出版。

1899年　49岁

1月20日,日文版《英文典教科书》改订第二版(『英文典教科書』、チャムブレン著、大阪:三木書店、1899)出版。

《赴日旅行者便览》第五版(*A Handbook for Travellers in Japan*, Yokohama: Kelly & Walsh, Ltd., 1899)出版。

《日语写作学习实用指南》(*A Practical Introduction to the Study of Japanese Writing*, London : Sampson Low, Marston, 1899)出版。

在日本亚洲学会发表《土佐长尾鸡》(Note on a Long-tailed Breed of Fowls in Tosa),文章后刊发于《日本亚洲学会学刊》第二十七卷。

1901年　51岁

《赴日旅行者便览》第六版(*A Handbook for Travellers in Japan*, 6th ed., London: J. Murray, 1901)出版。

1902年　52岁

6月4日,在日本亚洲学会宣读论文《芭蕉与日本俳句》(Basho and the Japanese Poetical Epigram),后刊发于《日本亚洲学会学刊》第三十卷。

《日本事物志》第四版(*Things Japanese: Being Notes on Various Subjects Connected with Japan for the Use of Travellers and Others*, 4th edition, London: John Murray, 1902)出版。

1903年　53岁

《赴日旅行者便览》第七版(*A Handbook for Travellers in Japan*, London: J. Murray, 1903)出版。

1905年　55岁

《日语写作学习实用指南》第二版(*A Practical Guide to the Study of Japanese Writing*, 2nd ed., London: J. Murray; Yokohama: Kelly & Walsh Ltd., 1905)出版。

《日本事物志》第五版(*Things Japanese: Being Notes on Various Subjects Connected with Japan for the Use of Travellers and Others*, fifth edition, London: John Murray, 1905)出版。

1907年　57岁

6月15日,《赴日旅行者便览》第八版(*A Handbook for Travellers in Japan: Including The Whole Empire From Saghalien To Formosa*, London : J.

Murray ; Yokohama : Kelly & Walsh Ltd., 1907)出版。

10月25日,《日语口语手册》第四版(*A Handbook of Colloquial Japanese*, London: Crosby Lockwood & Son, 1907)出版。

1908年　58岁

因长期服务于日本亚洲学会并做出卓绝贡献,被推举为荣誉会员。

1910年　60岁

《日本诗歌》(*Japanese Poetry*, London: John Murray, 1910)出版。

1911年　61岁

离开日本,前往瑞士日内瓦定居。

为表彰其贡献,日本政府授予张伯伦勋三等瑞宝章(瑞宝中绶章,Third Order of the Sacred Treasure)。

1912年　62岁

《一种新宗教的创设》(*The Invention of a New Religion*, London: Watts & Co., 1912)出版,1927年起该文收入《日本事物志》。

1913年　63岁

《草书的要素》(书评书讯)(Notices of Books——*The Elements of Sōsho*)刊发于《日本亚洲学会学刊》第四十一卷。

1920年　70岁

将约900册英文藏书赠予渡欧行将归日的杉浦藤四郎。

二战后爱知教育大学附属图书馆成立"张伯伦文库"予以收藏。

1927年　77岁

《日本事物志》第五版修订本(*Things Japanese: Being Notes on Various Subjects Connected with Japan for the Use of Travellers and Others*, fifth edition, London: John Murray, 1905)重印(附有两个附录)。

法文版《18世纪的法国诗》(*Huit Siècles de poesie française*, Paris: Payot, 1927)出版。

1931年　81岁

《日本事物志》法译本(*Moeurs et Coutumes du Japon*, Paris: Payot, 1931)出版。

1932年　82岁

《英译古事记》第二版(*Kojiki, or Records of Ancient Matters*, 2nd ed., with annotations by the late W.G. Aston, Kobe: J.L. Thompson, 1932)出版。

1933年　83岁

《老鼠仍然活着:想法与思考》(*Encore est vive la souris: pensées et

réflexions, Lausanne: Payot, 1933) 出版。

1935年　85岁

2月15日于瑞士日内瓦逝世。

****

1939年

生前改定的《日本事物志》第六版(*Things Japanese: being notes on various subjects connected with Japan for the use of travellers and others*, 6th edition, London: Kegan Paul, Trench, Trübner & Co. Ltd; Kobe: J.L. Thompson, & Co. [Retail], Ltd., 1939)出版。

索　引

中文部分
（按汉语拼音音序排列）

阿莫曼 56, 282
阿斯顿 11, 18, 28, 42, 46, 47, 55, 56, 57, 58, 65, 66, 67, 68, 70, 71, 72, 73, 74, 75, 76, 77, 78, 79, 80, 81, 82, 83, 84, 85, 86, 87, 88, 89, 90, 91, 92, 93, 94, 106, 118, 119, 126, 141, 150, 269, 271, 273, 277, 281
阿特金森 57
奥丁尔顿 150
艾肯 150
艾柯 125
埃利奥特 57
艾约瑟 30, 57, 69, 201, 232, 234, 276, 277
安康天皇 111
巴彻勒 46, 47, 51, 56, 57, 104, 155, 156, 157, 158, 160, 172, 177, 179, 182, 238, 283
罗兰·巴尔特 125, 132
八木正自 7, 24, 81
八千矛神 164
八田若郎女 111
巴夏礼 55, 56, 63
拜伦 198
宝井其角 149
弗朗兹·博厄斯 195, 196, 206

理查德·柏龄 105
贝多士 198
贝尔茨 30, 40
贝里 30
卑弥呼 76, 78, 100, 179
北畠亲房 101
本居宣长 73, 76, 83, 95, 96, 97, 98, 99, 100, 101, 102, 104, 109, 119, 122, 130, 163, 180, 206, 235, 282
鲁思·本尼迪克特 3, 25
穆勒·比克 28
滨尾新 62
柄谷行人 99, 100
布莱基斯顿 57
布莱姆森 71
布朗 28, 56
亨利·布伦顿 9, 46
蔡尚思 195
曹晔 94
陈晖 185
陈寅恪 28, 195, 208
川端康成 211, 212
川口久雄 144
川上操六 59
川野晃 152
垂仁天皇 180

崔冲 67, 245, 272
达尔文 4, 80
大国主神 99, 114
大和彦命 180
大久保利通 134
大山津见神 158
大石良雄 91
戴季陶 1, 59, 212
戴沃斯 56
乌瓦·戴维 11, 12, 13, 26
克里斯托弗·道森 182
沃尔特·丹宁 57, 167, 175, 200, 201
德川光贞 168
德川家康 148, 149, 168, 228
德川吉宗 168
德富猪一郎 63
德里达 99, 125
德沃斯 57
迪金斯 40, 55
笛卡尔 79
迪克逊 57, 190, 191, 192, 196, 197, 198
迪肯斯 159, 163, 192
荻生徂徕 15, 173
渡边修 68
杜曼 111
杜赞奇 199
恩斯利 30
迩迩艺命 158
厄内斯特·范诺罗莎 150
范勇 23
方行 195
菲尔德 93
丰臣秀吉 67, 148, 230, 232, 233, 235, 270
丰子恺 166, 213, 219
丰玉毗卖 159
佛克马 202
弗莱彻 150, 151
弗雷斯特 150
弗林特 150, 151
路易斯·弗洛易斯 23
服部南郭 173
伏尔泰 92
福尔兹 52
福柯 14
福泽谕吉 13
高皇产灵神 98, 99
高津锹三郎 81
高梨健吉 129
冈本义迪 170
冈田章雄 23
宫部金吾 63
格宾斯 46, 56, 57, 171, 196
格兰特 135
格尔茨 57
格劳修斯 174
格里菲斯 27, 28, 40, 44, 55
格列佛 103, 194, 231, 281
格瑞尼 45, 56
戈瑞斯 56
宫田登 186, 219
古德温 46, 188, 189, 190, 202
古修 150
官文娜 168, 169
郭璞 78
哈德洛 28
哈默 150

豪斯 63
豪斯顿 105
韩能 56
赫伯恩 27, 52, 56
贺川玄迪 170
贺川玄悦 170
拉夫卡蒂奥·赫恩 6, 7, 94, 105, 137, 138, 139, 140, 141, 142, 181
贺嘉 185, 186
贺麟 17
贺茂真渊 96, 97, 101, 112
荷田春满 96, 97, 100
赫胥黎 80
河野哲郎 7, 8, 44, 62
赫映姬/细竹赫映姬 85
和庄兵卫 103, 194, 231, 281
黑格尔 17
塞缪尔·亨廷顿 204
胡连成 136
胡适 15
户田茂睡 95
胡珠生 195
华兹华斯 191, 192, 193, 194, 196, 197, 198, 241
荒木田守武 151, 152
黄遵宪 1
约翰·霍尔 53, 56, 168, 202
霍拉 191, 192, 193, 196, 197
纪贯之 82
季进 202
吉良义央 91
加贺千代女 148
迦具土神 120
嘉纳治五郎 62

菅原道真 144, 184
蒋百里 59
江荻 43
芥川龙之介 143, 189
金辉 206
津田仙 62
津田左右吉 110
金泽 160
金子弘 68
近松门左卫门 87, 93
井上馨 135
景行天皇 178
久保忠夫 81
橘守部 73
坎普法 71, 226
道格拉斯·莫尔·肯里克 10, 11
孔德尔 57
空海 85
柯比 173
科尔曼 175
克莱门特 56
朱丽娅·克里斯蒂娃 125
柯林伍德 93
阿德莱德·克瑞普斯 152
肯尼 56
库奇勒 156, 157, 164
拉斯莫尔 188
亚瑟·海德·莱伊 177, 178, 179, 183
劳埃德 38, 39, 45, 46, 52, 56, 58, 163, 165, 171, 173, 177, 183, 196, 202
兰克 92
朗福德 53
李圭之 210

李卓 170
梁丹 144
梁启超 2
梁容若 208
刘岸伟 6
刘振瀛 211
林罗山 215
铃木大拙 62
马丁·路德 194
卢梭 194
罗德里格斯 104, 238, 283
洛厄尔 150, 152, 252
尤斯塔斯·罗杰斯 24
罗志田 14, 175
吕万和 3
马兴国 186
杰克·麦登 188
麦克考利 27, 28, 29, 39, 40
麦克拉伦 136
麦克拉奇 52, 57
麦克利什 150
麦克唐纳 56
梅垣实 7, 8
默里 56
莫里斯 57
米尔恩 57, 76, 79, 80
木花之佐久夜毗卖 158
缪勒 160
牟学苑 6
那珂通世 73
南方熊楠 192
楠家重敏 7, 8, 9, 10, 44
诺特 57
爱德华·帕克 43, 57, 67, 240, 272

帕克斯 28
庞德 150, 151, 152
培根 79
彭恩华 150
费尔南·门德斯·品托 23
平川祐弘 105, 137
平田笃胤 96, 98, 99, 102, 167, 206
普莱叶 57
契冲 95, 96, 100
浅野长矩 91
钱锺书 16, 17, 198
秋山勇造 7, 9, 192
轻大郎女 111
清少纳言 67, 86, 271
轻太子 111
曲亭马琴 93
泉纪子 144
仁德天皇 73, 111
萨道义 11, 18, 28, 42, 46, 47, 56, 57, 58, 65, 66, 69, 70, 72, 77, 94, 95, 96, 97, 98, 99, 100, 101, 102, 104, 106, 112, 118, 119, 159, 163, 177, 180, 238, 270, 274, 275, 281, 284
萨托 66, 279
萨义德 199
三上参次 80
三泽光博 68
桑瑟姆 8
森鸥外 194
森有礼 24, 62, 124
沙德威尔 30, 40, 55
莎利 28, 40, 55, 56
莎士比亚 86, 87, 88, 90, 193, 194
山岸德平 144

山崎闇斋 215
山崎宗鉴 143
山幸彦 159
尚会鹏 170, 172
神功皇后 71, 74, 75, 76, 78, 100
神皇产灵神 98, 99
神田孝平 62
神武天皇 71, 73, 121, 178
圣德太子 96, 159, 206, 207, 211
世阿弥 82
石长比卖 158
石川千代松 63
石川松太郎 165
史蒂文斯 150
矢田部良吉 62
石田一良 183, 213
施瓦茨 8, 177
斯宾格勒 199
斯宾塞 4, 80, 115
斯多普斯 150
司各特 194
查尔斯·斯威特 42
宋恕 195
松尾芭蕉（芭蕉）104, 142, 143, 145,
　146, 148, 191, 193, 194, 196, 197,
　245, 286
松永贞德 143
苏曼殊 198
苏梅尔斯 46, 57
孙宏开 43
孙乃修 132
爱德华·泰勒 49, 120
太田雄三 105, 137
太宰春台 173, 244, 246, 247, 248,
　249, 250
谈德 74
坦尼森 196
谭嗣同 195
唐力行 168
汤因比 199
汤用彤 194, 195, 208
桐壶上皇 215
特鲁普 57
藤原时平 184
醍醐天皇 184
天武天皇 107, 115
天照大神 97, 99, 102, 111, 117, 177
田中隆昭 161
町田久成 62
推古天皇 178
丸山真男 214
王慧荣 166
王玖兴 17
王晓平 161
王宇根 199
维多利亚 24, 278
亨利·海耶斯·沃德 40
E. B. 沃森 11
R. G. 沃森 28, 56
维科 80
维克斯 47
倭建命 178
倭彦命 179, 180
吴卫峰 144
西山宗因 143
下河边长流 95
夏目金之助 191
夏目漱石 191, 211

孝德天皇 102
小岛宪之 144
小泉八云 5, 6, 94, 137, 138
熊泽蕃山 169, 252
休姆 150
新渡户稻造 62
新井白石 171, 245
新井正济 171
许极燉 183
须势理比卖 164
徐水生 214
穴穗皇子 111
雪莱 198
亚伯拉罕 160, 161
鸭长明 190, 191, 192, 193, 196, 197, 198, 241, 246, 247
亚瑟 30, 55
姚曾廙 217
严绍璗 2, 6, 15, 208, 210, 211
叶渭渠 212
叶芝 150, 151
以撒 161
伊邪那美 111, 118, 159, 164, 184
伊邪那岐 111, 114, 117, 120, 159
伊藤博文 135
伊泽修二 62
樱井让治 39
应神天皇 110
野见宿祢 180
雨果 194
与谢芜村 143
玉依毗卖 159
源赖朝 81, 82, 169
允恭天皇 111

赵京华 99
赵毅衡 151, 153
翟理斯 151
张伯伦 6, 8, 11, 18, 40, 42, 46, 47, 55, 56, 57, 58, 65, 72, 73, 77, 78, 82, 89, 103, 104, 105, 106, 107, 108, 109, 110, 111, 112, 113, 114, 115, 116, 117, 118, 119, 120, 121, 122, 123, 124, 125, 126, 127, 128, 129, 130, 131, 132, 133, 134, 135, 136, 137, 138, 139, 140, 141, 142, 143, 144, 145, 146, 147, 148, 149, 150, 151, 152, 158, 162, 163, 164, 171, 172, 177, 179, 191, 193, 194, 196, 197, 200, 239, 270, 276, 277, 280, 281, 282, 283, 284, 287
正冈子规 143
张思齐 23
周建高 207
仲哀天皇 74
周启明 165
周琪 204
周一良 171, 217
周作人 6, 80, 81, 208, 209, 212, 213
中村正直 62
钟叔河 6
织田信长 148
朱光潜 5, 80
朱熹 96, 194
子安宣邦 15
姊崎正治 52, 63
紫式部 86, 166, 213
最澄 85
佐藤一伯 68

西文部分
（按英语字母表顺序排列）

Conrad Aiken 150

Richard Aldington 150

J. L. Amerman 56, 282

W. Arthur 30, 55

William George Aston 11, 56, 57, 65, 67, 68, 69, 70, 71, 72, 73, 74, 75, 77, 78, 80, 81, 82, 83, 84, 85, 86, 87, 88, 89, 90, 91, 92, 93, 94, 104, 180, 226, 227, 228, 230, 231, 232, 233, 235, 238, 239, 240, 241, 242, 244, 249, 287

R. W. Atkinson 57, 230, 231, 232

Francis Bacon 79

E. Baelz 40, 58

Roland Barthes 125

John Batchelor 46, 51, 57, 156, 158, 160, 163, 172, 179, 182, 234, 238, 239, 241, 243

T. L. Beddoes 198

Müller Beeck 28

Ruth Benedict 3

J. Berry 30

T. W. Blakiston 57, 227, 232, 234

Franz Boas 195

Richard Bowring 105

William Bramsen 71, 249

S. R. Brown 28, 56

R. Henry Brunton 9, 46, 226, 228

George Cawley 200, 230

Basil Hall Chamberlain 6, 8, 55, 56, 57, 65, 67, 69, 72, 73, 103, 104, 105, 106, 107, 108, 109, 110, 111, 112, 113, 115, 116, 118, 119, 120, 121, 122, 123, 124, 126, 128, 129, 130, 131, 132, 133, 134, 135, 137, 138, 139, 140, 141, 142, 143, 144, 145, 146, 147, 148, 149, 150, 151, 159, 162, 164, 172, 177, 180, 193, 194, 197, 200, 229, 230, 231, 232, 233, 234, 235, 236, 237, 239, 241, 242, 244, 245, 280, 281, 282, 283, 284

Houston Chamberlain 105

Chōmei 191, 192, 193, 197, 198, 241, 246, 247

Ernest W. Clement 56, 239, 240, 243, 245, 246, 247, 249, 253, 254

H. E. Coleman 175, 252

Robin George Collingwood 93

Josiah Conder 57, 232, 234, 239

Paul-Louis Couchoud 150

Adelaide Crapsey 152

C. H. Dallas 8, 228

Charles Robert Darwin 80

Uva David 11, 12, 13, 26

Christopher Dawson 182

Walter Dening 57, 167, 200, 201, 235, 237, 238, 240, 248, 250

Jacques Derrida 125

René Descartes 79

Frederic Victor Dickins 40, 56, 105, 159, 230, 232, 248

Edward Divers 56, 230, 234
J. M. Dixon 57, 190, 191, 192, 197, 198, 234, 235, 236, 238, 240, 241
I. Dooman 111, 202, 243
Prasenjit Duara 199
B. W. Dwars 229, 230
D. W. Dwars 57, 231
Umberto Eco 125
Joseph Edkins 30, 57, 201, 226, 232, 233, 234, 237, 239, 276
Charles Eliot 57
J. J. Enslie 30
Henry Faulds 52, 230
Ernest Fenollosa 150
John Gould Fletcher 150
Frank Stuart Flint 150
Douwe W. Fokkema 202
Michel Foucault 14
Luis Frois 23
Robert Frost 150
Northrop Frye 185
A. J. C. Geerts 57, 227, 228, 229, 231, 233, 235
Herbert Allen Giles 151
C.W. Goodwin 46, 188, 189, 190, 202, 227
Conyngham Greece 56
D. C. Greene 45, 56, 242, 245, 247
William Elliot Griffis 27, 40, 44, 226, 227
Hugo Grotius 174
John H. Gubbins 46, 57, 228, 229, 232, 237, 244, 254
Gulliver 194, 231, 281

R. N. Hadlow 28
John Carey Hall 53, 56, 168, 171, 202, 235, 246, 248, 249, 250, 251
N. J. Hannen 56
J. B. Harmer 150
A. G. S. Hawes 72
Lafcadio Hearn 6, 94, 140, 141, 142, 181, 242
Georg Wilhelm Friedrich Hegel 17
James Curtis Hepburn 28, 56, 227
Karel Jan Hora 191, 192, 193, 246, 247
E. H. House 63
Thomas Ernest Hulme 150
Thomas Henry Huxley 80
Engelbert Kaempfer 71, 226
Akira Kawano 151, 152
J. Gordon Kenney 56
Douglas Moore Kenrick 10, 11
R. J. Kirby 158, 173, 244, 246, 247, 248, 249
C. G. Knott 57, 237, 238, 240
Julia Kristeva 125
Kumashiro Meishin 177, 178, 179, 182
L. W. Küchler 156, 157, 164, 236
Arthur Hyde Lay 177, 178, 179, 183, 240
Arthur Lloyd 38, 39, 46, 52, 56, 163, 165, 171, 173, 178, 179, 183, 242, 243, 245, 246, 247, 249
Joseph H. Longford 53, 229, 242
Amy Lawrence Lowell 150
Lusmore 188

Clay MacCauley 27, 28, 29, 40, 242, 244
Thomas McClatchie 52, 57, 226, 229, 230, 231
Claude M. MacDonald 56
Archibald MacLeish 150
Jack Madden 188
W. W. McLaren 136, 251
John Milne 57, 76, 231, 232, 233, 234
Minakata Kumagus 192
Roland S. Morris 57
Friedrich Max Muller 160
David Murray 56
Ota Yuzo 105, 137, 138
Edward Harper Parker 43, 57, 237, 238, 239, 240, 241, 242, 272
Harry Smith Parkers 28
Fernão Mendes Pinto 23
Ezra Pound 150
Alex Preminger 152
H. Pryer 57, 232, 234, 235, 236
Leopold von Ranke 92
Eustace E. Rogers 24
G. B. Sansom 8, 249, 250
Ernest Mason Satow 11, 51, 56, 57, 65, 66, 67, 69, 70, 72, 76, 77, 94, 95, 96, 97, 98, 99, 100, 101, 102, 104, 112, 159, 180, 226, 227, 228, 230, 231, 232, 233, 234, 236, 238, 239, 244, 279, 284
W. L. Schwartz 8, 177, 251, 252
Charles Shadwell 40, 55
William Shakespeare 86
Shigeno An-eki 167, 168, 175
George A. Sioris 65, 68
Herbert Spencer 80, 115, 240
Oswald Spengler 199
Wallace Stevens 150
Stopes 150
J. Summers 46, 57, 231, 235, 237
Suzuki Tetsusaburo 177, 178, 179, 182
Charles F. Sweet 42, 249, 252, 253
E. W. Syle 28, 56, 229
Edward Bern Taylor 49, 120
Alfred Tennyson 196
Arnold J. Toynbee 199
J. Troup 57, 237, 239, 253
E. H. Vickers 47
Giambattista Vico 80
Alexandrina Victoria 24
Voltaire 92
Henry Hayes Ward 40
Wasaubiyauwe 194, 231, 281
E. B. Watson 11
R. G. Watson 28, 56, 226
J. H. Wingmore 112, 113, 240
Wordworth 191, 192, 197
William Butler Yeats 150

日文部分

（按五十音图顺序排列）

秋山勇造 7, 192
家永三郎 111
池田雅夫 10
石川松太郎 165
井上光貞 111, 157
楳垣実 7, 22
太田弘毅 71
大野晋 111
金子弘 68
河野哲郎 7, 9, 44
岸田文隆 71
楠家重敏 8, 9
久保忠夫 81
倉野憲司 111
阪本太郎 111
佐藤一伯 68
関晃 157

武田吉 111
高梨健吉 129
虎尾達哉 68
中川かず子 68
中根千枝 172
那珂通世 73
平川祐弘 105, 137
福沢諭吉 13
松居竜五 71
丸山真男 214
三品彰英 73
三井為友 166
南方熊楠 71
本居宣長 102
八木正自 7, 24, 81
柳田國男 71

后 记

2007年金秋,我挈妇将雏从姑苏烟雨走进北国燕园,在业师严绍璗先生引领下得以初识日本学。2008年盛夏,在全民奥运的欢腾中,我在北大图书馆过刊阅览室第一次触摸到尘封已久的《日本亚洲学会学刊》。待了解了《学刊》的前世今生后,深感学术薪火相传中自己的幸运与使命;当从《学刊》第三卷起需小心划开尚未切割的书页时,又增一层发掘宝藏的庄严感。

2011年5月,我以《早期日本学中旅日欧美学者的日本文化观——以1872~1922年〈日本亚洲学会学刊〉(*TASJ*)为中心》为题,向北京大学比较文学比较文化研究所提交博士学位论文并通过答辩。2014年12月,在博士论文基础上修订而成的本书稿通过"北京大学比较文学学术文库"遴选。2015年7月,在北京大学出版社的推荐下,本书稿获得国家社科基金后期资助立项。因国家社科基金项目具有"排他性",惜本书暂无法同时列入北京大学比较文学学术文库。

回首往事,心底涌动着无尽的感恩与谦卑。师友们的关爱令我深切体会到雪中送炭远胜于锦上添花。

首先要感谢业师严绍璗先生。选课、选题、职业规划,先生为我的成长殚精竭虑;邮件、短信、越洋电话,先生的关爱悉数化为催我奋进的鞭策;学习、生活、为人处世,先生率先垂范为我指明了航向。翻阅严师门下众师兄师姐的学位论文,发现多是偏重思想史领域的个案研究,最初向先生提出拟做张伯伦的专题研究,先生建议我从整体与全局的高度着眼,是先生高屋建瓴的识见与判断成就了本书的格局。先生以其人格魅力与学术感召力早已成为学界的一面旗帜,先生的言传身教必将令我受益终生。唯有秉承先生严谨的学风和对学术的执着精神不断进取,聊以微尘附华岳罢。

感谢北大比较文学比较文化研究所乐黛云、孟华、戴锦华、车槿山、陈跃红、康士林、张辉、张沛、秦立彦等先生的关心和指导。感谢北大中文系、历史系、哲学系、外国语学院诸多先生的课程、讲座、讨论班给我的开阔视野。感谢天津师范大学文学院王晓平教授、清华大学中文系王中忱教授、香港大学现代语言与文化学院王向华教授在论文与书稿的不同阶段给予的悉心指点。感谢北京大学图书馆、北大中文系分馆、国家图书馆、香港大学图书馆和日本国立国会图书馆相关馆员的无私帮助。

感谢张哲俊、钱婉约、于荣胜、刘萍、周阅、李强、张冰、丹羽香、贺雷、牟学苑、郭勇、肖伟山、蒋洪生、王广生为代表的所有"严门"俊彦的悉心点拨和鼎力相助,论文从最青涩稚嫩的阶段起就得益于他们的砥砺和打磨,他们在资料方面也对我大力支持,他们的学位论文与其他论著亦使我深受启迪。感谢北大中文系2007级博士班诸君,他们的相携相伴令似水流年满载温馨。

在论文答辩前的匿名评审、"北京大学比较文学学术文库"遴选以及国家社科基金评选过程中,不具名的十余位学者给出了非常中肯的修改意见与建议,向他们致敬。书稿部分章节在《外国文学》《日本学》《日语学习与研究》《日本思想文化研究》《日本研究》等国内外学术刊物发表,感谢编辑的慧眼与抬爱,感谢上述各刊评审专家建设性的意见建议。感谢北京大学出版社的责任编辑兰婷老师,她认真负责的工作态度与一丝不苟的严谨精神令我印象深刻。

感谢我的父母、岳父母和所有家人的理解与支持。感谢我的爱人桂荣,天马行空的我犹如一只风筝,是爱情把我放飞,不论飞多高,不管离多远,线绳的尽头总握在她的纤手中,遥相传递的是无尽的思念、信赖与保障。感谢我的儿子明月,聪慧阳光如他,是我灵感的不竭源泉;多才勤勉如他,予我无需扬鞭自奋蹄的紧迫感;知心可人如他,谈笑间总能将我的疲倦消弭于无形。

最后,书中可能存在的事实方面抑或阐释角度的任何舛错悉由本人负责。疏漏与失察之处如蒙读者诸君指正,不胜感激。

聂友军

2011年5月1日北大畅春新园初稿

2015年10月18日韩国春川改定